HISTORIA POLÍTICA Y MILITAR

DE LAS

BRIGADAS INTERNACIONALES

Santiago Álvarez

HISTORIA
POLÍTICA Y MILITAR

DE LAS

BRIGADAS
INTERNACIONALES

Madrid, 1996

Cubierta de Javier Belloso

© Santiago Álvarez
© Compañía Literaria, S.L.
   C/ Padilla, 56, bajo C. 28006 Madrid
   ☎ 91.4015312. Fax 91.4015352

ISBN.: 84-8213-041-2
Depósito Legal: M-38.339-1996
Impreso en Gráficas Muriel, S.A.
C/ Buhigas, s/n. Polígono El Rosón. 28903 Getafe

A la memoria
de todos los que entregaron su vida
en la lucha por la libertad y la democracia
en aquella epopeya de 1936-1939,
en la que desempeñaron tan brillante papel
las Brigadas Internacionales.

Agradecimientos

A mi camarada y amiga Manolita del Arco, por su preciosa colaboración técnica, que ha hecho posible esta nueva obra.

Mi especial agradecimiento a la doctora Mirta Núñez, profesora de la Universidad Complutense, por su excepcional contribución a este texto, con una síntesis de su tesis doctoral.

Gracias también a Lourdes por su ayuda en la revisión de una parte esencial del libro, y gracias a María Dolores Cabra Loredo, mi editora, por su entusiasmo con las Brigadas Internacionales.

Mil gracias a todos los que de uno u otro modo han contribuido al texto que tú, estimado lector, tienes ante ti: Pedro Mateo Merino, Armando López Salinas, Ventura Notario y un largo etcétera. Y mi recuerdo imperecedero para los adalides ya fallecidos y que al tratar este tema no deben ser nunca olvidados: Enrique Líster, Luigi Longo (Gallo), André Marty, Vittorio Vidali (comandante Carlos), general Walter...

¡Honra imperecedera a su memoria!

A MANERA DE PRÓLOGO

Esta obra ha sido escrita por considerarla una necesidad histórica. Una necesidad para el momento presente en que una parte de la actual generación no conoce lo que fue la Guerra Civil Española y menos sus orígenes y sus motivos de fondo. Y no conoce tampoco por qué vinieron a España a participar en esa lucha, junto a la democracia, más de treinta mil voluntarios combatientes de treinta y cinco países de casi todos los continentes del mundo, particularmente de Europa y de la América hispana. Un ejemplo sin parangón de solidaridad internacionalista.

Pero esa consideración histórica tiene en cuenta también a las generaciones que nos sucederán. Porque ese hecho de España es un acontecimiento único y singular. La edad contemporánea no recuerda caso igual. Y no lo recuerda porque tampoco se ha dado igual circunstancia y, por tanto, la decisión de participar en una lucha de las dimensiones de nuestra resistencia al fascismo de 1936-1939. Es verosímil además que el caso no se repita. Ha pasado ya más de medio siglo de esa gesta y en el curso de ese tiempo no se ha vuelto a dar un hecho igual ni semejante.

Recayó en mí el contar lo que aquí figura como relato exponente verídico y auténtico, ausente totalmente de invenciones, porque me ha tocado a mí precisamente no sólo el vivir muy de cerca, sino el luchar desde los primeros momentos, junto con las unidades militares internacionales, en lo que podemos considerar como la epopeya que, con las fuerzas militares más destacadas de nuestras unidades españolas: 1.ª Brigada, 11 División, 5.º Cuerpo de Ejército, libraron las mencionadas heroicas Brigadas. Le llamo a esa lucha epopeya por lo que fue, por estar llena de heroísmo y por las condiciones más complejas que en una guerra moderna darse pueden y que se dieron en nuestro caso.

En esa complejidad hay que contar con la escasez de armamentos a pesar de lo cual las Brigadas más de una vez infligieron serias derrotas a las fuerzas opositoras.

En el curso de esa lucha común de cerca de dos años, desde febrero de 1937 a agosto de 1938, en que el Gobierno de Negrín decidió la retirada de los brigadistas, me tocó actuar y luchar con ellos como comisario político con mando superior, en las siguientes batallas: Jarama, Guadalajara, Brunete, Aragón, toma de Teruel y finalmente en la decisiva batalla del Ebro[1].

En todas esas batallas el comportamiento de los brigadistas internacionales fue en general digno de encomio, realmente ejemplar. Los brigadistas internacionales, a pesar de la distinta procedencia, de la diferencia de idiomas y de las distintas costumbres, no me ocasionaron más trabajos y dificultades, ni me exigieron más esfuerzos que el que, como comisario político, tuve que gastar con las tropas españolas. Y cuando llegó el momento en que se les comunicó la decisión del Gobierno español de que era la hora de dejar las trincheras y las armas para regresar a sus respectivos países, obedecieron como soldados que eran, aunque sintiendo una gran pena. Es un fenómeno curioso, digno de consideración y de estudio: se estaban jugando la vida cada día, cada hora, cada minuto; el dejar las líneas de fuego, las trincheras, las armas, suponía por lo menos conservar de momento su existencia y su salud, regresar a su patria, a su pueblo, junto a su familia, al lado y al calor de los suyos[2]. Sin embargo, su cariño por España y el ideal por la causa que aquí defendieron llegó a ser tan grande, tan profundo, que la inmensa mayoría, por no decir la totalidad, acogió la vuelta, como queda dicho, con profundo pesar.

Y muchos de ellos, que habían sido concentrados en tierras catalanas, cercanas a la frontera, ante el peligro de un nuevo ataque enemigo, empuñaron enseguida las armas para defender nuevamente el territorio español, para la causa de la libertad y de la democracia. Y, desde aquel 1939, esos excombatientes jamás olvidaron la causa por la que habían venido a España, a defender estas tierras ofrendando con ello su vida si era preciso. Y cada vez que vienen a España se sienten de nuevo felices.

---

[1] El 22 de octubre de 1936 el Gobierno de la República autoriza oficialmente la constitución de las Brigadas Internacionales.

[2] Salvo aquellos países en los que se les perseguía.

INTRODUCCIÓN

El origen básico de las Brigadas Internacionales lo determinó la situación histórica de aquel momento y el elevado espíritu del internacionalismo proletario de entonces.

La existencia de la Unión Soviética y de la Internacional comunista fueron factores fundamentales en la creación y sostenimiento de las Brigadas Internacionales.

Las Brigadas Internacionales derrocharon heroísmo en las batallas más importantes de la guerra de España, pero las fuerzas decisivas en esas batallas, incluida la defensa de Madrid, fueron siempre españolas.

La retirada de las Brigadas Internacionales fue impuesta por la llamada «no intervención», mientras ésta permitió la permanencia del lado de Franco de las fuerzas militares nazi-fascistas. En 1938 esta retirada no afectó decisivamente a la potencia militar del ejército popular republicano.

La despedida de las Brigadas Internacionales fue un plebiscito, en honor de éstas, del pueblo español.

Los principales iniciadores de la resistencia antinazi en la Segunda Guerra Mundial y liberadores de los pueblos de Europa fueron jefes y comisarios ex brigadistas de la guerra de España.

Algunos de esos jefes y comisarios ex brigadistas, que merecen el título de héroes máximos de la derrota hitleriana, se llamaron Malinovski, Rol-Tanguy, Luigi Longo, Scotti, Walter, los generales yugoslavos, etc.

La lucha española contra el fascismo, durante tres años, fue una lucha histórica sin igual. Al contribuir a la victoria antihitleriana, determinó en gran parte la suerte de la humanidad para un largo periodo.

Con esta obra tratamos de realizar un esfuerzo por ofrecer al lector la mayor cantidad posible de informaciones y datos sobre las Brigadas Internacionales. En esa línea, nos permitimos incluir en ella no sólo lo que son elaboraciones personales. También incluimos artículos, informaciones, opiniones de aquellas personalidades que han sido relevantes en su lucha, como Luigi Longo (Gallo), André Marty, Vittorio Vidali, el general Walter o escritores como Armando López Salinas, líderes como Mao Zedong, etc. Incluimos asimismo una serie de testimonios de excombatientes que participaron en esa lucha, en todo el curso de la contienda o la vivieron de cerca. Nuestro objetivo es hacer de esta publicación un catálogo lo más completo posible de lo que fueron y significaron las Brigadas Internacionales, que representan un hecho único en la historia contemporánea.

Quisiéramos añadir que, tanto al seguir el número de las Brigadas Internacionales como respecto a su composición, el lector no debe olvidar lo siguiente: a partir de los primeros grandes combates en que participaron las Brigadas Internacionales, combates como los del Jarama, Guadalajara, Brunete, Teruel..., las numerosas bajas que tenían las Brigadas eran cubiertas por nuevos combatientes, pero españoles, ya que no era posible cubrirlas con brigadistas de otros países. De ese modo, andando el tiempo, el número de brigadistas no españoles no respondía al del comienzo de la contienda. Llegó un momento en que más de dos tercios de los componentes de las Brigadas eran españoles. Así se comprobó cuando aquella famosa comisión de la Sociedad de Naciones vino a España con motivo de la retirada de los internacionales. Dicha comisión constató que el número de los brigadistas existentes era mucho menor que el que imaginaban en el Comité de Londres. Véanse a este respecto las páginas del capítulo referido a este tema.

Capítulo Primero

CONTEXTO INTERNACIONAL DE LA GUERRA DE ESPAÑA (1936-1939)

La guerra de España tuvo dos aspectos fundamentales, uno nacional y otro internacional[1]. En el aspecto internacional, la guerra de 1936-1939 fue el prólogo o la avanzada de la Segunda Guerra Mundial, su primera gran batalla. Lo han afirmado en su tiempo personalidades de la política internacional (en los años treinta y cuarenta) y destacados jefes militares. Lo han corroborado por su parte (y no a título de figura literaria) poetas y escritores de fama mundial como Pablo Neruda, Rafael Alberti o Hemingway. Esa tesis la siguen sosteniendo, además, historiadores e investigadores modernos de todo este periodo, porque lo han demostrado, además, los hechos históricos.

Debe considerarse que la segunda contienda, iniciada por Hitler a partir de 1939, fue la revancha alemana por la derrota sufrida en la Primera Guerra Mundial de 1914-1918, la revisión de la cuenta atrás del Tratado de Versalles, a la que recurrió Alemania. Pero la guerra de 1939-1945 fue también una manifestación de la crisis general del sistema capitalista. El imperialismo alemán, el más agresivo en 1939, buscó la salida a la crisis en una nueva guerra.

La conflagración mundial de 1914-1918 había tenido como incentivo central el reparto de las colonias. Terminada la contienda, las de Alemania fueron repartidas fundamentalmente entre Inglaterra y Francia, que también se anexionaron la mayoría de los territorios del antiguo Imperio turco. Al ser ocupada Abisinia por la Italia de Mussolini (1935) y Manchuria, la China del norte y del este por Japón, el sistema

---

[1] Véase Santiago Álvarez, *El PCE bajo la dictadura franquista, 1939-1956*, conferencia en la Fundación de Investigaciones Marxistas (FIM), Madrid, 1980.

colonial se amplió a nuevos territorios. Pero el debilitamiento interno de este sistema se debía, sobre todo, a la crisis general caracterizada más arriba.

El avance hacia la Segunda Guerra Mundial ponía de manifiesto que dicha crisis entraba en una nueva etapa. El imperialismo alemán trataba ante todo de lograr posiciones estratégicas fundamentales para obtener la victoria en la contienda.

Entre el 12 y el 16 de febrero de 1934 el fascismo «católico» de Dollfus, que pretendía dominar Austria, llevó a cabo en dicho país una brutal represión antiobrera y antidemocrática. Los trabajadores empuñaron las armas para cerrar el paso al fascismo; los barrios en que se defendían fueron bombardeados. La insurrección obrera sufrió una derrota. El partido comunista y el partido socialdemócrata fueron declarados ilegales. ¿Qué se proponía Dollfus? Se proponía, como queda apuntado, establecer un Estado corporativo de signo católico fascista. Pero los nazis hitlerianos, que querían engullir Austria, organizaron un *putsch* que costó la vida a Dollfus. Desde 1934 Austria, según los planes de Hitler, estaba condenada a ser anexionada a la Gran Alemania *(Anschluss)*. Esta anexión se consumó en 1938, en plena guerra de España.

Tras los acontecimientos de Austria, en 1934, Hitler procedería a la militarización de Renania (marzo de 1936). El comienzo de la guerra de España acelerará los acontecimientos. En marzo de 1939 era ya ocupada Austria. A raíz del Pacto de Munich (1 de octubre de 1936), cuando librábamos en España la batalla del Ebro, Hitler se anexionaría ya parte de Checoslovaquia (el territorio de los Sudetes) y el 15 de marzo de 1939, poco antes del fin de la guerra de España, establecía ya su protectorado en Praga.

El imperialismo alemán deseaba tener en nuestro país un poder dependiente: quería que España sirviese a sus planes de agresión y de dominio, tanto en el orden estratégico como en la utilización y uso de las materias primas. Su tercer paso hacia la guerra sería la ocupación de parte de Polonia. Este paso lo dio en septiembre de 1939, tiempo antes de agredir a la Unión Soviética. Con esta agresión la guerra europea se generalizó.

Recapitulemos. En enero de 1933 los nazi-fascistas, encabezados por Hitler, tomaron el poder en Alemania. El campo capitalista se dividió, formándose al poco tiempo dos grupos: uno —Alemania, Italia, Japón— se planteó abiertamente un nuevo reparto del mundo. El otro grupo —Inglaterra, Francia y Estados Unidos—, poseedor de la mayor parte de las riquezas mundiales, defendía, por el contrario, el mantenimiento del *statu quo*. En su afán de superar la división y conservar el frente único contra la parte del mundo orientada en sentido socialista, los líderes del capitalismo —en primer término Inglaterra, Francia y Estados Unidos— concibieron la «feliz idea» de conciliar sus contradicciones a expensas de la URSS. Por medios diversos, los estadistas de Londres, París y Washington dieron a entender a Hitler que buscara «espacio vital» en el este, sin temor a que le pusieran ningún obstáculo.

En ese periodo, el ambiente político europeo se hacía cada vez más tenso. Los estados fascistas comenzaban a desarrollar, a velas desplegadas, sus planes de guerra y agresión, contando con la tácita complicidad de las potencias vencedoras en la Primera Guerra Mundial.

Ayudando en Alemania al hitlerismo y tolerando en África el expansionismo mussoliniano, Inglaterra, Francia y Estados Unidos creyeron poder encauzar la agresividad de las dos potencias fascistas.

No se puede decir que el mundo del trabajo y de la inteligencia o de la cultura estuviese indiferente o cruzado de brazos ante esa situación. Esa política de orientación fascista por las potencias alemana e italiana y de capitulación ante el fascismo por parte de Inglaterra y Francia promovió ya antes de 1936 una lucha antibélica y antifascista de características peculiares. Esa lucha fue impulsada por la iniciativa de los partidos comunistas agrupados en la Internacional Comunista. A la Komintern (Internacional Comunista) le corresponde el mérito histórico de haber señalado oportunamente el creciente peligro de una guerra imperialista y haber definido con exactitud a los portadores de ese peligro: el fascismo europeo, en particular el alemán, y el militarismo japonés. Pero los líderes socialdemócratas reformistas negaron durante largo tiempo la existencia del peligro de guerra.

El 1 de enero de 1933, en el centro del Ruhr, en Essen, se celebró una conferencia de los partidos comunistas de nueve países europeos: Alemania, Francia, Inglaterra, Italia, Polonia, Bélgica, Checoslovaquia, Austria y Luxemburgo[2]. En ella se adoptaron importantes acuerdos sobre la organización de acciones conjuntas del proletariado de los distintos países. Se recomendó, en particular, realizar «acciones antibélicas comunes de damnificados por la guerra: mujeres, jóvenes deportistas, escritores, pintores, artistas, médicos, ingenieros y demás trabajadores intelectuales» y se propugnó la organización de campañas internacionales contra el terror blanco, contra las expediciones punitivas, contra las ejecuciones y el exterminio físico de luchadores revolucionarios. En la resolución se destacaba la importancia del movimiento antibélico de Amsterdam y se exhortaba a los comunistas a participar activamente en él[3].

---

[2] De *La historia de la solidaridad proletaria internacional*, documentos y materiales en ruso. Op. V, Moscú, 1961, pp. 35-38.

[3] *Rote Fahne*, 10-1-1993. Se alude a la participación en el movimiento contra la guerra, al que dio comienzo el Congreso Internacional de Amsterdam, celebrado del 27 al 29 de agosto de 1932.

Así pues, los comunistas buscaron y encontraron formas democráticas generales, de masas, de acción contra el peligro de la guerra.

En un solo año, 1933, por iniciativa del Comité Mundial de Lucha contra la Guerra Imperialista (constituido en el Congreso Antibélico de Amsterdam) se celebraron impresionantes congresos de carácter internacional que centraron la atención de la opinión pública en la lucha contra la guerra y el fascismo y unieron estrechamente a los luchadores por la paz: desde los comunistas hasta los pacifistas, desde los proletarios hasta los conservadores ingleses.

En la larga lista de comicios contra la guerra celebrados en 1933 figuran, entre otros, los siguientes: Congreso Antifascista Europeo (París), Congreso Antibélico Latinoamericano (Montevideo), Conferencia de los Países Escandinavos contra la Guerra (Copenhague), Congreso Antibélico de Estados Unidos (Nueva York), Congreso Asiático contra la Guerra (Shanghai) y Congreso Internacional de la Juventud contra la Guerra (París).

Con posterioridad, hasta el comienzo de la guerra de España, el movimiento antibélico se desarrolló en amplitud y profundidad. Salió de las salas de los congresos a las calles y plazas. Las consignas de lucha contra la guerra se entrelazaron con la exigencia de cerrar el paso al fascismo y con las campañas en defensa de las víctimas de las persecuciones y ejecuciones fascistas. En 1935 y 1936, las manifestaciones del Primero de Mayo transcurrieron en muchos países bajo consignas de lucha contra la guerra y el fascismo. Los acontecimientos en España darían nueva fuerza a este movimiento y ampliarían su influencia en las grandes masas.

Por aquel entonces, el movimiento comunista internacional dio cima, en las resoluciones del VII Congreso de la Internacional Comunista (1935), a la elaboración de una línea estratégica y táctica acorde con las nuevas condiciones. Los rasgos principales de esta línea eran: lucha contra el fascismo como tarea principal, defensa de los regímenes democráticos y alianza con todas las fuerzas políticas y sociales enemigas del fascismo y de la guerra. Como ha demostrado la historia, las resoluciones del VII Congreso de la IC contribuyeron a unir las fuerzas democráticas de varios países en el Frente Popular Antifascista.

En Francia, gracias a las acciones conjuntas de comunistas, socialistas y radicales fue frustrado en febrero de 1934 un intento de golpe de Estado fascista. El Partido Comunista de España, aplicando de manera consecuente la política de Frente Popular, coadyuvó a la victoria de la democracia sobre las fuerzas de la reacción y del fascismo en las elecciones generales de 1936, al aplastamiento de la sublevación militar fascista del 18 de julio en los centros principales del país y, después, a la organización de la resistencia popular a la invasión ítalo-alemana.

Mitin de solidaridad de los trabajadores de Praga con el pueblo español, noviembre de 1936

El movimiento comunista internacional hizo cuanto dependía de él para ayudar a los trabajadores de España a resolver complejos problemas: fortalecer el Frente Popular, organizar la defensa armada de la República y salvaguardar el régimen democrático en España. Destacados dirigentes del movimiento comunista —Palmiro Togliatti, Vittorio Codovila, Maurice Thorez, Jacques Duclos, Wilheim Pieck, Harry Pollit, Tim Buck y otros muchos— hicieron una gran aportación a la lucha del pueblo español y de su vanguardia: el Partido Comunista.

La base económica de la política de Inglaterra y Francia de complicidad con las agresiones fascistas eran los estrechos lazos anudados antes del acceso de Hitler al poder y mantenidos y reforzados después entre los monopolios financieros norteamericanos, ingleses y alemanes.

Los principales grupos monopolistas de Estados Unidos, Inglaterra y otros países prestaron a Hitler una ayuda considerable sin la cual éste no hubiese podido crear su potente máquina militar.

Incidencia de la situación internacional en España

Esta evolución internacional afectaba profundamente a la situación interior española. A medida que se desarrollaban planes agresivos de Hitler y de Mussolini, los dos dictadores tomaban medidas concretas con vistas a englobar a España en la órbita fascista.

En 1934 y 1935, Roma y Berlín fueron escenario de una serie de negociaciones secretas entre representantes de la oligarquía financiera española, de los partidos de derecha, de los *generales africanistas*[4]. Los gobernantes alemanes e italianos realizaban negociaciones preparadas por los agentes fascistas que residían en Madrid, bajo el amparo y la cobertura de embajadas, consulados y representantes comerciales y culturales[5].

Mussolini, creyéndose un moderno César, soñaba con crear un nuevo Imperio Romano, transformando el Mediterráneo en un *lago italiano*. Para ello necesitaba asentarse en la península Ibérica.

En cuanto al dictador nazi, ya hemos visto cuáles eran sus propósitos. Cierto que en 1936 aún no había terminado los preparativos para desencadenar la Segunda Guerra Mundial. De momento estaba dispuesto a apoyar el plan de conquista de la península Ibérica, si ello no requería un gasto excesivo de fuerzas y recursos. La conquista de esta posición permitiría a su Alemania instalarse en la retaguardia de Francia y amenazar las comunicaciones de Inglaterra con Oriente, lo cual le reportaría grandes ventajas al empezar la Segunda Guerra Mundial. La fascistización de un país más en Europa debería, por otra parte, contribuir a aumentar el prestigio político de Alemania.

En suma, las aspiraciones de los dos dictadores fascistas coincidían.

De ahí que la sublevación militar fascista contra la democracia española tuviera, desde el primer momento, su decidido apoyo, así como el de toda la reacción internacional.

Este apoyo se expresó, por una parte, en la intervención ítalo-alemana (cuerpos de ejército y armas de las más modernas: aviación, artillería, etc.); por otra parte, en la política de no intervención, impuesta por las denominadas potencias democráticas, Inglaterra y Francia, y, por último, la ayuda a Franco de Estados Unidos de Norteamérica.

---

[4] *Generales africanistas*. Se denominaba así a los militares españoles que habían realizado lo principal de su carrera en los territorios norteafricanos dependientes entonces del colonialismo español.

[5] *Guerra y revolución en España (1936-1939)*, Editorial Progreso, Moscú, pp. 44-45.

El 16 de marzo de 1935 Hitler reconstruye el ejército alemán. Viola así el Tratado de Versalles, sin oposición alguna por parte de las potencias occidentales. En mayo del mismo año, Mussolini consuma su agresión a Etiopía, proyectando una inquietante y sangrienta amenaza sobre la cuenca del Mediterráneo y sobre el continente africano.

Pese a que los proyectos de Hitler y Mussolini amenazaban las posiciones de Inglaterra y de Francia tanto en África como en Europa, éstas se negaron a organizar, como se lo propuso la URSS de entonces, un sistema de seguridad colectivo que hubiese paralizado las agresiones fascistas. Antes al contrario, estimulaban la política de rearme, de chantaje y de agresión de Alemania e Italia, con la idea de que estas potencias apoyasen la guerra contra el primer Estado del mundo que, a la sazón, se proponía construir el socialismo: la Unión Soviética.

Y ese objetivo lo logró con creces[6].

Durante el periodo republicano llamado *Bienio negro* (1934-1935), en los ministerios regentados por lerrouxistas, cedistas y otros políticos de derechas, pululaban agentes de la oligarquía y hombres del tipo de Chapaprieta, asociados con los grandes monopolios estadounidenses. Éstos encontraron facilidades considerables para extender su penetración en España. El trust petrolero yanqui Texaco concluyó, en julio de 1935, un contrato con Campsa que le aseguraba el monopolio del mercado español[7] y que sirvió posteriormente para abastecer a Franco.

---

[6] El general Primo de Rivera, de acuerdo con la gran banca española, creó, por decreto del 28 de julio de 1927, el monopolio estatal del petróleo, afectando a los intereses de la Standard Oil. Desde Wall Street se emprendió inmediatamente, como represalia, un ataque a fondo contra la peseta, ataque que contribuyó no poco a deteriorar la situación de la dictadura primorriverista.

Al constituirse el Gobierno del almirante Aznar, la Banca Morgan de Nueva York intentó salvar a la agonizante monarquía borbónica con la inyección de un crédito de 60 millones de dólares, pero era demasiado tarde.

Desde la instauración de la República, la Banca Morgan, a través de la Telefónica, se entrometió con descaro en la política española, apoyando a las fuerzas reaccionarias.

A los dos meses de proclamada la República, en junio de 1931, se produjo un ataque de Morgan contra la peseta que obligó al Gobierno de la República, para defender el valor de la moneda española en los mercados internacionales, a exportar a Francia una parte considerable de sus reservas de oro, por valor de 257 millones de pesetas, que el Gobierno francés, presidido por el socialista Léon Blum, congeló más tarde, impidiendo al Gobierno republicano servirse de esos fondos en el transcurso de la Guerra Civil. Al finalizar ésta, el oro fue entregado a Franco por el Gobierno francés. (Para más información sobre este tema, véase el libro de Santiago Álvarez, *Negrín, personalidad histórica*, Ediciones de la Torre, Madrid, capítulo V: «El gabinete del doctor Giral y el oro del Banco de España».)

[7] *Vid. Guerra y revolución en España*, ob. cit., pp. 46-47.

«Sin el petróleo americano, sin los camiones americanos, sin los créditos americanos, nunca hubiésemos ganado la guerra.» Esto declaró en 1945 el entonces subsecretario de negocios extranjeros de Franco, José María Doussinagur, al periodista norteamericano Charles Foltz[8].

El propio presidente Roosevelt reconoció en 1938 que Franco contó con el suministro sin límite de Estados Unidos, realizado a crédito, de todo el petróleo que necesitó, así como de miles de camiones y otros pertrechos de guerra, sin excluir bombas de aviación[9].

Así pues, la guerra de 1936-1939 en la península Ibérica no fue —como ya hemos dicho y puede verse a la luz de la perspectiva histórica— una simple guerra civil entre dos bandos españoles: «Fue una guerra civil más una intervención extranjera en la que tomaron parte las principales potencias europeas y Estados Unidos Este hecho se manifestó del modo más patente en la labor del llamado Comité de No Intervención, constituido en Londres en septiembre de 1936».[10]

«Durante el desarrollo de la guerra de España —dice el ex embajador de Estados Unidos Claude G. Bowers—, una vez que la participación activa del eje fue noticia, mi simpatía estuvo con los republicanos españoles y su ideología democrática. La Segunda Guerra Mundial comenzó en España en 1936.»[11]

«La solidaridad internacional y ante todo el heroísmo y la abnegación de millones de españoles permitió a la España republicana aceptar el combate y sostenerlo en condiciones sumamente desfavorables durante más de dos años y medio.»[12]

Por esas circunstancias, los demócratas españoles empezamos la batalla armada de 1936 en condiciones de notoria inferioridad. Sin embargo, ya que esa batalla nos había sido impuesta, teníamos que librarla con toda decisión y este hecho revistió una importancia histórica mundial que conviene no olvidar.

---

[8] *Masquerada in Spain*, Boston, 1948, p. 52.

[9] *The Public Papers and Adresses of F. D. Roosevelt*, Londres, 1948, volumen correspondiente a 1938, p. 285.

[10] Maisky, *Cuadernos Españoles*, Editorial Progreso, Moscú, pp. 17-18.

[11] Claude G. Bowers (embajador de Estados Unidos durante la guerra española), *Misión en España 1933-1939*, Editorial Grijalbo, S.A., México D.F., 1955, prefacio, p. VII.

[12] A. Z. Manfred, *Historia Universal*, Akal Editor, Madrid, 1972, tomo 2, p. 1350.

Capítulo 2

CONTEXTO NACIONAL DE LA GUERRA CIVIL (1936-1939)

Los rasgos principales del contexto nacional en el que se produjo la sublevación que da comienzo a la Guerra Civil pueden definirse recordando que el sistema republicano democrático no «cabía» en el esquema de la gran burguesía y de los terratenientes de la época de que tratamos (es decir, de la oligarquía financiera y terrateniente española de los años treinta). De ahí que la conspiración contra la República, régimen y gobierno de signo burgués, pero democrático, comenzase ya desde el momento del triunfo de éste.

A la altura histórica en que nos hallamos, podría parecer innecesario insistir sobre este tema. No obstante, creemos oportuno no sólo citar algunos hechos objetivos, sino determinados testimonios de personalidades que nada tienen en común con nuestra ideología y que pueden ser considerados, por tanto, como una contribución a la objetividad a que nos referimos.

La lectura del libro del político conservador Miguel Maura, primer ministro de Gobernación con la República, *Así cayó Alfonso XIII* es a este respecto extremadamente aleccionadora. Al referirse a la primera provocación organizada por los adversarios de la República en la calle de Alcalá, el 10 de mayo de 1931, a un mes escaso de haber sido proclamada ésta, traza un bosquejo de la catadura de esas gentes:

> Desde el advenimiento de la República, un núcleo de exaltados monárquicos (que durante el día de la «tragedia» no apareció por parte alguna en Palacio ni en El Escorial) al poco del embarco para el destierro de la familia real formó la vanguardia de los enemigos irreconciliables y de los difamadores de quienes, con su conducta, los habían salvado de la catástrofe. Apenas traspasó la familia real la frontera, ese núcleo se dejó arrastrar por la ira que les causaba la forzosa cesantía y dio comienzo a la conspiración que cuajó en la loca aventura del 10 de agosto de 1932.

Esa «gente bien» era un anacronismo viviente. Anacronismo en todo, en sus ideas, en sus conductas, en sus vidas, hasta en sus vicios. Con una mentalidad feudal y una intransigencia cerrada a cuanto representase una evolución, con un nivel cultural sencillamente lamentable, habían quedado fosilizados en los hábitos y en los ritos de la regencia y ahí seguían, sin enterarse siquiera del hondo seísmo que para la monarquía representaba el acceso de la masa proletaria a la vida de la política. Por todos los medios a su alcance trataron de evitar que el rey sintiese la menor veleidad de tratar y dialogar con esa «chusma».

Al relatar la explicación que le da el director general de Seguridad, al que pide referencias sobre el mencionado acto de provocación, dice:

Nuestro hombre procedía del campo liberal de la monarquía y guardaba las más estrechas relaciones con sus antiguos jefes y amigos. Era contertulio del conde de Romanones, amigo personal del general Berenguer, y frecuentaba cuantos corros políticos subsistían en Madrid en los tiempos de la vieja política. Ni sentía la República ni tenía el menor contacto espiritual e ideológico con nosotros.

Haciendo mención de las jerarquías eclesiásticas, M. Maura señala:

Para nadie es un secreto que las altas jerarquías de la Iglesia española veían con muy malos ojos al régimen recién instaurado. Cualquiera que fuese la actuación del Gobierno, y en forma destacada la de los dos miembros del mismo reconocidamente católicos —él mismo y Alcalá Zamora—, habíamos de contar de antemano con la condenación de los prelados españoles.

E insistiendo sobre el mismo tema, añade:

Tampoco era un secreto que quien más se distinguía en su odio al régimen republicano era el cardenal arzobispo de Toledo, primado de España, don Pedro Segura.[1]

Más adelante, refiriéndose a los «exaltados» causantes y participantes directos de la tragedia que asoló España, Miguel Maura escribe:

He aquí «su» silogismo: Todos los republicanos fueron rojos durante la Guerra Civil; los rojos asesinaron, robaron, violaron, fueron, en una palabra, unos forajidos; luego, todos los republicanos son unos facinerosos. Esta idiotez ha venido siendo, a fuerza de ser repetida millones de veces, sin contradicción posible, durante más de veinte años, artículo de fe para los españoles que no vivieron la tragedia de España en edad de razón.[2]

---

[1] Miguel Maura, ob. cit., pp. 374-375.
[2] Miguel Maura, ob. cit., pp. 374-375.

Otro testimonio es el del embajador de Estados Unidos, Bowers. Después de referirse a la rebelión de Sanjurjo en agosto de 1932, dice:

Al mismo tiempo, líderes reaccionarios hacían misteriosos peregrinajes a Italia y Alemania, posiblemente buscando asistencia militar de Hitler y Mussolini en sus planes para exterminar a la democracia española.[3]

La sublevación de Sanjurjo en 1932 fue uno de los antecedentes de la sublevación de 1936, que ya venía preparándose a partir de 1932.

El propio embajador norteamericano lo constata:

Seis meses después, en Fuenterrabía, es decir, seis meses después de julio de 1936, el conde de Romanones me informó de que los planes activos para la rebelión comenzaron en el momento en que se supo la victoria de los partidos de izquierda aliados con Azaña. Los planes, naturalmente, se habían hecho mucho antes.[4]

Cabe subrayar, sin embargo, que entre los políticos de la gran burguesía española hubo diferencias de criterio acerca de cómo aprovechar las posibilidades que les ofrecía la propia República para imponer un gobierno de derechas. Ésta era, por ejemplo, la posición de Gil Robles y de las fuerzas que le seguían. Otras fuerzas actuaban preparando a fondo y realizando la sublevación militar fascista. Al final se impuso este último proceder.

La huelga general de 1934, declarada para impedir los propósitos del grupo de Gil Robles —huelga que en Asturias adquirió carácter de insurrección armada—, representó un obstáculo a la primera de esas vías. Pero sería erróneo pensar que la sublevación de 1936 fue consecuencia de lo ocurrido en Asturias. El proceso que llevaba a la sublevación estaba en marcha, como demostraron los hechos, desde mucho antes.

La huelga de Asturias tuvo importantes consecuencias. Aunque derrotada, fue el antecedente del Frente Popular. La victoria de esta coalición de izquierdas, en la que se integraban desde partidos de la clase obrera hasta partidos de la burguesía —no sólo de la nacionalista de Euskadi y Cataluña, sino en general de la burguesía española—, no hacía presagiar peligro alguno ni de comunismo ni de separatismo, como pretendió la propaganda de Franco. Sin embargo, después del 16 de febrero, la oligarquía aceleró el proceso de preparación de la Guerra Civil.

---

[3] M. Bowers, ob. cit., p. 77.
[4] M. Bowers, ob. cit., p. 197.

Puesto que la propaganda fascista, carente de escrúpulos, dio al mundo exterior informaciones fantásticas sobre el significado de las elecciones, será provechoso un breve análisis de la votación. El Partido Socialista, más moderado que su igual, el de Attlee en Inglaterra, obtuvo noventa y nueve puestos en las Cortes; el partido de Azaña, ochenta y siete; el de Martínez Barrio, treinta y nueve; Esquerra de Cataluña, treinta y seis, y los comunistas, quince. En la coalición de izquierdas, el conjunto de los partidos republicanos propiamente dichos, partidos democráticos de Azaña y Martínez Barrio, sobrepasaba a los socialistas por veintisiete votos. Las fuerzas combinadas de los socialistas y comunistas no daban más que ciento dieciséis entre más de cuatrocientos setenta diputados de que se componía la Cámara y, además, la hostilidad de estos dos partidos era encarnizada y notoria.

Entre los partidos de la derecha, solamente el de Gil Robles consiguió un número respetable de puestos: ochenta y ocho. El Bloque Nacional (los monárquicos con los partidarios del fascismo) obtuvo solamente trece diputados y los carlistas, nueve. El que en otros tiempos fue poderoso radical, el de Lerroux, quedó prácticamente barrido, obteniendo cuatro puestos. El partido del centro, de Portela Valladares, no consiguió más que dieciséis.[5]

Y el control de la máquina electoral estuvo enteramente en manos de los derrotados.[5]

Refiriéndose al programa del Frente Popular, dice el ex embajador de Estados Unidos, M. Bowers:

Las izquierdas anunciaron su programa en un manifiesto cuidadosamente preparado. Cada partido afiliado había expuesto sus aspiraciones; las proposiciones hechas fueron cuidadosamente estudiadas y en algunos casos rechazadas. El propósito bien definido del manifiesto era el restablecimiento de la República de 1931. Propugnaban drásticas reformas agrarias, el mejoramiento de las condiciones de vida de la clase trabajadora, la anulación de las disposiciones de los gobiernos de derechas que violaban la Constitución y prometían la inmediata concesión de una amnistía en favor de los treinta mil prisioneros que cayeron en la redada de 1934.

Las derechas no presentaron ningún programa ni hacían promesas definidas a la opinión. No osaban prometer nada a los campesinos, después de haber enterrado el moderado programa de Giménez Fernández; y nada a los trabajadores, pues ello habría enajenado la ayuda de los industriales y financieros. No se podía declarar en favor de la República y apoyar a los monárquicos, ni prometer el restablecimiento de la monarquía y complacer a los republicanos. Tampoco podía pedir en arriendo el poder a la vista de los hechos, que fueron singularmente estériles y carentes de realizaciones constructivas, y además corrupto. Así, se atrincheraron en tópicos insultantes, acusando a las izquierdas de «anarquistas», «comunistas» y enemigas de la sociedad. Y atacaron con encono la autonomía local de Cataluña y del País Vasco, porque, según ellos, significaría la desintegración de la nación.[6]

---

[5] M. Bowers, ob. cit., pp. 194-195.
[6] M. Bowers, ob. cit.

En el contexto internacional ya señalado, la oligarquía pudo preparar la sublevación por varias razones:

1. en virtud del clima político social que la reacción fue creando contra la República;

2. por el peso o dominio que dicha oligarquía ejerció sobre aquélla por medios económicos y financieros: huidas de capitales, grandes extensiones de terreno sin cultivar, resistencia a dar empleo a los trabajadores, sobre todo en las zonas agrarias, etc.;

3. a causa de que la derecha llegó a contar con una parte esencial del Ejército. Un
amplio sector de éste creyó que respaldar a la oligarquía burguesa terrateniente en sus

16 de febrero de 1936 en Madrid. Manifestación con motivo del triunfo del Frente Popular

propósitos equivalía a defender los intereses de España. Por ello tomó posición a favor de la actitud oligárquica. Y el Ejército es, en todo tiempo y en todo tipo de Estado, el principal instrumento de poder. En aquellas circunstancias de España, la posición del Ejército fue un factor esencial, y

4. finalmente, la ultraderecha contó con el apoyo ideológico moral de la Iglesia, que fue fundamental para llevar a cabo la sublevación y la Guerra Civil. Sin ese apoyo, no se hubiese producido la sublevación ni ésta hubiese desembocado en la Guerra Civil.

> Es evidente que la actitud pequeñoburguesa, anticlerical, del Gobierno republicano, expresada en la absurda frase de Azaña «España ha dejado de ser católica», no contribuyó a facilitar la tarea de hondura y trascendencia nacional de que la Iglesia llegase a comprender la nueva realidad y no se situase frente a la República. Empero, dicha actitud no palia la execrable conducta de las jerarquías eclesiásticas ni las exime de una gran responsabilidad. Porque las jerarquías eclesiásticas fueron un instrumento esencial que la oligarquía monopolista y terrateniente supo utilizar de 1931 a 1936 para preparar la sublevación fascista y la Guerra Civil. Y porque, sin el apoyo de la Iglesia a la preparación de la Guerra Civil y sin su participación decisiva en ella, dicha guerra no se hubiese producido. Más aún: incluso aunque la sublevación hubiese estallado, sólo la transformación de la Iglesia en beligerante declarada hizo posible el sostenimiento de dicha sublevación y, en medida considerable, que la guerra durase 32 meses y que triunfara Franco.[7]

En resumen, clima políticosocial, medios económicos, ingredientes ideológicos, poder militar. Ese conjunto de factores, en un contexto internacional, singularmente europeo, de preeminencia fascista y reaccionaria, se tradujo en una gran fuerza política material contra la democracia española.

El sentimiento religioso y el de unidad de los pueblos de España, que no se contradice con un arraigado localismo y hasta cantonalismo (otro de los *demonios familiares* de nuestro proceso histórico), fueron exacerbados al máximo con vistas a la Guerra Civil. Esos ingredientes ideológicos, expresados en el lema franquista enarbolado durante la guerra «Contra el comunismo y el separatismo», estuvieron presentes desde el mismo momento de la preparación de la contienda y en el curso de ésta y, como es sabido, incluso perduraron durante los cuarenta años de dictadura.

En el terreno político ideológico, se puede afirmar que la sublevación y la Guerra Civil encontraron, por una parte, la oposición decidida y heroica de la clase obrera y

---

[7] Santiago Álvarez, «Las jerarquías de la Iglesia en la sublevación y la guerra», en *Nuestra Bandera*, núms. 51-52, cuarto trimestre de 1966, pp. 41 y ss.

de las masas trabajadoras españolas, de la intelectualidad más avanzada y de sectores muy amplios del pueblo en las zonas industrialmente más desarrolladas y cultivadas del país. Mas, por otra parte, quienes la provocaron supieron remover y sacar a la superficie lo más conservador y reaccionario existente en la entraña de la sociedad española, utilizando un doble sentimiento de profundas raíces históricas: el religioso, muy respetable, pero tradicionalmente manipulado por las clases adineradas, y el de la unidad de España, instrumentado también por el pensamiento político más conservador y agresivo.

Respecto a la Guerra Civil, la acción del campo democrático contaba con el respaldo de las corrientes marxistas, liberal-demócratas y nacionalistas democráticas, así como el de una estrecha franja cristiana o católica, y era sostenida activamente por lo más avanzado y consciente del pueblo. La acción de los sublevados estaba apoyada política y moralmente por ese soporte ideológico tradicional a que acabamos de referirnos, de tanto peso en la historia de España, con la jerarquía católica a la cabeza.

De aquella confrontación histórica se puede decir, en suma, que, tanto a nivel internacional como español, fue una lucha entre las fuerzas obreras y democráticas, de progreso y de paz, y las fuerzas reaccionarias y fascistas que preparaban la Segunda Guerra Mundial. Una lucha de clases, en el sentido más amplio y profundo de la palabra, dirimida con las armas, en condiciones de inferioridad material para la causa democrática (es decir, para nuestra causa).

El ascenso de Hitler al poder en Alemania, en 1933, y la derrota de las fuerzas democráticas en Austria, en 1934, habían creado en algunos países un ambiente de impotencia ante el fascismo. A causa de su división, la clase obrera no había podido impedir el avance fascista y, acosada por la represión, se había replegado. Imperaba un profundo pesimismo político y moral.

Pero como veremos, la resistencia antifascista española de 1936-1939 hizo cambiar el panorama: quedó patente que se podía combatir al fascismo, hacerlo retroceder y, en determinadas condiciones, derrotarlo.

El combate del pueblo español elevó la conciencia antifascista de Europa y de todos los países del globo. Fue un revulsivo de trascendencia universal.

Como podremos constatar, los heroicos brigadistas, símbolo de la solidaridad internacionalista, fueron parte de esa resistencia española.

Ese combate sirvió de catalizador del sentimiento internacionalista combatiente de los pueblos.

Concitó en su contra las fuerzas más reaccionarias del mundo, pero atrajo a su favor a las más amplias fuerzas sociales.

Movilizó en su defensa a los sectores culturales más avanzados del planeta. El II Congreso Mundial de Escritores, celebrado en Madrid y Valencia en 1937, fue una prueba palpable de ello.

La resistencia española de 32 meses retrasó el comienzo de la Segunda Guerra Mundial, contribuyendo a evitar que una posible victoria de Hitler marcase otro rumbo a la humanidad.

Fue una gran forja de cuadros políticos y militares: los comisarios fueron, entre éstos, alguno de sus productos.

ANEXO 1

El día 19, la situación en Madrid se había ido clarificando. Las bandas fascistas, en lo fundamental, habían sido derrotadas. Pero quedaba la guarnición militar en gran parte sublevada. Lo que ésta representaba, tanto en Madrid y sus suburbios como en las provincias limítrofes, resalta en los siguientes datos.

Fuerzas sublevadas en Madrid

Ciudad
Cuartel de la Montaña. Regimiento de Infantería núm. 31; Regimiento de Zapadores; Grupo de Alumbrado de Ingenieros. Esas unidades fueron reforzadas con una compañía de la Guardia Civil y otra compañía de cadetes de Toledo.

Cuartel del Pacífico. Regimiento de Infantería núm. 1.

Cuartel de la calle Moret. Regimiento de Infantería núm. 2.

Centro Electrotécnico. Con una escuela al completo de oficiales cursantes de diversas armas.

Periferia
Campamento. Regimiento de Artillería a Caballo; Batallón de Zapadores; Grupo de Información de Artillería; Escuela Central de Tiro de Artillería; Escuela Central de Tiro de Infantería; Escuela de Equitación.

Getafe. Regimiento de Artillería.

El Pardo. Regimiento de Transmisiones.

Vicálvaro. Regimiento de Artillería Pesada.

Otras fuerzas más alejadas de Madrid, también sublevadas

Alcalá de Henares. Regimiento de Caballería.

Toledo. Academia Militar; el Tercio de la Guardia Civil de la provincia; Escuela Central de Gimnasia.

Guadalajara. Regimiento de Aerostación; Maestranza de Ingenieros; Academia de Ingenieros; Colegio de Huérfanos Cadetes; Prisiones Militares.

Segovia. Academia de Artillería; fuerzas de la Guardia Civil de la provincia.

Ávila. Academia de Intendencia; fuerzas de la Guardia Civil de la provincia.

Así pues, las unidades de la I División Orgánica —salvo honrosas excepciones— y otras fuerzas ya mencionadas se alzaron contra la República. Algunas que no operaron con los fascistas activamente en la sublevación estaban inutilizadas para ser empleadas contra los sublevados, tanto por el forcejeo interior entre los partidarios de ellos y los leales como por la falta de decisión de estos últimos.

Desde el Cuartel de la Montaña, donde se encontraba el centro de la sublevación, el general Fanjul y su Estado Mayor dirigían a los sediciosos.

Para hacer frente a los facciosos, las autoridades republicanas contaban en Madrid con las siguientes fuerzas leales:

1. Primer Grupo de Asalto, en el que buena parte de los mandos eran facciosos;

2. Segundo Grupo de Asalto, unidad republicana y patriótica ejemplar, y

3. Tercer Grupo de Asalto, en el que el 50 por 100 de los mandos eran reaccionarios.

En los dos últimos había células del PCE de oficiales, más numerosas en el Segundo Grupo. En el primero había un camarada.

El primero y el tercero fueron ganados por sus oficiales y guardias leales a la República, actuando así los tres en el aplastamiento de la sublevación.

ANEXO 2

Luigi Longo

Las repercusiones internacionales de la sublevación contra la República española

Una gran inquietud se apoderó de Europa y del mundo al conocerse la noticia de la sublevación franquista. En Londres, Moscú, Estocolmo, París, Nueva York, Buenos Aires, México y otras ciudades de varios países tuvieron lugar imponentes manifestaciones populares de solidaridad. En todas partes se expresó la firme voluntad de prestar una ayuda concreta a la República Española agredida. Se recogieron y enviaron urgentemente a España víveres, productos lácteos, medicamentos y ambulancias. Grupos de voluntarios de diversos países trataron por todos los medios de llegar a la frontera franco-española o de entrar en España por mar desde los puertos meridionales de Francia. Los antifascistas extranjeros que residían en España o que habían llegado a Barcelona para asistir a la Olimpiada Popular[8] participaron voluntariamente en las primeras batallas del pueblo contra la revuelta militar fascista.

Después de la emoción de los primeros días, se planteó inmediatamente el problema de pasar a una fase más organizada de la ayuda material y de la participación de voluntarios. Este problema adquirió particular relieve en Francia, en parte porque allí había numerosos grupos de emigrados por razones económicas o políticas —provenientes de países con gran desempleo o en los que dominaban la reacción y los regímenes fascistas— que manifestaban con gran entusiasmo su deseo de ayudar a la España republicana. Por otro lado, los trabajadores y demócratas franceses —bajo la influencia del Frente Popular— participaban activamente en todas las batallas nacionales e internacionales por la paz y la libertad. Puede decirse, además, que Francia era entonces el punto obligatorio para entrar en España. Obligatorio, pero no cómodo ni fácil, porque incluso desde la Francia del Frente Popular y de Léon Blum no podían pasar libremente a la España vecina ni la ayuda material ni los voluntarios.

Como se sabe, los estados capitalistas de Europa aplicaban entonces la llamada política de no intervención. Una no intervención unilateral, pues el Gobierno francés, a pesar de los tratados franco-españoles que lo obligaban en sentido contrario, se consideró en el deber de impedir —o al menos obstaculizar— la llegada de ayuda a España, mientras que el gobierno fascista italiano y el nazismo hitleriano enviaban tranquilamente armas y militares en ayuda de los generales rebeldes.

---

[8] La Olimpiada Popular de Barcelona, cuya inauguración estaba anunciada para el 22 de julio de 1936, fue organizada con el concurso de las organizaciones deportivas proletarias y democráticas de diversos países.

Con autorización o sin autorización de gobiernos que se consideraban democráticos, en diversos países se constituyeron centros para ayudar a España. Con el fin de estimular y coordinar esta actividad, en agosto de 1936 se reunió en París la I Conferencia Europea en Defensa de la República española, en la cual se formó una comisión internacional de información y coordinación de la ayuda en España.

A la rebelión de los generales y a la defección de sectores enteros del aparato estatal tradicional, las masas trabajadoras españolas respondieron asumiendo la salvaguardia de las libertades democráticas del país. La lucha en defensa de la República adquirió, ante todo, un carácter profundamente nacional. Y la primera resistencia a los generales sublevados la opuso precisamente el propio pueblo.

En la guerra de España se enfrentaron el bloque oligárquico, capitalista y reaccionario y el bloque de las fuerzas populares, que había venido forjándose en la lucha durante el llamado *Bienio negro*[9]. Esta colisión planteó con nueva fuerza la necesidad de dar al Estado republicano un contenido democrático y socialmente avanzado.

Se manifestó así el profundo nexo existente entre la crisis de la estructura social y política de España y las esperanzas abiertas ante las masas populares al proclamarse la República.[10] Este nexo explica no sólo la participación entusiasta y combativa del pueblo en la defensa de la República, sino también el carácter profundamente democrático de su lucha armada en 1936-1939.

Esto explica también el desarrollo esencialmente unitario de las fuerzas democráticas, logrado y mantenido durante todo el curso de la guerra. Gracias a la magnitud de la iniciativa popular se consiguió vencer la desorganización provocada por el levantamiento, crear los elementos esenciales —administrativos, económicos y militares— de un nuevo Estado y sentar las bases de una sociedad civil radicalmente distinta de la que existía antes. Por último, el nexo con la evolución histórica de la nación caracterizó en grado considerable la acción de las fuerzas políticas más avanzadas de la República[11].

---

[9] Periodo comprendido entre el otoño de 1933 y finales de 1935, durante el cual se encontró en el poder el bloque de partidos y grupos reaccionarios y filofascistas que habían triunfado en las elecciones de diputados a Cortes.

[10] La República se proclamó el 14 de abril de 1931.

[11] Luigi Longo, *La solidaridad de los pueblos para con la República Española,* Ed. Progreso, Moscú, pp. 10-11. Luigi Longo (Gallo) fue comisario inspector de las Brigadas Internacionales y posteriormente secretario general y presidente del Partido Comunista Italiano. Véase también Santiago Álvarez, *Homenaje a las Brigadas Internacionales* (prólogo de Dolores Ibárruri), Ediciones PCE, Madrid, 1986.

Capítulo 3

LA RESISTENCIA A LA SUBLEVACIÓN. LA GUERRA CIVIL EN VÍSPERAS DEL 18 DE JULIO

A pesar de las debilidades del Gobierno republicano y de algunos miembros de las *cúpulas* dirigentes de ciertos partidos, la sublevación del 18 de julio no pilló desprevenidos a los partidos del Frente Popular ni a las organizaciones sindicales. En el seno del Gobierno presidido por Casares Quiroga, la situación era otra. Incluso entre algunos dirigentes del PSOE prevalecieron, casi hasta aquella fecha, las dudas en cuanto a lo que se preparaba. Esas dudas llevaron a los gobernantes a una negligencia que, si ya entonces calificamos como suicida, no merece hoy más suave adjetivo[1].

Pero cabe subrayar que los partidos y, en general, los trabajadores vigilaban. A su vanguardia estaban especialmente el Partido Comunista de España, la corriente de izquierda del PSOE, mayoritaria en el seno de éste, y las organizaciones juveniles Juventud Comunista y Juventud Socialista, que, unificándose el 1 de abril de 1936, crearon la Juventud Socialista Unificada (JSU)[2].

---

[1] Un mes antes de estallar la rebelión, dirigentes del Partido Comunista visitaron a Casares Quiroga para denunciar los preparativos militares de los carlistas en Navarra. El jefe del Gobierno respondió despectivamente que los comunistas «veían sublevaciones hasta en la sopa».

El señor Prieto, que encabezaba la corriente centrista del PSOE, solía manifestar públicamente igual criterio hasta muy pocos días antes del 18 de julio. Y el propio Largo Caballero no vio claro hasta casi en vísperas de la sublevación. El 26 de junio, en un mitin organizado por la UGT en el Cinema Europa de Madrid (Cuatro Caminos) en el que también habló Pepe Díaz, escuchamos al líder socialista decir: «¡Dejadlos que se subleven, que los aplastaremos!».

[2] Las Juventudes Socialistas y Comunistas habían pagado ya su contribución de sangre a la lucha antifascista antes del 18 de julio. Juanita Rico, joven socialista, había sido asesinada cuando regresaba de una excursión dominguera y poco después era asesinado el joven comu-

Vigilaban asimismo los sindicatos de la Unión General de Trabajadores (UGT), a los que estábamos afiliados, junto con los socialistas, millares de comunistas[3]. También ejercían vigilancia muchos obreros pertenecientes a la CNT, sindicato de influencia anarquista que, con la UGT, era la otra gran central sindical existente entonces. Existían además las MAOC, que habrían de desempeñar, en esa etapa, un papel muy importante. Las MAOC (Milicias Antifascistas Obreras y Campesinas) se habían ido organizando desde fines de 1933 por si llegaba el día en que hubiese que defender, incluso con las armas, al lado de las fuerzas militares y de seguridad leales a la República, el poder democrático legalmente constituido. Les llegaba en esa circunstancia su momento[4].

A partir ya del mes de junio, la vigilancia del PCE, del PSOE, de los sindicatos y de otras fuerzas antifascistas era permanente. Se pernoctaba en los locales tanto de los sindicatos como de los partidos. Grupos de voluntarios montaban sucesivas guardias cívicas atentos a lo que podía suceder.

El 13 de julio de 1936, el PCE y el PSOE, la JSU y la UGT, así como la Casa del Pueblo de Madrid, publicaban el siguiente documento que *El Socialista* insertó al día siguiente en su primera página:

LOS GRUPOS POLÍTICOS Y SINDICALES DE IZQUIERDA
SE DECLARAN DISPUESTOS A LA LUCHA

Contra los intentos reaccionarios. Una importante nota de las organizaciones y partidos obreros.
Conocidos los propósitos de los elementos reaccionarios enemigos de la República y del proletariado, las organizaciones políticas y sindicales representadas por los firmantes se han reunido y han establecido una coincidencia absoluta y unánime en ofrecer al Gobierno el

---

nista Joaquín de Grado, sobre cuyo entierro voló el aviador Arturo González Gil, arrojando desde su avioneta ramos de claveles rojos. Esas dos muertes contribuyeron a acelerar la unificación juvenil.

[3] Miles de comunistas éramos no sólo militantes de la UGT, sino cuadros dirigentes a nivel provincial y regional: tal era, por ejemplo, mi propio caso.

[4] MAOC: Organización de autodefensa del pueblo, de sus manifestaciones obreras y populares. Se crearon especialmente en Madrid y su provincia. Estaban integradas por obreros, campesinos y empleados. En octubre de 1934 defendieron a los obreros de las agresiones fascistas. Protegieron las manifestaciones del Frente Popular en 1936. Al triunfar dicha coalición y formarse el primer Gobierno del Frente Popular, presidido por Azaña, las MAOC presentaron a la legalización sus estatutos. Su primera actuación legal, autorizada, fue el 1 de mayo de 1936 para proteger la manifestación obrera.

Las MAOC vestían camisa azul mahón. De sus filas salieron heroicos luchadores antifascistas, muchos de los cuales ofrendaron sus vidas en los primeros días de julio de 1936.

concurso y el apoyo de las masas que les son afectas para todo cuanto signifique defensa del régimen y resistencia contra los intentos que puedan hacerse frente a él.

Esta coincidencia no es solamente circunstancial; por el contrario, se propone subsistir con carácter permanente mientras las circunstancias lo aconsejen para fortalecer el Frente Popular y para dar cumplimiento a los designios de la clase trabajadora puestos en peligro por los enemigos de ella y de la República.

Por la UGT, Manuel Lois; por la Federación Nacional de Juventudes Socialistas, Santiago Carrillo; por la Casa del Pueblo, Edmundo Domínguez; por el Partido Socialista, Luis Jiménez Asúa; por el Partido Comunista, José Díaz.

Las muertes del teniente Castillo[5] y de Calvo Sotelo[6], los discursos belicistas de los portavoces de la derecha en el Parlamento y la prórroga sucesiva del estado de alarma por el Gobierno eran las expresiones más visibles del clima que precedió a aquel aciago día 18 de julio de 1936.

Mas la alerta de los partidos obreros y de las centrales sindicales no hubiera significado mucho si la influencia de éstos se hubiese limitado a sus propios afiliados, ya que, con ser numerosos, representaban sólo una minoría en el conjunto de la población e incluso de la clase obrera[7].

Pero la influencia de los partidos del Frente Popular y de los sindicatos rebasaba las fronteras de sus estructuras orgánicas para proyectarse en el tejido popular y social, suscitando la atención, el interés y la confianza de las masas. La predisposición de éstas a batirse para impedir el triunfo fascista estaba en relación directa con esa confianza y con el clima político social en que nos desenvolvíamos.

La sublevación y las primeras milicias. La toma del Cuartel de la Montaña

El 17 de julio se produjo ya la sublevación en Marruecos, zona de protectorado español. Pero incluso en esos momentos el jefe del Gobierno, Casares Quiroga, restó im-

---

[5] Teniente Castillo, oficial de la Guardia de Asalto, de ideas y comportamiento democráticos, asesinado por los pistoleros fascistas en la noche del 12 de julio, cuando salía de su casa para tomar el servicio.

[6] José Calvo Sotelo, jefe de la oposición, considerado como uno de los más caracterizados promotores de la sublevación. Fue sacado de su casa al día siguiente de la muerte de Castillo, en la madrugada del 13 de julio, por guardias de asalto pertenecientes al grupo del asesinado teniente.

[7] El PSOE contaba en julio de 1936 con 59.846 militantes, según *El Sol* del 15 de julio de dicho año. Los efectivos del PCE pasaron de 30.000 en febrero a 102.000 en julio, en el momento en que estalló la sublevación.

portancia al hecho. Una delegación del Frente Popular fue a visitarle para pedir que armase al pueblo. Casares Quiroga contestó al fin: «No me opondré a que les entreguen las pocas armas de que disponemos. Pero antes yo dimito».

La noche del 18, Dolores Ibárruri, en nombre del Partido Comunista de España, habló por la radio llamando a los trabajadores, a las fuerzas políticas democráticas y a toda la población a la lucha. El pueblo de las ciudades más importantes, sobre todo el de Madrid, respondió en masa.

El 18 y el 19 de julio, al núcleo organizado se unió lo que podemos denominar el elemento espontáneo, aunque esa espontaneidad fuese relativa, ya que entre la población no organizada predominaba la conciencia del momento histórico que estábamos viviendo. La conciencia antifascista de las masas era, en general, muy elevada. Solamente así fue posible que la parte organizada de la clase obrera y de las fuerzas de izquierda orientasen adecuadamente, en un orden impresionante, expresión de una gran responsabilidad colectiva, las manifestaciones y la acción de las grandes multitudes en la calle. (En mis recuerdos son imperecederas las imágenes de las grandiosas manifestaciones del 18 y 19 de julio en la Puerta del Sol y en la zona de Pacífico, en las que tomé parte.)

Esa realidad, la actitud consciente de soldados y determinados oficiales y clases, así como la labor política democrática de los comunistas en las unidades militares, hicieron posible la toma de algunos de los cuarteles de Madrid, especialmente el de la Montaña, en donde se encontraban el general Fanjul y su Estado Mayor —centro de la rebelión en la capital— y cuya rendición fue decisiva[8].

La toma de dicho cuartel está estrechamente relacionada con la movilización del pueblo y su voluntad de lucha, con la actitud de un grupo de militares profesionales, leales a la causa democrática y a su juramento a la bandera, así como con la creación de las Milicias Populares.

---

[8] En el Cuartel de la Montaña había una presencia, relativamente fuerte, del Partido Comunista de España. Ésta, dado el tipo de organización que podía existir en los cuarteles, la dirigía el camarada Nieto, cabo de ingenieros. Antes de incorporarse al servicio militar, Nieto había sido secretario general de la Juventud Comunista de Orense. La organización del PCE, en estrecho contacto con algunos oficiales demócratas y, sobre todo, con la masa de soldados, desempeñó un papel fundamental en la creación de condiciones favorables para sofocar dentro del cuartel la rebelión fascista, coincidiendo con la presión popular y el ataque de las fuerzas leales desde fuera.

El camarada Nieto fue después comisario político de ingenieros, ofrendando su vida por la causa de la democracia.

Milicianos haciendo la instrucción en los primeros días de la guerra, en Madrid

El desfavorable desarrollo que en los primeros momentos tuvo el levantamiento del 18 de julio de 1936 contra la República para los comprometidos en él se materializó en los siguientes hechos:

— En Madrid, Barcelona y otros importantes centros fueron, como queda dicho, sofocadas las sublevaciones.

— Uno de los puntales principales de los sublevados eran la Legión Extranjera y las unidades marroquíes. Pero tanto aquélla como éstas se encontraban en África y Franco carecía de medios para trasladarlos a la Península, porque la flota mercante y la mayoría de los marinos de la escuadra no secundaron el movimiento fascista.

En esas condiciones, personalidades muy relevantes de la política internacional, figuras del régimen hitleriano y hasta uno de los principales encartados en la sublevación, el general Mola, descartaban la victoria de los sublevados o dudaban de ella.

Louis Debrouckère, presidente de la II Internacional, que estuvo en España a comienzos de 1936, dijo: «La primera conclusión a que he llegado consiste en que el Gobierno español y el pueblo español estarán en condiciones de sofocar la sublevación si no se produce una intervención de cualquiera de otra parte».

También por entonces (agosto de 1936) el almirante nazi Raeder informó a Hitler: «Por cuanto una gran parte de las fuerzas aéreas y navales permanecen fieles al Gobierno republicano, no es de esperar que el Gobierno de Franco pueda mantenerse con éxito mucho tiempo sin una amplia ayuda desde fuera»[9].

[9] *Akten zur deutschen auswärtigen Politik. 1918-1945. (Documentos de la política exterior alemana.)* Serie D (1937-1945), Bd. III (1936-1939), Baden-Baden, 1951, S.

Los comprometidos en la conspiración cayeron también en el pesimismo. El mencionado embajador de Estados Unidos en España, Claude G. Bowers, comunicó en una carta a Franklin D. Roosevelt el contenido de sus conversaciones con el conde de Romanones, uno de los oligarcas e ideólogos de la reacción. Al día siguiente del levantamiento, el conde de Romanones expresó la seguridad de que los rebeldes triunfarían en «cuatro o cinco días como máximo». Bowers escribe:

> Diez días después le recordé sus palabras y él, pensativo, me contestó: «Contábamos con la escuadra, pero nos hemos equivocado. Suponíamos que los vascos estarían con nosotros, pero están contra nosotros. Pero lo más serio es que no esperábamos que se alzara contra nosotros todo el pueblo».

En esa situación difícil para los sublevados, los fascistas italianos y los nazis alemanes se volcaron en su ayuda. Hitler dispuso que se les prestara pleno apoyo e inmediatamente les fueron enviando aviones *junkers* alemanes.

En los aviones de transporte enviados por Alemania, Franco trasladó en dos semanas, de Tetuán a España, dieciséis mil soldados y oficiales con todo su armamento. En Alemania se prepararon grandes unidades de aviación, que más tarde, en noviembre de 1936, salieron para España formando parte de la Legión Cóndor. A los puertos y aeródromos ocupados por los facciosos llegaron miles de soldados y oficiales de los ejércitos regulares alemán e italiano, armamento y pertrechos bélicos.

Ésas fueron las circunstancias en que comenzaba la guerra civil más sangrienta de la historia de España, esencialmente distinta de las guerras civiles que este país vivió en el siglo pasado.

En un famoso discurso pronunciado en Valencia el 21 de enero de 1937 dijo don Manuel Azaña, presidente de la República: «La rebelión militar española ha adquirido, desde el primer momento, los caracteres de un gravísimo problema internacional y, diciéndolo con una paradoja, añadiré que desde antes del primer momento. Quiero decir antes de que saliese a la luz el hecho físico de la rebeldía. Porque estamos persuadidos de que, si no hubiera precedido una intensa labor internacional, la rebeldía militar española no habría estallado»[10].

La afirmación de don Manuel Azaña es un axioma. Pero cabe añadir que, aun habiendo tenido lugar la sublevación, si no se hubiese producido la ayuda directa e inmediata del eje nazi-fascista a los sublevados, probablemente se hubiera evitado la Guerra Civil.

---

[10] Véase *Mundo masónico,* La Habana, 1942.

Los factores señalados al comienzo como originarios de la contienda de 1936-1939 no sólo poseen una base plenamente objetiva, sino que confirman que la responsabilidad histórica de aquélla recae sobre la oligarquía financiera terrateniente española y sobre el fascismo internacional.

¿Cómo surgieron las milicias populares? ¿Cómo se organizó el V Regimiento?

Existiendo ya la experiencia de las MAOC y vista su utilidad, dadas las circunstancias, se creó el 18 de julio mismo, en el Ministerio de la Guerra, una vez constituido el Gobierno del doctor Giral, una comisión encargada de organizar las milicias y dotarlas de armamento. Se trataba de ampliar así la experiencia ya lograda con las MAOC, que acabo de mencionar.

Como jefe de dicha comisión fue designado el entonces capitán Luis Barceló, militar profesional demócrata que inspiraba plena confianza. La comisión se transformaría poco después, bajo la jefatura del propio Barceló, en la Comandancia General de Milicias. (Barceló, por sus méritos, ascendió en el curso de la lucha a coronel. Pero al final de la guerra fue fusilado por la Junta de traición de Casado.)

Vayamos por partes y veamos, ante todo, el relato de un participante directo en la toma del Cuartel de la Montaña.

> Supimos —dice Manuel Carnero[11]— que la comisión de milicias había acordado constituir cinco batallones de voluntarios, dotados de trescientos fusiles y dos ametralladoras cada uno. No era mucho, pero era algo.
>
> Estrechamente unidos, comunistas, socialistas y jóvenes socialistas unificados empezamos a planear la organización del V Batallón de Voluntarios, que debía tener como base de reclutamiento la zona de Cuatro Caminos...
>
> Llegó un comandante del ejército acompañado de dos capitanes (Miguel Gallo, a quien conocíamos desde la sublevación de Jaca, en la que habíamos participado, y Arturo Arellano, que estaba retirado y que venía con una especie de uniforme deportivo de pana). A ellos se unió otro militar, Francisco Galán, hermano de Fermín (el fusilado en Jaca, con motivo de la sublevación antimonárquica), también retirado, militante comunista, muy popular y

---

[11] Manuel Carnero Muñoz, periodista. En el año 1936 era miembro del Comité del Radio Norte del PCE, de Madrid (zona de Cuatro Caminos). Como tal participó en la movilización para la constitución del V Batallón de Voluntarios, que se transformó inmediatamente en el V Regimiento de Milicias Populares. Durante la guerra combatió en la VI Brigada Mixta, 24 División, X y XII Cuerpos de Ejército. Al fin de la guerra tenía el grado de mayor y era jefe del Estado Mayor y jefe de información del XII Cuerpo de Ejército.

querido. El comandante era un militar cargadísimo de prejuicios y, sobre todo, con un santo temor a los comunistas (...). Llegó también el armamento y la munición.

En aquella noche histórica, cálida, con apretadas discusiones, estaba naciendo el V Batallón de Voluntarios, o sea, el que fue el V Regimiento. El parto fue difícil. El comandante se resistía. No quería que los comunistas formásemos parte del batallón. En acalorada polémica, los dirigentes socialistas, Rodríguez, secretario de la JSU, Santiago, organizador del Radio Norte del PCE, Gallo, Arellano, Galán, todos le hacíamos ver la urgencia del caso: se había producido la sublevación y era necesaria la unidad más estrecha. Y abajo, en la calle, centenares de hombres se apretujaban a la espera de armas.

El comandante Barceló envió a Cuatro Caminos a su ayudante, el teniente Justo López Mejías, otro oficial de los de Jaca, para inspeccionar la marcha de las cosas. Les explicamos con claridad la situación planteada, la inactividad del batallón, aún en estado intrauterino, mientras, según nos informaba el propio Justo, ya debiéramos estar hacia el Cuartel de la Montaña.

La autoridad de que venía investido el ayudante de Barceló, López Mejías, inclinó al comandante a adoptar la decisión justa. Los fusiles se repartieron entre los miembros de las organizaciones antifascistas y las dos ametralladoras se entregaron a los que sabían manejarlas. El jefe de esos equipos fue el dirigente comunista del Metro, Esteban Díaz, que había servido en el ejército como soldado de ametralladoras.

Gallo, Arellano, Galán y los que habíamos hecho el servicio militar enseñamos al resto de los voluntarios el manejo de los fusiles. Una enseñanza muy elemental y rápida: cómo colocar el peine con las balas, cómo mover el cerrojo, cómo disparar. Y casi nada más. En esa afanosa enseñanza transcurrieron los últimos minutos hasta el alborear.

Y cuando ya se encendía el sol por el horizonte, unos cuantos tranvías chirriantes, los famosos 17, cargados con el batallón, bajaron por Bravo Murillo hacia Quevedo y enfilaron la calle de San Bernardo...

Y al fin se llegó. Y allí, los hombres de Cuatro Caminos se unieron a otros que venían de todos los rincones de Madrid y allí, unos y otros presenciamos la llegada del cañón que lanzó las primeras granadas sobre el cuartel de la calle de Ferraz. Y se observó el avión que arrojó unas bombas sobre el edificio. Todo el mundo se lanzó hacia las puertas. Y penetró dentro. Y derrotó con el empuje de sus cuerpos a los fascistas encabezados por Fanjul. No podemos olvidar, por lo significativo, que fue en aquellos momentos que, junto a hombres del V Batallón de Voluntarios, había un destacamento de la Guardia Civil que cumplió con su deber, contribuyendo a la toma del cuartel.[12]

---

[12] Esta versión la confirma en su libro *Trayectoria* el general Antonio Cordón, que pasó a ser ese mismo día 19 jefe de personal en el Ministerio de la Guerra: «Se comentaba —dice— la sublevación del Cuartel de la Montaña. Un muchacho afirmaba que estábamos atacando el cuartel con artillería. Más tarde supe que, efectivamente, los elementos populares que dieron el asalto estuvieron apoyados por unos cañones entregados en el Parque, donde se hallaban en reparación, a los artilleros Vidal y Oraad de la Torre, teniente el primero y capitán el segundo». (Antonio Cordón, *Trayectoria,* Colección Ebro, París, 1971, p. 228.)

Con la toma del Cuartel de la Montaña, en el que se hallaban, además del general Fanjul y su Estado Mayor, numerosos falangistas, se hizo fracasar definitivamente el alzamiento en la capital de España. Pero este fracaso, con ser decisivo para impedir el triunfo de los sublevados como un simple golpe de Estado, era, en realidad, el comienzo de la lucha.

Los rebeldes, vencidos en Madrid, Barcelona, Bilbao, Valencia y otras importantes capitales, se habían impuesto, sin embargo, en gran parte del país, logrando sus propósitos en 17 provincias. Se había creado así una nueva realidad a la que había que hacer frente. La suerte estaba echada.

La Guerra Civil

De la sublevación militar a su continuidad en la Guerra Civil hay un salto cualitativo, el que se produce al pasar de un intento de adueñarse del poder del Estado de modo fulminante a una sucesión de batallas en una guerra prolongada, larga en este caso, la más sangrienta en la historia de España.

En la zona dominada por la sublevación, ese salto implicó, además, que la anterior forma política del Estado fuese sustituida por una *forma fascista a la española,* consustancial con el objetivo que la propia sublevación entrañaba.

Dadas las circunstancias históricas, la sucesión de las batallas, con sus pausas, y la guerra, con sus vaivenes, llevarán al fin al logro del objetivo inicial de los sublevados. Pero ese objetivo fue conquistado a costa de enormes sacrificios en ambos bandos. *La factura,* a fin de cuentas, la pagó el pueblo, especialmente la clase obrera y las fuerzas más revolucionarias y progresistas de la sociedad. *En la más amplia acepción del término, la pagó España.*

Las razones del salto cualitativo de la sublevación a la Guerra Civil son de diversa índole y de carácter muy profundo y hay que situarlas en el contexto internacional y nacional antes diseñados. Sin agotar su catálogo, haremos referencia a algunas de ellas.

En primer término, cabe recordar que los lugares en que se impuso rápidamente la sublevación fue en los territorios norteafricanos, sede del neocolonialismo español, y en las zonas agrarias de la Península, menos desarrolladas (algunas, incluso, casi colonizadas por la política oligárquica). Salvo raras excepciones, entre la población de esas zonas predominaban sentimientos de frustración y de sumisión, pero sobre todo una mentalidad tradicional, tanto de orden ideológico como político.

Me refiero —no sólo, aunque sí especialmente— a las posesiones coloniales en África. Pero también a Galicia con sus cuatro provincias, al antiguo Reino de León, a Castilla la Vieja, Navarra, La Rioja, parte de Andalucía, Extremadura, etc.

El dominio de algunas de las zonas mencionadas y en particular colindantes con la frontera portuguesa garantizaba a los sublevados como ayuda suplementaria no sólo condiciones óptimas para sus objetivos, sino una cabeza de puente impresionante para el asalto a la Península desde África. También le proporcionó reservas enormes, tanto en material humano como en avituallamiento.

El fracaso de la sublevación en puntos tan vitales como Madrid, Barcelona, Valencia, Bilbao y sus respectivas populosas zonas de tipo industrial, podría haber «desarmado» a los rebeldes. Más para ello tenían que darse otras condiciones nacionales e internacionales. La ayuda moral, política y material del eje nazi-fascista a los sublevados, la mal llamada política de no intervención, que habría de imponerse nada más iniciada la contienda, garantizando la intervención abierta del Eje y el apoyo de Estados Unidos determinaron que la transformación del golpe militar en guerra civil estuviera en la lógica del proceso dialéctico abierto el 18 de julio.

Después de la entrada en España de las tropas de Napoleón (que dio lugar a la Guerra de la Independencia, 1808-1814), el antecedente más característico de una descarada intervención extranjera en la vida interna del Estado español, antes de 1936-1939, lo encontramos en la expedición político-militar de la Santa Alianza en 1824 (los Cien Mil Hijos de San Luis) para abatir el régimen liberal restablecido con la puesta en vigor de la Constitución de 1812, gracias al pronunciamiento de Riego en Cabezas de San Juan en 1820.

Pues bien, en condiciones distintas, pero sobre todo más trágicas que las del siglo XIX, tuvo lugar la intervención extranjera abierta en 1936-1939. Fue esta intervención la que decidió la suerte de España por casi medio siglo.

No exageramos al afirmar que sin el apoyo político, militar y material extranjero, la sublevación hubiese fracasado a los pocos días y, por tanto, no hubiese habido guerra civil; no la hubiera habido ni siquiera aunque los sublevados hubiesen mantenido en su poder durante cierto tiempo algunas zonas del país, dominadas por ellos desde el primer momento.

A partir de la sublevación y del contexto en que ésta se produjo, la Guerra Civil fue un hecho. Estamos convencidos de que no lo hubiera sido sin las premisas concurrentes que acabamos de citar.

No podemos ni debemos olvidar que, en el orden internacional, el sostén del fascismo y del gran capitalismo internacional a Franco y a los sublevados fue decisivo.

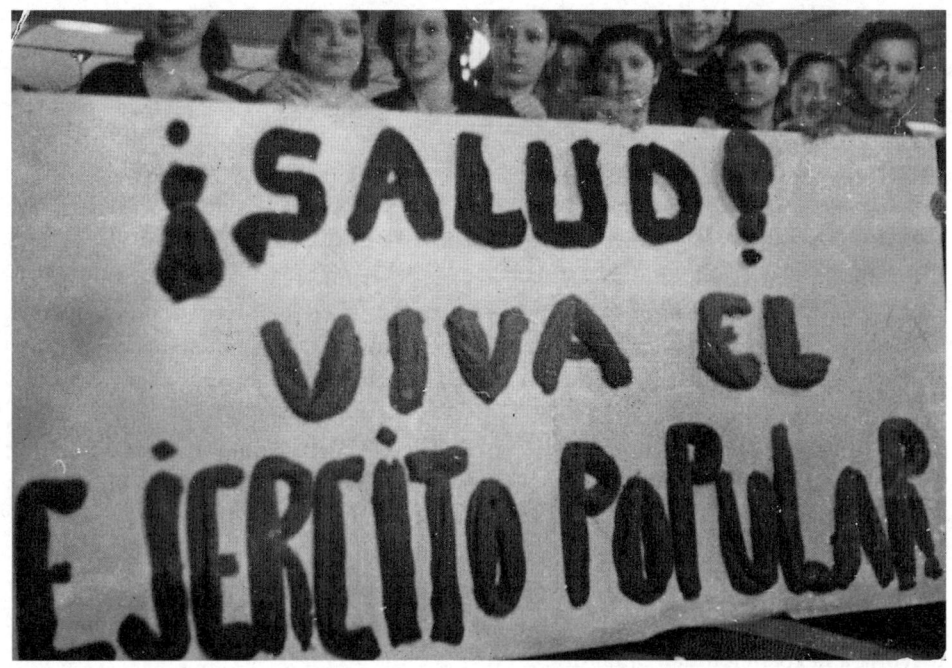

Las obreras de la fábrica Quirós de Madrid en apoyo al Ejército Popular

En el orden nacional, una premisa básica para que la rebelión se convirtiese en guerra civil (junto a los factores ya mencionados) fue la política represiva de Franco.

No olvidemos, además, que ante la inminente y clara amenaza de sublevación, los gobernantes de la República practicaron una política de titubeos, de confusión y de vacilaciones, sin excluir tampoco algunas complicidades.

En otro aspecto, el positivo, la Guerra Civil fue un hecho porque hubo un pueblo dispuesto a batirse por la legalidad democrática y, una vez más, por la independencia de España. Si ese pueblo hubiese claudicado (o, en otro aspecto, si el Gobierno de compromiso creado el 19 de julio de 1936 por el señor Martínez Barrio hubiese prevalecido), el triunfo de la sublevación habría sido cosa de semanas[13].

Para que la guerra civil se generalizase, hacía falta resistir a los propósitos de los sublevados; era preciso que la causa defendida por las fuerzas antifascistas ganase a mi-

---

[13] Debe tenerse en cuenta que los sublevados *nunca aceptaron una negociación de igual a igual,* sino que exigieron que los republicanos se sometiesen incondicionalmente.

les y miles de nuevas conciencias ciudadanas para una defensa resuelta de la legalidad democrática; se necesitaba, en suma, que el arrojo de quienes combatían el fascismo sirviese de aglutinante de la mayoría del pueblo. Y esto fue lo que sucedió en la zona leal adicta al Gobierno republicano.

Las bases de la resistencia

La resistencia antifranquista se nucleó en torno a la clase obrera, siendo sus principales protagonistas las fuerzas de las zonas predominantemente industriales y de tradición más democrática. Fue esto lo que en definitiva hizo imposible el triunfo de la sublevación como golpe de Estado.

¿Qué factores posibilitaron la respuesta de la clase obrera y de los sectores más democráticos de los pueblos de España? Esos factores fueron varios, concatenados y concatenantes.

El primero de ellos fue que, habiendo triunfado el Frente Popular el 16 de febrero de 1936, el pueblo defendía un poder legítimo, un poder legalmente constituido, un poder democrático salido de las urnas en unas elecciones legislativas que dieron la mayoría a la coalición de izquierdas.

El segundo factor, que jugó un papel determinante, fue el espíritu de unidad de la clase obrera, que tenía su antecedente más inmediato en la lucha de octubre de 1934, particularmente en la gesta minera de Asturias, y que servía de catalizador a una unidad democrática más amplia, cuyo soporte esencial residía en las fuerzas de izquierda, especialmente en la unidad de comunistas y socialistas.

En estrecha relación con esos dos factores, cabe señalar un tercero: el ambiente antifascista reinante en el país. Este factor estaba ligado a los dos anteriores, siendo en gran medida su resultante.

La conciencia del peligro político, nacional, histórico, que representaría el triunfo del fascismo, no sólo para España, sino también para todo el mundo, constituyó asimismo un factor muy importante. La experiencia demostró que ese peligro era tangible; no tenía nada de irreal.

La existencia de un Partido Comunista que había superado el infantilismo revolucionario y el sectarismo predominante en sus filas desde 1920 hasta 1932 y que practicaba una política antifascista, unitaria y amplia, representó el factor subjetivo fundamental para organizar la resistencia. Al producirse la sublevación, el Partido Comunista era ya un partido de influencia creciente, cuya política encarnaba los anhelos de las masas trabajadoras y, en general, de los ciudadanos modestos, así como los de las fuerzas de la cultura más relevantes y progresistas. Su llamamiento a batirse contra el fascismo encontró un eco masivo.

Mientras otros pueblos del centro de Europa —como ya hemos apuntado más arriba— sucumbían de modo humillante ante el dictado del fascismo, la gesta del pueblo español, hecha realidad merced al conjunto de factores que quedan apuntados, revistió caracteres realmente históricos.

Mas el espíritu de resistencia antifascista de las masas no había caído del cielo, como el maná de la referencia bíblica. Era la consecuencia de una preparación política, de una elevada conciencia de los obreros industriales, de amplios sectores del campesinado y de las capas medias, conciencia que se había ido creando año tras año. Ese estado de ánimo de las masas denotaba también que no se había extinguido el auge revolucionario democrático que se vivía a partir de las luchas de 1931 y que fue decisivo para el establecimiento de la República. Aquel auge tuvo sus altibajos, pero su persistencia fue una realidad hasta 1936-1939.

La experiencia internacional de la subida del fascismo alemán al poder, hecho que en España tuvo gran repercusión, ejerció una enorme influencia en la mente de los trabajadores. A dicha repercusión hemos de asociar la acuciante alerta que supuso para las fuerzas obreras y democráticas del mundo la celebración del VII Congreso de la Internacional Comunista. La famosa consigna lanzada por el búlgaro Jorge Dimitrov (*Frente Popular en todo el mundo*) tendía a un objetivo principal: evitar en otros países la entronización del fascismo, imperante ya en Italia y Alemania. Pero otro de sus fines era el de conjurar la guerra, la Segunda Guerra Mundial, que ya se dibujaba en el horizonte.

El auge democrático revolucionario y el que existiese una conciencia de lucha fueron elementos determinantes para que las masas empuñasen las armas enfrentándose voluntariamente a los sublevados y para que se creasen condiciones que permitieron una resistencia de cerca de tres años.

De ese modo, desde el inicio de la Guerra Civil, las posiciones se definieron cada vez más nítidamente en dos grandes bloques: derechas e izquierdas. En torno a las fuerzas de la democracia y del progreso histórico estaba la España obrera y popular de tradición más progresista. Con los sublevados y la contrarrevolución se alineaban la regresión social y política del fascismo, ideología producto del capital financiero y monopolista. Se trataba de la lucha más definida que se había dado en España en el conjunto de las guerras civiles que la asolaron desde mediados del siglo XIX. En las anteriores guerras civiles, la oligarquía capitalista ascendente defendió el poder real constituido (liberales) frente a los propósitos del carlismo. Éste, aunque integrado en parte por fuerzas populares, representaba en general a las fuerzas sociales más retrógradas, enfrentadas con el poder institucional.

En 1936-1939 la situación ofrece un cuadro distinto: son las masas populares las que defienden un poder democrático legalmente constituido y la oligarquía se enfrenta con ese poder, situándose en el terreno de la ilegalidad y de la rebelión fascista.

Nos hallábamos en un momento inédito en los anales de nuestra historia. De ahí que la Guerra Civil presentase también un doble carácter interno: se defendía la legalidad democrática frente a una subversión ilegítima y, al propio tiempo, las fuerzas de la democracia eran las impulsoras del proceso de renovación histórica de España, en la vía del progreso social.

Capítulo 4

SOBRE LAS CAUSAS HISTÓRICAS DE LA GUERRA CIVIL ESPAÑOLA DE 1936-1939

La Guerra Civil Española fue motivada por factores histórico-sociales de nuestra realidad nacional, algunos ya señalados, en un contexto de ofensiva nazi-fascista y militarista generalizada a escala mundial.

La responsabilidad histórica de haber provocado y desencadenado dicha guerra recae sobre las clases dominantes españolas y especialmente sobre la oligarquía financiera terrateniente, apoyada por el nazi-fascismo y la reacción internacional. La sublevación se produjo contra un poder democrático, producto del sufragio universal, ejercido simplemente por el pueblo, que es el soberano.

Las causas que llevaron a la sublevación del 18 de julio de 1936 e hicieron que se transformase en guerra civil determinarán también su desenlace.

Antecedentes históricos

Una constante del siglo XIX español fueron los flujos y reflujos de la lucha entre el declinante feudalismo y el incipiente capitalismo, entre la aristocracia semifeudal y terrateniente, eclesiástica y seglar, predominante, y la naciente burguesía española, que trataba de abrirse camino hacia el poder.

Esos vaivenes confluyeron, al fin, en el compromiso contraído en 1874 entre la gran burguesía, temerosa ya del proletariado naciente, y la aristocracia terrateniente.

Ese compromiso fue la base de sustentación para la restauración monárquica, que se legitimó por la Constitución de 1876.

La fase de las revoluciones burguesas, abierta en España en el periodo de 1808 a 1814 —Guerra de la Independencia contra Napoleón y Constitución de Cádiz—, quedó inconclusa.

La proclamación de la República, el 14 de abril de 1931, puso de nuevo sobre el tapete el problema de la realización efectiva de la revolución democrática española. Pero esto sucedió cuando ya era evidente la fusión de la creciente oligarquía financiera con la aristocracia terrateniente, dando lugar a ese fenómeno, tan característico en este país, de una oligarquía bicéfala y visceralmente reaccionaria.

El triunfo republicano, en 1931, sustituyó en la dirección gubernamental del Estado el predominio de la aristocracia terrateniente, a la que estaba subordinada la burguesía. Preponderó la burguesía comercial-industrial, a la que quedaron supeditadas la burguesía agraria y los más modestos terratenientes.

Las Cortes Constituyentes de 1931 elaboraron una constitución democrática. Pero los aparatos del Estado no fueron democratizados ni puestos en consonancia con el nuevo rumbo republicano. Tampoco se llevó a cabo la reforma agraria ni se realizaron otros cambios políticos estructurales.

Al propio tiempo, desde el momento mismo de establecerse la República, la mencionada oligarquía financiera terrateniente trató de imprimirle un rumbo derechista, conspiró contra ella y llegó, finalmente, a organizar el alzamiento del 18 de julio de 1936.

Desde 1931 los cambios de sectores clasistas en la gobernación del Estado, algunos de los decretos ley dictados y la nueva carta constitucional, representaban una revolución política. Si ésta se desarrollaba y profundizaba, era susceptible de promover reformas importantes —no socialistas, sino de tipo capitalista moderno— en las esferas económico-sociales y en las estructuras de la Administración. La República era el Gobierno, la República era el Parlamento, la República era un progreso de la instrucción pública, era algunas tímidas leyes sociales. Pero entre otros males, la República sufría el enorme contrapeso del antiguo aparato monárquico del Estado. En última instancia, fue ese doble y múltiple aparato, coercitivo e ideológico, al que la oligarquía utilizó y levantó contra el sistema político democrático republicano, hasta sepultarlo.

En el conjunto de aquel aparato monárquico, fue particularmente importante el peso del sector policiaco y represivo como lo fue el de la magistratura. Las ideas retardatarias pesaban mucho en el seno de la Administración civil del Estado, de las provincias y de los municipios. Lo decisivo, sin embargo, fue la actitud de las Fuerzas Armadas, que no se mantuvieron fieles a su misión de defender, junto con la integridad y la soberanía de España, el poder emanado del pueblo. La Constitución de ésta rezaba: «Los poderes de todos los órganos emanan del pueblo» (Título 1.°, art. 1.° de la Constitución).

Uno de los principales instrumentos en el ámbito de la ideología era la enseñanza. Con la República España realizó progresos en ese terreno. Pero el más importante instrumento ideológico de entonces, la Iglesia, estuvo frente a la República y con los adversarios de ésta, al servicio de la conspiración y en definitiva de la sublevación.

La hostilidad de la Iglesia contra el Gobierno republicano se manifestó de modo diverso. En la primera etapa, a través, sobre todo, de la actitud de confrontación con el poder por parte del cardenal Segura, primado de España. En vísperas del 18 de julio, incitando y contribuyendo al golpe de Estado. En marcha ya la Guerra Civil, proclamando a ésta como *cruzada* de la fe católica y participando activamente en el combate al lado de Franco.

El proceso general de 1931 a 1936 revistió las siguientes características: bajo la hegemonía oligárquica y de las fuerzas más derechistas, el aparato estatal y administrativo bloqueaba las leyes del Parlamento y las decisiones del Gobierno, mínimamente progresistas. Y una vez que la oligarquía creó las condiciones idóneas para la sublevación, desde dentro de los propios aparatos del Estado se fraguaría, tanto en el orden político militar como en el ideológico, esa sublevación.

Nunca mejor que en este caso se confirmó que el órgano que en el amanecer de las sociedades clasistas fue creado por la sociedad para defenderla se impuso a la mayoría de ésta, respondiendo al interés de una parte de la clase dominante: la oligarquía financiera terrateniente.

Los hechos históricos demuestran, pues, que el sistema republicano democrático, producto del sufragio universal, no fue aceptado por la oligarquía financiera terrateniente española. La conspiración contra el mismo comenzó, por ello, desde el momento de su triunfo.

En relación con el movimiento de octubre de 1934, se ha especulado mucho con una frase de Indalecio Prieto, el líder del PSOE, pronunciada en diciembre de 1933. Efectivamente, Prieto afirmó que, en caso de un golpe de Estado, «el Partido Socialista contraería el compromiso de desencadenar la revolución».

Pero antes de ser pronunciada esta frase, singular por cierto en boca de Indalecio, que no era un revolucionario ni un marxista, sino un demócrata liberal, Gil Robles, líder a la sazón de las fuerzas de la derecha (CEDA), había dicho (15 de octubre de 1933):

> Necesitamos el poder íntegro y es lo que pedimos. Para realizar este ideal no vamos a detenernos en formas arcaicas. La democracia no es para nosotros un fin, sino un medio para

ir a la conquista del Estado nuevo. Llegado el momento, el Parlamento se somete o lo haremos desaparecer.[1]

Personalmente, como testigo de excepción, puedo afirmar que la huelga general de 1934 fue realizada con el objeto de defender la democracia política e impedir la entronización en el poder de una dictadura clerical-fascista. Y que el carácter de insurrección armada que dicha huelga adquirió en Asturias representó un obstáculo para la fascistización del poder por la vía parlamentaria. Cometen una tergiversación histórica o un profundo error los que afirman o creen que la sublevación de 1936 fue consecuencia de aquel hecho. El proceso que lleva a la sublevación estaba ya en marcha, como queda demostrado, desde mucho antes.

En el contexto internacional de ofensiva nazi-fascista, la oligarquía financiera terrateniente española pudo preparar la sublevación porque supo utilizar los errores, vacilaciones y debilidades de los gobernantes republicanos, incluidos los del Gobierno del Frente Popular, presidido por el señor Casares Quiroga, que pudo haber desarticulado la conspiración y no lo hizo.

Uno de los errores más evidentes de los dirigentes de la República en ese periodo fue el radicalismo anticlerical, sobre todo verbal, de que dichos dirigentes dieron prueba. Error que ofreció a las jerarquías reaccionarias de la Iglesia el mejor pretexto para enfrentar a las masas católicas menos cultas con el nuevo poder.

Pero los factores determinantes de que la posibilidad de que ocurriese la sublevación se convirtiese en realidad fueron los siguientes: el clima político-social creado por la propia oligarquía contra la República; el peso o dominio que dicha oligarquía ejerció sobre el poder republicano, por medios económicos y financieros —huidas de capitales, grandes extensiones de terreno sin cultivar, resistencia a dar empleo a los trabajadores, sobre todo en las zonas agrarias, etc.—. Y especialmente porque dicha oligarquía y, en general, la ultraderecha pudo contar con una parte esencial del ejército. Los principales jefes y oficiales de éste estimaron que respaldar a la oligarquía burguesa terrateniente en sus propósitos equivalía a defender los intereses de España: y el ejército es, en todo tiempo y en todo tipo de Estado, como hemos subrayado ya, el principal instrumento coercitivo del poder.

Pero, además, los planes oligárquicos contaron con el apoyo ideológico moral de la Iglesia, que fue fundamental para la sublevación y la Guerra Civil. Sin ese apoyo, ni aquélla ni ésta se hubieran producido.

---

[1] Véase Antonio Ramos Oliveira, *Historia de España,* tomo III, pp. 215-216.

En resumen, clima político social, medios económicos, ingredientes ideológicos, fuerza militar. Ese conjunto de factores, en un contexto internacional de preeminencia fascista y reaccionaria, fue traducido en fuerza política material. La sublevación fue un hecho.

Ante la exigencia del PCE y de otras fuerzas del Frente Popular de que se armase al pueblo, el Gobierno de Casares presentó su dimisión el 19 de julio. Hubo un intento de crear un Gobierno de compromiso con los rebeldes, que presidiría don Diego Martínez Barrio, intento que fracasó. Ese mismo día se constituyó un nuevo Gobierno presidido por el también republicano doctor José Giral. Su mérito principal fue la decisión de armar al pueblo. La sublevación se había extendido ya a toda la Península.

En defensa de la República, el 19 y 20 de julio de 1936, las masas populares se echaron a la calle y su lucha, la actitud consciente de la mayoría de los soldados y la lealtad de un número determinado de oficiales y clases, vinculados al PCE o identificados con la organización democrática UMRA, hicieron posible que en Madrid y otras ciudades fracasara la sublevación. Al propio tiempo comenzaron a organizarse en Madrid centurias, columnas y batallones de milicianos, la principal organización de las cuales fue el V Regimiento de Milicias Populares. Igual sucedió en Cataluña, Aragón, Euskadi, Asturias, País Valenciano, etc.

ANEXO

Puntos principales del programa del Frente Popular:

Amplia amnistía de los delitos políticos y sociales cometidos posteriormente a noviembre de 1933. Readmisión en sus respectivos puestos de los obreros que hubiesen sido despedidos por sus ideas o con motivo de huelgas políticas. Reposición de los empleados y funcionarios públicos que hubiesen sido víctimas de suspensión, traslado o separación. Concesión a las familias de las víctimas producidas por los hechos revolucionarios o por actos represivos de una adecuada reparación. Restablecimiento de la Constitución. Exigencia de responsabilidades por las transgresiones de la ley fundamental y por los casos de violencia de los agentes de la Fuerza Pública acaecidos bajo el mando de gobiernos reaccionarios. Rebaja de impuestos para los cultivadores directos. Represión de la usura. Disminución de las rentas abusivas. Revisión de los desahucios practicados. Nueva ley de arrendamientos que asegure la modicidad en la renta, la prohibición del subarriendo, la indemnización de las mejoras y el acceso a la propiedad de la tierra de quienes la viniesen trabajando durante cierto tiempo. Estímulo a las formas de cooperación y a las explotaciones colectivas. Política de asentamientos de familias campesinas. Rescate de bienes comunales. Derogación de la Ley de Devolución de Tierras a la Nobleza. Fomento de la industria y protección especial a la pequeña industria y al pequeño comercio. Puesta en marcha de grandes planes de construcción de viviendas, de obras públicas y de obras de riego. En relación con la banca, dirigir el Banco de España de modo que cumpla su función de regular el crédito conforme exija el interés de nuestra economía y someter la banca privada a «reglas de ordenación». Reforma fiscal dirigida a asegurar la más equitativa distribución de las cargas públicas. Elevación de las condiciones morales y materiales de los trabajadores hasta el límite máximo que permita el interés general de la producción. Fijar salarios mínimos a fin de asegurar a todo trabajador una existencia digna y crear el delito de envilecimiento del salario, perseguido de oficio ante los tribunales. Medidas para absorber el paro. Creación de escuelas de enseñanza primaria, secundaria y profesional. Asegurar el acceso a la enseñanza media y superior a la juventud obrera y, en general, a los estudiantes seleccionados por su capacidad. Restablecimiento de la legislación autonómica votada por las Cortes constituyentes —o sea, el Estatuto de Cataluña— y desarrollo de los principios autonómicos en la Constitución. Adhesión a los principios y métodos de la Sociedad de Naciones.

Capítulo 5

ESPAÑA Y LA RESISTENCIA AL FASCISMO. CREACIÓN DE LAS BRIGADAS INTERNACIONALES

Como ya constatamos anteriormente, en nuestro país se había instaurado la República en 1931. Vino por medio de unas elecciones municipales. Éstas, sin embargo, fueron el corolario de grandes luchas obreras y populares. Durante dos años, 1931-1932, hubo un Gobierno republicano socialista que, en general, mantuvo las libertades. Pero también reprimió con frecuencia a los obreros y no resolvió los problemas fundamentales del Estado, del pueblo, de las masas obreras y campesinas.

Por esta causa, y por la incidencia en nuestro medio del fascismo alemán e italiano, en 1933 ganaron las elecciones las derechas. Se estableció en Madrid un Gobierno reaccionario. No contenta con eso, una facción de la derecha y de la ultraderecha, apoyada en el aparato monárquico del Estado, que no había sido democratizado, intentó establecer, por la vía parlamentaria, un poder semifascista (semejante al que, a pesar de la resistencia obrera, acababa de instaurarse en Austria, bajo la dictadura de Dollfuss).

Para oponerse a esos propósitos se organizó en octubre de 1934 una huelga general. En Asturias ésta adquirió el carácter de insurrección armada. Dicha revolución obrera, popular, fracasó. Pero el logro más importante de esa lucha fue la unidad. El lema UHP (Unión, Hermanos Proletarios) expresó la confluencia de los trabajadores y singularmente la de comunistas, socialistas y anarquistas. La conclusión fue clara: para hacer frente a la reacción, al fascismo y al peligro de una nueva guerra hacía falta la unidad: la unidad obrera, la unidad democrática y popular. Hacía falta un Frente Popular.

Frente Popular en todo el mundo

Desde 1919 existía en Moscú la Internacional Comunista. Había sido fundada por Lenin. Sus propósitos eran organizar, orientar e impulsar el proceso revolucionario mundial. Contribuir a crear partidos comunistas en todo el mundo. Defender, frente a la reacción internacional, las conquistas de la Revolución de Octubre y su expresión concreta: la URSS. El objetivo supremo era unir a la clase obrera y conducirla al triunfo. Pero éste sólo puede lograrse con el apoyo de las masas.

Deduciendo las experiencias de decenios en que los comunistas habían luchado aislados, solos o casi solos, aprendiendo del amargo ejemplo de Alemania y comprendiendo a la vez la positiva lección de lo que da de sí la unidad —muy especialmente la experiencia que ofrecía el Octubre asturiano—, la Internacional Comunista lanzó la famosa consigna de «Frente Popular en todo el mundo» para luchar contra el fascismo y la guerra. Estábamos en agosto de 1935. El dirigente búlgaro y gran tribuno, Jorge Dimitrov, Secretario General de la IC (que había desafiado al tribunal nazi en el famoso proceso de Leipzig) fue el gran promotor y defensor de esa consigna, proclamada a todos los vientos.

Triunfo en España del Frente Popular

La consigna del Frente Popular llegó a encarnar en algunos países. En Francia, más tarde en Chile; pero en donde se hizo realidad tangible fue, sobre todo, en España.

El Partido Comunista (PCE), encabezado por su secretario general, José Díaz, y por Dolores Ibárruri, *Pasionaria*, dedicaron todos sus esfuerzos y su pasión revolucionaria a forjar el Frente Popular. Éste, que, como ya hemos visto, elaboró un programa moderado, fue una realidad en enero de 1936. El 16 de febrero de ese año se celebraron elecciones al Parlamento español y el Frente Popular obtuvo una gran victoria.

En un Congreso de 473 diputados, el FP logró 326. Entre éstos, 17 comunistas. Socialistas, comunistas, republicanos de izquierda, republicanos moderados, autonomistas catalanes y gallegos, forman todos esa coalición política. Ésta pasa a apoyar en las Cortes y en la calle al nuevo Gobierno republicano de izquierdas.

La República ha sido así rescatada del dominio de la derecha. España se apresta a continuar y profundizar el camino democrático que inició en 1931.

La sublevación fascista y la intervención extranjera

Pero la ultraderecha y la derecha —socialmente la oligarquía financiera terrateniente española, las clases y capas sociales privilegiadas— no aceptan el veredicto del pueblo español. Y apoyándose *materialmente* en el Ejército no democratizado e *ideológicamente* en la Iglesia, cuyo episcopado era reaccionario e integrista, en su absoluta mayoría, prepararon y llevaron a cabo la sublevación militar fascista.

Los planes para la sublevación fueron conocidos y apoyados moral y materialmente, desde el primer instante, por Hitler y Mussolini. Ideados de antemano, estos planes fueron acelerados con motivo del triunfo del Frente Popular. En enero de 1936, antes ya de las elecciones del Frente Popular, el general Sanjurjo y José Antonio Primo de Rivera, jefe de Falange, son recibidos en Berlín. En febrero de 1936, los generales Franco (jefe del Estado Mayor del Ejército) y Goded (jefe militar de la guarnición de Madrid) hablan ya de una tentativa de sublevación en la capital.

Ésta no se producirá en febrero, sino unos meses después: el 18 de julio de 1936.

Pero el pueblo se lanzó a la calle en masa e hizo abortar la sublevación en Madrid, Barcelona, Bilbao, Valencia y en otras importantes ciudades de España. Se organizó en batallones de milicias. El 20-21 de julio la sublevación, como golpe de Estado militar, había fracasado.

Uno de los generales fascistas, Sanjurjo, que volaba desde Lisboa a España para ponerse a la cabeza de los sublevados, muere en un accidente aéreo.

Los días 22 y 23 de julio, las tropas que mandaba el general Mola, que salieron de Burgos y Valladolid para asaltar Madrid, fueron detenidas y derrotadas por los milicianos de la capital en los picos de Somosierra y Guadarrama. Mas comienza ya la intervención extranjera.

Los días 3 al 5 de agosto, buques de guerra alemanes protegieron el puerto de Ceuta, que controlaban los sublevados. Desde allí, las fuerzas dirigidas por Franco, desembarcaron en Tarifa y Algeciras. Los fascistas se abren paso a través del estrecho de Gibraltar. Y un capitán alemán, al servicio directo del almirante nazi Canaris, dirige el transporte aéreo directo de las tropas destacadas en Marruecos desde Ketama a Sevilla.

El 7 de agosto, 15 aviones, 150 pilotos y mecánicos que llegaron de Alemania, destinados a los sublevados, desembarcaron en Lisboa. Les llegan también 18 bombarderos italianos.

El 21 de julio, varios aviones militares alemanes *junkers*, destinados a Franco, aterrizan en Tetuán.

El 25 de julio, el Gobierno republicano, presidido por el doctor Giral, reclama al

Gobierno francés el envío de las armas que el Gobierno español había adquirido antes de la sublevación, de acuerdo con un tratado de ayuda mutua existente entre los dos estados. El Gobierno francés, presidido por el socialista Léon Blum, se negó a realizar esos envíos. Se parapetó en la llamada «neutralidad». Poco después emergería la llamada «no intervención», que estuvo apoyada y estimulada por dicho líder durante toda la contienda. Y fue una de las tres causas fundamentales de que la República española perdiera la Guerra.

Estas causas fueron: primera, la intervención germano-italiana; segunda, la política llamada de no intervención que sobre todo, repito, aplicó la Francia de Léon Blum y la tercera, la ayuda del imperialismo norteamericano a Franco.

Por mi cargo he sido testigo de mayor excepción de cómo esa política creó a las fuerzas democráticas españolas situaciones insostenibles, como fue el caso de la batalla del Ebro. Mientras, por ejemplo, nosotros carecíamos de armas, éstas, llegadas de la Unión Soviética, se pudrían del lado francés de la frontera. La conducta de Léon Blum fue en todo ese periodo una vergüenza política para Francia. Porque no sólo aplicó la fórmula contraria a la democracia y negativa por lo tanto para el pueblo francés y su Estado, sino que, en gran parte, esa política fue aplicada por indicación del imperialismo británico, y en apoyo de los intereses de éste.

La reconsideración histórica de la política francesa en esa etapa estuvo en los miles de jóvenes voluntarios que constituyeron la Brigada La Marsellesa y otras unidades de voluntarios de la XIV Brigada del Ejército Popular Español, porque estos voluntarios se batieron contra el fascismo en el frente de Madrid, en el Jarama, Guadalajara, Brunete, Teruel, el Ebro. Además, una parte del tiempo lo hicieron bajo la orientación política del que fue su comisario, posteriormente héroe nacional francés, Rol-Tanguy.

Los días 26-28 de julio, 20 bombarderos, 4 trimotores, 4 fokker y varios aviones más de transporte llegan a poder de los sublevados, pasando por el Portugal de Salazar. Dos aviones italianos se ven obligados, por falta de gasolina, a aterrizar en Orán y se demuestra que la orden dada a sus aviadores tenía fecha de 15 de julio (es decir, tres días antes de la sublevación).

El 8 de agosto se constituyó en Londres el Comité de No Intervención. Encubrirá, sin ambages, la intervención directa del Eje fascista a favor de los sublevados.

Así, desde el momento mismo en que se produjo el alzamiento fascista, entró en juego la intervención militar ítalo-alemana. La política de la llamada no intervención facilitó la intervención fascista, al mismo tiempo que negaba al Gobierno republicano el derecho a adquirir armas o recibir voluntarios.

El mundo del proletariado, el progreso y la paz al lado del pueblo español

El fracaso de la rebelión del 18 de julio en puntos tan vitales como Madrid, Barcelona, Valencia y Bilbao podría haber desarmado a los rebeldes. Sin embargo, las condiciones nacionales e internacionales determinaron la transformación del golpe militar en guerra civil. El pueblo español, decidido a cerrarle el paso al fascismo, resolvió luchar. Los factores que hicieron posible esa respuesta española fueron varios.

Habiendo triunfado el Frente Popular, el pueblo defendía un poder legítimo. Existía un gran espíritu de unidad entre la mayoría de la clase obrera. Su antecedente inmediato era la lucha de octubre de 1934. Esa unidad servía de catalizador a una alianza democrática cuyo soporte esencial residía en las fuerzas de izquierda y, muy especialmente, en la unidad de comunistas y socialistas. El ambiente antifascista reinante en el país estaba ligado a esos dos factores. Al propio tiempo era, en gran medida, su resultante.

Existía una conciencia muy elevada del peligro (político, nacional e histórico) que representaría el triunfo del fascismo y esto impelía a la lucha.

La existencia de un Partido Comunista que propiciaba una política unitaria, amplia y democrática, representó el factor subjetivo fundamental para organizar la resistencia antifascista. El espíritu combativo y la alta conciencia política de las masas constituyeron un elemento determinante para que éstas empuñasen las armas y llegasen a crear el Ejército Popular.

En las condiciones que se daban entonces en Europa, la gesta del pueblo español provocó una admiración mundial y revistió caracteres realmente históricos. Desde la Revolución de Octubre de 1917 hasta la Segunda Guerra Mundial y los cambios que se lograron en Europa y Asia con la derrota del hitlerismo, el hecho más importante a nivel mundial fue la resistencia española al fascismo.

Mussolini, que desde 1922 reinaba, como hemos visto, en Roma, había iniciado en vísperas de nuestra guerra su marcha sobre Etiopía. En el lejano Oriente, la agresión japonesa a Manchuria, que tenía como objetivo someter a toda China, avanzaba casi paralela a la agresión mussoliniana.

Más de quinientos millones de personas eran ya víctimas de la guerra.

Hitler se preparaba para desencadenar la Segunda Guerra Mundial.

En ese contexto histórico universal, fue España el único país en que la clase obrera, las masas populares, el pueblo, comenzó una batalla que representó una marcha a contracorriente de lo que entonces parecía una maldición bíblica: el triunfo ineluctable del fascismo en el mundo.

Los obreros más avanzados, las masas populares y la intelectualidad progresista de todo el orbe comprendieron el significado de la lucha de España. Comprendieron que ésta, además de su carácter nacional (lucha de las fuerzas obreras y democráticas frente a los propósitos oligárquicos de instaurar el fascismo), era la primera gran batalla mundial contra el hitlerismo y por la salvaguardia de la paz.

Se comprendió también que la resistencia española ofrecía la oportunidad para que todo el que desease luchar contra el fascismo encontrase entre los españoles su puesto de combate.

El ambiente de admiración y de adhesión que la resistencia antifascista española creó a nivel mundial fue inmenso.

La cohesión internacional, entonces, del movimiento comunista, dirigido desde la Internacional Comunista, y el apoyo que desde el primer momento prestó a la causa de la democracia española la Unión de Repúblicas Socialistas Soviéticas contribuyeron a que ese ambiente de admiración y de adhesión se transformase en solidaridad efectiva.

Los primeros pasos para crear las Brigadas Internacionales

El 21 de julio de 1936, es decir, tres días después de la sublevación, tuvo ya lugar en Moscú una primera reunión de la Komintern (IC) y de la Profintern (Internacional Sindical Roja) para tratar la situación de España. Se acordó prestar ayuda a la República Española y que fuese básicamente la Profintern la que tomase la iniciativa pública de esa ayuda. El 26 de julio se celebró una segunda reunión en Praga, presidida por el dirigente francés Gaston Monmousseau, que se hallaba al frente del Buró de la Profintern. Se acordó crear un fondo de mil millones de francos franceses para ayudar al Frente Popular Español. Novecientos mil de esos francos serían aportados por los sindicatos de la URSS. Esa cantidad se pondría a disposición mancomunadamente de cinco personalidades: el secretario del PCE, José Díaz; la dirigente Dolores Ibárruri, *Pasionaria*; el secretario del Partido Comunista Francés, M. Thorez; el secretario del Partido Comunista Italiano, P. Togliatti, y el dirigente socialista español Francisco Largo Caballero.

La emoción y la reacción suscitadas internacionalmente por los acontecimientos de España fueron el desencadenante del proceso que había de llevar a la creación de las Brigadas Internacionales.

En esa reunión de Praga se adoptó, en principio, el acuerdo de contribuir a formar

Nheru con Margarita Nelken, García Oliver y Enrique Líster en el Estado Mayor de la 11 División en 1938

una o más brigadas. La previsión era reunir cinco mil combatientes, reclutados entre voluntarios de diversos países, dotándolos con el armamento necesario.

Mientras eso se acordaba en Praga, en diversos países se recogían y enviaban urgentemente a España víveres, productos lácteos, medicamentos y ambulancias. Al mismo tiempo, grupos de voluntarios trataron ya por todos los medios de llegar a la frontera franco-española o entrar en España por mar desde los puertos meridionales de Francia.

En diversos países se constituyeron centros para ayudar a España.

Con el fin de estimular y coordinar esta actividad, ya en agosto de 1936, se reunió en París la I Conferencia Europea en Defensa de la República Española. En ella se formó una comisión internacional de información y de coordinación de la ayuda a España. Luigi Longo dice al respecto:

> Comunistas, socialistas, socialdemócratas, la Liga de los Derechos del Hombre, varias iglesias protestantes como la anglicana, católicos de renombre mundial y numerosas perso-

nalidades de la ciencia y la cultura se sumaron activamente a la obra de ayudar a la España republicana, solidarizándose con ella.[1]

Al tiempo, ¿qué pasaba en España?

El 18 de julio de 1936 se hallaban aquí exiliados numerosos antifascistas extranjeros. Se pusieron espontánea y decididamente al lado del poder legítimo al producirse la sublevación. A su vez, centenares de obreros franceses, que trabajaban junto a la frontera, se incorporaron a la lucha democrática, engrosando las filas de los que pueden considerarse como los primeros voluntarios de la libertad. A ellos se unieron también los deportistas de casi todos los países, que se encontraban en Barcelona, donde iba a celebrarse la Olimpiada Popular, y que tomaron parte ya en los combates contra los sublevados de la guarnición local.

Entre estos diversos luchadores había hombres procedentes de Alemania e Italia —países dominados por el fascismo—, polacos —en cuya patria imperaba un régimen reaccionario—, franceses, etc.

Para combatir al lado de los republicanos, esos luchadores formaron, como antiguamente, *centurias:* la alemana Thaelmann, la italiana Gastone Gozzi —véase la carta de Gastone Gozzi a Santiago Álvarez—, las francesas Comuna de París, Justice et Liberté, etc. En Madrid también se formó un primer destacamento polaco en el V Regimiento.

Los integrantes de esas centurias combatieron primeramente en Barcelona, después en Aragón y, posteriormente, en el frente de Madrid. Fueron los precursores de las Brigadas Internacionales, en las que ingresaron después. Pero las Brigadas habrían de empezar a organizarse como tales unidades militares cuando ya se hizo patente la intervención militar directa de las potencias fascistas Alemania e Italia contra los republicanos, lo que ya fue un hecho, como queda anotado, desde julio y agosto de 1936.

En octubre, en una reunión que tuvo lugar en Madrid, se perfiló el plan concreto para la creación de dichas Brigadas Internacionales.

José Díaz, secretario general del Partido Comunista de España, y un representante del Partido Comunista Francés presentaron dicho plan en una reunión a la que

---

[1] Luigi Longo, *La solidaridad de los pueblos para con la República Española,* Ed. Progreso, Moscú, pp. 10-11. Luigi Longo (Gallo) fue comisario inspector de las Brigadas Internacionales y posteriormente secretario general y presidente del Partido Comunista Italiano. Véase también Santiago Álvarez, *Homenaje a las Brigadas Internacionales* (prólogo de Dolores Ibárruri), Ediciones PCE, Madrid, 1986.

también asistieron otros dirigentes de la Internacional Comunista, entre ellos Tin Buhuc, secretario general del Partido Comunista del Canadá.

Los voluntarios extranjeros (más de dos mil), que ya peleaban en el V Regimiento y en otras unidades y columnas de las Milicias Populares, así como los antifascistas que llegaban de otros países, debían ser agrupados en unidades militares especiales. Se proyectaba organizar unidades nacionales homogéneas o mixtas, dependiendo del número de voluntarios de las distintas nacionalidades. El objetivo principal consistía en crear con los voluntarios extranjeros una fuerza armada lo suficientemente potente para aportar una contribución sustancial a la defensa militar de la República.

En el momento en que se empezaron a organizar la Brigadas Internacionales (octubre de 1936), el territorio español estaba ya, en gran parte, ocupado por los sublevados. En el norte y noroeste, el jefe de éstos era el general Mola, director inicial de la sublevación. En la parte sur —tropas traídas sobre todo de Marruecos y desembarcadas en la Península desde Ceuta— el jefe superior era Franco.

En los primeros días de la sublevación los rebeldes dominaron, como ya dijimos, 17 provincias, además del territorio marroquí —que estaba bajo protectorado español—, con Ceuta y Melilla; dominaron, asimismo, las islas Canarias y pronto también las Baleares.

El 29 de septiembre de 1936, después de llegar desde el sur a través de Extremadura y de auxiliar a los franquistas, que tenían como jefe al general Moscardó, sitiados en el Alcázar de Toledo, Franco logra en Cáceres imponerse como generalísimo, es decir, comandante supremo o jefe de las fuerzas sublevadas. (Más tarde sería nombrado jefe de la Junta de Gobierno y jefe del *Estado* que configuró en la zona franquista.)

El hecho es que en octubre de 1936 casi la mitad del territorio español estaba en poder de Franco, que, después de la toma del Alcázar, se preparaba para caer sobre Madrid.

El 5 de septiembre, en sustitución del Gobierno republicano del doctor Giral, se creó el Gobierno del dirigente socialista Francisco Largo Caballero, líder de la UGT, en el que entraron como ministros representantes de los partidos que formaban el Frente Popular —entre ellos, por exigencia del mismo Largo Caballero, dos ministros comunistas.

Largo Caballero, que asumió también la cartera de Guerra, decretó la militarización de las Milicias y, poco después, la creación de las seis primeras brigadas mixtas de un nuevo ejército: el Ejército Popular. El día 15 de octubre también decretó la creación del Cuerpo de Comisarios Políticos. Seguidamente, el 22 de octubre, la creación de las Brigadas Internacionales.

En la mitad aproximada del territorio español, que se hallaba bajo el poder del Gobierno legal, Albacete resultó una provincia adecuada para ser la base de las Brigadas. Por su posición estratégica, por el ambiente antifascista de su población, por sus vías de comunicación con el resto del territorio leal, por sus producciones agropecuarias, etc.

En el centro de la región castellano-manchega, una de las principales fuentes de abastecimiento de las fuerzas republicanas, Albacete no estaba lejos de los frentes en torno a Madrid, en donde hasta julio-agosto de 1937 se libraron las más importantes batallas de la guerra: combates en noviembre, diciembre de 1936, enero de 1937; batalla del Jarama, febrero de 1937; de Guadalajara, marzo de 1937; de Brunete, julio de 1937.

Albacete tampoco estaba lejos del País Valenciano y de Cataluña, vías fundamentales de acceso de voluntarios y de comunicaciones internacionales. Además, la configuración de la provincia, no sólo por sus buenas comunicaciones, sino por ser terreno llano, se prestaba para ser base adecuada de instrucción de las fuerzas militares. Pero esos importantes valores no eran los únicos. En Albacete había una población favorable mayoritariamente al sistema republicano y a los partidos del Frente Popular. El Partido Comunista, cuyo secretario general era Lucio Nieto, poseía una fuerza real, siempre a disposición de la lucha antifascista.

Ésas fueron las razones principales que determinaron que la base de las Brigadas Internacionales se estableciera en Albacete. (El V Regimiento ya tenía allí centros de reclutamiento desde los días inmediatos al 20 de julio, al frente de los cuales estaban los veteranos de la lucha obrera Saturnino Barneto y Manuel Hurtado, entre otros.)

La decisión de que fuese esta provincia la sede de la organización de las Brigadas la adoptó el Gobierno de Largo Caballero, que encargó a don Diego Martínez Barrio (presidente de las Cortes y dirigente del partido republicano más moderado del Frente Popular) la misión de presidir la comisión oficial que, en su nombre, se haría cargo de la organización de las Brigadas.

Esta organización por parte de los brigadistas se llevó a cabo del siguiente modo: el 14 de octubre se hallaban ya en Albacete los primeros voluntarios.

El primer núcleo, que llegó a España por vía marítima, desembarcó en el puerto de Alicante el 12 de octubre de 1936. Ese mismo día, por la tarde, continuaron el viaje en tren hacia Albacete. Pero las paradas del convoy en las estaciones de tránsito, debido a las manifestaciones populares en honor de los voluntarios, hizo que el tren lle-

La población de Albacete saluda a las unidades internacionales del Ejército Republicano a su paso por las calles de la ciudad

gase a su destino con gran retraso. Esos quinientos brigadistas no descendieron del tren hasta el amanecer del día 13.

Al día siguiente llegaron otros grupos que salieron de Figueras. En sucesivas fechas se les sumaron más grupos, casi diariamente. Los voluntarios, al descender del tren y marcando el paso, atravesaban la ciudad y se dirigían a la plaza de toros. Allí solían recibir el saludo del responsable de la base y de André Marty, jefe de las Brigadas Internacionales. Después, a los acordes de la *Internacional,* seguían al lugar de acantonamiento.

El 15 de octubre, el italiano Luigi Longo (Gallo), con algunos colaboradores, empezó a crear las primeras compañías. Éstas constituirían batallones y éstos brigadas, base de la organización. Las Brigadas se integraron posteriormente en Divisiones.

Se creó un comité de interbrigadistas del que pasó a formar parte, con Gallo, el también italiano Nicoletti, que se responsabilizaría de la actividad política —más tarde sería comisario político—. También pasó a integrar el comité el militar alemán Hans Kahle —que sería coronel y, sucesivamente, jefe de batallón, brigada y división—. Como instructor militar actuaría el francés Jean-Marie François (Geoffroy).

Poco después se incorporaron, asimismo, al comité el francés Pierre Rébière, el po-

Manifestación de voluntarios alemanes, ingleses y franceses, llegados a España para combatir con las Brigadas Internacionales. Barcelona, diciembre de 1936

laco Stefan Wisniewski, el yugoslavo Kalmanovic y el doctor Pierre Rouqués, que tomó en sus manos la organización de la Sanidad.

Dados esos primeros pasos, una comisión compuesta por Gallo, Wisniewski y Rébière se presentó oficialmente al Gobierno de la República, para ponerse a su disposición. Los recibió don Diego Martínez Barrio. «¿En qué condiciones desean ustedes participar en nuestra lucha?», les preguntó el presidente de las Cortes. «Nosotros no ponemos ninguna condición. No deseamos más que una cosa: que las Brigadas Internacionales sean consideradas como unidades subordinadas al Gobierno y a sus autoridades militares; que sean utilizadas como tropas de choque en todos los lugares donde sea necesario.» Ésta fue la respuesta de los voluntarios de la libertad.

En ese espíritu se constituyeron las Brigadas Internacionales. Su formación fue aprobada por el Gobierno el 22 de octubre de 1936. El mencionado comité se transformó, el 26 de octubre, en Comité Militar, ampliado con el dirigente francés André Marty, miembro del Comité Ejecutivo de la Internacional Comunista, que fue designado jefe de las Brigadas. También formaba parte del Comité Militar una militante francesa, Pauline Marty.

André Marty designó comandante de Estado Mayor de la Base al francés Vidal (Vital Gayman), que dirigió el trabajo de organización de las estructuras interbrigadistas.

El Comité Militar se instaló en una villa en las afueras de Albacete y la Comandancia y demás servicios en la ciudad. El 8 de diciembre de 1936 fijará la posición de cada Brigada Internacional en seis batallones, pero no fue posible seguirla. Las Brigadas Internacionales estuvieron formadas casi siempre por tres batallones.

El 22 de octubre, el mismo día en que el Gobierno adoptó el acuerdo oficial de crear las Brigadas Internacionales, quedaron ya organizados tres batallones, formándose con ellos la primera Brigada Internacional, que sería la XI en la nomenclatura del Ejército Popular.

El 28 de octubre, en la Base de Albacete, había ya concentrados unos cuatro mil voluntarios. Como ya no cabían en el Cuartel de la Guardia Nacional Republicana y demás dependencias utilizables, el Estado Mayor de la Base decidió descongestionar la ciudad. El 29 de octubre, por la primera orden de organización de las Brigadas Internacionales, escrita en francés, idioma oficial de las Brigadas en los primeros meses, se distribuyeron los batallones de voluntarios por diversos pueblos de la provincia.

El Batallón Edgar André (650 efectivos) fue alojado en Mahora; el Comuna de París (650 efectivos) fue destacado a las afueras de La Roda; el Garibaldi, con 250 efectivos, fue llevado a Madrigueras; al Dombrowski, con similares efectivos, se le designó Tarazona de la Mancha.

El 1 de noviembre de 1936, Largo Caballero nombró al general Kleber y a Mario Nicoletti jefe militar y comisario, respectivamente, de la primera Brigada Internacional organizada: la XI. Con tres batallones —el franco-belga, el alemán Thaelman y el polaco Dombrowski— se constituyó esa primera Brigada Internacional.

A partir de la XI se constituyeron, sucesivamente, la XII, la XIII, la XIV y la XV Brigadas. La CXXIX se creará posteriormente en el frente de Extremadura-Andalucía (febrero de 1938). Se formaron también 23 grupos de artillería de diversos tipos y calibres, un regimiento de autotransporte y una escuadrilla de aviación, la André Malraux.

Los números de los batallones, de los grupos de artillería e incluso de las Brigadas, fueron, en muchos casos, precedidos de los nombres de dirigentes políticos, de escritores populares, de personalidades caídas en la lucha o de acontecimientos memorables: Hans Beimler, Comuna de París, Thaelmann, Dimitrov, Lincoln, Washington, Masaryk, Racosi, 8 de febrero, Henri Barbusse, Ana Pauker, André Marty, Edgar André, Luise Michel, Tschapáiew, Diacovich, Henri Vuillemin, Mikiewicz, Domingo Germinal, Ralph, Pierre Brachet, Vaillant-Couturier, etc.

El día 5 de noviembre, cuando Madrid estaba amenazada, Albacete recibió la orden de mandar al frente a todos los hombres que hubiese armado. Sólo pudo salir la XI Brigada, que tardó tres días en llegar a Madrid. Desfiló el día 8 por Vallecas y después por la Gran Vía. Entró en línea el 9 y realizó su primer contraataque durante la noche de ese día 9 de noviembre.

Los testimonios de los brigadistas de cómo les acogió la población española y albacetense de 1936 son definitivos.

Yo he podido comprobar personalmente que el recuerdo de España y de Albacete permanece perenne, después de más de sesenta años, en la mente y en el corazón de los internacionales que aún viven. Albacete, su pueblo, sus actuales autoridades democráticas, harán muy bien en tenerlo en cuenta y llevar adelante su propósito de perpetuar en un museo vivo de las Brigadas Internacionales el protagonismo, también histórico político, que en aquella lucha ha tenido la ciudad de Albacete y sus gentes.

Finalmente, cabe hacerse la siguiente pregunta: ¿Qué demuestra la experiencia histórica de las Brigadas Internacionales que lucharon a nuestro lado? Demuestra que la lucha solidaria internacional con un pueblo que combate por su libertad, su independencia y su soberanía se hace posible en la medida en que su lucha es patrimonio de la totalidad o de la mayoría de ese pueblo y se prolonga el tiempo necesario para que esa solidaridad se manifieste. Ése fue el caso de España.

En los campos y ciudades de nuestro país, en un combate común contra el fascismo, por la libertad, estuvieron al lado del pueblo español hombres y mujeres de casi todo el orbe. Fue un hecho histórico sin precedentes. Más de la mitad de aquellos combatientes, unos veinte mil, están enterrados en nuestros campos. Pero el sacrificio y el heroísmo de esos mártires de una causa inmortal trascendió las fronteras geográficas y temporales.

Los que no cayeron en la lucha, los que sobrevivieron, como lo hicieron también decenas de miles de españoles, refugiados en Francia y en otros países, pasaron a convertirse, pocos meses después de nuestra derrota de 1939, en la vanguardia de la lucha europea y mundial contra el nazi-fascismo.

No se debe olvidar nunca que antes de forjarse la alianza entre la URSS, Gran Bretaña, la Francia libre y Estados Unidos, que fue la clave de la victoria antihitleriana en 1945, la sangre derramada en España por el pueblo español y por los internacionales cimentó la unidad antifascista de los pueblos y fue un detonador mundial de la lucha que logró derrotar a Hitler.

Cabe recordar también que, si la solidaridad internacional con la España democrática no bastó para hacer posible nuestra victoria en 1939 y fuimos derrotados, España marcó, sin embargo, la senda de la victoria de la coalición antihitleriana en la Segunda Guerra Mundial.

Por ello, los valores políticos, éticos y humanos de nuestra lucha antifascista de 1936-1939 rebasaron con mucho las fronteras de España para irradiar a la humanidad entera. Ésa es la trascendencia histórica de aquella gesta española de hace más de medio siglo.

La solidaridad internacional[2]

Desde los primeros meses de 1937 fue cuando las Brigadas Internacionales comenzaron a estar mejor equipadas y armadas. La XV fue completamente vestida militarmente: ropa de tela caqui, capotes, zapatos, sacos, mochilas, cantimploras, máscaras de gas, cartuchera, mantas, gorras, cascos, todo el equipamiento auténtico del soldado. El armamento era correcto salvo para las ametralladoras, que no nos llegaron

---

[2] Según datos de André Marty. André Marty, dirigente del Partido Comunista francés y miembro del Comité Ejecutivo de la Internacional Comunista. Se le conocía como *el héroe del mar Negro,* ya que siendo jefe de máquinas y oficial de la Marina de Guerra francesa, sublevó a una parte de ésta cuando se dirigía a Rusia para, junto con otros países imperialistas, intervenir al lado de la contrarrevolución frente al régimen soviético recién instaurado.

Su notable capacidad política contrastaba con la dureza y complejidad de su carácter. Su alta contextura física y su antigua formación militar acusaban más aún sus rasgos temperamentales y la rigidez de su trato con los camaradas. Era el prototipo del comunista, generalmente, sec-

más que con cuentagotas. Los oficiales poseían gemelos, brújulas, relojes, equipamiento especial. Hasta recibimos telémetros de infantería y de artillería.

Los transportes en coches nuevos y motocicletas abundaban. Coches correo salían cada mañana de la base al frente y traían cartas, periódicos y folletos en todos los idiomas. El tabaco venía del mismo país. Los víveres eran suficientes y también las mermeladas inglesas.

Esto se debía —enteramente— a la solidaridad internacional que se puede contar por millones de pesetas. Fue Francia la que dio una contribución más elevada.

Sindicatos como el del metal de París dieron cerca de tres millones de francos. En el puerto de El Havre, los descargadores del muelle entregaron media jornada de trabajo de sueldo cada semana, desde el principio hasta el final de la guerra. El Comité Internacional de Ayuda a la España Republicana, que funcionaba en París, recibía fondos y se aseguraba de las compras en cantidades enormes. Todo eso para el pueblo español, pero una parte importante (un tercio o la mitad) estaba reservada a los internacionales.

Hasta recibimos las máquinas necesarias para montar en Albacete una fábrica de granadas de mano (ofensivas y defensivas), una cartuchería y dos talleres de confección y reparación de ropas y de calzado.

Todo esto era para ayudar al Gobierno a equipar rápidamente al ejército, pues ya en un primer periodo las Brigadas Internacionales tenían un tercio de combatientes españoles como media.

Y esto representó sacrificios inauditos, ante todo, de la clase obrera y de todos los países a favor de la España revolucionaria.

Es justo decir, por cierto, que además a cada envío que mandaba la solidaridad internacional en seis meses, la contribución de la Unión Soviética siempre llegaba a punto. Tanto en petróleo como en camiones de cuatro toneladas muy fuertes que fueron de inapreciable utilidad.

---

tario, muy criticado ya entonces y, de modo especial, a partir de 1956.

Pero Marty, con Longo y con los demás comisarios y jefes militares repetidamente mencionados, fue factor fundamental en la organización de las Brigadas Internacionales, en su cohesión, disciplina y comportamineto. Aunque su labor transcurrió principalmente en Albacete, base de las Brigadas, dio prueba de gran valor cuando actuó en algunos frentes. La personalidad política de André Marty fue deformada por la propaganda franquista, calumniosa e implacable contra él. Su sectarismo, y sus incomprensiones políticas posteriores, que motivaron su expulsión del Partido Comunista francés en 1951, dieron nuevas alas a sus calumniadores. No obstante, la historia debe ser rigurosa y justa, registrando tanto lo positivo como lo negativo de cada personalidad política y humana.

Y también es de justicia decir que en 1937 se comió en el frente y en la retaguardia gracias a los víveres que llegaban de la Unión Soviética.

Mas todo esto no marchaba sin dificultades. Sobre todo para la solidaridad internacional. El paso de la frontera francesa del material y de los suministros estaba siempre sometido a innumerables dificultades por parte del Gobierno del señor Blum, que muchos funcionarios aplicaban con celo. Hasta podía suceder que los camiones fueran retenidos varios días en Perpignan o en Pertus: eso traía como consecuencia inexorable el que fueran bombardeados por la aviación enemiga, que estaba informada.

En Cataluña también ese paso contaba con nuevas dificultades: antes de mayo de 1937, había hasta que dejar una parte como tributo a las organizaciones de la FAI para que el envío pudiera pasar.

Todos estos envíos ayudaron mucho no sólo por el hecho de que este material era indispensable, sino sobre todo por el ejemplo dado señalando las necesidades de equipamiento y de armamento de un ejército moderno. Y debe anotarse que en cada país los partidos comunistas estuvieron en cabeza de la acción de solidaridad.

El servicio sanitario internacional

Las pérdidas del Ejército Popular fueron muy importantes en el Jarama. Debido sobre todo al material de artillería importantísimo recibido por Franco, a causa de su precisión y del manejo excelente de los especialistas de los invasores. Mientras que nuestros cañones actuaban con piezas anticuadas e incluso dos baterías de 105 hubieron de cesar su fuego ante Morata de Tajuña, porque ya no tenían un solo obús.

Pero si las pérdidas fueron muy importantes, las Brigadas Internacionales encontraron un servicio sanitario a la altura de las mejores realizaciones que existían entonces.

Este servicio sanitario se constituyó enteramente por la solidaridad internacional. Gracias a la actividad de los médicos Rouqués y Kalmanovic de París.

No se le pidió nada al pueblo español para ese servicio del frente. En la retaguardia sólo se usaban los edificios, las camas e instalaciones de habitaciones.

En enero de 1937, en previsión de nuestra ofensiva, el servicio central sanitario de las Brigadas Internacionales ya había reforzado todos los servicios del frente, en particular el servicio quirúrgico; había verificado el servicio de evacuaciones y los de hospitalización.

Brigadistas en formación. 1937

Ya cada brigada tenía un grupo quirúrgico con un coche especial provisto de un material de esterilización fijo, de una reserva de agua esterilizada, con la reserva necesaria de material quirúrgico y de medicamentos.

Varias camionetas transportaban el material de literas, de ropa de cama, de lavado, de pequeños trabajos de carpintería y cerrajería, etc. Un grupo electrógeno permitía encender 30 lámparas. Cada grupo tenía dos o tres ambulancias para el transporte de los heridos. El personal del grupo se componía, por lo menos, de un cirujano jefe, de médicos asistentes, de enfermeras cualificadas para operaciones, del personal sanitario, de personal auxiliar (camilleros, chóferes, mecánicos, etc.). Todos eran internacionales, salvo una parte de los chóferes.

Además de este equipamiento, la XI, la XIV y la XV Brigadas Internacionales disponían cada una de un autoquirófano (es decir, hospitales quirúrgicos de campaña), mandados desde Francia por la solidaridad internacional; sólo la XII Brigada tenía un equipo de cirujanos españoles.

El «reparto» de los heridos se hacía rápidamente en el primer puesto de socorro de brigada, a cuatro o cinco kilómetros de la línea del frente, el autoquirófano funcionaba a quince kilómetros más o menos para los casos urgentes. Una primera red de hospitales de urgencia estaba a treinta o cincuenta kilómetros del frente. Ahí estuvo la unidad sanitaria americana, magnífica realización dirigida por el gran cirujano Barsky, de uno de los dos hospitales más grandes de Nueva York, con todo su equipo completo. Se instalará más tarde en Tarancón, donde sufrirá dos terribles bombardeos.

Por fin, desde diciembre de 1937, la base de las Brigadas Internacionales tenía terminada la instalación de un gran centro hospitalario a la retaguardia de Murcia y de un centro en Benicassim previsto provisionalmente para la XIII Brigada (durante su estancia en Teruel) y que se hizo definitivo.

La creación del centro de Murcia decidida en noviembre no lo fue sin largas discusiones; hizo falta romper un sabotaje que pretendía «guardar» los heridos en Madrid. Fue el Comisariado de las Brigadas Internacionales el que tomó la iniciativa de esta creación y la realizó enérgicamente, en contra de todos los obstáculos, sobre la base de la experiencia de la Gran Guerra.

Este centro de Murcia, pues, fue creado en noviembre por voluntarios que trabajaban día y noche para preparar los edificios y dirigidos por el gran cirujano francés Catalette —que no pertenecía a ningún partido.

Esta obra enorme fue rápidamente ejecutada con un éxito completo con un entusiasmo general. Al igual que las otras obras de la retaguardia, los tres grandes hospitales de Murcia fueron costeados en un 45 por 100 con una subvención del Gobierno, y en un 55 por 100 con una cesión voluntaria del 60 por 100 de su sueldo que decidieron los combatientes. El equipo sanitario: servicio de radioscopia y de operaciones fue plenamente asegurado por la solidaridad internacional (Estados Unidos e Inglaterra, Francia, Suecia, etc.).

Todo el personal, cirujanos, enfermeras de operaciones, era internacional. Las enfermeras de sala fueron españolas, formadas y educadas especialmente en los mismos hospitales.

Esta red se extendió todavía más:

Entre diciembre de 1936 y el 1 de agosto de 1937, la base de las Brigadas Internacionales organizó además del centro de Murcia, con sus tres hospitales, el hospital de retaguardia de Benicassim y los centros de Villapaz, Huete, Villanueva de la Jara, Cueva de Potita, Tarancón, etc., en total cerca de cinco mil camas, además de la farmacia central de Albacete, para abastecer en medicamentos y objetos de cura los servicios sanitarios de las diferentes unidades. En toda esta obra, las mujeres internacionales (médicas y enfermeras) jugaron un papel enorme y heroico. Además ayudaron poderosamente al desarrollo del cuerpo de enfermeras del Ejército Popular.

Todos y todas contribuyeron a salvar la vida a muchos combatientes. A menudo con esfuerzos sobrehumanos, bajo el peligro permanente. Y esto durante seis meses en que sólo el personal internacional estaba militarizado.

En principio todos los internacionales debían ir a los hospitales de las Brigadas Internacionales, con el fin de asegurar su seguridad política y física, pues los hospitales no estaban libres de médicos fascistas también en Madrid. Pero, claro está, todos los heridos seguían el mismo camino, y sin distinción se trataba en todos los hospitales a españoles y a internacionales.

ANEXO 1

Luigi Longo

En ayuda de Madrid

Mientras las columnas fascistas se aproximan a Madrid y las milicias, en unión de los vecinos de la capital, les disputan el terreno, paso a paso, nosotros, en Albacete, redoblamos los esfuerzos para estar prestos cuanto antes a acudir en su ayuda. Probablemente, nunca se ha conseguido en un tiempo tan breve y entre tantas dificultades de todo género hacer todo lo que se hizo en Albacete en las primeras semanas de nuestra llegada.

Resumimos. El 14 de octubre llegan los primeros voluntarios. El 22 se ha emprendido ya

Comisario inspector de las Brigadas Internacionales Gallo (Luigi Longo)

la constitución de cuatro batallones. Entre el 22 y el 28, éstos son acantonados en aldeas vecinas donde se van completando sus efectivos y donde desarrollan a marchas forzadas la organización y la instrucción militares. A fines de octubre reciben el armamento: fusiles y ametralladoras.

Los voluntarios llegados a Albacete en este espacio de tiempo suman tres mil o cuatro mil. A los que llegan directamente del extranjero se añaden los supervivientes de las centurias que ya han combatido en Madrid: italianos, franceses, polacos y un grupo de alemanes que proceden del frente de Aragón. En total, unos ciento cincuenta o doscientos hombres. Traen la experiencia viva de los combates librados ya y el recuerdo de algunas decenas de caídos.

Todos estos voluntarios son encuadrados según su afinidad nacional. El batallón franco-belga Comuna de París, compuesto de voluntarios franceses y belgas, queda a las órdenes del comandante Dumont, oficial de reserva del ejército francés, veterano de la guerra mundial, que ya ha combatido en el frente de Madrid. Su comisario político es el camarada Rébière, obrero parisino que estuvo conmigo como delegado en Madrid. El batallón alemán Edgar André agrupa principalmente alemanes y austriacos, pero también se le unen voluntarios de los países escandinavos y balcánicos. Lo manda un ex oficial del ejército imperial alemán, veterano también de la Primera Guerra Mundial. Tiene como comisario político a un obrero de Berlín.

El batallón italiano se compone totalmente de italianos y de ciudadanos del Cantón Ticino y de la República de San Marino. Figura a su frente el capitán Pacciardi, sucesor del capitán Galleani, comunista que desde los primeros días tuvo a su cargo la constitución y la organización del batallón. Éste constaba, en su mayoría, de comunistas emigrados en Francia y en Bélgica, pero comprendía asimismo a numerosos socialistas, a un buen grupo de anarquistas, a algunos militantes de «Justicia y Libertad» y a determinados republicanos o antifascistas sin partido. El nombramiento de Pacciardi como comandante se llevó a cabo teniendo en cuenta la composición política del batallón y nuestra firme voluntad unitaria. Deseábamos demostrar que no pretendíamos valernos de la mayoría comunista para acaparar los puestos de mando. A propuesta de los comunistas italianos, el batallón asumió el nombre de Garibaldi. Sus comisarios políticos fueron los camaradas Roasio (comunista) y Azzi (socialista).

Días después de formarse estos tres primeros batallones, se constituyó el IV, el Dombrowski, integrado en su mayoría por polacos y por voluntarios de otras nacionalidades eslavas, y también por húngaros. Lo mandaba el camarada Bolek y era su comisario el camarada Matuczacz. Ambos habían combatido ya en la sierra de Madrid al frente de un importante grupo de polacos, codo a codo con la centuria italiana Gastone Sozzi.

Naturalmente, al organizarse cualquier unidad nueva, ya fuese un pelotón, una compañía o un batallón, se producía siempre un cierto trastorno en las unidades ya constituidas, porque retirábamos de éstas efectivos básicos para la nueva formación, los cuales eran sustituidos con los recién llegados de la nacionalidad predominante o de nacionalidades afines. Esta circunstancia no contribuía, por cierto, a dar estabilidad a la organización; pero el criterio de reagrupar a los voluntarios por identidades nacionales y lingüísticas no podía por menos de prevalecer sobre cualquier otra consideración, evitando la confusión de los idiomas. Por otra parte, no podíamos partir de un esquema racionalmente preconstituido por nacionalidades y ponerlo en práctica a medida que llegaban voluntarios de ésta o de aquella nacionalidad. Entre otras cosas cabe decir que no teníamos la menor idea de cuántos voluntarios llegarían en los próximos días ni a qué nacionalidad pertenecerían. Además, desde Madrid nos metían prisa, instándonos a enviar el mayor número de combatientes, incluso antes de que nos fuera posible estructurar unidades orgánicas superiores al batallón.

Estas demandas llegarían muy pronto. Estamos a primeros de noviembre y disponemos apenas de tres o cuatro batallones preparados para salir hacia el frente. Pensamos formar con ellos la primera Brigada Internacional, que es la XI del nuevo Ejército Popular español. Estimamos, sin embargo, que se necesitarán, por lo menos, diez o quince días para infundir a esta brigada un mínimo de organización y de compenetración. Todavía no han sido designados ni el comandante ni el comisario ni el Estado Mayor, ni los hombres encargados de los servicios. La or-

Niños de Madrid saludando a los brigadistas

En el frente de Madrid en 1936

ganización, de momento, llega hasta el nivel de batallón. Para nuestros adentros creemos que será un desastre enviar al frente a estos hombres así, por las buenas, sin haberlos dotado de compenetración y de organización. Pero es eso lo que se nos exige y es eso lo que se hace. Por fortuna, no se produjo ningún desastre.

El 5 de noviembre recibimos la orden de mandar a Madrid a todos los hombres armados de que dispongamos. La capital está en peligro. En esta situación, los camaradas del Partido Comunista de España hacen un llamamiento de urgencia a los voluntarios internacionales. Es inútil pensar en llevar hasta el fin o en coronar la labor de organización iniciada. Se trata de meter en el fuego de la lucha, hoy mismo, inmediatamente, todo lo que hay disponible. Es el momento decisivo. Mañana podría ser demasiado tarde.

En Albacete nos damos cuenta de ello, aunque no conozcamos con exactitud todos los pormenores de la situación. Renunciamos, pues, sin pensarlo un instante, a nuestros planes, tan bien articulados y los plazos previstos y decidimos enviar sin pérdida de tiempo a Madrid el batallón franco-belga, el alemán y el polaco. Estas unidades constituirán la XI Brigada Internacional. La mandará el general Kleber; su comisario político será el camarada Nicoletti (Di Vittorio). De momento, el Batallón Garibaldi permanece en Albacete como núcleo en torno al cual se constituirá, con los voluntarios todavía no encuadrados, y con los que van llegando una segunda Brigada Internacional, la XII del Ejército Popular español.

Así pues, la primera Brigada Internacional sale para el frente 21 días después de la llegada de los primeros voluntarios a Albacete. El 8 de noviembre está ya en Vallecas, en Madrid. Desfila por las calles solemnemente, impecablemente, con paso marcial. Los hombres forman un todo compacto, disciplinado, que da una impresión de voluntad y de fuerza admirables. A la vista de ellos, la muchedumbre estalla en aplausos, saluda con el puño cerrado, grita su admiración y su entusiasmo. Es la primera vez que Madrid ve desfilar, rígidamente encuadrada, una unidad del nuevo Ejército Popular; siente que la nueva organización, la nueva disciplina, de las que tiene ante sus ojos un ejemplo admirable, harán invencibles a los millares y decenas de millares de combatientes y de héroes que ya ocupan sus trincheras.

«Pueblo de Madrid —dice un llamamiento de la Brigada Internacional—, hemos venido para ayudaros a defender vuestra capital con el mismo ardor que si fuese la capital de cada uno de nosotros. Vuestro honor es el nuestro; vuestra lucha es la nuestra.»

Madrid ve ahora reunidas todas las fuerzas que la defenderán. Hay en sus trincheras hijos de todas las regiones de España y combatientes de todos los países. Es el verdadero corazón y el símbolo de España, la bandera mundial de la libertad. A Franco se le atragantaban las invitaciones que ha hecho para su entrada triunfal en Madrid, el 7 de noviembre: se le han venido por los suelos irremediablemente. Todos los ataques de sus columnas se estrellan frente a la resistencia republicana. Un puñado de falangistas que ha conseguido penetrar por el parque del Oeste hasta la plaza de la Moncloa es aniquilado por el nutrido fuego que lo ha acogido desde todas las esquinas de las calles y desde todas las ventanas de las casas.

La XI Brigada Internacional acude a tomar posiciones allí donde el peligro parece mayor, donde las tropas enemigas, en un ataque por sorpresa, han logrado atravesar el Manzanares. El 9 de noviembre, los batallones Comuna de París y Dombrowski toman posiciones en la carretera que conduce a la Ciudad Universitaria y cierran el paso a los fascistas. El Estado Mayor de la brigada se instala en la Facultad de Filosofía. A medianoche, el Batallón Edgar André contraataca en el Puente de los Franceses. Después de combates encarnizados, los voluntarios internacionales se apoderan del parque del Oeste, consiguen reconquistar el Puente de los Franceses, arrojar al enemigo más allá del Manzanares y fortificarse en la Casa de Campo.

Durante seis días, los voluntarios internacionales combaten en la Casa de Campo y defienden el Puente de los Franceses. Se pelea en todo el frente. Madrid está como metida en un arco de hierro y fuego. La aviación fascista descarga sin interrupción sus elementos de destrucción y muerte sobre las líneas de combate y sobre las casas de Madrid, con fines terroristas. Nuestra aviación responde sin dar tregua a las fuerzas aéreas enemigas y paga con la misma moneda a

las posiciones y a las concentraciones militares del adversario. En este infierno de explosiones, madrileños, vascos, gallegos, catalanes, castellanos y voluntarios internacionales, estrechamente unidos, forman una cadena de acero en torno a Madrid.

Las pérdidas son graves. Pero el éxito exalta a los combatientes y los empuja a redoblar su audacia y su heroísmo. La inferioridad de nuestra organización y de nuestro armamento es todavía sensible, pero la convicción de poder contener al enemigo se torna invencible e imprime fuerza y coraje a todos. Caen los primeros voluntarios de las Brigadas Internacionales. Con su ejemplo y con su heroísmo marcan el inicio de una tradición: indican a todos cuantos les sucederán el camino del honor, de la gloria y del triunfo. ¡Honra a las decenas y decenas de héroes desconocidos, llegados de Francia, de Bélgica, de Alemania, de Polonia y de los Balcanes que duermen para siempre bajo los árboles de la Casa de Campo, regada con su sangre!

Pasionaria, la gran combatiente, la heroína de las mujeres y del pueblo de España, expresa mejor que nadie, en estas memorables jornadas, el valor y el significado de la participación de los voluntarios internacionales en la defensa de Madrid: *«Vosotros lucháis y os sacrificáis por la libertad y la independencia de España. Pero España se sacrifica por todo el mundo. Luchar por España es luchar por la libertad y la paz en el mundo entero».*

Estas palabras resuenan en medio de un cuadro inolvidable, en los sótanos del Instituto de Arquitectura, atestados de combatientes, de armas, de modelos y de estatuas, rebosantes de mujeres y niños que han buscado allí un refugio contra las bombas y los proyectiles fascistas. Fuera siguen tronando los cañones, las granadas explotan en las cercanías y el rápido tableteo de las ametralladoras hace eco al discurso de Pasionaria. El fascismo no ha renunciado todavía a conquistar Madrid; se rompe los dientes en los aledaños de la ciudad, en los muros de las casas y en las piedras de sus monumentos. ¡Pasionaria, grande, imponente, circundada de soldados, de mujeres y de niños, en medio del solemne cuadro del arte y de la ciencia de España, animada de un ardor incontenible, aparece auténticamente como el símbolo de la España viva y generosa que no quiere morir, que no quiere plegarse ante el fascismo y que defenderá hasta el fin los más caros tesoros de la vida y del genio nacionales!

Una brigada nacida en el camino

Madrid resiste heroicamente, pero los defensores de la capital no se limitan ya a resistir; piensan en el contraataque. Es por la zona del Cerro de los Ángeles, en el flanco derecho de las tropas que atacan Madrid, donde se prepara la operación. Para realizarla se recurre a tres nuevas brigadas del Ejército español y a una segunda Brigada Internacional, la XII.

Entrada en Madrid

A ésta le llega la orden el 9 de noviembre: la salida es al día siguiente. Sólo está constitui-do el Batallón Garibaldi y hay siete compañías de diferentes nacionalidades no estructuradas todavía en batallones. Por supuesto, no existe aún ni sombra de un Estado Mayor o de servicios de una brigada. Todo se halla en fase de proyecto cuando se recibe la orden urgente de salir para Madrid. Debemos renunciar, por consiguiente, a nuestros propósitos, formulados inmediata-mente después de la tumultuosa salida de la XI Brigada. Todavía no han pasado cuatro días desde que se adoptó nuestra irrevocable decisión de proceder con más calma, de no dejar salir otras brigadas que no estén perfectamente formadas y que no hayan hecho, por lo menos, al-gún ejercicio de conjunto; pero ya debemos enviar, sin pérdida de tiempo, todos los hombres disponibles a Madrid.

Todo ha de improvisarse nuevamente, con más prisa todavía y, por consiguiente, con más confusión que antes. Pero Madrid llama. Las noticias que nos llegan de la capital son electri-zantes. Nicoletti telefonea anunciando que la XI Brigada Internacional se cubre de gloria en la Ciudad Universitaria, al lado de las brigadas, de las milicias y de los paisanos españoles. Ni que decir tiene, nadie quiere ser menos que los camaradas que ya combaten. En el Estado Mayor de Albacete, los más acérrimos partidarios de que las cosas se hagan bien y de que se evite toda improvisación no se atreven a oponerse a la orden de partida. ¿Cómo permanecer lejos de Ma-drid cuando, precisamente en estos días, y puede que en este mismo momento, se están deci-diendo los destinos de la libertad en España? De ahí que se ordene la ejecución inmediata de la orden de salida. Es la decisión.

Desde hace varios días se encuentra en Albacete el general Luckács (Mate Zalka), húngaro, escritor, antiguo oficial del ejército austrohúngaro, prisionero de guerra en Rusia y, con poste-rioridad, combatiente de la Guerra Civil al lado de los bolcheviques, contra los *blancos* y con-tra los agresores extranjeros. Se le invita a asumir el mando de la nueva brigada. Yo reivindico el derecho a salir con ella: en esa brigada va el batallón italiano y no puedo por menos de se-guir su suerte. Todo el mundo está de acuerdo. Iré en calidad de comisario político de la nue-va Brigada Internacional. Sustituyo, sin más, los distintivos de comandante, grado con el que formo parte del Estado Mayor de Albacete, y me coloco los de *comisario delegado de guerra,* de brigada: una estrella dorada de cinco puntas dentro de un círculo con una barra en su parte in-ferior.

La nueva brigada está proyectada, pero casi no existe todavía como tal y debe salir al día siguiente. Se viste y se arma aprisa a todos los hombres que podemos. Los voluntarios llega-dos hoy partirán con nosotros mañana. Se colocan juntas las compañías que deben constituir los nuevos batallones; se nombran comandantes y comisarios de batallón, encargados de es-tructurar y completar el encuadramiento de cada unidad. De cómo estructurar la brigada ha-blaremos durante el viaje. De momento urge disponer la partida, asegurar los trenes necesarios y los camiones para ir concentrando los hombres de los diversos acantonamientos y llevarlos a la estación.

Salimos. De noche, en un largo tren va el batallón franco-belga, de nueva constitución. Sigue un batallón mixto germano-eslavo, mandado por el escritor alemán Ludwig Resnn, que ha regresado esta mañana de la Ciudad Universitaria. El Batallón Garibaldi, acantonado en Madrigueras, llegará en camiones a la estación ferroviaria de La Gineta. El general Luckács y yo atraemos a algunos oficiales que, por el momento, constituyen un conato de nuestro Estado Mayor. El camarada Bielov (K. Lukánov), búlgaro, artillero, veterano de la guerra de los Balcanes, asume la responsabilidad del Estado Mayor en formación. Salidos ya los últimos hombres en tren, nosotros nos dirigimos en coche, a toda velocidad, hacia Villacañas, estación de destino de la brigada.

Allí encontramos el batallón italiano, que ha llegado ya y se está alineando, en la oscuridad, en los andenes de la estación, mientras las cocinas preparan el café. Los cocineros italianos no se hacen de rogar. Van a buscar calderos al pueblo, recogen leña en los patios de vecinos y hacen el café para toda la brigada. Uno tras otro, llegan los batallones. Los voluntarios invaden la pequeña estación y el pueblo de La Mancha donde acabamos de desembarcar.

Imposible partir inmediatamente como proyectábamos: los camiones prometidos no han llegado todavía. Aún no ha amanecido. Nos inquietamos. Despertamos a todo el mundo. Telefoneamos a Albacete, a Madrid, a todas partes. «¡Esperamos los camiones! ¡Enviadlos!» Debemos presentarnos en el lugar que se nos ha fijado en la misma mañana. No sabemos nada de las órdenes que allí nos esperan, pero suponemos que no pasarán muchas horas entre nuestra llegada y el momento de entrar en batalla. Deseamos ser fieles a la cita, no queremos quedar mal. Por eso recurrimos al teléfono; insistimos para tener pronto los camiones en número suficiente para transportar a toda la brigada.

¡Llegan por fin los vehículos! Son las 11 de la mañana. La operación de embarque de los hombres no resulta tan diligente como quisiéramos. Por fin, el Batallón Garibaldi sale el primero. Sus hombres van apretujados por decenas en cada camión. Se efectúan muchos rodeos por el campo para despistar a la aviación enemiga. El frente no está lejos. Las polvorientas carreteras, llenas de baches, amortiguan la marcha. Apenas hemos dormido durante la noche; no hemos comido casi nada durante el día. No obstante, el entusiasmo crece conforme nos aproximamos al frente. Los cánticos de los voluntarios van de un camión al otro. Se canta en todas las lenguas, ensalzando la lucha de los pueblos. En las aldeas, las mujeres, los viejos y los niños que allí han quedado acuden a aclamarnos. Levantan el puño y gritan: «No pasarán», mientras nos ofrecen de comer y de beber. Pero se requiere algo más para saciar el hambre y la sed de una brigada entera. Además, no queremos que el entusiasmo popular retrase nuestra marcha.

El general Luckács (Mate Zalka)

A las 7 de la tarde, el Batallón Garibaldi llega al acantonamiento señalado para él; a las 10 llega el batallón franco-belga, y a medianoche el batallón mixto germano-eslavo. Hemos sido profetas: esa misma noche debemos atacar. A las 4 de la madrugada, toda la brigada ha de salir en camiones, alcanzar las primeras líneas e iniciar la operación antes del alba, a fin de aprovechar las últimas sombras del crepúsculo para el movimiento de aproximación al enemigo.

No hay nada que hacer. Todo está ya dispuesto. No constituimos sino una parte de las fuerzas destinadas a operar. Debemos desplazarnos una vez más. A las 4 de la mañana, toda la brigada debe estar ya en movimiento. Pero, ¿dónde están los camiones necesarios para transportarla? ¿Dónde están los chóferes? No encontramos ya a los que nos han traído. Como no forman parte del Ejército, han realizado el acto de transportarnos como quien realiza un encargo privado cualquiera. Nada más llegar, cansados del largo viaje, han buscado en todos los confines de la aldea un rincón donde tenderse y dormir. Nadie ha pensado en retenerlos para poder disponer de ellos.

Ahora tenemos que buscarlos por todas partes. Se busca casa por casa, patio por patio. Las pocas palabras de español que se conocen se malpronuncian con acento francés, italiano, alemán o polaco: «¡Los chóferes! ¡Los chóferes!». Mucho nos cuesta encontrar a una docena de ellos. Después debemos ir a buscar, por las calles oscuras y tortuosas del pueblo, a las compañías y los batallones que se han alojado, dispersos y a la buena de Dios. Hemos de enviar enlaces y órdenes a los que se han alojado en otros pueblos y que se encuentran en nuestras mismas condiciones.

La plaza central de Chinchón, donde nos hallamos nosotros, aparece hormigueante de voluntarios. Desgraciadamente, las horas pasan rápidas en el reloj del campanario. Cada cuarto de hora, el tañido lento y regular de la campana nos hiere como una puñalada cruel. Dan las tres, las tres y media, las cuatro. Es inútil enrabiarse, gritar, increpar a los retrasados. Algunos pelotones o compañías, alojados lejos, no han recibido ni siquiera el aviso de la salida. El camarada Francesco Leone, capitán del Batallón Garibaldi, viene a advertirnos de que los italianos no disponen más que de la mitad de los camiones necesarios para su transporte. Cada cual siente la humillación de su impotencia, de la imposibilidad de hacer las cosas como debieran hacerse. Conseguiremos, por lo menos, salir a las cinco, a las cinco y media... antes de que amanezca...

Por fortuna se recibe una contraorden. La operación se aplaza para el día siguiente. Exhalamos un suspiro de alivio. Ha pasado la noche: una noche más sin pegar ojo. Aprovechamos el tiempo para completar la organización de las compañías, de los batallones y de la brigada. Giramos una inspección a los acantonamientos. Los voluntarios tienen frío; no hay paja donde tenderse ni suficientes mantas con que cubrirse. Hacemos lo necesario para que todos puedan comer algo caliente durante el día. Pasamos lista de soldados, oficiales y comandantes.

Procuramos tomar las medidas necesarias para asegurar, a la noche siguiente, el transporte de los hombres, de las municiones y de los víveres al campo de batalla. Aleccionados por la experiencia de la noche anterior, impedimos que se alejen los chóferes, ordenamos llenar los depósitos de gasolina, controlar el agua en los radiadores y el aceite lubricante, porque ésos son los pretextos de muchos chóferes para negarse a salir.

En Chinchón estamos como perdidos: no conocemos a nadie y es el primer contacto que tomamos con la máquina militar española. Manda el sector el general Casado. Éste no se preocupa de explicarnos ni el sentido ni los pormenores de la operación para la que se nos ha llamado. Pedimos un mapa topográfico del terreno en que hemos de desenvolvernos. Se nos muestra uno que pende de la pared y que, naturalmente, no podemos llevarnos. A duras penas lo calcamos y no nos queda muy claro ni particularizado. No nos inspira ninguna simpatía este general, que nos parece escéptico, indolente, indiferente a la operación que vamos a iniciar y que él debe dirigir. Me dicen que es republicano tan sólo porque en el momento de la rebelión se encontraba en territorio republicano y no pudo unirse a Franco. Busca el apoyo de los anarquistas, a los que utiliza contra los comunistas. No tiene ninguna simpatía por nosotros, los de las Brigadas Internacionales, sino una hostilidad mal encubierta.

De ahí que, por esta parte, no haya nada bueno que esperar. Procuramos arreglarnos por nuestra cuenta lo mejor posible. No conseguimos enlazar con el camarada Gallo —es el apellido auténtico de un camarada español, no se confunda con mi seudónimo—, que manda las brigadas españolas con las que operaremos y que dirigirá también la nuestra. Acudimos al Comité del Frente Popular de la localidad para solicitar la ayuda necesaria. Rogamos, protestamos y obtenemos todo lo que es humanamente posible. Mientras tanto, completamos la formación del Estado Mayor de nuestra brigada: atraemos nuevos oficiales a los puestos de mando; designamos responsables de los diversos *servicios* de la brigada. Un jovencito que declara saber escribir a máquina y hacer cuentas es nombrado secretario. Buscamos alguna máquina de escribir y algún traductor que nos permita desenvolvernos en la Torre de Babel de las lenguas de la brigada. Téngase presente que el general Luckács y el jefe de Estado Mayor, Bielov, hablan sólo sus lenguas maternas, además del ruso y un poco de alemán, mientras que la gran mayoría de los integrantes de la brigada habla italiano y francés. Mal o bien, hemos constituido un embrión de Estado Mayor, un germen de servicio de intendencia y otro de sanidad. Se ha hecho ya lo más urgente e indispensable para poder entrar en batalla. Estamos algo más cansados, pero algo menos desorganizados que el día anterior[3].

---

[3] Luigi Longo, *Las Brigadas Internacionales en España.*

ANEXO 2
André Marty
Cerro de los Ángeles, la XII. Jarama

Entonces, para defender mejor Madrid, se prepara un contraataque. Se efectuará del lado de Getafe, en el Cerro de los Ángeles. Para su realización, se hace un llamamiento a cuatro brigadas, de las cuales una de ellas es una nueva Brigada Internacional, la XII, que llegó el 12 de noviembre.

Se constituyó en pocos días. La manda el general Luckács (Mate Zalka), gran escritor húngaro; su comisario es el camarada Luigi Gallo (italiano); su jefe de Estado Mayor, el camarada Krieger (italiano).

(El cerro se eleva sobre la llanura, fortaleza natural, rodeada de murallas y de trincheras de cemento.)

Con ellos, con los brigadistas, batallones de gallegos, milicias catalanas con Durruti, que debía morir cobardemente asesinado por la espalda. Bajo el retumbar de los cañones y las bombas, el pueblo entero en pie, en un gigantesco esfuerzo, estaba, a pesar de todo, angustiado, pues por encima de todas las campañas se creía aislado del mundo, a excepción de la lejana Unión Soviética.

No pasarán se leía en todas partes; pero «preparándose a morir», pensaban muchos.

Además, el 6 de noviembre por la noche, el presidente del Consejo, el socialista' de «izquierda» Caballero, partió para Valencia. Su gran consejero, el general Asensio, lo siguió, estimando que la ciudad era «indefendible» y dando la orden de que no entrara ningún convoy de municiones. Fue en ese preciso momento, cuando retumbaba la batalla en las primeras casas de la ciudad, cuando el 8 por la mañana llegó a Vallecas la primera Brigada Internacional (XI Brigada) con sus tres batallones: Edgar André, Comuna de París, Dombrowski. El general Kleber (húngaro) la mandaba; su comisario era el italiano Nicoletti; su jefe de Estado Mayor, el coronel Vicente, ex oficial del ejército francés.

Mal pertrechada: 2.000 fusiles Remington del ejército inglés, sustituidos después de la guerra de 1914-1918, sin suspensores ni bayonetas; 8 ametralladoras Maxim, requisadas a tiempo a la FAI, que acababa de robarlas en el arsenal de Albacete.

La brigada, en uniforme de combate, desfiló acompasadamente por la Gran Vía, solemne, severa, militar. Un auténtico ejército. Los voluntarios eran un todo único organizado, disciplinado. Una sola palabra de los jefes y la masa se desplaza, se para, evoluciona.

Se concentraron obreros, mujeres, ancianos, jóvenes. Es la primera vez que Madrid —y España— ven con sus ojos lo que tiene que ser el ejército regular; cómo hay que organizar las fuerzas del pueblo. Éste comprende que esa organización, esa disciplina, harán invencibles a los miles de héroes que se baten ya en las trincheras. Tiene, al mismo tiempo, ante sus ojos la rea-

Juan Modesto y Dolores Ibárruri

lidad de la solidaridad internacional de los trabajadores del mundo entero. Estallan ovaciones sin fin. Muchas mujeres lloran al ver a esos hombres que han venido de muy lejos y que van con firmeza al combate y a la muerte.

La XI Brigada Internacional toma posición inmediatamente donde el peligro parece más grande, donde por sorpresa han conseguido pasar las tropas enemigas, en el Manzanares.

El 9 de noviembre, los dos batallones Comuna de París (franceses, belgas, españoles), comandante Dumont, francés, comisario Rébière, francés, y Dombrowski (polacos, húngaros), comandante Bolek, cortan el camino de la Ciudad Universitaria al enemigo. El Batallón Edgar André (alemanes, austriacos, escandinavos, de los Balcanes), comandante Hans, contraataca en el Puente de los Franceses. El primer combate es encarnizado. Los voluntarios internacionales limpian de marroquíes el parque del Oeste y consiguen ocupar al fin el Puente de los Franceses; el enemigo es expulsado al otro lado del Manzanares; los voluntarios entran en la Casa de Campo. Y durante seis días, sin descanso, se estrellan allí los ataques enemigos. Las pérdidas son grandes, pero el éxito eleva todavía más el entusiasmo.

Y en los sótanos de la Escuela de Arquitectura, en medio de modelos y estatuas, centenares de combatientes, mujeres y niños se reúnen. Una mujer alta, magnífica, con una voz espléndida, Pasionaria, símbolo del pueblo de España, habla: «Gracias por vuestros sacrificios por la España del pueblo. España también se sacrifica por todos, por la libertad, por la paz».

Con frecuencia cubren su voz los cañonazos, el estallido de las granadas o el tableteo de las ametralladoras. Pero al ver allí, en primera línea, a ese símbolo del pueblo, franceses, alemanes, polacos, húngaros se abrazan, lloran en escenas inolvidables y grandiosas de emoción y fraternidad proletaria.

Así es como los internacionalistas entraron en la historia.

El pueblo español, con Pasionaria, rendía este primer homenaje a los cientos de héroes anónimos llegados de Francia, de Alemania, de Polonia, de Hungría, de otros países, que descansan para siempre en la Casa de Campo. Ellos serán siempre testigos sagrados de la realidad de la solidaridad internacional hacia el pueblo español.

Cuando fue evidente no sólo que la España revolucionaria y popular era atacada por dos estados imperialistas, sino que a pesar del apoyo de la Unión Soviética, los estados «democráticos» —Inglaterra y Francia— ayudaban a los invasores bloqueando a la República, en todos los países del mundo los partidos comunistas llamaron a los voluntarios para ayudar a la revolución española, y respondieron por miles.

Desde el 13 de octubre de 1936 llegaron a Albacete dos convoyes compuestos por voluntarios franceses, alemanes, italianos, polacos, algunos de los Balcanes. Uno, de setecientos hombres, llegaba de Figueras, lo conducía el ex capitán del ejército francés Jean-Marie, que regresaba de Irún; el segundo destacamento de ochocientos hombres llegaba de Alicante, donde desembarcaron del *Ciudad de Barcelona;* los mandaban los camaradas Nicoletti, italiano; Ilic, yugoslavo, y el doctor Neumann, alemán. Primer signo: nadie había nombrado a estos hombres; su prestigio, su actividad, habían agrupado instintivamente alrededor de ellos a los futuros combatientes.

La llegada de los voluntarios continuó al mismo ritmo. Cada tres o cuatro días, de seiscientos a ochocientos nuevos combatientes desembarcaban, hablando lenguas e idiomas de 53 países.

Llegó noviembre y la gran batalla por Madrid. La «gran prensa» del mundo entero, en su campaña de calumnias contra la República española, se extendía ampliamente sobre las pérdidas, sobre las dificultades, pero a pesar de ello el ritmo de llegada no disminuía; al contrario.

ANEXO 3

André Marty

Jarama, Verdún español

Estamos en enero de 1937 y está ahora claro que el enemigo prepara un esfuerzo excepcional: tropas y material llegan sin parar de Francia, Italia y Alemania.

Ya el 8 de febrero las tropas italianas toman Málaga, entregada por la traición. Deprisa, la XIII, apenas descansada del ataque de Teruel, es lanzada hacia el sur.

Sus dos batallones, separados sin embargo, rompen con las otras unidades españolas (VI Brigada) el avance franquista llegado de Málaga; vuelven a tomar 42 kilómetros y empujan al enemigo delante de Motril; como siempre, con sólo su llegada se levanta la moral de los combatientes y de la población.

Del lado republicano se preparaba también una gran ofensiva.

Pero al mismo tiempo, el 6 de febrero, los enemigos atacan al sur de Madrid con un enorme material. ¿Meta? Cortar la carretera de Valencia a Madrid. Batalla encarnizada los días 8, 9 y 10 en el Jarama. A toda prisa, todo lo que está disponible se lanza en la lucha. Es como siempre Líster (esta vez mandando una división, la C de la que forma parte la XI).

Es nuestra XII Brigada, y la XI, y la XIV. Por fin, una noticia, la última unidad creada, sacada de Albacete, la XV Brigada con sus tres batallones: Dimitrov (búlgaros, yugoslavos, checos), Ralph Fox (ingleses, irlandeses), 6 de febrero (franco-belga). Un cuarto batallón (Lincoln) americano, aunque incompleto, se une delante de Morata de Tajuña; otros dos batallones enteramente españoles (21 y 24) van a unírseles.

La XV recibe su bautizo de fuego en una terrible situación. Es sobre ella que cae en cierto momento todo el peso de la batalla. El Batallón Dimitrov, digno de su gran nombre, ofrece un obstáculo infranqueable; pierde a su comandante: el comandante inglés y el comandante francés (Fort) están heridos. En cuanto a los americanos y canadienses del Lincoln, se lanzan en el combate con un arrojo que llega hasta la imprudencia.

La XII tiene a una de sus compañías francesas sorprendida y es casi exterminada, lo que permite al enemigo pasar rápidamente el río.

Cuatro de las cinco Brigadas Internacionales, apoyadas por 5 baterías de artillería internacional y 3 de DCA, se encuentran pues ahí; el enemigo ataca con treinta mil hombres por lo menos, bien entrenados, apoyados por una numerosa artillería manejada por especialistas alemanes e italianos y, sobre todo, por una gran masa de aviación.

Otra vez es Madrid centro de la batalla.

Durante dos semanas, en las orillas del Jarama y en sus alturas, se desarrolla la más grande y bravía batalla que se ha conocido hasta ahora en España.

Se baten sobre todo el semicírculo que, partiendo de Perales del Río, va a lo largo del Manzanares en la orilla derecha, corta el Jarama a algunos kilómetros al sur del Puente de Arganda, pasa sobre las alturas de la ribera izquierda y corta de nuevo este río al sur de San Martín de la Vega.

Republicanos españoles e internacionales luchan con el mismo ahínco, el mismo heroísmo. Las Brigadas Internacionales están en el centro de la lucha, entre el Puente de Arganda hasta la izquierda de la carretera que va de Morata a San Martín de la Vega. Aquí es donde el enemigo quiere pasar a cualquier precio y concentra lo grueso de sus medios y de sus tropas.

Fracasa una vez más: la más antigua de las Brigadas Internacionales, la que tiene los más sólidos batallones, la XI, que está formada por voluntarios alemanes y austriacos, va una vez más a cubrirse de gloria.

Está claro que todos los internacionales fueron heroicos. Pero cómo no inclinarse ante esos hombres —alemanes y austriacos— expulsados de sus países por el terror, algunos evadidos de las cárceles o de los campos de concentración y que vienen a luchar con tal energía; saben bien, sin embargo, que para ellos la captura es la muerte; pero la memoria de sus grandes héroes, proletarios, Hans Beimler, Edgar André, está ahí, los dirige y los hace aguantar, en una situación donde sólo una fe ardiente, potente, puede hacer que los hombres no cedan.

El Jarama fue pues, y con mucho, la más grande batalla en la cual habían participado en este momento el nuevo ejército de la República y los internacionales, agrupados ya en dos divisiones: B (XI y XV brigadas) y A (XII y XIV), (Walter).

Es en este momento que las Brigadas Internacionales lograron como tal su potencia máxima: valor de los cuadros y de los combatientes, equipos, armamento, aunque todavía insuficiente, moral, unidad, luchando con ya numerosos soldados españoles en nuestras filas. Desde el punto de vista militar, esto se manifestó por el sistema del contraataque inmediato inaugurado por Enrique Líster y en el cual se caracterizó, entre otras, la XI Brigada.

En cuanto una posición aplastada por la artillería y la aviación estaba ocupada por el enemigo, antes de que éste haya podido consolidarse y avanzar bajo la artillería, se desencadenaba el contraataque y la posición se volvía a tomar. Fue una verdadera defensa activa que trajo así el éxito.

ANEXO 4

Pablo de Azcárate
Constitución del Comité de Londres (septiembre de 1936)

Formaron parte los países siguientes: Albania, Alemania, Austria, Bélgica, Bulgaria, Checoslovaquia, Dinamarca, Estonia, Finlandia, Francia, Gran Bretaña, Grecia, Holanda, Hungría, Irlanda, Italia, Letonia, Lituania, Luxemburgo, Noruega, Polonia, Portugal, Rumanía, Suecia, Turquía, Unión Soviética y Yugoslavia.

Marty y Gallo

Su primera reunión tuvo lugar en Londres el 9 de septiembre de 1936. Lord Plymouth, representante británico, fue elegido presidente y el comité designó como su secretario permanente al diplomático inglés señor Francis Hemming. Para facilitar sus trabajos, el comité constituyó, poco después de su creación, un subcomité formado por las cinco grandes potencias y otros cinco de sus miembros que se denominó subcomité del presidente.

Intervención alemana y primer plan de control (noviembre de 1936)

El comité había desarrollado su proyecto inicial en un plan detallado que comunicó a las dos partes el 1 de enero de 1937, señalándoles un plazo de diez días para hacer conocer su aceptación y, eventualmente, sus observaciones.

A esta comunicación respondió el Gobierno español el 8 de enero llamando la atención del comité sobre la necesidad de extender el control al envío de hombres y subrayando con fuerza la importancia de que fuera puesto en vigor y aplicado con la máxima urgencia. Estas observaciones del Gobierno español obedecían a las noticias que había recibido en aquellos mismos días anunciando la llegada de contingentes alemanes y el desembarco, en Cádiz, de varios miles de voluntarios italianos.

El día 7 de enero, la víspera del día en que la nota española fue comunicada al Gobierno británico, el encargado de negocios alemán en Salamanca telegrafiaba a su Gobierno lo siguiente: «Cuando me encontraba en Sevilla, hace unos cinco días, habían ya llegado cuatro mil camisas negras y estaban en camino dos mil más y todo el armamento y material que les estaba destinado. Según el general Queipo de Llano, esos seis mil hombres podrían tomar parte en las operaciones en una o dos semanas».

Intervención italiana

El 13 de enero de 1937, el embajador alemán en Roma telegrafiaba a su ministro de Negocios Extranjeros que pensaba que convendría seguir aplicando una táctica dilatoria, porque el 14 de enero se embarcarán cuatro mil hombres más; además, entre el 22 y el 25 de enero estará preparada una nueva división formada por nueve mil hombres de tropas combatientes más cuatro mil no combatientes (...). Dentro de diez días a dos semanas, las fuerzas italianas realizarán un ataque por sorpresa contra Málaga, que será en adelante la base de operaciones para Italia.

Ayuda militar al general Franco

Pero lo verdaderamente notable es que, no sólo las autoridades militares alemanas, sino el propio Franco viene a reconocer que su victoria es imposible sin una considerable intensificación de la *cruzada* germano-italiana. En aquel otoño de 1938 preparaba el mando germano-italiano-franquista, alternativamente, dos ofensivas: una contra Levante y otra contra Cataluña. Eso es lo que resulta de un telegrama que el embajador dirigió a su ministro desde San Sebastián, el 27 de octubre de 1938. Para llevar a cabo esa ofensiva, Franco pidió a Alemania e Italia una gran cantidad de material de guerra; específicamente en Alemania cincuenta mil fusiles, mil quinientas ametralladoras ligeras y quinientas pesadas y cien cañones de 75 mm. La petición se hizo en términos apremiantes hasta el punto de que el propio agregado militar alemán en España, teniente coronel barón Von Funck, hizo un viaje especial a Berlín para apoyarla cerca del Ministerio de la Guerra.

Ahora bien, en octubre de 1938, formaban parte del ejército nacionalista los siguientes efectivos extranjeros:

a) Fuerzas marroquíes: sesenta mil hombres.

b) Fuerzas italianas: la División Littorio (doce mil hombres), los aviadores, cuerpos de tanques, artillería y tropas especiales; cuadros de oficiales, suboficiales y clases para cuatro divisiones mixtas.

Ésta es la situación después de haber retirado doce mil hombres para hacer posible la entrada en vigor del acuerdo anglo-italiano, pendiente de una retirada substancial de *voluntarios* de España.

Nota dirigida por el Ministerio alemán de Negocios Extranjeros a sus embajadas en España, Italia, Gran Bretaña, Francia y Unión Soviética, el 12 de octubre de 1938, dándole cuenta de una visita del consejero de la Embajada de Italia al subsecretario de Estado el 11, en el curso de la cual le explicó la situación en cuanto a la retirada de *voluntarios* italianos de España. En esa misma conversación el consejero de la Embajada de Italia afirmó que las fuerzas italianas en España habían perdido, en veinte meses, 2.352 muertos y 8.635 heridos, 196 desaparecidos y 369 prisioneros; en total, 11.552 bajas.

Observaciones. Como anexo hay 49 documentos. Se trata de cartas, telegramas cruzados entre los gobiernos y éstos y la S. de N., declaraciones y cartas de embajadores. En algunos pueden encontrarse más datos[4].

---

[4] Pablo de Azcárate. *Mi embajada en Londres durante la guerra civil española.*

ANEXO 5
Diario oficial del Ministerio de la Guerra

DIVISAS

Circular. Excmo. Sr.: He resuelto queden suprimidas las actuales divisas de los generales, jefes, oficiales y sus asimilados, así como las de los suboficiales, cabos y sus asimilados del Ejército, estableciéndose las siguientes:

Generales y asimilados. La divisa consistirá en un aspa formada por el sable y bastón dorado de la actual, quedando el centro de este aspa a 50 milímetros del vértice de la bocamanga. Sobre el ángulo superior que forma dicha aspa y a 30 milímetros del vértice de ella, llevará una estrella roja de cinco puntas de 20 milímetros de diámetro como la que al final se describa. Otras dos estrellas de igual diámetro irán situadas horizontalmente, una a cada lado de las empuñaduras del sable y bastón a 7 milímetros de ellos.

Jefes y asimilados. Las divisas irán en la bocamanga y consistirán en una estrella roja, como la descrita al final, de 25 milímetros de diámetro; debajo, y a una distancia de 20 milímetros del centro de dicha estrella irá una barra de 10 milímetros de ancha por 35 de longitud, bordada a realce con hilillo de oro, para el empleo de comandante; dos barras iguales, separadas entre sí 3 milímetros, para el empleo de teniente coronel; tres barras de iguales características para el empleo de coronel. La distancia del vértice superior de la estrella al vértice de bocamanga será de 15 milímetros.

Oficiales y asimilados. Las divisas irán en el antebrazo y constarán de una estrella idéntica a la de los jefes, con tres barras de hilillo de oro de 5 milímetros de ancho y 35 de largo, para el empleo de capitán; dos para el de teniente, y una para el de alférez. La distancia del centro de la estrella a la primera barra será de 20 milímetros. El centro de la estrella deberá quedar a 80 milímetros del vértice de la bocamanga.

Brigadas y asimilados. Una estrella roja de cinco puntas, de las mismas dimensiones de las de los jefes y oficiales; 20 milímetros debajo de ella y, en sentido vertical, llevará dos barras de 35 milímetros de longitud por 5 de ancho, separadas entre sí 3 milímetros; estas barras serán de seda roja, bordadas en realce y bordeadas con hilillo de oro de la bocamanga.

Sargentos y asimilados. Igual que la anterior, pero llevarán una sola barra.

Cabos. Un ángulo recto con el vértice hacia arriba, de cinta tejida en rojo, de 10 milímetros de ancho y 35 de longitud, en cada lado; el vértice superior del ángulo debe quedar a 95 milímetros del vértice de la bocamanga.

Gorros cuarteleros. Las mismas divisas que las descritas para las mangas, colocadas en la parte delantera del gorro.

Gorras. Llevarán en el frente la misma estrella de cinco puntas roja. En el cinturón de la gorra llevarán:

a) generales: el escudo nacional bordado en oro.

b) jefes, oficiales, brigadas, sargentos y asimilados: emblema del Arma o Cuerpo a que pertenezcan, en oro, y a ambos lados del mismo las insignias descritas para cada empleo, reduciéndose la anchura de las barras a 5 milímetros, para jefes, y a 3,5 milímetros, para oficiales, brigadas y sargentos; siendo la longitud de las mismas de 30 milímetros.

En la visera llevarán: los generales, un entorchado dorado de 8 milímetros de ancho, con serreta en todo su contorno, a 8 milímetros de su borde exterior; jefes, una barra dorada de 5 milímetros de ancho, a la misma distancia que la anterior.

La estrella será de 5 puntas, bordada a dos aires en torzal de seda roja y partida por un torzal de igual color, del centro a los vértices. Un torzal de oro bordeará la estrella para generales, jefes, oficiales y asimilados.

Los jefes oficiales y clases de Milicias, en tanto no se cumplan los trámites que determina la disposición del día 3 del corriente para su pase a la escala activa, usarán estas mismas divisas, si bien las barras a que se hace referencia serán de torzal de seda roja, ribeteadas de oro, salvo las de los brigadas y sargentos.

El personal del Cuerpo Auxiliar Subalterno del Ejército y de todos los Cuerpos y organismos que no tuvieran derecho a las antiguas insignias militares seguirá ostentando las mismas que en la actualidad tiene.

En un plazo de quince días, a partir de la publicación de esta orden, deberá quedar cumplimentada la sustitución que en la misma se ordena.

Lo comunico a V.E. para su conocimiento y cumplimiento[5].

---

[5] Ministerio de la Guerra. Subsecretaría. Secretaría. Madrid, 31 de octubre de 1936. Año XLIX. número 226 lunes, 2 de noviembre de 1936, tomo IV, página 249.

Capítulo 6

DATOS HISTÓRICOS SOBRE LAS BRIGADAS INTERNACIONALES

Procedencia nacional de los brigadistas

Albaneses, alemanes, argelinos, argentinos, australianos, austríacos, belgas, brasileños, búlgaros, canadienses, cubanos, checoslovacos, chilenos, chinos, chipriotas, daneses, estadounidenses, estonianos, finlandeses, franceses, ingleses y escoceses, griegos, holandeses, húngaros, italianos, irlandeses, lituanos, letones, luxemburgueses, malteses, marroquíes, mexicanos, peruanos, palestinos, polacos, portugueses, rumanos, sanmarinenses, suecos, suizos, soviéticos (rusos, ucranianos, bielorrusos), tunecinos, uruguayos, venezolanos, yugoslavos...

De las brigadas, jefes y comisarios

Siguiendo la nomenclatura organizativa del Ejército Popular, las *unidades internacionales* creadas fueron:

— XI Brigada, compuesta por franceses y belgas, alemanes y polacos, los batallones Edgar André, Comuna de París (franco-belga) y Dombrowski.

— XII Brigada, constituida por los batallones Garibaldi (italiano), Thaelmann (alemán) y André Marty (francés).

— XIII Brigada, formada principalmente por eslavos (polacos, ucranianos, yugoslavos) y algunos franceses.

— XIV Brigada (La Marsellesa), compuesta por voluntarios franceses, belgas, luxemburgueses y algunos argelinos.

Tarazona, 1937. Una unidad griega de la XV brigada

— XV Brigada, integrada por el Batallón Dimitrov (búlgaro) y por ingleses y norteamericanos (Batallón Lincoln, del cual formaba también parte un numeroso contingente de cubanos).

— XXIX Brigada, constituida por los batallones eslavobalcánicos Dialovic, Dimitrov y Masaryk.

Comisarios políticos y jefes de las Brigadas Internacionales. El comisario general inspector fue Luigi Longo. Su nombramiento oficial es de fecha 8 de diciembre de 1936. El propio Longo, en el prólogo de su libro *Le Brigate Internazionali in Spagna*, hace constar que ocupó este cargo desde el principio hasta el fin de la guerra.

Como adjunto al comisario general actuó Edoardo D'Onofrio (Edo) desde antes de la batalla del Jarama hasta el final de la guerra.

La XI Brigada, que como hemos visto se constituyó el 22 de octubre de 1936,

El general Walter, con el teniente coronel Modesto y el comandante Toral en la batalla de Belchite

tomó la numeración definitiva, de acuerdo con lo dispuesto por la Presidencia del Consejo de Ministros, el 1 de noviembre.

A partir de la batalla del Jarama empezó a ser conocida como la Thaelmann y, más adelante, desde julio de 1937, como la Hans Beimler, aunque predominó el apelativo Thaelmann. Al principio se componía de alemanes, franceses, belgas, polacos y algunos grupos de yugoslavos. Posteriormente serían alemanes en su inmensa mayoría.

Mandaron la XI Brigada el húngaro Kleber (Stern), el francés Jean-Marie François y el alemán Hans Kahle. Tendría luego otros cuatro jefes alemanes y un húngaro. Su último comandante en jefe fue el alemán Heinrich Rau.

Sus comisarios fueron el italiano Nicoletti (Di Vittorio), Artur Dorf, Kurt Frank, Richard Schenk y Ernest Blank (todos éstos eran alemanes). Tuvo varios vicecomisarios y un delegado político, el francés Gregoire André.

La XII Brigada, Garibaldi, fue mandada por Luckács (Mate Zalka) y Randolfo Pacciardi, así como por Carlo Penchienati, Nino Raimondi, François Bernard, Arturo Zanoni, Eloy Pardinas (catalán), Alessandro Vaja (Martino Martini) y, durante algún tiempo, por Luis Rivas (Pereyra)[1].

Tuvo los siguientes comisarios: Luigi Longo (Gallo), el alemán Gustav Regler, los italianos Ilio Varontini, Raimondo Battistatta y Emilio Suardi.

La XIII Brigada (Dombrowski), aunque reforzada por fuertes contingentes franceses, era la brigada eslava y en ella figuraron polacos, ucranianos, bielorrusos, bálticos y yugoslavos.

Sus comandantes jefes fueron el alemán Zaisser (Gómez), el italiano Vincenzo Bianco (Krieger), el polaco Jan Barwinski, el rusoamericano Mihail Jarchenko, los polacos Boleslaw Molojec (Edward) y Torunczyk y el húngaro Azalvay (Tschapáiew).

Fueron sus comisarios el polaco Suckanek, el yugoslavo Blagoye Parovic, el italiano Giuliano Pajetta (Camen), los polacos Sanislaw Matuczacz y Ferry y el escritor y poeta gallego Lorenzo Varela.

La XIV Brigada, a partir de abril de 1937, fue conocida, en general, por La Marsellesa, aunque algunas veces sería llamada Dumont, por el nombre de su jefe. Fue esencialmente la brigada francesa.

Tuvo como comandantes, sucesivamente, al polaco Swierczewski (Walter), a los franceses Joseph Putz, Jules Dumont, Marcel Sagnier, Gabriel Hubert y, de nuevo, aún convaleciente, Marcel Sagnier.

---

[1] En la batalla de Guadalajara, el que mandó el batallón garibaldino de la XII Brigada fue Ilio Varontini, comisario político, por hallarse convaleciente de una herida su jefe militar.

Fueron sus comisarios los franceses André Heusler, Marcel Renaud, François Vittori, Jean Hemmen y Henri Rol-Tanguy[2].

La XV Brigada, a partir de julio de 1937 empezó a ser conocida como la anglonorteamericana Lincoln y hacia el mes de marzo de 1938 como la Lincoln-Washington. Sus componentes eran norteamericanos, canadienses, cubanos, algunos chinos, japoneses e irlandeses nacionalizados en Estados Unidos.

Mandaron sucesivamente la XV Brigada el húngaro Gal (Galicz), el yugoslavo Copic, el alemán Klaus Becker, de nuevo Copic y el norteamericano Robert H. Merriman. Otros jefes, ya desde septiembre de 1938, fueron: el asturiano José Antonio Valledor, los brasileños Jorge Agostino y Gay da Cunha y el rusoamericano Nikolai Manzelinzep.

El húngaro-americano Sandur Vozol, de la XV Brigada, fue comisario principal. Otros comisarios fueros: el yugoslavo Copic, el francés Barthel (Chaintron), el inglés George Aitken y los norteamericanos Steve Nelson, Dave Doran, de nuevo Nelson, otra vez Doran, John Gates y el comandante Carlos.

También tenían vicecomisarios.

La CXXIX Brigada se componía de españoles, yugoslavos, búlgaros, checos, polacos, húngaros, estonianos, lituanos, letones, finlandeses, latinoamericanos y anglosajones.

Fueron sus jefes el polaco Wacek Komar y el español Vicente Gimeno Gomis, y sus comisarios el español Lorenzo González del Campo, el polaco Maciej Techniczek y otra vez Del Campo.

En vísperas de la batalla del Ebro, las Brigadas Internacionales pasaron a formar parte del V y XV Cuerpos de Ejército, constituyendo la 45 División (V.C.E.), la XV y la XXXV (XV C.E.).

La 15 División fue mandada por el húngaro Gal (Galicz). Tuvo como comisarios a los españoles Juan Sánchez Marín (muy pocos días) y Carlos Toro Gallego, desde antes de iniciarse la batalla de Brunete (julio de 1937).

Mandaron la 35 División el polaco Swierczwki (*Walter*), Luigi Gallo, de nuevo Walter y el español Mateo Merino. Sus comisarios fueron los españoles Julián Muñoz Lizcano (desde julio de 1937) y José María Sastre, desde abril a septiembre de 1938. Afecto al comisariado estaba el polaco Olek Ferry (*Bekier*).

La 45 División combatió bajo las órdenes del alemán Hans Kahle, el búlgaro Petrov (Kozovski), el húngaro Kleber (Stern), otra vez Hans y los españoles Luis Rivas

---

[2] Jefe de la liberación de París de la ocupación alemana durante la Segunda Guerra Mundial.

Hans Kahle, jefe de la XI Brigada Internacional

y Ramón Soliva. En calidad de comisarios actuaron el español Augusto Vidal Roger, del 1 al 31 de junio de 1937, en que lo reemplazó el polaco Wladyslaw (Cwik). Otros comisarios de esta división fueron el francés François Vittori y el español José Sevil, que fue su último comisario.

La agrupación de reserva de la 45 División tuvo como jefe al yugoslavo Bauman y como comisario a Lorenzo del Campo.

La agrupación Torunczyk, desde el 21 de enero hasta el 9 de febrero de 1939, tuvo cuatro jefes distintos y como comisarios a Ernest Blank y Giuliano Pajetta *(Camen)*. Algunos internacionales actuaron también en otras unidades. Por ejemplo, el italiano Ettore Quaglierini *(Pablo Bono)* fue comisario del III Cuerpo de Ejército en el Jarama y posteriormente, en Levante, comisario del Ejército de Maniobra.

Esto ocurrió especialmente con los cubanos, que fueron el contingente más numeroso de voluntarios latinoamericanos.

Un importante grupo formó parte del Batallón Lincoln, de la XV Brigada Internacional, de la cual fue jefe de sanidad el cubano doctor Luis Díaz Soto. Pero una parte de los combatientes venidos de la patria de Marty y Maceo formaron parte y lucharon en unidades españolas, en las divisiones 11 y 46, especialmente.

El escritor cubano y comisario político de batallón Pablo de la Torriente Brau, caído en Majadahonda, frente de Madrid, y Policarpo Candón, comandante, muerto en Cerro Gordo (Teruel), formaron la llamada «Primera Brigada Móvil de Choque», que posteriormente, como la X Brigada, fue integrada en la 46 División.

Otros voluntarios de Argentina, Brasil, México, Perú, etc., también formaron parte de unidades españolas. El comunista argentino, comandante Ortiz, fue oficial del Estado Mayor del III Cuerpo del Ejército y mandó la XXIV Brigada; el famoso pintor mexicano Alfaro Siqueiros fue jefe, con grado de teniente coronel, de una brigada que operó en el sur del Tajo y Extremadura; el también mexicano Rico actuó durante cierto periodo como instructor del PCE en una de las brigadas de la 11 División. El comisario político Rojas, peruano, combatió también en una brigada española. Se podrían citar otros ejemplos.

El comisariado interbrigadista y sus secciones

En un principio, el Comisariado de las Brigadas Internacionales tenía una actividad limitada. Su labor no tardó en ampliarse, creándose en su seno un Servicio de Propaganda bajo la dirección, en primer lugar, del francés Gregoire André. Entre sus funciones se encontraban la difusión de la prensa y el control de las publicaciones interbrigadistas.

La primera de éstas consistió en un *bulletin,* traducido a varias lenguas y profusamente repartido en los frentes, al que luego sucederían boletines redactados en diversos idiomas, incluso en hebreo. El más importante de ellos, a partir del 6 de marzo de 1938, fue *El Voluntario de la Libertad,* cuya redacción inicial estaba constituida por Alfred Kantorowicz, alemán; Szymek Krajewski, polaco; Josef Sulinski, polaco, y Ralph

Bates, inglés. En abril del mismo año también figuraba en la redacción Edwin Rolfe, norteamericano. Posteriormente se integraron en ella el francés Michaut y el norteamericano John Tisa.

En propaganda colaboraba Olga Bancic, rumana[3].

La propaganda radiofónica la dirigían los yugoslavos Karlo Mrazovic, Veljko Vlahovic, Josip Hopa y Viktor Kolesa y el checo Laco Holdos.

Prensa y propaganda: de la difusión de la primera se ocupó el francés Gregoire André. El comisario de ediciones fue Monnier.

La sección del Comisariado que pudiéramos llamar de *relaciones públicas* proyectaba su trabajo principalmente hacia el exterior, en una labor de esclarecimiento del significado de la guerra.

Las visitas a España de los dirigentes de la II Internacional Debrouckère, Adler, Attlee y de otros dirigentes socialistas fueron, en gran medida, fruto del trabajo de esa sección de propaganda.

La base orgánica de las Brigadas tuvo varios comisarios: Will Paynter, inglés, y Firtos *(Rajk)*, húngaro. Durante la batalla del Jarama, la Comisaría Política organizó un servicio de propaganda titulado *Altavoz del Frente* y dirigido por Jean Barthel *(Chaintron)*, francés; Roger Codou, francés; Alonso, español, y Schamma, inglés. En el momento de la batalla de Guadalajara, aquella Comisaría estaba integrada por Luigi Longo *(Gallo)*, Noce *(Estella)*, Pajetta *(Camen)*, Canapino *(Calandrone)* y Paolo Tedeschi *(Spano)*, con la cooperación del comandante Carlos Contreras (Vidali) y del escritor ruso Ilyá Ehrenburg. Ilio Barontini dirigió esa actividad durante la batalla de Brunete.

El Comisariado General de las Brigadas Internacionales tenía su sede en el 63 de la calle Velázquez, de Madrid, donde estaban sus oficinas, dormitorios y comedores aptos para dar alojamiento a los voluntarios que iban de paso o disfrutaban permiso.

El Comisariado de las Brigadas Internacionales amplió rápidamente su labor de propaganda, organizando, además del *Altavoz del Frente,* actos políticos, escuelas de idiomas, etc. Destacaron en tal actividad el comandante Carlos (Vidali) del V Regimiento, el italiano *Camen* (Giuliano Pajetta) y un comisario español apellidado Sánchez. Dicho comisario representaba ante el Gobierno a los voluntarios de las unidades internacionales, ocupándose, entre otras cosas, de solicitar para ellos los beneficios

---

[3] Olga Bancic nació el 10 de mayo de 1912 en Kishinev, Berasabia rumana. Después de España luchó en la resistencia francesa. Perteneció al Grupo Nanuchian de los FTPF. Detenida el 23 de noviembre de 1943 fue torturada, condenada a muerte y ejecutada por los nazis en Stuttgart (Alemania) el 10 de mayo de 1944.

concedidos o que pudieran otorgarse en el futuro para los familiares de los caídos y a los inválidos españoles del Ejército Popular.

Las Brigadas Internacionales mantenían diversas delegaciones de acuerdo con las necesidades. Además de la de Madrid, funcionaban las de Valencia, Barcelona y Euskadi. También tuvieron una delegación en la batalla del Ebro.

Quisiera anotar aquí algunos de los nombres de jefes y comisarios españoles que o bien durante toda la guerra o en parte de ella, estuvieron al mando o al frente de la dirección de las Brigadas Internacionales:

Mandos:

Ramón Soliva Vidal, comandante-jefe de la 45 División durante la batalla del Ebro;

Pedro Mateo Merino, comandante-jefe de la 35 División desde el primero de mayo de 1938;

Julián Henríquez Caubín, jefe de Estado Mayor de la 35 División en la batalla del Ebro;

José Antonio Valledor Álvarez, mayor-jefe de la XV B.I. en la batalla del Ebro;

Luis Rivas Amat, mayor-jefe de la XII B.I. en la batalla del Ebro;

Capitán Enrique Fábregas, segundo jefe de Estado Mayor de la 35 División;

Gustavo Durán, jefe de Estado Mayor de la XI B.I. durante breve tiempo;

Fernando de Haro, comandante del Batallón 49 Dombrowski (XIII B.I.) en la batalla del Ebro;

Los capitanes Urtusta y Balza, jefes de batallón en la XV B.I.;

Capitán Martínez, jefe del Batallón 49 (XIII B.I.);

Emiliano Chamón, comandante del 49 Batallón (XIII B.I.).

Comisarios:

José María Sastre, comisario político de la 35 División;

José Sevil, comisario político de la 45 División, bajo la dirección del comisario del V Cuerpo, Santiago Álvarez;

Lorenzo Varela (Jesús Varela Vázquez), comisario de la XIII B.I., bajo la dirección del comisario del V Cuerpo, Santiago Álvarez;

Ventura Notario Alfonso, comisario del batallón especial 35 División;

Francisco Parra, comisario del Batallón Comuna de París, XV, caído en la batalla del Ebro;

Emilio Rueda, comisario del Batallón 50, Mickiewicz (XIII B.I.);
Marcelino Blanco, comisario del Batallón 49 (XIII B.I.).

Otros comisarios: Rufino González, Jaime Villadroza, Salvador Artigas, Domínguez, Modesto Ojeda, Andrés Fernández, Antonio Castiñeiras, Diego Mula, José Muntané, Luis Sáez, Vicente S. Bordes y Numen Mestre.

Sería de sumo interés poder insertar aquí una relación completa de todos los españoles que formaron parte de las Brigadas Internacionales, pero eso por el momento no es posible.

Como gozaban de cierta autonomía para los nombramientos, los cambios de comisarios en las distintas unidades eran muy frecuentes. En ocasiones, a un jefe militar se le nombraba un sustituto, pasando él a cubrir la baja de un comisario, o viceversa. En estos cambios rara vez intervenían los españoles que ejercían como comisarios en las divisiones.

Algunos partidos comunistas tuvieron en España durante un periodo de la Guerra Civil sus representantes cerca del PCE. Pero éstos no intervenían en los problemas de las Brigadas más que en la medida que había decisiones políticas que afectasen a sus compatriotas o militantes.

Los representantes del PC checoslovaco fueron: Robert Korb, Jan Vodicka, Jan Sverma, Petr Klivar y Artur London. El delegado para todos los voluntarios alemanes era Franz Dahlem.

El representante de la Internacional Comunista para las Brigadas fue el dirigente comunista francés André Marty.

Frentes y momentos en que actuaron las Brigadas Internacionales

Esos frentes y esos momentos estuvieron determinados por los ataques enemigos y por las circunstancias en que éstos tuvieron lugar. El primer frente de intervención de las Brigadas, en este caso la XI, fue en la Ciudad Universitaria de Madrid, en noviembre-diciembre de 1936.

En ese mismo mes, noviembre de 1936, hubo un intento de intervención de la XII Brigada en la zona del Cerro de los Ángeles —llamado entonces Cerro Rojo—. Pero la operación fue suspendida por el mando republicano del frente de Madrid (véase al respecto el artículo de Luigi Longo sobre la ayuda a Madrid).

La XI y la XII Brigadas también intervinieron en Pozuelo en noviembre de 1936 y en Majadahonda al mes siguiente, es decir, en diciembre de ese mismo año.

La XIII Brigada intervino en el frente de Teruel en diciembre de 1936 y en enero de 1937, que fue cuando el Ejército republicano sitió y tomó Teruel. La hazaña militar de sitiar Teruel correspondió a la española 11 División.

En diciembre de 1936 y enero de 1937 la XIV Brigada Internacional intervino en el frente de Andalucía (véase la carta y la nota que a ese respecto me escribió el historiador Francisco Moreno Gómez).

En enero de 1937 la XII Brigada combatió en el frente andaluz.

La XIII Brigada intervino, por su parte, en Motril en febrero de 1937, interviniendo a la vez en Pitres.

De todas las batallas de esa época, algunas muy diversas y sangrientas, la más importante y de mayor trascendencia fue, de todos modos, la batalla del Jarama. En ella intervinieron la XI, XII, XIV y XV Brigadas Internacionales y número aún mayor de fuerzas españolas. La batalla del Jarama duró desde el 6 de febrero hasta casi el final de dicho mes, día 20. Al lograr retener la avalancha enemiga, puede decirse que dicha batalla fue la que salvó a Madrid del cerco que quería imponerle el enemigo, cortando sus comunicaciones con Levante.

De ese modo, Madrid continuó siendo la capital del Estado hasta 1939.

En la batalla de Guadalajara (marzo de 1937), en la que derrotamos a los italianos, participaron las Brigadas XI y XII. Se distinguieron notablemente contra el Cuerpo de Ejército de Mussolini, sobre todo los combatientes garibaldinos, que formaban parte de la XII Brigada Internacional.

En abril de 1937 la XIII Brigada combatió en Pingarrón.

Al mes siguiente (mayo de 1937), luchó en el Cerro Garabitas, frente a Madrid.

El mismo mes de mayo de 1937, la XI Brigada actuó en Utande.

Y en el curso de ese mes de mayo y en el mes siguiente (junio de 1937) la XIV Brigada peleó en Balsaín, en la sierra de Madrid.

En junio de 1937, la XII Brigada actuó en Huesca. Fue aquélla una batalla desgraciada que costó la vida al jefe de la Brigada, el general de origen húngaro y famoso escritor Luckács (Mate Zalka).

En julio de 1937, se llevó a cabo la batalla más importante de la guerra, después de la del Jarama: fue la batalla de Brunete; el pueblo fue tomado por asalto y desde la retaguardia por la 11 División a las 6 de la mañana, después de 6 horas de marcha, ya que la operación empezó a las 12 de la noche. En la batalla de Brunete tomaron parte las XI, XII, XIII y XV Brigadas Internacionales. La XIII Brigada tuvo que ser

Brunete, 1937

disuelta a causa de sus numerosas bajas (véase más adelante el testimonio del comisario político Toro), siendo reorganizada posteriormente.

Después de Brunete, la batalla de más trascendencia en que participaron las Brigadas XI, XII y XV fue la de Belchite, realizada en agosto de 1937. Belchite fue tomado con gran esfuerzo por las fuerzas del Ejército Popular, aunque españolas.

En ese mismo mes, es decir, en agosto de 1937, la XII y la XIII Brigadas tomaron parte en los combates de Villamayor.

En agosto de 1937, las Brigadas XII, XIII y XIV actuaron en Fuentes de Ebro, a poco más de 20 kilómetros de Zaragoza.

En octubre de 1937, la XIV Brigada actuó en la Cuesta de la Reina.

Poco después, en enero de 1938, la XI y la XV Brigadas volvieron a actuar en Teruel —esta vez para defender la ciudad del los ataques del enemigo, que pretendía recobrarla. Esto lo realizó posteriormente.

La XI y la XV Brigadas también actuaron poco después (febrero de 1938) en Segura de los Baños (frente de Aragón).

Con el hundimiento del frente de la República en Aragón, la XI, XIII y XV Brigadas tuvieron que actuar en Alcañiz, en el mes de marzo de 1938.

Lo mismo le ocurrió a la XII y XIV Brigadas en Caspe y Maella, ya que aquella retirada fue muy difícil para las fuerzas republicanas.

La XII Brigada se tuvo que batir en aquel mes de marzo de 1938 en Montoyo.

Las Brigadas XI, XIII y XV combatieron a brazo partido en Batea, durante el mes de marzo de 1938.

Y prácticamente casi todas las Brigadas, es decir, la XI, XII, XIII, XIV y XV, combatieron denodadamente en marzo de 1938, en torno a Gandesa. La ingente tarea era retrasar el avance del Ejército de Franco, que pujaba por llegar al mar Mediterráneo.

En los meses de marzo y abril era la XIII Brigada la que se batía en la ciudad de Lérida, tratando de impedir, junto con las tropas españolas, la caída de dicha ciudad en poder del franquismo.

En abril de 1938, la CXXIX Brigada, organizada en el frente de Extremadura, combatía en Aliaga.

Y en julio de ese mismo año esa misma Brigada (la CXXIX) combatía en Castilla.

En los meses de mayo-junio las tropas que constituían la Agrupación Ebro y que posteriormente pasaron a formar el ejército del Ebro, que se habían retirado del frente de Aragón y se habían refugiado detrás del famoso río, se recobraron y se propusieron cruzar de nuevo, por sorpresa, el caudal más grande de España. Fue lo que realizaron con una gran audacia a las 0 horas del 25 de julio de 1938, tomando por sorpresa al enemigo, causándole numerosas bajas y haciéndole miles de prisioneros.

Las Brigadas Internacionales tuvieron en este caso la siguiente actuación:

— La XIV Brigada actuó en julio de 1938 en Amposta (Ebro).

— Las Brigadas XI, XIII y XV actuaron en ese mismo mes, julio de 1938, en Ascó (Ebro).

— La XI, la XIII y la XV actuaron también en ese mes de julio en Corbera (Ebro).

— En los meses de agosto-septiembre (1938) la XI, la XIII y la XV combatieron en la famosa sierra Cabals, que con la sierra Pandols fue la posición estratégica más importante de la batalla del Ebro.

En el vértice Gaeta, de gran valor estratégico, durante los meses de agosto-septiembre, actuaron las Brigadas XI, XII, XIII, XIV y XV; salvo la CXXIX, que estaba lejos de esa zona, actuaron prácticamente todas las Brigadas Internacionales. Hay que tener en cuenta que en esas fechas dos tercios de los componentes de las Brigadas Internacionales eran ya españoles.

En cuanto a los grupos de artillería de las Brigadas Internacionales, éstos estuvieron en realidad en todas partes.

Pero se acercaba la hora de la retirada de dichas Brigadas.

Nuevos hechos de la lucha de las Brigadas. Más datos

Las principales batallas de la guerra en que participaron las Brigadas Internacionales fueron la defensa de Madrid —que tuvo diversos momentos— y, seguidamente, Guadalajara, Brunete, Belchite y Quinto, Teruel, el hundimiento del frente de Aragón, cruce del Ebro y resistencia inicial en el gran triángulo del terreno allí conquistado.

Además de esas grandes batallas, las Brigadas Internacionales combatieron, como ya lo hemos visto, en otra serie de lugares. Apenas tuvieron reposo o descanso alguno, como no lo tuvimos las demás unidades que desde el comienzo de la guerra pasamos a formar parte del *Ejército de Maniobras,* que fue un *ejército de choque.* Este ejército estuvo constituido por las siguientes divisiones: 11, 45, 46, 35 y, ocasionalmente, por alguna otra unidad.

Pero las Brigadas Internacionales desempeñaron un papel desigual o diferenciado según las circunstancias. Los que compartimos su lucha o vivimos sus vicisitudes estamos en condiciones de emitir un juicio sobre la circunstancia de cada una de las citadas batallas. Esto aun a riesgo de equivocarnos en algún matiz o detalle.

En la defensa de Madrid los internacionales (I Brigada Internacional, XI según el orden del Ejército Popular) entraron en fuego el día 9 de noviembre por la noche, realizando un contraataque efectivo por la zona de la Casa de Campo. Pero debe tenerse en cuenta que los días 7 y 8 las fuerzas españolas habían rechazado ya los primeros ataques del enemigo, al que impidieron la entrada en la capital. Esos días de noviembre fueron los más difíciles y decisivos de la defensa de Madrid. El día 9 el enemigo se hallaba ya en declive en cuanto a las pretensiones de entrar en la ciudad. Pero la presencia de las Brigadas Internacionales en el frente de Madrid fue para el pueblo y para los defensores de la capital una ayuda y un estímulo moral inapreciables.

En la batalla del Jarama, en su primera fase, las fuerzas de los internacionales resistieron heroicamente los primeros ataques enemigos, pero a partir del día 13 las fuerzas decisivas en los combates del Jarama fueron españolas. El general Rojo, en su libro *Así fue la defensa de Madrid*[4], hace al respecto la siguiente observación crítica al escritor inglés Hugh Thomas:

> Así sucede, por ejemplo, en el relato que hace Hugh Thomas de la batalla del Jarama, donde se realza la acción, batallón por batallón, de las cuatro Brigadas Internacionales y poco o nada se dice de las doce o catorce —incluidas las de refuerzo, que se enviaron desde Madrid— que participaron en la lucha, dejando algunas de las últimas enviadas en la fase crítica del Pingarrón el 40 por 100 de sus hombres sobre el campo de batalla

El general Rojo tiene toda la razón. Por ejemplo, bajo la disciplina de la 11 División, que mandaba Líster y cuya acción política como comisario me correspondió, hubo momentos en el Jarama que tuvimos 7 brigadas bajo nuestro mando. El ataque al Pingarrón y su conquista circunstancial fue obra de un batallón, el III de la I Brigada de la 11 División, que lo tomó por asalto. Y a partir del día 13 de febrero en que la 11 División entró en fuego, el predominio de las unidades españolas en aquella batalla del Jarama fue lo determinante.

Por ello, la conclusión que deduce el propio general Rojo de los combates y en general del conjunto de esa batalla no puede decirse que no sea correcta. Hela aquí:

> No puede afirmarse que en el Jarama hubiera sido derrotado nuestro adversario. Tampoco lo habíamos sido nosotros. Pero, pese a la indeterminación en que quedó la lucha, no-

---

[4] Consejería de la Presidencia de la Comunidad de Madrid, p. 172.

sotros podíamos afirmar —porque así era público— que la maniobra adversaria había fracasado, lo mismo que había sucedido cuando el mes anterior operó contra nuestra ala derecha por Las Rozas.

En ambos casos, el adversario había ganado una porción de terreno, pero no había derrotado a nuestras fuerzas, no había logrado ningún objetivo de valor táctico o estratégico, no había destruido nuestro sistema de fuerzas ni cortado nuestras comunicaciones; en cambio, se había impuesto un agotamiento que lo incapacitaba para lograr culminar sus maniobras.

Por ello, el triunfo era categóricamente nuestro; y ahora que se conocen con toda amplitud los propósitos que perseguía en su empresa del Jarama, también se puede afirmar que la victoria fue nuestra, porque nuestro combatiente logró que fracasara una maniobra que pretendió ser decisiva y no sólo no alcanzó esta finalidad, sino tampoco los objetivos tácticos que por su valor compensaran el daño sufrido.

En otro orden, el Jarama era una réplica contundente a la conquista de Málaga que los rebeldes habían llevado a cabo por las mismas fechas en que se libró la batalla.

Sobre el Jarama dice algo más el general Rojo:

Pocas eran las porciones de terreno que se cedían al adversario, pero ¡a costa de cuántas bajas! De la arista montañosa que había ocupado paralela al río, el punto esencial era la posición denominada El Pingarrón. Sobre ella se orientaron los esfuerzos de nuestros contraataques, que culminaron hacia el día 17. Posiblemente, entre todos los cerros que han jalonado nuestro frente general de guerra, el de El Pingarrón, en el Jarama, es el que puede escribir su propia historia con mayor cantidad de sangre. Durante tres días fue objeto de incesantes acometidas con el propósito de dominarlo, para luego descender hacia el río y cortar por San Martín de la Vega el paso a las fuerzas atacantes, que ya se hallaban en nuestra orilla. Con ese objeto se dio la máxima amplitud a nuestro contraataque el día 21. Todos los esfuerzos fueron inútiles. La batalla fue localizada en esa posición, a donde el enemigo acudió con sus mejores tropas y contra lo que nosotros empeñamos también nuestras mejores unidades. Pasó varias veces de unas manos a otras; en él se estrellaron ambos contendientes y cayeron las granadas y bombas con mayor profusión. Se batieron en lucha cuerpo a cuerpo innumerables batallones, desde la tercera jornada de la segunda fase de la batalla hasta la última, quedando, por fin, en manos del adversario, pero sin que pudiera ser utilizado para apoyar en él la maniobra hacia Morata, porque se lo impidieron el agotamiento de sus reservas y el desgaste de sus unidades.

(...)

El problema del desgaste fue similar para los dos adversarios (en la batalla de Guadalajara) y desde esos combates, que culminaron los días 21 al 23, la batalla hacía crisis lentamente y el frente se estabilizaba, pues con simultaneidad a la lucha se realizaban trabajos de fortificación en todo el frente y los nuevos intentos del enemigo irían encontrando a nuestras unidades cada vez más sólidamente aferradas al terreno, del que ya no cederían ni un solo palmo.

Después de la batalla del Jarama siguió la de Guadalajara. En ésta infligimos una derrota total al Cuerpo de Ejército Italiano, mandado esencialmente por Manzini.

En esta batalla —como hago constar en las *Memorias II*, p. 164—[5] participaron dos Brigadas Internacionales, la XI y la XII, su papel fue más bien auxiliar, salvo en el combate del Batallón Garibaldi, que se batió heroicamente frente a los de Mussolini. Téngase en cuenta que en Guadalajara la agrupación de fuerzas llamada 11 División fue la que recibió la principal misión de la batalla, tanto en la defensa como en el contraataque: defender el eje central de la ofensiva enemiga (la carretera de Madrid a Francia). Pero sobre dicha agrupación también recayó la resistencia de la ofensiva de los atacantes y después el contraataque. Fueron las fuerzas a las órdenes de la 11 División las que reconquistaron Trijueque, Gaganejos y la amplia zona que fue liberada en pocos días de la ocupación italiana.

Brunete fue conquistado por la 11 División atacándolo desde su retaguardia en una operación táctica magistral iniciada el 6 de julio a las doce de la noche. La conquista del pueblo se realizó cruzando las líneas enemigas y fue consumada a las 6 de la mañana. Frente a los contraataques enemigos a la 11 División, apoyaron las Brigadas Internacionales, que tuvieron que ofrecer una gran resistencia. La disolución y reorganización de la XIII Brigada Internacional, a causa de las bajas que sufrió en dicha batalla, es una demostración de lo ocurrido en aquellos infernales y sangrientos combates de aquel mes de julio de 1937.

Algo parecido a lo ocurrido en las batallas que quedan citadas puede decirse de las que no hemos mencionado directamente aún. Quinto y Belchite, Teruel, hundimiento del frente de Aragón y batalla del Ebro. No me refiero a la resistencia en Cataluña porque para ese momento los voluntarios internacionales ya habían sido retirados del frente de combate.

De todos modos, para calibrar el peso y la importancia de los combatientes internacionales en nuestra guerra de 1936-1939, hay que atenerse esencialmente a los datos que se incluyen en otro capítulo en que se evalúa en cifras el porcentaje de fuerzas españolas e internacionales existentes en nuestro ejército, aunque esa evaluación sea relativa. Hablo de evaluación relativa ya que los combatientes internacionalistas, por su decisión y por su carácter, eran luchadores excepcionales.

---

[5] Santiago Álvarez, *Memorias II*, p. 164.

Emilio López Vega, el combatiente más joven del grupo de exploración de la XI Brigada.
Guadalajara, 1937

Finalmente, en este capítulo quisiera exponer las ideas siguientes:

Sin la existencia de la Internacional Comunista y de la URSS y su política de entonces no habría habido Brigadas Internacionales. Porque las Brigadas fueron la consecuencia de aquel movimiento antifascista que se inició ya en los años treinta y que maduró, en gran parte, en la medida en que el peligro fascista se vio acrecentado una vez que Hitler ascendió al poder en Alemania y ese peligro fue denunciado y combatido con toda energía.

Y esa realidad estuvo ligada a la existencia de la URSS y de su política y, en consecuencia, a los esfuerzos propagandistas y de organización de la Internacional Comunista.

No hay que olvidar que los centros motores de la movilización solidaria y de voluntarios de cada país para venir a España fueron los partidos comunistas. Y la existencia de los partidos comunistas fue una consecuencia de los factores antes mencio-

Miembros del grupo de exploración de la XI Brigada

nados. Una situación similar no se había dado antes de 1936 y no volvió a darse desde entonces.

Las circunstancias mencionadas también fueron fundamentales para que, dentro de la socialdemocracia misma, a pesar de su reformismo, se crease una corriente de izquierda que apoyó la lucha antifascista de España. Fue el caso italiano con Pietro Nenni, así como los casos de los líderes antifascistas alemanes y austriacos que bajo la bandera de la República se batieron en nuestros frentes.

De aquí se deduce una enseñanza imperecedera: Para hacer frente al fascismo y a la reacción es preciso aunar los esfuerzos de todos los que están dispuestos a defender las libertades, la democracia y luchar por el progreso humano, aunque existan diferencias. Y cuanto más amplios sean esos esfuerzos, a cuantas más gentes abarquen, más eficaz será la lucha por esa grandiosa causa. Ésta es una lección que valió en los años treinta, vale hoy y valdrá siempre mientras la humanidad no cambie esencialmente.

ANEXO 1

Proyecto de estatuto de las Brigadas Internacionales (24 de julio de 1937)

I. Carácter de las Brigadas Internacionales

Las Brigadas Internacionales están compuestas por voluntarios antifascistas enviados por las organizaciones de su país e incorporados al ejército regular español. En estas condiciones, y teniendo en cuenta sus particularidades, los combatientes de las Brigadas Internacionales tienen deberes y derechos colectivos especiales que están determinados en el presente estatuto.

II. Deberes de los voluntarios internacionales

1. Las Brigadas Internacionales, en general y cada voluntario en particular, se someten a las leyes y reglamentos en vigor en la España republicana y aceptan el mando y la disciplina del Estado Mayor y del Gobierno republicano.

2. Obedecen de manera absoluta a todo lo que es de orden militar.

3. Respetan y aplican las decisiones de las autoridades civiles.

III. Derechos militares

1. Los combatientes internacionales están agrupados en unidades mixtas españolas e internacionales de la mejor manera para servir los intereses y las exigencias militares.

2. Los voluntarios son empleados teniendo en cuenta su capacidad en su ejército o en su especialidad.

3. Los voluntarios internacionales tienen igualdad de derechos, de situación y de prerrogativas que todos los graduados y soldados del ejército republicano. Los voluntarios internacionales percibirán el mismo sueldo que los soldados, oficiales y comisarios políticos del ejército español; serán vestidos, equipados, armados de la misma manera. Esta igualdad se entiende tanto individualmente como colectiva.

4. La organización de las unidades internacionales tendrá en cuenta las particularidades nacionales de los voluntarios, a condición que esto no interfiera las exigencias militares.

5. Las Brigadas Internacionales podrán organizar de manera especial su intendencia, en razón de sus particularidades nacionales.

6. Las Brigadas Internacionales podrán organizar y administrar los hospitales para los *internacionales* acorde y conforme a las reglas del Servicio de Sanidad del Ejército español.

7. Las Brigadas Internacionales organizarán especialmente su servicio de correo y de censura, bajo el control del Ejército regular.

IV. Derechos sociales

1. Serán otorgados permisos a los voluntarios internacionales. Estos permisos son de dos órdenes:

a) Los permisos en España siguiendo las decisiones generales del Ejército español. Están organizados, para este efecto, centros de descanso donde los combatientes internacionales pueden ir a pasar la temporada de permiso.

b) Permisos para el extranjero han de ser despachados a los internacionales por orden de las autoridades competentes sobre proposición de los comandantes de brigada y del comandante de la base. Tales permisos serán acordados en los siguientes casos: cuestiones familiares, cuestiones jurídicas, cuestiones militares, salud.

2. Los voluntarios internacionales podrán ser liberados individualmente y devueltos a su país de origen, bien sea a petición propia, bien a proposición de los comandantes de brigada, de acuerdo con el comandante de la base y con los organismos regulares.

Los casos de liberación son los siguientes: edad, familia numerosa, heridas múltiples, enfermedad, larga estancia de permanencia en España, indeseable.

3. Los enfermos y los heridos internacionales se beneficiarán inmediatamente de todas las disposiciones que son o sean llevadas a cabo en España para las víctimas de la guerra.

Un brigadista del Batallón Británico

— Los que se quedan en España recibirán la misma indemnización y las mismas condiciones de vida y de estancia que los soldados del ejército español.

— Los que quieren volver a su país tendrán la posibilidad de cambiar el importe de la pensión que les es establecida en pesetas en la moneda de su país. De algún modo, debe estar previsto el establecimiento de un baremo de porcentaje de inutilidad y de valor de base de esta indemnización.

Serán adoptadas disposiciones para regularizar lo más rápido posible las pensiones de las viudas, huérfanos y ascendientes, que, mientras tanto, seguirán cobrando las prestaciones que perciben actualmente las familias de los voluntarios.

El Gobierno español ayudará y aportará su apoyo al máximo, para la organización de centros y escuelas de reeducación profesional.

V. Organización de las Brigadas Internacionales

La organización de los combatientes de las Brigadas Internacionales adoptará la misma forma que la del Ejército Popular español. Las unidades y destacamentos internacionales existentes serán mantenidos con refuerzos internacionales y españoles en la medida de las necesidades de los efectivos.

La base de las Brigadas Internacionales está considerada como la base orgánica y el centro movilizador de los combatientes internacionales. Tiene las siguientes responsabilidades:

— Instrucción, organización, reparto en las brigadas y los destacamentos, uniformes, equipos, armamento de los nuevos voluntarios.

— Recuperación, organización de los heridos y enfermos curados.

— Organización de escuelas de especialistas, de suboficiales y de oficiales.

Los internacionales que se encuentran ahora fuera de las unidades internacionales serán controlados desde el punto de vista administrativo y político por la base. Deberán dirigirse a la base de las Brigadas Internacionales para todo lo que concierne a sus derechos particulares en tanto que internacionales.

Los cuadros, especialistas, oficiales, suboficiales instructores internacionales podrán ser puestos a disposición de las brigadas o unidades españolas.

VI. Dirección

Sobre la base de este estatuto, y teniendo en cuenta la situación particular de las Brigadas Internacionales, la necesidad de su relación con los organizadores de sus países de origen y de su representación acerca de las autoridades españolas de manera colectiva, existe una dirección de las Brigadas Internacionales reconocida oficialmente por el Gobierno español.

Esta dirección hará aplicar las reglas del presente estatuto y solucionará todas las cuestiones en litigio y todos los problemas que puedan estar en relación con las Brigadas Internacionales con el buen fin de los intereses de la República española y de su Ejército Popular.

Esta dirección es el Consejo de las Brigadas Internacionales, compuesto por:

— Tres delegados representando a los voluntarios de las Brigadas Internacionales.

— El comisario de guerra, de división, inspector general de las Brigadas.

— El comandante de la Base de las Brigadas Internacionales, que será el encargado de la aplicación de las medidas militares, de organización, administración e instrucción por su Estado Mayor[6].

ANEXO 2

Pietro Pavanin

Diferentes datos históricos sobre las Brigadas. La llegada a España de la Gastone Sozzi.
En el frente de Córdoba. A propósito de los pasos

La centuria Gastone Sozzi se organizó en el cuartel Carlos Marx, en Barcelona, del 4 al 6 de septiembre de 1936.

Llegamos a Madrid el 7 de dicho mes, encuadrados en la columna catalana La Libertad, que, organizada por la UGT y el PSUC, contaba alrededor de 900 milicianos. La mandaba el teniente coronel López Tienda, con el comisario Virgilio Llanos, el capitán Bové, que hablaba italiano, y el capitán Bayer, del PSUC (este último, organizador de la columna en cuestión, la primera columna de catalanes que acudió a la defensa de Madrid).

En la estación del ferrocarril nos recibieron las autoridades madrileñas, acompañadas por el ministro Álvarez del Vayo.

Desfilamos por la calle de Alcalá, la Puerta del Sol, la calle de Fuencarral y llegamos al Cuartel de la Montaña. Nos acompañaban bandas de música militares y de las Milicias.

En aquel cuartel pagaban 10 pesetas diarias a cada uno. Salimos para el frente, en camiones, el 10 de septiembre, pasando por Carabanchel, Villaviciosa, Móstoles, Navalcarnero, Villa del Prado y Cenicientos, y en el primer combate derrotamos a los fascistas, liberando Pelhaustán y estabilizando la línea del frente en la sierra de San Vicente del Real (San Vicente), a 1.322 metros sobre el nivel del mar, y en el cruce de carreteras sobre la cota 1.366.

---

[6] Extraído de: V. Gayman (comandante Vidal), *La Base de las Brigadas Internacionales*.

El primer combate victorioso tuvo lugar el 13 de septiembre entre Cenicientos y Pelhaustán.

El segundo ataque en la sierra se desarrolló a una altura de 1.300-1.600 metros, el 16 del mes citado, quedando gravemente herido el camarada Vittorio Ghini y perdiendo la vida los camaradas Nardini y Baldini.

El 21 de septiembre realizamos un ataque nocturno a la misma cota, donde fueron heridos ligeramente algunos camaradas de la centuria.

El 24 de septiembre nos defendimos victoriosamente de un ataque masivo de las fuerzas fascistas, que usaron cañones y ametralladoras.

Desde el fin del mes hasta el 5 de octubre, tuvimos que librar combates esporádicos para salir de un cerco fascista en el que habíamos caído. Salimos de noche de Pelhaustán cruzando Cenicientos, Cadalso de los Vidrios y Castillo Monasterio y *pasando* a la retaguardia de San Martín de Valdeiglesias, ocupado ya por los fascistas. Recorrimos un trayecto de la carretera nacional núm. 12, hasta llegar a El Tiemblo. Atravesamos el río Alberche en las inmediaciones del embalse de la central hidroeléctrica, pasando por Cebreros, Hoyo de Pinares y Robledo de Chavela, de donde fuimos en tren a El Escorial. Allí descansamos unos días, tras de los cuales partimos para Valdemorillo, Villanueva de la Cañada y Brunete. Atravesando de nuevo el Alberche, tuvimos un encuentro con los fascistas, en Chapinería, el 16, 17 y 18 de octubre. Fue el último combate de la centuria Gastone Sozzi, ya que alrededor del 24-25 del mismo mes nos incorporamos al Batallón Garibaldi, en la base de las Brigadas Internacionales, situada en Albacete.

Al fin de estas acciones —cerca de cincuenta días de combate— la centuria, inicialmente compuesta por 86 hombres, quedó reducida a 36. Tuvimos 15 muertos y 26 heridos. A otras unidades fueron destinados 11 combatientes y 36 se incorporaron al Batallón Garibaldi.

El 4 de septiembre de 1936 se constituyó el Gobierno de Largo Caballero.

Durante los meses de septiembre y octubre, *Mundo Obrero* publicó numerosas crónicas en las que figuraba la centuria Gastone Sozzi.

El alcalde y el Comité del Frente Popular de Cenicientos organizaron un servicio de intendencia y un pequeño hospital militar para los milicianos de la columna Libertad.

Fue el general Asensio quien nos dio la orden de partida para regresar al frente. El 25 de septiembre, Queipo de Llano, hablando por Radio Sevilla, confirmó que en el valle del Tajo, entre Toledo y Talavera, sus tropas encontraron fuerte resistencia «de las milicias rojas, apoyadas por emigrados italianos», y lo mismo ha consignado el historiador inglés Hugh Thomas en su libro sobre la Guerra Civil Española, donde señala que «en veinte días, las tropas de Franco avanzaron 292 kilómetros, desde Badajoz hasta Talavera, mientras que en quince días avanzaron tan solo cuarenta, de Talavera a Maqueda».

Una tarjeta postal de campaña, fechada el 19-9-1936, venía franqueada con sello oval de la

Oficina de Correos, en el que se leía: «Comité de Defensa Pública Cenicientos»; otra, expedida el 26-9-1936, traía esta inscripción en el sello postal: «Sociedad de Trabajadores de la Tierra, Pelhaustán (Toledo)».

Miembros de la centuria Gastone Sozzi en Talavera en 1936

La centuria Gastone Sozzi estuvo al mando de Gottardo Rinaldi, y, posteriormente, de Angelo Antonini. Fue su comisario político Francesco Leone, que después pasó a ser capitán del Estado Mayor del Batallón Garibaldi.

Se nos consideraba componentes del V Regimiento.

A la lista nominativa de los integrantes de la centuria Gastone Sozzi uno cinco fotografías de la centuria misma con breves anotaciones[7].

---

[7] De una carta de Pietro Pavanin a Santiago Álvarez, Comité Central del Partido Comunista de España.

ANEXO 3
Francisco Moreno Gómez
En el frente de Córdoba

Admirado camarada Álvarez: Conforme a tu deseo, haciendo un hueco en el lío de ocupaciones que me han caído encima en los últimos meses, te remito unas palabras de solidaridad con las Brigadas Internacionales, en nombre propio de la Sociedad de Estudios de la Guerra Civil y del Franquismo (SEGUEF), de la que soy secretario. Espero quedes complacido, y en otra ocasión podré atenderte con más tiempo. Te deseo pleno éxito en tus múltiples actividades. Un cordialísimo saludo: Francisco Moreno Gómez.

En solidaridad, reconocimiento y admiración para con las Brigadas Internacionales en la guerra de España. En nombre propio, y en el de la Sociedad de Estudios de la Guerra Civil y del Franquismo, que agrupa a 200 historiadores actualmente en España, sociedad de la que soy secretario y que cuenta entre sus miembros desde Julio Aróstegui hasta Ángel Viñas, incluidos socios honorarios desde Manuel Tuñón de Lara hasta Pedro Laín Entralgo o Rafael Alberti, tenemos el gran honor de mostrar nuestra solidaridad y, sobre todo, nuestra inmensa gratitud para con los brigadistas internacionales que en 1936 tuvieron el heroísmo de venir a España a luchar por la libertad y en contra del fascismo, empeñando para ello su propia vida. Los historiadores de España no olvidaremos nunca el heroísmo de aquellos hombres y mujeres de Europa y de América que, generosamente, sin ningún interés personal, sino obedeciendo únicamente al generoso principio del internacionalismo proletario, arriesgaron su vida o la perdieron en tierras de España, luchando por una libertad que hasta cuarenta años después no hemos podido disfrutar en nuestro país. Y en esta libertad que hoy disfrutamos, también ha tenido su indudable aportación el sacrificio de los brigadistas internacionales.

En mi libro *La Guerra Civil en Córdoba* he sido especialmente sensible a la presencia de los brigadistas en aquella provincia, no lejana de Albacete, en el que se realizó el adiestramiento militar. Elijo el siguiente párrafo de mi libro en el que lamento el sacrificio del IX Batallón Internacional en los olivares de Córdoba:

El Batallón de Cádiz (franquista) se encontró de improviso con el IX Batallón de la XIV Brigada Internacional, que venía en varios camiones, al mando de un capitán de ingenieros. Los internacionales, completamente sorprendidos y mal parapetados entre los olivos, sufrieron horrorosa carnicería en un rudo combate cuyo balance fue de más de 100 muertos, según fuentes franquistas. Éstos tuvieron un capitán, un teniente y 18 de tropa muertos, y dos tenientes y 14 de tropa heridos, lo cual suponía pérdidas de consideración también. El lugar del fatídico encuentro fue a la altura del vértice del telégrafo, del citado camino de Bujalance a Montoro. Cayeron también muchos prisioneros. Los pocos supervivientes corrieron campo a través. Unos lograron arribar, tras penalidades sin cuento, a la zona republicana y otros, a la deriva por el campo, cayeron en manos franquistas. Patético bautismo de sangre para aquellos voluntarios de la libertad que quedaron para siempre en tierras de Córdoba (p. 503).

Ocurrió esta tragedia el 24 de diciembre de 1936, con la primera unidad que desde Albacete salió hacia el frente de lucha.

Días más tarde, los internacionalistas obtenían la victoria en Córdoba y Jaén, causando un gran castigo a los franquistas en los pueblos de Lopera y Porcuna.

Valga este ejemplo únicamente para retrotraernos a aquel pasado trágico y doloroso, pero a la vez heroico, con el único objetivo de que jamás sean olvidados los internacionalistas que dieron su vida por la libertad en España.

Gracias por vuestra inmensa generosidad para con España en 1936. Gracias en nombre del pueblo español, gracias en nombre de nuestra sociedad de historiadores y en mi nombre propio[8].

ANEXO 4

Ludwig Resnn
Saludo al II Congreso Internacional de Escritores Antifascistas

Saludo al congreso en nombre de los escritores alemanes que se hallan en el frente contra el fascismo en España. Saludo al congreso en nombre de la Brigada Internacional, convencido de que también las demás brigadas, con las que no he podido tratar personalmente, se adhieren a este saludo de todo corazón.

Nosotros, escritores del frente, hemos venido dejando la pluma parada; no queríamos escribir más historia, sino hacer historia. Éste era el motivo que movía a los compañeros general Luckács, Albert Muller y Ralph Fox a venir a España. Han caído por nuestra causa, como han sido heridos Gustav Regler y muchos otros.

No hemos dejado la pluma por creer que no vale la pena escribir; al contrario, por nuestra causa no sólo tiene que luchar el fusil, sino también la palabra. Y por esto dirigimos a vosotros, que habéis hecho viajes largos para venir de vuestros países, el siguiente ruego:

Representadnos a los que no tenemos tiempo de escribir en las trincheras, para todos aquellos que en el mundo estén lejos de nuestros pensamientos y a los que tenemos que despertar.

---

[8] Carta de Francisco Moreno Gómez a Santiago Álvarez. Getafe, 5 de abril de 1987.

¿Quién de vosotros en esta sala desea tomar mi pluma y ser el hermano de mis pensamientos durante la temporada que tome el fusil? Mirad: os brindo la pluma como una alianza y un deber enorme.

Luchad contra la guerra; os lo rogamos; luchad con la pluma y la palabra como cada uno pueda mejor, pero luchad.

Salud[9].

(Una de las características de las Brigadas Internacionales era la cantidad de intelectuales de distintas nacionalidades que las integraban.

El alemán Ludwig Resnn, el francés André Malraux o el inglés Ralph Fox no fueron sino *la cabeza* de una larga relación de hombres de letras que vinieron a combatir a España al lado de los republicanos.

Estos intelectuales, empuñando el fusil o la ametralladora en lugar de la pluma, hicieron en esos momentos una gran aportación a la causa de la lucha por las libertades).

ANEXO 5
Luigi Longo
Nota del comisario inspector de las Brigadas Internacionales, Luigi Longo,
sobre la situación de éstas (15 de julio de 1938)

Las unidades internacionales están constituidas actualmente por *seis* brigadas: XI, XII, XIII, XIV, XV y CXXIX. La XI, XIII y XV pertenecen a la 35 División; la XII y XIV, a la 45 División; la CXXIX a la División Extremeña, que actúa actualmente en Levante.

Cada brigada cuenta con unos 3.000 hombres, término medio. Cada división de artillería, de 350 a 300 hombres.

Los interbrigadistas representan cerca del 30 por 100; el resto son españoles. En las unidades de artillería, los interbrigadistas pasan del 75 por 100.

Entre los interbrigadistas es muy elevado el porcentaje de combatientes que llevan en España de seis a ocho meses. Hay también muchos que están en España desde el comienzo de la

---

[9]   Ludwig Resnn (Madrid, 6 de julio de 1937).

Centuria inglesa Tom Mann. Barcelona, 1937

guerra. Es muy elevado el porcentaje de nuevos reclutas españoles (50 por 100) que no han combatido. Por eso, la preparación militar es muy desigual.

De las divisiones compuestas por interbrigadistas, dos están mandadas por españoles y una por un internacionalista. Los comisarios de las divisiones son españoles.

De las seis brigadas, cinco están mandadas por interbrigadistas y una por un español.

La mayoría de los batallones están al mando de interbrigadistas. Los comisarios, la mitad son españoles y la otra mitad interbrigadistas.

Días antes de la *salida al mar* —corte de la zona republicana— se efectuó el traslado de la Base Internacional desde Albacete a Barcelona. Poco después fue liquidada como tal. La dirección central quedó a cargo directamente de la Subsecretaría del Ejército de Tierra.

Los hospitales internacionales de la zona central también fueron evacuados a Cataluña con todo el personal y los heridos, que fueron internados en cinco hospitales.

En los últimos tiempos se ha organizado la evacuación al extranjero de todos los inútiles para el servicio de las armas. También regresaron a su patria unos setecientos hombres[10].

ANEXO 6
General Walter

La ausencia del correspondiente aparato en las Brigadas Internacionales y en la base dificulta determinar con precisión el número de interbrigadistas llegados a España desde que comenzó la guerra. Algunos camaradas dan la cifra de cuarenta y dos mil personas; otros, la de treinta mil o treinta y cinco mil. Yo, personalmente, me inclino por la primera.

Tampoco está claro el número de internacionalistas llegados últimamente. La base daba la cifra de quince mil novecientas noventa y dos personas llegadas hasta abril del presente año. Pero, si se tiene en cuenta que las estadísticas no incluyen a todos, hay que calcular que hoy quedan unos diecisiete mil o veinte mil hombres, incluyendo no sólo los combatientes de las Brigadas Internacionales y otras instituciones, sino también a los heridos, enfermos y los que están recuperándose.

Por nacionalidades, el primer lugar pertenece a los franceses, con nueve mil voluntarios. Los polacos fueron más de tres mil; los italianos, cerca de tres mil; de dos mil a dos mil quinientos sumaron los americanos, alemanes y de países balcánicos; de un millar a dos mil fueron ingle-

---

[10] Nota del Comisario inspector de las Brigadas Internacionales sobre la situación de éstas, de fecha 15 de julio de 1938.

ses, belgas y checoslovacos; austríacos, holandeses, húngaros, suizos, canadienses, noruegos, países bálticos y países escandinavos no llegaron a mil.

Más próxima a la verdad es la cifra de muertos en combates y a consecuencia de las heridas y enfermedades: cerca de cinco mil personas. Los heridos graves en Albacete alcanzaron la cifra de cinco mil hombres. Desaparecidos y prisioneros alcanzaron la cifra aproximada de mil personas. Estas pérdidas fueron particularmente serias en marzo del presente año. Los fascistas afirman que durante este mes nos hicieron quinientos prisioneros. Lamentablemente, esto puede estar muy cerca de la verdad[11].

Miembros de la XI Brigada

---

[11] Nota del general Walter escrita no antes de mayo de 1938.

ANEXO 7

Carlos Toro

Las Brigadas Internacionales XIII y XV en la batalla de Brunete

Queridos camaradas:

En la mañana del día 6 de julio de 1937, primer día de la ofensiva republicana, fuerzas de ambas brigadas inician el ataque a Villanueva de la Cañada, pueblo que debía haber sido ocupado a eso del mediodía, pero que la tenaz e inesperada resistencia del enemigo evitó que fuera tomado antes de las nueve y media de la noche.

Entre las bajas sufridas por nuestras fuerzas —unos cien muertos y más de doscientos heridos—, figuró entre los primeros el comisario de la XIII Brigada, Blagoye Parovic, miembro del Comité Central del Partido Comunista Yugoslavo.

El retraso en ocupar Villanueva de la Cañada determinó que sólo el día 7 se pudiera actuar convenientemente contra la línea fortificada Romanillos-Vértice Mosquito, que cerraba el paso hacia los pueblos de Villafranca del Castillo y Boadilla del Monte, objetivo el primero de la XIII Brigada, y de la XV, el segundo. Se había dado al enemigo tiempo de preparar la defensa de la citada línea, que reforzaría constantemente con nuevas fuerzas —especialmente moros y legionarios— que llegarían en ayuda de sus primeros defensores.

Sin embargo, un grupo de voluntarios de la XV, apoyado por un par de tanques, se abrió paso hacia Boadilla del Monte, avistaron el pueblo, pero finalmente fue rechazado por tropas enemigas de reserva. Esta acción, de nulo resultado, dio lugar a que una falsa información llegara al Estado Mayor del Cuerpo de Ejército dando como alcanzada por nuestras fuerzas Boadilla del Monte.

El día 9, frente a Mosquito, donde el enfrentamiento ganaba por momentos en dureza e intensidad, cayó segado por la metralla Oliver Law, jefe del Batallón Abraham Lincoln (de la XV Brigada), cuando, pistola en mano, arengaba a sus voluntarios —20 de los cuales cayeron para siempre en el curso de ese ataque— en un intento más para desalojar al enemigo de aquella loma, fortaleza inexpugnable.

Herido de muerte, los camilleros lo alejaron del lugar. Él, con las manos en el vientre, abierto, les dijo: «No me sostengáis más, muchachos; estoy acabado; dejadme en el suelo. —Y terminó— *Decid a los camaradas que prosigan la lucha*».

Sobre la sepultura depositaron el casco, en el que alguien había grabado: «Oliver Law, treinta y cuatro años». Otra inscripción más larga se le añadiría después sobre la tumba: «*Aquí yace el primer negro que ha mandado un batallón de norteamericanos blancos*».

El adversario seguía echando cada vez más carne en el asador. Carne de moros y de legionarios. La sangrienta lucha que se desarrollaba en los sectores que cubrían estas dos Brigadas Internacionales adquiría caracteres de epopeya. Se combatía de noche y de día. Algunas posiciones cambiaban frecuentemente de dueño.

Como tantos y tantos otros centenares diariamente, allí cayó también un valiente más. George Nathan, inglés, militar de carrera, prototipo del militar británico, al que no se le caía la pipa de la boca ni de la mano el bastoncito con contera de oro. Herido en la espalda por una esquirla de bomba de aviación, murió el día 16, después de haber sido sometido a una operación quirúrgica.

Enterrado a pocos metros del cauce del río Guadarrama, el jefe de División, general Gal, pugnaba por evitar que se le saltaran las lágrimas mientras depositaba un ramo de flores sobre su tumba.

La superioridad de la aviación enemiga sobre la nuestra era cada vez más aplastante.

Santiago Álvarez con Enrique Líster, Antón y Miaja después de la batalla de Brunete, en julio de 1937

La XIII Brigada atacaba y resistía. Pero sus batallones estaban diezmados y aniquiladas compañías enteras.

Todo terminó el día 27 por consunción de ambos bandos.

Ellos tuvieron que conformarse con recuperar Brunete, sin poder evitar que nosotros conserváramos los tres pueblos que habíamos conquistado en los primeros días de la ofensiva: Villanueva de la Cañada, Villanueva del Pardillo y Quijorna. De las brigadas pertenecientes a la 15 División Internacional, la XIII sería disuelta y sus escasos supervivientes distribuidos entre otras unidades y la XV regresaría al sector del Jarama, de donde saliera para ser empleada en la llamada batalla de Brunete[12].

---

[12] Carlos Toro (Comisario de Guerra de la XV División.

Dolores Ibárruri entre el comandante Walter y Antón, en 1937 en el frente de Aragón

Capítulo 7

ALGUNOS DATOS SOBRE EL NÚMERO Y EL ORIGEN DE LOS VOLUNTARIOS INTERNACIONALES

El aprendizaje político militar que en la lucha de 1936-1939 adquirieron millares de jefes y oficiales y de comisarios políticos de las Brigadas Internacionales hizo posible una realidad incontrovertible: el vínculo histórico entre el comportamiento de muchos de ellos y la lucha antifascista posterior, que se extendió, como es sabido, a casi todos los puntos del planeta.

De Alemania acudieron a España cerca de cinco mil voluntarios. En su mayoría formaron en la primera Brigada Internacional, llamada XI Brigada. Además de los cuadros políticos que al comienzo se integraron en la centuria Thaelmann y en otros grupos, en el buque *Ciudad de Barcelona,* que arribó a Alicante el 9 de octubre de 1936 con 650 antifascistas de diversos países, llegaron numerosos dirigentes democráticos germanos, en su mayoría militantes del PC alemán. Su participación en la lucha no sólo les ofreció la posibilidad de combatir al mismo enemigo fascista que desde la subida de Hitler al poder dominaba su patria y que sería el principal responsable de la Segunda Guerra Mundial, sino que permitió a muchos adquirir nuevos conocimientos como cuadros militares y políticos.

Parte importante de los estadistas y jefes y oficiales de las nuevas fuerzas armadas y de seguridad de la República Democrática Alemana fueron combatientes en España. Por ejemplo, Kurt Hager y Paul Werner, miembros del Buró Político del PSUA (Partido Socialista Unificado de Alemania) de Berlín. (Kurt, que entre nosotros trabajó en la radio de las Brigadas Internacionales, tuvo a su cargo los problemas ideológicos del arte y la cultura de la República Democrática Alemana.) Heinz Hoffmann, comisario de batallón, herido en la batalla de Brunete, fue miembro del Buró Político del PSUA y ministro de la RDA. Su batallón llevó el nombre del comisario alemán Hans Beimler, caído en el frente de la Ciudad Universitaria. Erich Mielke, ayudante del general Gómez en la base de Albacete y posteriormente ayudante de Mateo Merino, jefe de la 35 División del XV Cuerpo del Ejército, fue ministro de Seguridad de la RDA. El también dirigente del PSUA Heinrich Rau fue jefe en España, durante un periodo, de la XI Brigada Internacional. Friedrich Dichel, que se batió en las filas del Batallón Thaelmann y que actuó con un grupo de guerrilleros en la retaguardia franquista, fue ministro del Interior de aquella república. El difunto coronel Hans, jefe de la 45 División del V Cuerpo de Ejército, fue el primer alto mando de las fuerzas de seguridad de la antigua Prusia Oriental (RDA). Alfred Neumann, vicepresidente del Consejo de Ministros, fue también comisario político en España. Ernest Scholl, viceministro del Exterior y embajador en París, mandó durante un tiempo la XIII Brigada Internacional. El ingeniero Erwin Kramer, ministro de Transportes en la RDA hasta su muerte, también combatió desde el primer momento en España.

En conclusión, los «españoles», como se les llamaba jocosamente a los brigadistas, desempeñaron un papel de primera magnitud en la construcción de la RDA, donde hace algunos años todavía quedaban alrededor de ciento cincuenta.

Igual puede afirmarse respecto al arrojo antifascista de los que vivieron en la República Federal Alemana, cuyo número se elevaba hace pocos años a unos noventa y cuya personalidad más representativa es Hoffmann, ex comisario de batallón en la XI Brigada y en los últimos años dirigente del Partido Comunista Alemán (DKP).

La figura argentina más destacada en la lucha antifascista española (aunque no estuviera en las Brigadas Internacionales) fue, sin duda, el dirigente político Vittorio Codovila, delegado de la Internacional Comunista cerca del Partido Comunista de España, que ya se encontraba en nuestro país antes de la Guerra Civil. Codovila, a quien llamábamos Luis Pena, estuvo entre nosotros hasta 1937, en que salió para París, donde continuó trabajando hasta el final de la guerra en el Movimiento de Solidaridad Internacional con España. Cualquiera que sea la opinión crítica que pueda emitirse hoy sobre su forma de abordar ciertos problemas, es incuestionable que la ayuda de Codovila al PCE y a la lucha antifascista española, durante un largo periodo, fue de primera magnitud. Es de justicia testimoniarlo.

Los voluntarios argentinos se integraron en unidades españolas del ejército republicano y de las Brigadas Internacionales (Batallones Thaelmann, Dombrowski, Garibaldi, etc.). Entre ellos figuraron el comandante Ortiz, que formó parte del Estado Mayor del III Cuerpo de Ejército y mandó la XXIV Brigada; Fringman, comisario de compañía de la XIII Brigada Internacional; Fanny Edelman, colaboradora de la sección española del Socorro Rojo Internacional; el teniente José Belloqui; Ángel Ortelli, instructor del PCE en el Comité Regional de Aragón; Elgar, comisario político de Sanidad; Fierro, Raquel Levinson, Bernardo Idelman, José Manzanelli y otros. Entre los voluntarios había algunos que estaban emigrados en Argentina, como Max Doppler, que fue jefe accidental del Batallón Thaelmann y perdió la vida en el frente; el capitán Sielof; el comisario Bonano; etc. Un importante grupo de médicos argentinos formó parte de la Sanidad del ejército republicano.

Los supervivientes argentinos de la lucha continuaron actuando en su país en las primeras filas de la acción antifascista. En los años 1940-1945, los gobiernos de Farrel y Perón apoyaban a las potencias del Eje. Bajo su mandato fue encarcelado Vittorio Codovila. Ni Vittorio, ni Ortelli, ni el ex jefe de división, Frutos, ni Fanny Edelman, ni el ex comandante Ortiz, ni los comisarios políticos Fringman, Elgar, etc. dejaron, por eso, de luchar en primera fila contra el hitlerismo.

En la guerra de España combatieron 1.700 antifascistas austriacos, entre ellos el doctor Julius Deutsch, dirigente socialdemócrata y uno de los jefes de la insurrección de 1934 en Viena, que fue nombrado general; el comandante Kurt (Joséf Dycka), jefe de *schutzbund* austriaco en la clandestinidad, y centenares de dirigentes y cuadros comunistas. La lucha de 1936-1939, en la que cayeron cerca de setecientos de esos voluntarios, proporcionó a los supervivientes moral y experiencia para soportar los campos de concentración en Francia y para incorporarse a la resistencia en ese país y en el suyo propio contra los ocupantes hitlerianos. Es más: los austriacos que sobrevivieron a los combates de España lucharon heroicamente donde quiera que se encontraron (junto a los soviéticos los exiliados en la URSS; junto a los pueblos de Yugoslavia los que por allí estaban y supieron crear destacamentos propios para la liberación de su patria y de los territorios de la Europa Central).

Los jefes y comisarios del primer Batallón de la Libertad austriaco contra la ocupación alemana fueron combatientes de España: Max Bair, Román Trichael, Leopold Stanzl y Franz Gebhart. *Españoles* fueron también los mandos de los batallones de la libertad II, III, IV y V, constituidos en Belgrado (a la sazón ya libre) que contribuyeron a liberar Austria y representaron el germen de las fuerzas de seguridad del nuevo poder democrático austriaco.

Quince de los austriacos excombatientes de España han sido o son dirigentes del Partido Comunista de su país. Todos hicieron una notable aportación a la restauración de la República Austriaca.

El pueblo brasileño también estuvo representado en la lucha antifascista española. Cruzando el océano, acortando la lejanía, trabajadores manuales, profesionales e incluso militares formaron parte del grupo que salió de Brasil para luchar a nuestro lado, participar en diferentes batallas y llegaron a ser algunos de ellos comisarios y oficiales.

Como en los demás casos, también los supervivientes brasileños, salvo alguna excepción, continuaron la lucha antifascista, participando en la Segunda Guerra Mundial en suelo europeo o en su propio país.

Alberto Bouchet, Eneas Jorge de Andrada (aviador) y Hermenegildo de Asís Brasil, ofrendaron su vida en combate. Apolonio de Carbalho llegó a ser coronel de la resistencia en el Mediodía de Francia. David Capistano da Costa cayó asesinado por la reacción en Brasil en 1965. Roberto Morena y Dinarco Reis fueron en su país dirigentes del Partido Comunista, con Joaquín Silveira, José Omero Correira da Sa, Nelson da Sousa Alves, Eny Antonio Silveria, José Gay da Cunha, Carlos da Costa Seite y Homero da Castro Joviani, no agotamos la relación de combatientes brasileños a los cuales rendimos homenaje.

Cerca de quinientos voluntarios búlgaros combatieron a nuestro lado. Uno de los batallones que con más heroísmo pelearon en todos los frentes de nuestra guerra fue el que llevaba el nombre del gran dirigente búlgaro Dimitrov, integrado sobre todo por compatriotas suyos. Los supervivientes de aquella lucha fueron una base política y militar esencial para la organización de la resistencia antihitleriana en su país y para la liberación de Bulgaria.

Al producirse la invasión de Hitler a la Unión Soviética, el PC búlgaro, con vistas a preparar la insurrección armada, trasladó a Bulgaria a los excombatientes de las Brigadas Internacionales emigrados en dicho país socialista, quienes iniciaron en su patria la resistencia antifascista armada. Entre sus dirigentes estaban los ex voluntarios Sabi Dimitrov, Tsviatko Radoinov, Dimo Dichev, Vlado Gueorguiev, Raiko Damianov, Boris Popov, Kiril Jalaichev y otros. La insurrección popular del 9 de septiembre de 1944 tuvo como subjefe a Blagoi Ivanov, excombatiente de las Brigadas Internacionales. Sabi Dimitrov, Tsviatko Radoinov, Jordan Kiskinov y otros veteranos de la guerra de España dieron sus vidas por la victoria de su pueblo.

La inmensa mayoría de los excombatientes búlgaros de España desempeñó cargos de responsabilidad en la nueva Bulgaria. Surgieron destacados dirigentes del PC búlgaro y estadistas, como los ministros Dimo Dichev (Yanov), Ruben Abramov (Miguel Gómez), Karlo Lukanov (Bielov) y Piotr Panchevski, y generales de la talla de Ferdinand Kozovski (Petrov), Blagoi Ivanov, Zajari Zajariev, Kiril Kirilov, etc.

Más de dos mil quinientos canadienses cruzaron el Atlántico para luchar en España. Su figura legendaria por excelencia fue el doctor Norman Bethune, que después marchó como voluntario a China, donde ofrendó su vida. Los colaboradores en España del doctor Bethune fueron entre otros Hazen Sise y Ted Allan.

La unidad en que se agruparon los combatientes del Canadá (dentro de la XV Brigada Internacional) fue el Batallón Mackenzie-Papineau, cuyo comisario político, Joseph Dallet, cayó heroicamente en octubre de 1937 en Fuentes de Ebro (Aragón). La lucha de los demócratas canadienses, como las de los demás antifascistas que vinieron a España, no terminó en 1939. Esos excombatientes fueron el destacamento de vanguardia del ejército que el Gobierno canadiense envió a Europa durante la Segunda Guerra Mundial para ayudar a sus aliados de la coalición antihitleriana a frustrar la tentativa fascista de esclavizar a la humanidad.

Cerca de mil cubanos combatieron entre nosotros como voluntarios. En diversas ocasiones hemos citado los nombres del comisario político Pablo de la Torriente Brau y de Alberto Sánchez, caídos heroicamente; el del doctor Luis Díaz Soto, comandante de Sanidad, etc.

Cabe añadir a Julio Cuevas, director de la banda de música de la 46 División; a Pablo Porras, escultor, comandante de batallón que durante cierto periodo mandó una brigada; al doctor José López Sánchez; al comandante Francisco Hernández Maydagan; a Manuel del Peso Ceballos; a Raúl Rojas; a Aparicio, director del Periódico de la 46 División, *¡Ataque!*; a Orlando Real, a Bofil... En su mayoría, los cubanos combatientes de España continuaron luchando en Cuba en las filas revolucionarias.

Pero las fuerzas de vanguardia del pueblo cubano, comunistas y otros progresistas y demócratas, no sólo se distinguieron por haber enviado a la España antifascista el número más elevado de combatientes en proporción con la población del país (cuatro millones de habitantes entonces). Se distinguieron también por habernos hecho llegar, con su esfuerzo y con el de la emigración democrática española en aquel país, la mayor parte proporcional de ayuda económica, tanto en efectivo como en víveres. Recordemos que además de mandarnos azúcar, tabaco, etc., la población cubana mantenía directamente una guardería infantil en la zona republicana, en Sitges (Cataluña), denominada Pueblo de Cuba. La directora y el alma de dicha guardería era la profesora cubana doctora Rosa Pastora Leclere.

Los 2.000 voluntarios que salieron de Checoslovaquia para combatir el fascismo en tierras españolas aportaron a la causa de la República una efectiva contribución. Un batallón de las Brigadas Internacionales llevó el nombre de Masaryk, presidente de la I República Checoslovaca, y una batería de artillería el de Klement Gottwald, secretario general del PC checoslovaco. Pero la España antifascista devolvió a los pueblos checo y eslovaco, en los supervivientes de aquella lucha (Pavel, Artur London, Lastovicka y otros), a hombres probados que encabezaron en su país la resistencia antihitleriana.

Los checoslovacos de España combatieron en los grupos guerrilleros que se organizaron en su patria, en las unidades que se formaron en la Francia ocupada, en Gran Bretaña e incluso en el Ejército de Liberación Nacional chino. Los que lograron llegar a la URSS se incorporaron al Cuerpo de Ejército checoslovaco que, al mando de Ludvik Svoboda, peleó en 1945 por la liberación de su patria del dominio hitleriano. Posteriormente, aunque algunos fueron objeto de represiones y humillaciones, los luchadores de España dieron muestras de la mayor abnegación en la construcción de la nueva Checoslovaquia.

México, como Estado, presidido entonces por el general Lázaro Cárdenas, estuvo al lado de la democracia española y, aunque modestamente, la ayudó con víveres y algunas armas, si bien no fue ésa la única aportación del pueblo hermano a la causa de los republicanos.

Un grupo importante de sus hijos, entre éstos varios cadetes, combatieron a nuestro lado. Unos alcanzaron grados militares relevantes; u ofrendaron su vida en el combate, y entre los supervivientes no faltaron los que sufrieron prisión y humillaciones como consecuencia de la derrota.

He aquí algunos de los mexicanos más notables que combatieron en España: el famoso pintor y muralista David Alfaro Siqueiros fue coronel del ejército republicano y tuvo el mando de una división en el sur del Tajo; Juan B. Gómez, militar profesional, también alcanzó el grado de coronel de nuestro ejército; Rico fue el instructor del PCE en la 11 División; Andrés García Salgado, destacado militante comunista, actuó como comisario político de la 49 División de guerrilleros; Roberto Vega González, cadete del Colegio Militar de México, mandó una compañía, fue hecho prisionero por los franquistas en los llanos de Concud (Teruel) y lo condenaron a muerte. Fue liberado, gracias a una gran movilización internacional que se realizó en su favor, después de permanecer dieciocho meses en la prisión de Valdenoceda. José Contivarce, también cadete, estuvo al mando de una compañía y murió en combate.

De entre los cadetes del Colegio Militar de México voluntarios en España cabe citar asimismo a Humberto Villela Vélez, que fue teniente, y a los hermanos Villanova, que tras caer prisioneros obtuvieron su libertad junto con Roberto Vega González.

Dos jefes mexicanos voluntarios: un comandante y un coronel que posan para la prensa de la XI División

Néstor Sánchez, sargento de transmisiones del ejército mexicano, llegó a ser jefe de artillería del VII Cuerpo de Ejército. El capitán Bautista murió en el frente de Quijorna. El militante comunista y teniente del ejército mexicano, Juan Razo Razo, tomó parte en el paso del Ebro, donde cayó el también mexicano Ruperto García Arana, mayor de infantería.

El capitán Toledo llegó a ser jefe de operaciones de una brigada. Destacó también la actuación del teniente H. Luz. Antonio Gómez alcanzó el grado de comandante de batallón, ya en el V Regimiento. El militante comunista David Serrano, conocido como el comandante Miguel Julio Justo, realizó misiones de importancia en la retaguardia de Franco. Isauro Acosta fue oficial de artillería y cayó en los combates del frente de Madrid. Finalizamos esta referencia recordando que cuatro jóvenes mexicanos que partieron de su país en el barco español *Mar Cantábrico*, portador de ayuda a la República, fueron fusilados en El Ferrol, tras sufrir grandes vejaciones, ya que el barco fue capturado por los adversarios del régimen democrático; se trata de Alejandro Franco, Manuel Zabala, José Carlos Gallo y Ricardo Solórzano.

Más de tres mil norteamericanos cruzaron el océano para batirse por la causa española. Se integraron, sobre todo, en los Batallones Abraham Lincoln y Jorge Washington (XV Brigada Internacional). Al ser mermado su contingente en la batalla de Brunete, formaron el Batallón Lincoln-Washington. Pero combatientes de Estados Unidos los hubo también en otras unidades y en diversas armas. Un grupo de 117 médicos y enfermeras, bajo la dirección del doctor Edward Barsky, hizo una aportación inapreciable a la sanidad militar.

Muchos de los voluntarios estadounidenses ofrendaron su vida en combate. De los 13 jefes que mandaron el Batallón Lincoln, 7 sucumbieron en el frente. Los demás sufrieron heridas varias veces y lo mismo puede decirse de sus comisarios. Su último comandante, Milton Wolff, fue uno de los supervivientes[1].

¿Qué suerte corrieron después de la guerra española los excombatientes norteamericanos? Algunos fueron perseguidos en la época de McCarthy. Robert Thompson, que había mandado el batallón canadiense Mackenzie-Papineau, fue secretario del Partido Comunista norteamericano. Todos ellos se apresuraron a alistarse voluntarios al estallar la Segunda Guerra Mundial.

---

[1] Uno de los comandantes del Batallón Lincoln, Oliver Law (de raza negra), cayó en combate al frente de su batallón en la acción por la toma del Vértice Mosquito, al lado de Romanillos, en la durísima batalla de Brunete. Se le dio sepultura en el propio Vértice Mosquito.

Según datos de Estados Unidos, en el ejército, en la flota, en la infantería de Marina y en la aviación combatieron más de seiscientos norteamericanos ex voluntarios de España. Más de trescientos sirvieron en la flota mercante. En el campo de batalla cayeron cuatrocientos.

Los voluntarios finlandeses fueron unos trescientos cincuenta. Alrededor de sesenta salieron de Finlandia, mientras que los demás vinieron a España de los diversos países donde se hallaban emigrados: Estados Unidos, Canadá, Suecia, Unión Soviética, etcétera. Una parte de ellos se integró en el batallón canadiense Mackenzie-Papineau. Otros actuaron como guerrilleros en la retaguardia de Franco, entre ellos el grupo dirigido por Eino Laakso (Walter From). Un tercio de todo el contingente cayó en combate. Los que regresaron a sus países continuaron luchando contra el fascismo durante la Segunda Guerra Mundial.

ocho mil novecientos cincuenta franceses combatieron en España. Más de tres mil murieron en los diversos frentes. Hemos hecho referencia a algunas de sus figuras más representativas. Añadimos ahora una relación más amplia de quienes ocuparon los principales cargos de responsabilidad, bien en las Brigadas Internacionales, bien en otras unidades de acción solidaria: André Marty y François Billoux, miembros del Buró Político del PC francés; Jules Dumont, comandante de la XIV Brigada Internacional, y Marcel Sagnier, que lo reemplazó; los comisarios políticos Pierre Rébière, François Vittori y H. Rol-Tanguy; los jefes de servicio (Correos, Personal y Sanidad) Frandel, Janin, Calonne; Henri Neveu, comisario de los hospitales de las Brigadas Internacionales; los comisarios de batallón Duguet, Escurre, Louis Perrault, Laffond, Hemmen, A. Decouvert, Paul Richard (miembro del Comité Central de las Juventudes Comunistas); Auguste Lecoeur, comisario del Batallón H. Buillemin, desde el 10 de julio hasta el 4 de agosto de 1937; los comisarios caídos en los combates de la resistencia francesa, o fusilados por el invasor: Vallet, Pimpaud, Appere Bigoured, Fongarnand, Bessières, Hemmen, Hapiot, Laffond, Grandel y H. Aydecour; los comisarios Louis Blesy y Marcel Godefroy, designados por el general De Gaulle en 1945 Compagnons de la Liberation; Boris Guimpel, jefe del Estado Mayor de la 35 División; los médicos organizadores de la Central Sanitaria Internacional, o jefes de Sanidad de batallones de hospitales: Rouqués, Chrétien, Reboul, Dubois-Domanski, Cachin y Catalette, y sus auxiliares femeninos Jeanette Oppman, Fanny Bre, Yvonne Robert, etc.; André Malraux, organizador de la escuadrilla España. Georges Gosnat, director de France Navigation, que transportó material de guerra, equipos y suministros para la España republicana.

No tratamos solamente de testimoniar, con la relación que acabamos de ofrecer, sobre la aportación de la vanguardia del pueblo francés a la epopeya antifascista de 1936-1939.

Hemos de recordar que, por razones de vecindad geográfica y por sentimientos internacionalistas y solidarios mutuos, aquella batalla que no era sólo de España, tuvo continuidad en tierra de Francia, hasta que en 1945 se derrotó al hitlerismo y el pueblo francés quedó libre de la ocupación nazi. ¡Pocos pueblos han superado al francés y al español al rendir tributo a la lucha antifascista de ese periodo histórico!

Unos dos mil antifascistas británicos vinieron también a ayudarnos. Predominaban los afiliados al Partido Laborista y, si bien alrededor del 80 por 100 procedían de las filas obreras, entre ellos había un núcleo muy importante de intelectuales.

La abnegación y el heroísmo de los británicos puede simbolizarse quizá, lo repetimos, en el comisario político de batallón Ralph Fox, escritor, periodista e historiador. Al frente de su unidad, formando parte de la XIV Brigada Internacional, Fox ofrendó su vida en un contraataque cerca de Lopera, sector de Córdoba-Andújar, en diciembre de 1936. Un mes después se constituyó el Batallón Británico, formando parte de la XV Brigada Internacional. Recibió su bautismo de fuego en la durísima batalla del Jarama (12, 13 y 14 de febrero de 1937), perdiendo frente a Morata de Tajuña a la mayoría de sus jefes y comisarios y más de la mitad de sus efectivos.

Del temple del comisario Ralph Fox eran D. F. Springhall, Bill Alexander, Sam Russel, Peter Kerrigan y el comandante Tom Wintringham, herido en el Jarama. Los supervivientes británicos, al regresar a su patria, realizaron una labor de solidaridad con los españoles exiliados y con los demás combatientes internacionales recluidos en los campos de concentración de Francia; fueron un elemento dinamizador de las fuerzas sindicales progresistas de su país y en su inmensa mayoría pelearon en las primeras filas de los frentes de la Segunda Guerra Mundial.

El mando militar inglés impidió la admisión en el ejército de algunos de ellos. A otros, cometiendo una enorme injusticia, les negó los ascensos que habían merecido en combate. Sin embargo, los trabajadores ingleses sostuvieron durante años la Asociación de la Brigada Internacional; supieron apreciar en su justo valor a hombres como los citados y a mujeres como Nan Green, y eligieron para cargos de dirección en los sindicatos a destacados ex brigadistas como William Paynter (Unión Nacional de Mineros) y J. L. Jones (Unión de Obreros del Transporte).

Los supervivientes británicos de la guerra de España regresaron a su patria imbuidos del espíritu de abnegación y heroísmo que había inspirado a su héroe principal, el comisario político de batallón, Ralph Fox. Ralph, escritor, periodista e historiador,

Grupo de brigadistas británicos en Barcelona en 1937. En el centro, el poeta Stephen Spencer

entregó su vida en España en diciembre de 1936. Ese espíritu que les animó en la batalla del Jarama, en la cual el Batallón Británico (XV Brigada Internacional) perdió la mayoría de sus jefes y comisarios y más de la mitad de sus efectivos, lo pusieron al servicio de la causa antihitleriana. La inmensa mayoría de ellos lucharon en primera fila de las fuerzas británicas en los distintos frentes de la Segunda Guerra Mundial. Fueron, además, un dinamizador de la vida democrática inglesa, particularmente de su movimiento de vanguardia en los principales sindicatos. Algunos de ellos fueron dirigentes destacados. Recordamos a William Payter (Unión Nacional de Mineros), J. L. Jones (Unión Obrera del Transporte), etc. El pueblo de Gran Bretaña ha figurado a la cabeza del movimiento de solidaridad con la democracia española durante muchos años.

A fines de septiembre de 1936 luchaban ya en nuestro país contra el fascismo 45 voluntarios húngaros que se hallaban encuadrados en distintas unidades. El 17 de octubre (1936) 91 voluntarios húngaros, que se reunieron en Albacete pasaron a formar en la III Compañía del Batallón Edgar André de la I Brigada Internacional, que figuró después como la XI en la nomenclatura del Ejército Popular republicano. El 9 de noviembre de 1936 (último día de la gran ofensiva iniciada el 6 y que debía alcanzar su máxima fuerza el día 8) dicha compañía, con el conjunto de la XI Brigada Internacional, entró en línea de fuego en el sector de la Casa de Campo. En el sector del Puente de los Franceses resultó herido el oficial que mandaba la compañía húngara, sustituyéndole el oficial de ametralladoras Miklos Szalway (apodado el Tschapáiew), que más tarde, después de ser herido, fue nombrado comandante del Batallón Edgar André.

Los combatientes húngaros participaron en la batalla del Jarama y en la de Guadalajara, en la que derrotamos a los italianos de Mussolini. Es sabido que en dicha batalla participó la XII Brigada Internacional, que mandaba precisamente el general Luckács (Mate Zalka). Después de la batalla de Guadalajara, la compañía húngara acampó y descansó en el pueblo de Meco, en donde a iniciativa de M. Terenci Münnich, Janos Gal y Mate Zalka se formó el batallón húngaro Rakosi, que tuvo como comandante a Pal Maburher (Akos Hevesi) y como primer comisario a Gigorgy Weiszbrunn y que después formó parte de la llamada Brigada Dombrowski, brigada que con la Garibaldi constituyó una nueva división mandada por el general Luckács (Mate Zalka).

El Batallón Rakosi no agrupaba a todos los húngaros. En la XV Brigada Internacional estaba la sección Petöfi, compuesta por húngaros emigrados en Checoslovaquia.

A comienzos de junio de 1937 el batallón húngaro participó por primera vez (integrando la 45 División) en el frente de Aragón, cerca de Huesca. El 11 de junio, por la tarde, víspera de la ofensiva, un obús enemigo acabó con la vida del general Luckács cuando inspeccionaba el terreno en que iba a operar su división. El cadáver de Mate Zalka fue traído a Valencia y su entierro, presidido por varios ministros, con el de Defensa a la cabeza, fue una impresionante manifestación de duelo. En el frente de Huesca perdieron también la vida el jefe y el comisario del Batallón Rakosi, respectivamente Akos Hevesi e Imre Tarr.

El Batallón Rakosi participó también en la batalla de Brunete, en julio de 1937. En dicha batalla cayeron heroicamente varios combatientes húngaros, entre ellos Pal Nafy, miembro del CC del Partido Comunista Húngaro. El batallón húngaro mandado por Tschapáiew (desde agosto de 1937) combatió valientemente en el frente de Aragón, cuando las tropas franquistas rompieron dicho frente y llegaron al mar Mediterráneo (XIII Brigada).

Los húngaros combatieron heroicamente asimismo en la batalla del Ebro (XIII Brigada), fueron de los primeros en cruzar el río y resistieron en el terreno conquis-

El general Luckács, de la XII Brigada, con su Estado Mayor en el frente de Aragón en 1937

tado, en el que, en 15 días, tuvieron 135 bajas, 30 muertos y 105 heridos. El Batallón Rakosi permaneció en primera línea en el Ebro desde el 25 de julio de 1938 en que se cruzó el río, hasta el 23 de septiembre en que el Gobierno de la República decidió retirar del frente a los voluntarios de las Brigadas Internacionales.

El 23 de enero de 1939, esperando salir de España, empuñaron de nuevo las armas para luchar contra el avance fascista en tierras catalanas. Los supervivientes de una guerra de cerca de tres años cruzaron las fronteras españolas con Francia el 9 de febrero de 1939. En total fueron aproximadamente un millar los hijos de la clase obrera y del pueblo húngaro que vinieron a luchar voluntarios en España. Centenares de ellos cayeron para siempre en estas tierras.

Pero lo que más cabe destacar es no sólo el número, sino la calidad de esos combatientes, entre los cuales figuraron dos generales tan notables como Luckács (Mate Zalka), que mandó la XII Brigada y la 45 División, y Janos Gal, que mandó la XV Brigada y posteriormente la XV División, hubo entre los combatientes húngaros 99 oficiales y 47 suboficiales. Había también decenas de comisarios políticos de distinto grado. Hubo nueve comandantes, entre ellos Terenci Münnich (Otto Flatter en España), que desde abril de 1938 hasta fines de agosto mandó la XI Brigada Internacional, un coronel, Derbo Jasz (Juan de Pablo).

Pero la lucha democrática en España devolvió al pueblo húngaro centenares de cuadros politicomilitares, que fueron una aportación esencial a la lucha por la liberación de su patria del yugo alemán y de la reacción interior. Actuando en la clandestinidad, combatieron los dirigentes Laszlo Rajk y Pál Fügedi en los combates guerrilleros en Francia, en Bélgica, en la URSS.

Los que sobrevivieron combatieron contra la ocupación hitleriana de Francia y Bélgica formando parte del movimiento guerrillero de esos países y lucharon clandestinamente en su patria. Los que no cayeron víctimas de la represión desempeñaron un papel esencial en la liberación de Hungría. Y cuando se produjo ésta en 1945, lucharon por la reconstrucción de su patria con renovado ardor. Muchos llegaron a ser ministros, viceministros, generales y oficiales de las fuerzas armadas, ya que la experiencia adquirida en España les resultó de gran valor.

Aunque Suiza mantenía la neutralidad en la Segunda Guerra Mundial, los excombatientes suizos de España no por eso fueron neutrales. No arriaron nunca su bandera de lucha. La enseña de combatientes tan heroicos como Otto Brunner, comandante del heroico Batallón Tschapáiew. Bajo esa bandera, desafiando a la reacción de su país, crearon la Unión de Voluntarios Suizos de la Guerra de España y fueron solidarios hasta el fin con la causa antifranquista y antihitleriana.

Los excombatientes suecos fueron siempre fieles al espíritu de Ekstrom, jefe de la compañía sueca, caído en la lucha, y fieles también al profundo espíritu solidario que animó al Comité Central Sueco de Ayuda a España, presidido por el senador socialdemócrata George Branting. Al continuar su trayectoria antifascista en los años de la Segunda Guerra Mundial, continuaron siendo también solidarios de la España democrática.

Los voluntarios irlandeses que lucharon al lado de la República fueron relativamente pocos en número (127), pero casi la mitad de ellos sucumbió en los frentes de batalla. Así salvaron el honor de su pueblo y de su movimiento de liberación nacional, ya que la reacción integrista católica de Irlanda había enviado a España una brigada de voluntarios para apoyar a Franco[2].

Los combatientes irlandeses, agrupados al principio en una sección, entraron en fuego por primera vez el 24 de diciembre de 1936 en el frente de Córdoba formando parte, con ingleses y franceses, de un batallón de la XIV Brigada Internacional. Posteriormente pasaron al Batallón Lincoln, de la XV Brigada Internacional. Entre sus caídos debemos mencionar al sacerdote católico progresista R. M. Hilliard, a John McCrotty, Derry y William Fox, que murieron en el sector de Córdoba. Uno de los irlandeses más destacados que dieron su vida en la lucha de España fue el capitán Kit Conway.

En la batalla de Brunete se perdió un verdadero ramillete de héroes, la mayoría de filiación comunista: Thomas Morris, William Langhran, William Beattle y algunos otros.

Los supervivientes irlandeses de la guerra de España nunca arriaron su bandera de lucha antifascista y de entre ellos surgieron connotados dirigentes sindicales como Donald O'Reilly y Jun Prendergasch. El propio secretario general del Partido Comunista irlandés, Michael O'Riordam, es un excombatiente de las Brigadas Internacionales.

Aproximadamente cinco mil antifascistas italianos, bajo el nombre genérico y legendario de *garibaldinos*, combatieron en España. En su mayoría (unos 3.354) formaron parte de las Brigadas Internacionales, pero también hubo italianos en otras unidades.

De los cinco mil citados, 1.819 eran militantes, cuadros y dirigentes máximos del PCI. Quisiéramos destacar que la participación italiana en la guerra de España tiene una doble vertiente muy notable. De una parte fue numéricamente la mayor, después de la francesa, y similar a la polaca y la alemana. Desde el 13 de noviembre de 1936, los garibaldinos participaron en todas las grandes batallas de la guerra, distinguiéndose especialmente en la de Guadalajara, donde combatieron heroicamente contra el cuerpo italiano enviado por Mussolini, que fue derrotado. De otra parte, la presencia

---

[2] Dicha brigada sólo se mantuvo en España unos seis meses. Su actuación constituyó un verdadero fiasco, por lo cual fue pronto reenviada a su país.

en España, a partir de 1937, de Palmiro Togliatti (como delegado de la Internacional Comunista) y de Luigi Longo (Gallo) como comisario inspector de las Brigadas Internacionales, así como el papel desempeñado en la creación del V Regimiento por Vittorio Vidali (que se hallaba en España en 1936) confieren a la participación italiana una importancia histórica singular.

En España lucharon, además de las tres personalidades citadas, Giuseppe Di Vittorio, Antonio Roasio, Nino Nanetti, Edoardo D'Onofrio, Guido Picelli, Francesco Scotti, Felice Platone, Teresa Noce, Rita Montagnana, Giuliano Pajetta, Ettore Quaglierini (Paolo di Bono), Francesco Leone, Vincenzo Bianco, Ilio Barontini, Armando Fedeli...

El número y, sobre todo, la calidad de los participantes italianos en la guerra de España han hecho que el PCI haya sido uno de los partidos comunistas que mejor han asimilado las experiencias de la lucha de 1936-1939.

En esa lucha antifascista también estuvo presente el pueblo de la nórdica y fría Noruega. Y no sólo con el envío de víveres, medicamentos, fondos, etc. Desde el primer momento de la guerra algunos marinos noruegos abandonaban sus barcos al tocar puertos españoles para enrolarse en las milicias republicanas. A finales de 1936, el PC noruego organizó un centro de reclutamiento y envío de voluntarios, los primeros de los cuales salieron a comienzos de 1937. Se calcula en unos cuatrocientos el número de noruegos que se integraron en las Brigadas Internacionales y en otras unidades del Ejército Popular, participando en los principales combates.

Muchos de los excombatientes noruegos de la contienda española perecieron en campos de concentración hitlerianos. Los supervivientes prosiguieron su abnegada lucha antifascista. El más importante núcleo clandestino de la resistencia noruega al hitlerismo estuvo constituido por esos luchadores.

En España se forjaron periodistas, escritores y activistas como Lise Lindbaech, Nordahl Grieg, Viggo Hanstte, Gerda Grepp, Just, Lippe, Ottar Lis, Nina Haslund, Gleditach y Crian Gledits y también dirigentes comunistas como Dolan.

El número de polacos que combatieron al lado de los republicanos se eleva a unos cinco mil. Ochocientos de ellos, casi todos militantes del Partido Comunista y de la Juventud, llegaron directamente de Polonia. Centenares vinieron de Estados Unidos, Canadá y América del Sur. Un número aún más crecido procedía de la emigración en Francia y Bélgica. Casi el 25 por 100 eran comunistas. Había un pequeño núcleo de militantes del Partido Socialista y de algún otro partido, pero, en su mayoría, no pertenecían a ninguno.

Un numeroso grupo de polacos combatió desde agosto de 1936 en el frente de Aragón, enrolado en la centuria Thaelmann; otro tomó parte en la defensa de Irún.

El nombre de Dombrowski saltó a la palestra al constituirse una sección polaca de ametralladoras en la columna catalana Libertad. Más tarde, en octubre de 1936, se creó ya lo que dio celebridad a los combatientes polacos: el Batallón Dombrowski (batallón que formó parte de la primera Brigada Internacional y más tarde de la XII). Pero posteriormente se creó la Brigada Dombrowski (XIII Brigada).

Tanto estos polacos como los encuadrados en las unidades de que hemos hecho mención combatieron desde noviembre de 1936 en los frentes principales de la guerra: Casa de Campo, Jarama, Guadalajara, Brunete, Huesca, Belchite, Teruel, el Ebro...

La figura polaca más notable en nuestra lucha fue Karol Swierczewski (Walter), que mandó la 35 División y después la 45, de la que formaban parte dos Brigadas Internacionales. Pero de las filas de los combatientes polacos surgieron numerosos jefes y comisarios: Strzelczyk, Eugeniusz Szyr, Boleslaw Jelen, etc.

Santiago Álvarez entre Enrique Líster y Vittorio Vidali después de ser relevada la 11 División en Teruel-Segorbe. Enero de 1938

La lucha del pueblo polaco por la liberación de su país del dominio nazi está marcada desde sus comienzos por la histórica actividad que en ella desplegaron los excombatientes de las Brigadas Internacionales. Éstos continuaron la lucha en Francia y posteriormente en diversos países de la Europa ocupada por los nazis, pero sobre todo en el suelo de su patria. En ellos tuvo el movimiento guerrillero de la Polonia ocupada sus más firmes puntales. Desde 1942, un numeroso grupo de dombrowskianos se trasladó de Francia y Alemania a Polonia, siendo uno de los pivotes esenciales de la resistencia polaca a la ocupación nazi. Figuras como Karol Swierczewski (general Walter en España) organizaron el Ejército Polaco de Liberación de su patria. Acabada la guerra mundial ese ejército había de ser la base de las fuerzas armadas polacas. Gregorz Karcynski fue viceministro de Defensa. El comisario político Eugeniusz Szyr fue viceprimer ministro; Henryk Tormiczyk y Józef Strzelczyk, jefe de la XIII Brigada Internacional, así como el comisario Beleslaw Jelen, desempeñaron un brillante papel en la liberación de Polonia.

El pueblo hermano y vecino de Portugal, sometido en 1936-1939 al régimen fascista de Salazar, también estuvo representado en la lucha antifascista española, ofreciendo su contribución de sangre. En figuras tan heroicas como el comandante Cruz, que entregó su vida a la causa en la batalla del Jarama. Técnicos militares de tanta valía como el comandante Oliveira ofrecieron su saber. Los que sobrevivieron a aquella lucha continuaron su combate antifascista en Portugal. Con la revolución del 25 de abril de 1974 vieron colmado uno de sus anhelos. Pero continuaron luchando para que los ideales de aquella hermosa primavera de 1974 no se frustraran definitivamente.

Los supervivientes de los voluntarios rumanos formaron una pléyade de combatientes cuya lucha no terminó hasta 1945. Durante la Segunda Guerra Mundial los ex brigadistas rumanos participaron en la resistencia francesa, organizaron y se incorporaron a los grupos guerrilleros que operaban en Rumanía, en la URSS, en Checoslovaquia y en otros países del centro de Europa. El objetivo supremo era la derrota del nazismo.

Cuando en suelo rumano se generalizó la guerra antifascista, los *españoles* ex brigadistas fueron su avanzada. De ellos citaremos nombres como el de Walter Roman, que dirigió en España la batería de artillería Ana Pauker, Bueca, que liberada su patria llegó a ser viceministro de Defensa, o Kivo Stoica, que fue presidente del Consejo de Estado rumano.

Lo expuesto sobre la combatividad antifascista de los ex brigadistas mexicanos, argentinos, por referirnos al continente latinoamericano, puede decirse de los núcleos de uruguayos, brasileños y peruanos.

Modesto, Walter, Contreras y otros dirigentes de las Brigadas

Los hombres y mujeres que lucharon en España de 1936 a 1939, bien en las Brigadas Internacionales, bien en unidades españolas de primera línea, bien en sanidad, transmisiones u otros servicios o en las guerrillas que actuaban en la retaguardia del general Franco, han seguido siendo, salvo rarísimas excepciones, durante la Segunda Guerra Mundial luchadores antifascistas de vanguardia.

También en este caso, con el peruano y comisario político Rojas y con el ramillete de combatientes comunistas uruguayos, etc., podíamos ofrecer una larga relación de otros nombres que siguieron siendo ejemplo de lucha para nuevas generaciones.

Frentes en que actuaron las Brigadas Internacionales

Lo dicho más arriba, respecto a los primeros días de noviembre en Madrid no oscurece el papel que dichas brigadas (en este caso la XI) desempeñaron tanto a partir del día 9 de noviembre como en su actuación posterior en los frentes más importantes de la Guerra Civil, incluido el frente de Madrid. Me refiero concretamente a los combates de mediados de noviembre y diciembre en la zona de la Ciudad Universitaria y a las de Pozuelo, Majadahonda, noviembre y diciembre de 1936, XI y XII brigadas; Jarama, febrero de 1937, XI, XII, XIV y XV, Guadalajara, marzo de 1937, XI y XII; Brunete, julio de 1937, XI, XII, XIII y XIV; Belchite, agosto de 1937, XI, XII y XIV; Teruel, enero de 1938, XI y XV; Alcañiz-Gandesa (hundimiento del frente de Aragón), marzo de 1938, XI, XII, XIII, XIV y XV; Ebro, julio, agosto, septiembre de 1938, XI, XII, XIII, XIV y XV.

Además de esas grandes batallas, unas y otras brigadas participaron también en diecinueve combates en otros frentes. Esto es también válido para la CXXIX Brigada que, separada de las otras por la llegada de las tropas de Franco al Mediterráneo, tomó parte en los combates de lo que hoy llamamos País Valenciano. Pero también lo es para los que lucharon en Andalucía: Lopera, Mirabueno, Motril o Pozoblanco; Balsaín o Huesca, en Aragón, etc.

Desde su creación, las Brigadas Internacionales fueron consideradas como susceptibles de integrarse en un ejército de maniobra que existía el propósito de crear y que se llegó a constituir avanzada la guerra. De acuerdo con esa perspectiva, dichas brigadas fueron utilizadas por el Alto Mando según las necesidades. En algunas ocasiones actuaron solas, pero generalmente fueron agregadas a otras unidades o formaron conjuntamente con éstas *agrupaciones* circunstanciales: Jarama, Guadalajara, Teruel, etc. En vísperas de la batalla del Ebro pasaron a formar parte del V y XV Cuerpos de Ejército, constituyendo la 45 División (V CE), la 15 y la 35 (XV CE).

Mas para calibrar con rigor la aportación de las Brigadas Internacionales a la lucha del pueblo español hay que tener en cuenta que en agosto de 1938 el Ejército Popular contaba con 776 batallones (192 brigadas, 73 divisiones, 22 Cuerpos de Ejército y 6 ejércitos), mientras que las Brigadas Internacionales eran 25 batallones, integrados en seis brigadas con el 75 por 100 de sus componentes ya españoles.

Sin embargo, a pesar de representar una ínfima minoría, en relación con el conjunto del Ejército Popular los «voluntarios de la libertad», desde Madrid hasta el Ebro, formaron parte del Ejército de Maniobra o de choque de la República.

Y es que el hecho histórico de las Brigadas Internacionales tuvo entre el pueblo, y en un primer tiempo en las filas del incipiente Ejército Popular, una repercusión mayor de lo que dichas unidades representaban como fuerza militar. Su presencia era una expresión desinteresada y heroica de la solidaridad internacional; mostraban a todos un modelo de organización militar y de disciplina y, por tanto, un ejemplo a imitar.

La imagen de las Brigadas Internacionales inspiraba confianza y su comportamiento irradiaba a las unidades del Ejército Popular y al pueblo entero.

Brigadistas en el frente del Ebro

ANEXO 1
André Marty
Informe al Secretariado de la IC

Cinco brigadas, con infantería, caballería y artillería, más dos brigadas mixtas de tanques. Más de un tercio de sus efectivos lo constituyen voluntarios internacionales.

Estas cinco brigadas, con todo lo que ellas corresponde —transporte, servicios sanitarios, etcétera—, deberían tener aproximadamente unos dieciocho mil combatientes. En realidad, apenas si sobrepasan los nueve mil, debido a las pérdidas: deserciones, heridos y muertos...

Los voluntarios alemanes son, casi todos, comunistas. Entre los franceses, los comunistas son una mayoría insignificante. Los comunistas italianos representan un tercio del total de voluntarios de esta nacionalidad.

La fuerza de las Brigadas Internacionales está en su unidad. Con sus mandos, que no son militares profesionales o que hace mucho que hicieron el servicio militar en sus países, estas brigadas hacen frente al enemigo y le dan golpes serios...

El defecto fundamental está en la debilidad de la dirección militar. Fuera del mando de la XV Brigada, los jefes de las demás brigadas no son militares profesionales.

La base de Albacete. Aquí se prepara a los voluntarios a medida que van llegando. Se les organiza. Cuando hay tiempo, se les instruye y se realiza una comprobación de los cuadros. Como es natural, a medida que se forman las unidades militares, se crean los servicios sanitarios. También se organiza la actividad en otros aspectos: abastecimiento de la base, su dirección y control, escuelas para la preparación de sargentos, oficiales y comisarios. *La preparación se hace en francés, español, alemán y ruso.* Se organiza el transporte, cuenta con su parque móvil y taller de reparaciones, intendencia, con los correspondientes almacenes, taller de reparación de armamento, fabricación de granadas. Para todos estos servicios se preparan los correspondientes especialistas. Las funciones de la base son, por tanto, bastante complejas: todo se encuentra en manos de los voluntarios internacionales.

La dirección de la base es la siguiente: Consejo compuesto por diez personas de diferentes nacionalidades.

Desde el momento en que la brigada está formada deja de pertenecer a la base y se incorpora como una unidad de combate más del ejército español. Sus mandos reciben, como es natural, órdenes del mando militar del sector.

Cada brigada tiene su comisario. En la base hay dos comisarios y cuatro ayudantes de éstos, de nacionalidad diferente.

En los primeros momentos el número de socialdemócratas interbrigadistas llegó hasta mil doscientos, pero muchos belgas se marcharon inmediatamente después de los primeros combates, al ver que los fascistas disparaban con balas de verdad.

Por lo que se refiere a los socialistas italianos, al principio llegaron hasta doscientos-doscientos cincuenta. Constituyen el grupo más numeroso. Socialistas franceses, más o menos la misma cifra, pero todos ellos son magníficos cuadros militares muy fieles a la causa. Los ingleses fueron, al principio, unos cincuenta; aproximadamente igual cifra corresponde a los austriacos[3].

---

[3] Extractos del informe de André Marty leído en la reunión del Secretariado de la IC del 7 de marzo de 1937.

ANEXO 2
Luigi Longo
Sobre la situación de las Brigadas Internacionales

Del libro Problemas del movimiento obrero en España *(en ruso)*
Las unidades internacionales están constituidas actualmente por seis brigadas: XI, XII, XIII, XIV, XV y CXXIX. La XI, XIII y XV pertenecen a la 35 División; la XII y XIV, a la 45 División; la CXXIX, a la División Extremeña, que se encuentra actualmente en Levante. Cada brigada cuenta con unos tres mil hombres, por término medio. Cada división de artillería, de trescientos cincuenta a trescientos hombres.

Los interbrigadistas representan cerca del 30 por 100; el resto son españoles. En las unidades de artillería, los interbrigadistas pasan del 75 por 100.

Entre los interbrigadistas es muy elevado el porcentaje de combatientes que llevan en España de seis a ocho meses. Hay también muchos que están en España desde el comienzo de la guerra. Es muy elevado el porcentaje de nuevos reclutas españoles —50 por 100 que no ha combatido—. Por eso, la preparación militar es muy desigual.

De las tres divisiones compuestas por interbrigadistas, dos están mandadas por españoles y una por un internacionalista. Los comisarios de las divisiones son españoles.

De las seis brigadas, cinco están mandadas por interbrigadistas y una por un español.

La mayoría de los batallones están al mando de interbrigadistas. Los comisarios, la mitad son españoles y la otra mitad interbrigadistas.

Días antes de la *salida al mar* (corte de la zona republicana) se efectuó el traslado de la base internacional desde Albacete a Barcelona. Poco después fue liquidada como tal. La dirección central quedó a cargo directamente de la Subsecretaría del Ejército de Tierra.

Los hospitales internacionales de la zona central también fueron evacuados a Cataluña con todo el personal y los heridos, que fueron internados en cinco hospitales.

En los últimos tiempos se ha organizado la evacuación al extranjero de todos los inútiles para el servicio de las armas. También regresaron a su patria unos setecientos hombres[4].

---

[4] Nota del comisario inspector de las Brigadas Internacionales, Luigi Longo, sobre la situación de éstas (15 de julio de 1938).

Combatientes de la XIII Brigada desfilando

Capítulo 8

LOS COMBATIENTES SOVIÉTICOS EN NUESTRA GUERRA Y EN LA SEGUNDA GUERRA MUNDIAL

Al margen de las Brigadas Internacionales, conocí y traté a numerosos técnicos militares y a soviéticos de otras especialidades de los que más descollaron en la guerra de España.

Al regresar a su país, aquellos voluntarios corrieron distintas suertes. Esa dramática, a veces trágica, realidad no deforma la visión y el recuerdo indelebles que de su comportamiento conserva quien, como yo, los vio desde su atalaya de joven revolucionario y de comisario político[1].

De entre las decenas de hombres y mujeres a quienes podría referirme, citaré algunos como ejemplo.

Mihail Koltsov, segundo redactor jefe de *Pravda,* de Moscú, y su corresponsal en España; Kiril Meretskov (Petrovich), uno de los principales consejeros soviéticos durante cierto tiempo; Maximov, de categoría similar al anterior; Pávlov, responsable soviético en España del arma de tanques; Rodión Malinovski, consejero de la 11 División en el Jarama; Rodimtsev (Pablito), especialista en ametralladoras y en caballería; Goriev, agregado militar de la Embajada de la URSS en España; Voronov, responsable soviético para el arma de artillería; Stern, máximo consejero soviético en un momento dado; Nesterenko (Pirpis), el principal especialista en cuanto al trabajo político en el ejército y consejero en el comisariado; Tumanov, consejero militar del V Cuerpo de Ejército en la batalla del Ebro.

---

[1] Tampoco nubla esa visión ni deforma ese recuerdo el relato, no siempre riguroso y exacto, que algunos de ellos han podido ofrecer, o se les ha atribuido por los redactores de sus memorias sobre ciertos hechos.

Un grupo de tanquistas soviéticos en Madrid, 1937

En cuanto a las mujeres, mencionaré cuatro verdaderas heroínas, intérpretes o colaboradoras de los especialistas militares: María Fortus (Julia), Nora Chegodáieva, Sofía y Lidia, cuyos apellidos no conocí.

A estos hombres y mujeres, con sus matices y sus diferentes maneras de abordar los problemas, les caracterizaban algunos rasgos comunes. El principal de éstos era que sentían profundamente la causa de nuestro pueblo, en cuya lucha estaban inmersos. La sentían como revolucionarios, como comunistas y también, lo que es inseparable, como seres humanos. Para todos ellos, las desgracias y las venturas del pueblo español eran las suyas propias. Su actitud y su comportamiento no tenían nada de común con la fatuidad, con la altanería ni con lo que, moderna y genéricamente, denominamos *tecnocracia*. Eran comunistas a carta cabal; eran voluntarios y con esto está dicho todo.

Otro de sus rasgos distintivos residía en su sensibilidad al informarse de la situación o al emitir un juicio sobre la misma, si se les solicitaba. Su esfuerzo tendía siempre a no herir susceptibilidades. Su enorme interés, su preocupación y su entrega a la lucha les llevaban al absoluto desprecio por su situación personal, por su propia vida.

Su sencillez y su modestia, rasgo también común a todos ellos, solían ocultar a simple vista su gran dominio del arte militar o de cualesquiera otros de su especialidad respectiva.

Todos ellos atribuían gran importancia a la labor política del comisario y a su papel como figura esencial en el Ejército Popular.

Koltsov era de estatura regular, más bien pequeño, y de edad mediana. Por las relaciones que tuve con él, sobre todo en los frentes de Madrid, puedo afirmar que era un hombre inteligente, culto, políticamente sagaz, de espíritu inconformista y que valoraba en mucho el papel de los comisarios.

El 23 de octubre de 1936, Koltsov expresa el siguiente criterio sobre la labor de la Dirección del Comisariado: «A las 18 horas, se reunían diariamente, alrededor de una mesa redonda de mármol, Álvarez del Vayo y sus cinco vicecomisarios. Tras estudiar las noticias y los materiales del día, se adoptaban las decisiones para el día siguiente. El sistema era poco eficaz; las secciones dirigidas por los vicecomisarios se pasaban ociosas casi toda la jornada; las directrices impartidas la tarde anterior envejecían rápidamente a causa de la celeridad y la catastrófica modificación de las circunstancias, y solamente a las 18 horas podían elaborarse nuevas directrices»[2].

Esa opinión crítica es digna de encomio, aunque al constatar ese hecho en su diario Koltsov olvida que la lentitud con que se procedía en aquellos momentos en el Comisariado general tenía muy poco que ver con lo que pasaba en el frente, en donde actuábamos de verdad los comisarios.

Koltsov regresó a la URSS en 1937. Nada supimos de él durante meses. Un día, estando ya en el frente del Ebro, nos enteramos de su reciente elección como diputado al Sóviet Supremo de la URSS. Le enviamos un telegrama de felicitación. Pero poco después supimos que había sido una de las víctimas de aquella política represiva y brutal que Jruschov denunciaría más tarde, en 1956, ante el XX Congreso del PCUS.

Meretskov (*Petrovich*) actuó como consejero del Estado Mayor Central. Fue uno de los primeros militares soviéticos con quien me encontré en Madrid. Le conocí en una cena organizada por los consejeros soviéticos en el hotel Gailor, cuando pasé a ser comisario de la I Brigada y después de la 11 División. Era un hombre de estatura más que regular, cubierto con una gorra de visera, muy corriente entonces en España. De carácter apacible, finos modales y trato amable, estimaba profundamente el trabajo de

---

[2] M. Koltsov, *Diario de España,* p. 189 (anotación del 23 de octubre de 1936).

Merestkov con su intérprete en España, 1936

los comisarios. Su afabilidad para con los compañeros y subordinados le granjeaba el respeto general. Nunca tuvimos con él un solo problema. Le acompañaba como intérprete María Fortus (*Julia*).

Como otros militares soviéticos que nos ayudaron, Meretskov, a poco de regresar a la URSS, fue, según parece, detenido. Una vez consumada la agresión nazi, Stalin, tal vez reconociendo la injusticia cometida con Meretskov y la absurda paradoja de que un militar de tanta valía permaneciese recluido mientras los alemanes avanzaban a marchas forzadas, ordenó al fin liberarlo y confiarle el mando del frente noroeste, donde alcanzó el grado de mariscal.

Maximov. Consejero del general Miaja en el frente de Madrid. Bajito, menudo, simpático, agradable en el trato y en la conversación, tendría unos cuarenta años, quizá pasados. Más que un militar parecía un profesor de universidad. Las charlas con él dejaban en mi alma juvenil una sensación de serena firmeza. Uno escuchaba con sumo agrado sus opiniones, pronunciadas con voz suave. Entre los españoles se le estimaba mucho. Más abajo cito una anécdota que me ocurrió con él en Valencia.

Pávlov. Hombre robusto, casi gigante, con la cabeza afeitada, había sido comisario político durante la revolución de 1917 y la guerra civil en Rusia. Era el responsable soviético en España del arma de tanques. Lo vi por primera vez en la batalla del Jarama y, por el relato que sigue, comprobará el lector su alta estima por la labor de los comisarios. Su actuación en el Jarama fue fundamental. Pero también tomó parte activa en la preparación y en la realización de la batalla de Guadalajara ayudando técnicamente, desde el punto de vista militar, a coordinar la acción de las fuerzas aéreas, la artillería, los tanques y la infantería. No es exagerado afirmar que en el aspecto militar fue uno de los artífices de aquella resonante victoria. La tremenda derrota que infligimos entonces a las divisiones italianas no hubiera sido posible sin la magnífica coordinación de todas las armas que entraron en juego. Pero volvamos un poco atrás.

Estaba en sus comienzos la batalla del Jarama. Tras los duros combates de La Marañosa, en la 11 División, recién constituida como unidad militar e integrada por la I y II Brigadas (que después sería la IX), recibimos la orden de trasladarnos al Jarama, donde la XI y la XV Brigadas Internacionales se enfrentaban a las tropas de Franco, apoyadas por primera vez por artillería y aviones alemanes[3].

Al cruzar Arganda hacia Morata de Tajuña, el jefe de la división y yo pasamos a visitar a Pávlov. Las últimas noticias de primera línea eran alarmantes. A pesar de su tenaz y heroico batallar, las Brigadas Internacionales habían cedido terreno al enemigo, que estaba ya en los olivares lindantes con Morata de Tajuña. De seguir avanzando, podía lograr el objetivo de cortar las comunicaciones de Madrid con Levante, empresa en la que le hicimos fracasar cerca de Arganda. Era un momento decisivo de la batalla.

Pávlov nos explicó en el mapa la situación. Después, tomándome amistosamente por el brazo, pronunció las siguientes palabras: «Mira, comisario, la situación en el frente es muy difícil; nuestras fuerzas (las internacionales) ceden terreno, se repliegan. Estamos en un momento muy grave. Tú eres comisario de la 11 División, parte de cuyas fuerzas combatieron con éxito en La Marañosa. Si la 11 División lucha, no retrocede y estabiliza el frente, te prometo mi pistola». Y la sacó de su funda, mostrándomela en la palma de la mano.

Le miré a los ojos y le dije con toda naturalidad: «Procuraremos contener al enemigo, si es posible, rechazarlo y, en todo caso, fijarlo y no dejarlo avanzar más. Pero

---

[3] Fue por entonces cuando entraron en batalla, no sólo las baterías alemanas, sino también las escuadrillas aéreas de la Legión Cóndor.

lo haremos, camarada Pávlov, con independencia de su oferta, que le agradezco, lo haremos porque es nuestro deber. Para eso luchamos».

Me abrazó y salimos.

A los tres días, cuando la batalla en aquel sector del Jarama estaba ya decidida, Pávlov nos visitó en el puesto de mando avanzado de Casa Sola del Monte. Nada más saludarnos, sacó su pistola del cinto y delante de todos me la entregó: «Toma, camarada comisario, te la has ganado».

¿Se podría dar, por parte de un general, un ejemplo más claro de comprensión de la labor política del comisario?

Conservé la pistola con orgullo toda la guerra.

¿Qué pasó después con este bravo general? En 1944, de paso por Chile para regresar clandestinamente a España, me enteré por Francisco Antón de la suerte que había corrido Pávlov en su patria. En 1941 tenía a su mando todas las tropas soviéticas de cobertura de la frontera occidental. Previendo la invasión hitleriana, solicitó refuerzos al alto mando. Al parecer, Stalin, que no creía en el ataque, se opuso a su demanda y Pávlov tuvo que hacer frente a la situación con las escasas tropas de que disponía.

Las divisiones Panzer que irrumpieron por la frontera soviética el 21 de junio de 1941 arrollaron las defensas, penetrando profundamente en el territorio de la URSS. Y Pávlov pagó con la vida no su imprevisión, sino la de los demás y, en concreto, la incredulidad de Stalin en cuanto a la inminencia del ataque de Hitler. Confieso que he sentido la muerte de dicho general como la de un hermano. Más tarde, después del XX Congreso, Pávlov fue rehabilitado con todos los honores.

Malinovski, coronel a la sazón (1937), fue uno de los hombres a quienes traté de modo más directo, sobre todo en la batalla del Jarama, ya que fue, aunque un corto tiempo, allí el consejero de la 11 División. Fuerte, fornido, algo cargado de hombros, de pómulos salientes, su tipo recordaba antes a un mongol que a un eslavo. Era moreno, reflexivo, hablaba poco y reposadamente. Su gran inteligencia y su extraordinaria preparación militar le hacían mostrarse muy seguro de sí mismo y de sus decisiones.

Un día el intérprete de Malinovski me dijo que el coronel quería hablar conmigo.

Habíamos pasado jornadas de combate muy duras; casi todos los comisarios del batallón y brigada habían caído muertos o heridos al mando de sus hombres, así como varios oficiales del incipiente Estado Mayor. Había sido necesario tomar medidas excepcionales, entre ellas la de llevar al extremo la presencia personal al frente de los combatientes. Carecíamos de ambulancias y para que los heridos no se desangraran usábamos los pocos automóviles adscritos al mando y al comisariado. Llevábamos varios días sin comer caliente y apenas comíamos en frío. Dormíamos brevísimos momentos en una especie de cueva natural bajo tierra, muy cerca de primera línea, casi sin oxígeno. No nos lavábamos ni nos afeitábamos hacía bastante tiempo.

En esas circunstancias, Malinovski inicia su conversación diciéndome: «Comisario, como sabes, yo he venido hace poco de la Unión Soviética, llevo corto tiempo en España, y quisiera preguntarte: ¿tú crees que la guerra va a ser corta o larga?».

La pregunta me sorprendió, produciéndome cierta perplejidad. Días antes, al constituirse la 11 División, se me había designado comisario de la misma, cuando aún no había alcanzado los veinticuatro años. «¿Seré capaz —me preguntaba— de cumplir con mi cometido? ¿Responderé a las exigencias del cargo?» Cuando uno es joven, todo se le antoja fácil. Yo, como toda la juventud de entonces, me sentía pletórico de romanticismo revolucionario, era comunista desde hacía seis años y tenía inmensa confianza en mi partido y en el pueblo. Pero la responsabilidad de dirigir políticamente a tantos miles de hombres me tenía abrumado. Después de lo de Pávlov, ahora me venía Malinovski con aquella pregunta inesperada.

«No he tenido tiempo de pensar en eso, camarada Malinovski —le respondí—. Me hace usted una pregunta a la que no estoy en condiciones de responder. Pero, por el cariz que toman las cosas, lo más probable es que la guerra sea larga.»

«Eso creo —afirmó—. Pero entonces, ¿no te parece que convendría procurar organizarnos mejor? ¿Crees que se puede resistir mucho tiempo sin apenas comer ni dormir, sin asearse, sin ambulancias para evacuar los heridos, sin un cierto relevo de las fuerzas de primera línea, sin un estado mayor ni un cuartel general organizado, sin que tú dispongas de colaboradores que te ayuden en el trabajo?»

«Evidentemente, no —le contesté—, pero comprenda usted que llegamos aquí, al Jarama, en una situación muy grave. La hemos dominado, y aún no ha habido tiempo de reaccionar ante otros problemas. Lo principal era evitar que el enemigo nos cortase la comunicación con Valencia. Había que impedir que tomase Morata de Tajuña o dominase todo el promontorio de los olivares y esto lo hemos logrado.»

«Es verdad —asintió—, y eso me parece magnífico, pero he querido transmitirte a ti, al comisario político, mis preocupaciones.»

La conversación no cayó en saco roto. Poco a poco, de acuerdo con el jefe de la unidad y gracias al tesón de un grupo de camaradas, se fue mejorando la organización: Estado Mayor, embrión del Comisariado, comida caliente, equipo volante de duchas, cierto servicio de ambulancias, motorista para traer y llevar partes y órdenes, etc.

La batalla del Jarama continuó con una dureza tremenda. El cerro del Pingarrón cambió varias veces de mano. A cada momento nos jugábamos el tipo. Nuevas unidades fueron puestas bajo nuestro mando como agregadas tácticas (la LXX Brigada de la 14 División, que mandaba el anarquista Cipriano Mera; la XLIX Brigada bajo el mando del músico Durán). Pero, al trasladar el puesto de mando de Casa Sola del Monte a Casa Valgrande, la 11 División era ya distinta. Empezamos a ser un ejército regular. Cuando, entre otros, nos visitaron los oficiales del Estado Mayor del coronel Burillo, jefe del III Cuerpo de Ejército (Aranjuez), el responsable soviético de la artillería, Voronov, y el famoso pintor mexicano Alfaro Siqueiros, que llegaba para luchar como voluntario en España, ya pudimos recibirlos en un Cuartel General que co-

El Campesino y Malinovski, en el centro la intérprete Lidia Kuper

menzaba a funcionar. Un motorista salía todas las noches para el Estado Mayor Central de Madrid y para el Comisariado con los partes de lo acontecido en nuestro frente y en nuestras unidades durante la jornada. Los soldados, además de comida caliente, comenzaron a recibir la prensa y hasta la correspondencia. Se duchaban por secciones y compañías, se afeitaban. En los momentos de descanso se daban charlas políticas.

A Malinovski le habían destinado ya a otro lugar.

Al regresar a la URSS Malinovski hizo una carrera brillante. Llegó a mariscal y fue ministro de Defensa. Las tropas bajo su mando liberaron Rostov, todo el sur de Rusia, Ucrania, Rumanía y Hungría de la ocupación nazi.

ANEXO 1

Francisco Ciutat

Testimonio sobre Malinovski

Camarada Santiago Álvarez: Muy querido camarada y gran comisario, cumpliendo tu encargo voy a tratar de pergeñarte resumido mis conocimientos acerca de la vida admirable y de los hechos gloriosos de nuestro inolvidable camarada R. Y. Malinovski.

Al hacerlo, carente de textos concretos, escritos, a los que poderme referir, trataré de ceñirme a los hechos conocidos por mí evitando las versiones más o menos fidedignas pero que no me constan personalmente. Me baso en recuerdos de lecturas serias y en recuerdos de palabras escuchadas del finado mariscal, así como leídas en su magnífico libro Soldado de Rusia (traducido en Cuba al español y publicado allí).

De todo esto tú podrás tomar lo que mejor convenga para tu libro.

Rodión Yakovievich Malinovski (1898-1967) nació en una aldea ucraniana próxima a Odessa y murió en Moscú poco antes de cumplir setenta años, siendo mariscal de la Unión Soviética y ministro de Defensa de la URSS.

Procedía de una familia de campesinos pobres y pronto hubo de empezar a ganarse su pan. Al estallar la Primera Guerra Mundial se incorporó voluntariamente al ejército, combatiendo en las batallas de Prusia oriental, donde fue herido y pasando, desde el hospital, a formar parte del Cuerpo Expedicionario Ruso con que el Gobierno zarista trataba de pagar parte de la deuda contraída con Francia por envío de municiones y otros pertrechos bélicos. En Francia el cabo Malinovski se distinguió notablemente en cruentas batallas del Grand Couronée de Nancy, recibiendo una de las más altas condecoraciones francesas al valor. Su gran personalidad le conquistó hondo prestigio entre sus compañeros y, al conocerse en Francia el triunfo de la gran revolución socialista de Octubre, el suboficial R. Y. Malinovski fue elegido miembro del sóviet de su regimiento. Evacuó después con otros soldados rusos y, después de atravesar el Mediterráneo y los océanos Índico y Pacífico, llegó a Vladivostok, regresando a su aldea natal de Odessa después de vencer enormes dificultades, atravesando toda Siberia.

Llegó a tiempo para formar parte del sóviet de su aldea, organizando un destacamento armado de voluntarios para hacer frente a las depredaciones de las bandas anarcoides de Majnó. Al frente de este destacamento campesino se unió a la cuarta división de caballería, que al mando de Timoshenko formaba parte del primer ejército de caballería de Budionny, la eficacísima reserva estratégica del poder soviético en la guerra civil. Al finalizar ésta, el joven Malinovski mandaba el regimiento de infantería afecto a la cuarta división de caballería. Por su brillante historial fue enviado a cursar estudios militares, al terminar los cuales fue destinado a la región militar de Bielorrusia, donde se encontraba al comienzo de la guerra civil en España, ostentando el grado de coronel.

Fue de los primeros consejeros soviéticos en el frente de Madrid y luego en el ejército de maniobra con el nombre de *coronel Malinovski*. En 1938 regresó a la URSS, siendo destinado con el grado de *kombrig* (jefe de brigada) a la academia Frunze en calidad de profesor de táctica, siéndole como tal encomendada la dirección de uno de los grupos de militares españoles (en el que estaban, entre otros, Soliva y Vitorero).

A poco de ser nombrado el mariscal Timoshenko ministro de Defensa de la URSS, el *kombrig* Malinovski fue designado para el mando de un cuerpo de ejército motorizado que se desplegó en la región de Besarabia, donde se encontraba al desencadenarse la agresión hitleriana contra la URSS el 22 de junio de 1941.

Una de sus primeras acciones militares en el periodo inicial de la guerra fue golpear en el flanco del primer ejército acorazado alemán, mandado por Kleist. De la importancia y efectividad de los golpes que asestó el cuerpo de ejército de Malinovski quedó huella en el diario de operaciones, del CG del primer ejército acorazado, que decía textualmente: «avanzó como un jabalí a cuyos flancos muerden como dos perros de presa Malinovski y Rokosowsky...».

En una difícil maniobra de contención el cuerpo de ejército de Malinovski, convertido ya en ejército, en los meses de aquel terrible verano de 1941 siguió frenando el avance de las divisiones acorazadas de Kleist, que si bien lograron, a costa de enorme desgaste, ocupar brevemente la ciudad de Rostov, fueron rechazadas a comienzos de diciembre con grandes pérdidas tras el río Molóchnaya, constituyendo esta brillante y audaz operación de Malinovski una de las primeras victorias parciales de las armas soviéticas en la gran guerra patria. Uno de los principales objetivos del Plan Barbarrossa, la rápida conquista del petróleo del Cáucaso, había fracasado.

En la primavera-verano de 1942 vemos de nuevo al general Malinovski mandando las fuerzas que se oponían al avance del fuerte grupo de ejércitos alemanes que pretendían cortar la línea del Volga por la ciudad de Stalingrado. En aquella dilatada batalla defensiva, que duró varios meses, las unidades motomecanizadas alemanas lograron alcanzar la ribera del Volga aguas arriba de Stalingrado, precisamente en el sector del frente que mandaba Malinovski. Siguió la destitución fulminante con la inmediata comparecencia ante una comisión especial en Moscú. La comisión no encontró nada que reprobar en la actuación del general Malinovski y éste recibió la nueva misión de organizar el Segundo Ejército de Choque en la zona de Stalingrado, llamado a constituir la principal reserva estratégica en aquella decisiva operación.

Cercado el VI Ejército alemán en Stalingrado con parte de los ejércitos italiano y rumano, se desarrollaba en los meses de noviembre-diciembre de 1942, enero-febrero de 1943, la difícil operación para su destrucción. A la defensa enconada de los alemanes cercados en la ciudad del Volga, se unió una poderosa contraofensiva alemana para liberarles. A este efecto, Hitler concentró bajo el mando del mariscal Manshtein un poderoso puño blindado a menos de 100 kilómetros al suroeste de Stalingrado, con la misión de romper el bloqueo soviético y liberar al VI Ejército alemán. La agrupación de Manshtein reunía numerosas divisiones acorazadas trasladadas desde Francia y otros lugares, pertrechadas con el armamento más moderno y apoyadas por las fuerzas principales de la aviación estratégica alemana.

El mando soviético planteó ante el Segundo Ejército de Choque recién formado por el general Malinovski la difícil tarea de derrotar a la agrupación acorazada de Manshtein sin permitirle llegar a establecer contacto con las fuerzas cercadas en Stalingrado.

En varias semanas de encarnizados combates logró Malinovski desgastar al núcleo blindado alemán ante sus campos minados y el fuego de su artillería, manteniendo intactas sus escasas unidades acorazadas (un par de cuerpos de ejército con unos cien carros cada uno) notablemente inferiores en número a los de Manshtein. Llegado el momento ansiosamente buscado por Malinovski en que la fuerza blindada alemana empezaba a flaquear, lanzó ambos cuerpos de ejército con el apoyo de toda su aviación y desfondó a la agrupación alemana, en cuya rápida persecución logró recuperar a comienzos de febrero la ciudad de Rostov, de gran importancia estratégica, cortando las comunicaciones de la fuerte agrupación alemana, que trataba de forzar los pasos de la cordillera del Cáucaso y alcanzar los yacimientos petrolíferos del Caspio. La segunda victoria de Malinovski en Rostov fue definitiva, los alemanes no lograron recuperar jamás la preciada ciudad y los restos de la agrupación alemana del Cáucaso hubieron de buscar desesperadamente salida a través del istmo de Tamán por la península de Crimea en cruentos combates que transcurrieron en el resto de 1942 y parte de 1943. La brillante maniobra de R. Y. Malinovski le valió el mando de un frente (grupo de ejércitos), mando que ya ejerció sin interrupción alguna hasta el fin de la guerra.

Como jefe del frente sur participó destacadamente en las difíciles operaciones por la liberación de Ucrania y en la primavera de 1943 participa también en la gran contraofensiva de Járkov, donde volvió a derrotar al mariscal Manshtein y llevó victoriosas a sus tropas a las mis-

Malinovski en las trincheras del frente de Madrid

mas tierras de Besarabia donde le había sorprendido en julio de 1941 el comienzo de la agresión alemana.

Mandando el segundo frente ucraniano, participa el general Malinovski en la importantísima ofensiva de Yassy-Kishinióv en agosto de 1944, en la que fuera gravemente herido al alcanzarle un proyectil de ametralladora cuando reconocía el frente a bordo de un avión. Pese a la gravedad de la herida siguió al mando de la operación que había de llevar en el curso de unos tres meses a las tropas soviéticas al corazón de Austria, remontando el Danubio con ritmos medios de avance superiores a diez kilómetros por día. A lo largo de esta brillante maniobra victoriosa de los ejércitos mandados por Malinovski fueron participando en batallas tan decisivas como las del lago Balatón, contribuyendo poderosamente a la liberación de países como Hungría, Yugoslavia, Checoslovaquia y Austria, donde se encontraba al terminar la contienda con la capitulación de Alemania. La guerra que había iniciado como *kombrig* (jefe de brigada) la terminaba brillantemente con el grado de mariscal, máximo en la jerarquía militar soviética, cuando tenía cuarenta y siete años de edad era dos veces héroe de la URSS y estaba en posesión de las principales condecoraciones soviéticas[4].

Un día de marzo, cuando ya había *amainado* un tanto la batalla del Jarama, recibí un telegrama del camarada Pedro Checa, desde el Comité Central del PCE, instalado en Valencia. Debía presentarme allí para asistir al primer pleno ampliado del Comité Central que se realizaba en tiempo de guerra y que duraría cuatro días. Salí para Valencia en coche. Se me designó para integrar la presidencia de dicho pleno, en el que intervine y fui elegido miembro del Comité Central. En el descanso de una sesión me llamó Pepe Díaz, a la sazón secretario general del partido, y me dijo que había un camarada que me quería saludar. Era Maximov, el responsable soviético ya mencionado.

Me explicó que tenía noticias de mi comportamiento en el Jarama y que quería saludarme personalmente y felicitarme. Ruborizado, no supe hacer otra cosa que darle las gracias. Después pensé que aquel acto era una demostración más de la importancia que estos camaradas concedían al trabajo de los comisarios políticos.

Rodimtsev. Entre nosotros le llamábamos *Pablito*. Era uno de los consejeros más jóvenes. Oriundo de Ucrania (la pequeña Rusia), su carácter difería del de los grandes rusos. Más alegre y hasta bromista, solía decir que era de Madrid, de Cuatro Caminos, y muy pronto aprendió a decirles piropos a las chicas. Estuvo con nosotros en la batalla de Guadalajara, con la IX Brigada, y en la de Brunete, como consejero de la 11 División.

Rodimtsev era un gran especialista de caballería y de ametralladoras y nos fue muy útil. Montado a caballo, con el arma al brazo, hacía maravillas que parecían de circo.

---

[4] Francisco Ciutat (ex comandante laureado del Estado Mayor, que terminó la guerra como coronel).

En el Estado Mayor de la 11 División era uno más entre nosotros. Él y su intérprete formaban una pareja inseparable. El intérprete era italiano (Mario Montagnana), pero de esto me enteré la primera vez que fui a Roma, en 1956, cuando Montagnana vino con los brazos abiertos a estrecharme entre ellos. Como siempre le había tenido por ruso, le pregunté: «¿Qué haces tú aquí, con los italianos?». «Anda, pero si yo soy de aquí», me respondió, y nos echamos a reír.

XV Brigada, 1938. El primero de la izquierda es Rodimtsev

Cuando Pablito se fue para la URSS, todos lo sentimos. Pasaron los años, vino la Segunda Guerra Mundial y, una vez, viendo un reportaje sobre Stalingrado en el Capitolio Nacional de La Habana, descubrí a Rodimtsev en la pantalla. Se había celebrado un mitin en homenaje a los héroes de la batalla de Stalingrado y, al proyectarse luego el reportaje, vi que el jefe del Ejército de la Guardia[5], el héroe por antonomasia

---

[5] Ejército de voluntarios jóvenes, integrado por militantes del Komsomol (Juventud Comunista Soviética).

de Stalingrado, era el coronel-general Rodimtsev, o sea, Pablito. Casi di un salto en el asiento. Me contuve para no gritar de alegría. «¡Cuánto le ha valido —pensé— la experiencia de España!»

Bastantes años más tarde, en 1959, después de salir de la prisión, estuve unos días de descanso en la URSS. Cuando Rodimtsev supo que me encontraba en Moscú, me buscó y nos invitó a su casa, a mí y a mi familia, a degustar con él y con la suya una típica comida rusa. Al abrazarme, se le humedecieron los ojos al héroe de Stalingrado.

Recordamos Madrid, Guadalajara, Brunete, la colina *Mamaí*.[6] Hablamos de cientos y cientos de camaradas. Nos sentamos a la mesa sobre la una de la tarde y nos levantamos cuando ya hacía tiempo que brillaban las estrellas rojas de las torres del Kremlin. ¡Cuán profunda se hace la fraternal amistad forjada en el combate!

Hace poco he leído las memorias de Rodimtsev sobre España. En ellas no nos había olvidado. Veamos algunos párrafos referidos a la batalla de Guadalajara.

A las dos de la tarde del 11 de marzo ya me encontraba en el puesto de mando de Enrique Líster. Éste y el comisario Santiago Álvarez acababan de tener un cambio de impresiones con los jefes y comisarios de las dos brigadas españolas y con los oficiales del Estado Mayor de la división. Líster y Santiago estaban ya bien enterados de la situación en el frente...

Y continuando el relato, añade:

Cuando llegó la mañana, en la zona de Torija ya se habían concentrado la II Brigada, el batallón de carros y dos baterías de artillería (una de obuses de 115 mm y la segunda de cañones de 105 mm).

Y aquí hay que concederles el mérito debido a los comisarios y a los órganos políticos del ejército republicano, quienes no sólo supieron desplegar rápidamente el trabajo político y del partido entre el personal de las brigadas, sino también entre la población de la provincia de Guadalajara. Durante los preparativos de las unidades para la marcha y durante ésta, Santiago Álvarez, comisario de la división, y el comisario de la II Brigada se encontraron permanentemente entre los soldados y oficiales. Llamaban a la lucha contra los intervencionistas italianos a todos los aptos para empuñar las armas, inculcando en los soldados un odio ardiente hacia el enemigo. La intervención abierta de las tropas regulares italianas despertó entre los combatientes del ejército republicano y la población local un sentimiento de acendrada ira y de patriotismo. En los mítines resonaba atronadora la consigna *España no es Abisinia*.[7]

---

[6] Se trata de la famosa colina de Stalingrado, en torno a la cual se libró la parte más sangrienta de aquella batalla.

[7] *Bajo la bandera republicana,* Editorial Progreso, Moscú, pp. 279-280.

V. Goriev, general de brigada, fue durante un periodo el agregado militar de la embajada soviética en nuestro país. Durante un tiempo en los primeros meses de la guerra, a partir del 7 de noviembre hacía también de consejero militar del general Miaja. Lo conocí en el frente de Madrid poco después de comenzar la guerra. Si la memoria no me es infiel, asistió a la cena a que me he referido en el hotel Gailor. Alto, más bien esbelto, rondaría los cuarenta años. Vestía de paisano como un *gentleman* inglés y casi siempre llevaba en la solapa un clavel rojo.

Era el prototipo del diplomático que en el trato con sus interlocutores mantenía cierta distancia.

Confieso que a diferencia de lo que me ocurría con casi todos los otros soviéticos, el porte de Goriev y su manera de ser no despertaba en mí mayor simpatía. Pero era un hombre capaz, política y militarmente, y comprobé que apreciaba la labor de los comisarios políticos. Después de los primeros meses, al trasladarnos a otros frentes más alejados de Madrid, ya no volví a encontrarme con él e ignoro qué ha sido de su vida después de irse de España.

N. Voronoz, mariscal principal de artillería, responsable soviético de esta arma en España. Lo conocí durante la batalla del Jarama. Por su porte semejaba un campesino acomodado. Por su forma de ser, aunque parco en palabras y de recio carácter, permitía y facilitaba el diálogo. Tanto en esto como en el vestir era un tipo distinto de Goriev, pero también muy capaz militarmente, sobre todo en el arma de artillería, de la que era un especialista excepcional. Por ciertos rasgos: concentrado, preciso, riguroso, se parecía a Malinovski.

Recuerdo sobre todo su estancia con nosotros en la 11 División, en la segunda fase de la batalla del Jarama, la librada en torno al cerro Pingarrón, importante posición ya citada por la cual se libró una de las batallas más sangrientas de la Guerra Civil.

Voronoz, como buen jefe de artillería, hizo elogios calurosos de la infantería de la 11 División y con la precisión del tiro artillero prestó a ésta una inapreciable ayuda. Cuando años después, ya en el exilio, leí el libro *Napoleón* de Tarlé y sus referencias a la tradición artillera rusa, las biografías de Suvorov y Kutusov y el *Arte de la guerra* de Clausewitz, recordé mucho a Voronoz. Y más aún cuando a través de los reportajes de la guerra de la Unión Soviética contra la invasión hitleriana pude comprobar el papel decisivo que en ciertas batallas, Smolenko, Moscú, Rostov, Stalingrado, desempeñaron el arma de artillería soviética y hombres como Voronoz.

G. Stern (*Grigorevich*). Fue el principal consejero soviético. Es decir, el responsable de éstos en España. Tuve ocasión de tratarlo en diversos momentos y, particularmente, en el frente de Aragón. Era un hombre que, por su porte, por su carácter, incluso por su físico, parecía hecho para las relaciones castrenses. Distinto de la mayoría de los otros consejeros, no era nada asequible al diálogo cordial. Estuvo en el puesto de mando avanzado de la 11 División cuando nos hallábamos en unos promontorios, en pleno campo, en las afueras de Fuentes de Ebro. Fue durante la operación que teóricamente se había iniciado para conquistar o al menos poner sitio a Zaragoza. Sus preguntas en un sentido crítico al jefe de la división me produjeron un profundo disgusto. El hecho de que no se llegaran a cubrir los objetivos propuestos estuvo en que la operación comenzó 24 horas más tarde de lo que se había previsto. El enemigo, alertado, tuvo tiempo para movilizar fuerzas y organizar la defensa de Zaragoza precisamente en Fuentes de Ebro. La responsabilidad por ese retraso recaía en el Ministerio de Defensa y de ningún modo en las unidades operacionales que se habían batido y se estaban batiendo heroicamente.

La situación que se creó en ese momento me indujo a una acción muy temeraria que de otro modo no hubiese realizado. Por ello mi recuerdo de Stern de ese momento no es nada agradable[8].

Tumanov, coronel de infantería. Fue el consejero del V Cuerpo de Ejército en la batalla del Ebro. De talla regular, más bien bajo, de aspecto campesino, era un hombre magnífico, muy agradable de trato y muy sencillo. En el Estado Mayor del V Cuerpo, cuya composición alcanzó en el Ebro su mejor momento, se hacía querer como un hermano, porque además admitía y gastaba las bromas como un chico.

Tumanov no tenía la personalidad de un Malinovski ni de un Pávlov, pero era un hombre de gran valía y un auxiliar del mando y del Estado Mayor extraordinario. Era consciente de que una vez realizada la operación del Ebro, el que pudiésemos sostenernos en el triángulo de terreno que habíamos conquistado radicaba en gran medida en las fortificaciones y en saber camuflar las fuerzas ocultándolas a la aviación y artillería enemigas. Por ello dedicaba a esos dos propósitos la mayor parte de sus desvelos y energías. Callada y modestamente, levantándose a veces antes del amane-

---

[8] Con objeto de animar a las fuerzas de infantería y a los propios tanquistas, me subí sobre un tanque y, agarrado con el brazo izquierdo a su cañón, encabecé, en medio del combate, la marcha de una sección de tanques hacia la primera línea fortificada. Fue un hecho tan suicida por mi parte que el jefe y el Estado Mayor de la división adoptaron medidas para evitar que continuásemos. Después tuve que reconocer, autocríticamente, que aquello fue una expresión de amor propio herido y no una acción que correspondiese a cómo debía actuar un comisario de división.

cer, recorría una y otra vez las líneas y, de acuerdo con la orden dimanada de la jefatura del V Cuerpo, aconsejaba, ayudaba al jefe de ingenieros y a los jefes de división y de brigada. Ponía siempre en primer lugar la labor de los comisarios políticos.

Aunque, a causa de una herida, cojeaba un poco, la *Perivoche,* una camarada soviética menuda y aún joven, se las veía y se las deseaba para seguirlo por las faldas de la sierra Cabals o de Pandols o por los recovecos del cruce de Camposines. No supe más de Tumanov después de nuestra contienda, pero parece que aún hoy le estoy escuchando: «¡Camuflad, camuflad! ¡Fortificad, fortificad!».

María Fortus (*Julia*). La conocí en Madrid en enero de 1937, poco después de pasar a ser comisario de la I Brigada Mixta del Ejército Popular.

Creo que la primera vez que la vi fue en la cena mencionada del Gailor. Quizá tendría entonces unos treinta años. Bien parecida, más bien baja, de carácter apacible y agradable trato, siendo rusa igual podía ser una campesina de mi tierra, de casa acomodada. Desde el primer momento noté que me trataba con estima y cierto aire de protección maternal. Esto no me molestaba. Hasta cierto punto se lo agradecía, porque veía en ella una persona humana y sensible. Más tarde supe que era la viuda de Ramón Casanellas[9], del cual tenía un hijo. *Julia* era la intérprete de Mereskov (Petrovich), pero más que eso su verdadera colaboradora. Era inteligente, trabajadora, valiente hasta la temeridad. Se veía muy pronto que realizaba su tarea con un interés que rebasaba con mucho la simple profesionalidad. Era una comunista a carta cabal.

Su comportamiento en España y su proceder posteriormente, especialmente en la Segunda Guerra Mundial, le valió el grado de oficial del ejército soviético.

El que fue su jefe escribe a ese propósito en sus memorias:

Me presentaron tres mujeres intérpretes soviéticas. Después de alguna vacilación me detuve en la candidatura de M. A. Fortus —que en España se llamaba *Julia*—. Nunca tuve que arrepentirme de la elección. El esposo de María Alesandrova, de nacionalidad española, había muerto. Ella llevaba viviendo en España cinco años, conocía a la perfección el español, el país y sus costumbres, era una persona muy sensata, era valiente y se orientaba rápidamente en la situación. Supo hacer frente no sólo al trabajo de intérprete, que cumplía con gran eficacia, sino que sabía sostener una conversación con cualquier dirigente, etc. Andando el tiempo, sus cualidades hicieron de ella un oficial.

---

[9] Ramón Casanellas fue un líder anarquista que, después del atentado contra el jefe del Gobierno, Eduardo Dato, se exilió en la URSS. Poco después de su regreso a España, al triunfar la República, encontró la muerte en un accidente de automóvil en Cataluña.

En 1956, la primera vez que fui a la URSS, vino Julia a saludarme, y como supe que era una oficial del Ejército y que estaba condecorada por su comportamiento en la Segunda Guerra Mundial, le expresé mi sincera felicitación. Se había merecido la recompensa.

Nora Chegoadeva. Fue durante un tiempo la intérprete y colaboradora de Malinovski, cuando éste estuvo con nosotros en la batalla del Jarama. Tendría entonces unos 26-28 años. Era alta, esbelta y por su porte elegante podía pasar por una señora de la alta sociedad. Era agradable y simpática. Profesora de economía política, había trabajado un tiempo impartiendo esa asignatura en la Escuela Leninista de Moscú con camaradas españoles y latinoamericanos.

Le entusiasmaba trabajar en España. Adquirió conmigo la suficiente confianza como para revelarme que una de las causas de que le gustase tanto nuestro país estaba en que uno de sus primeros amores fue un camarada español que había pasado por la escuela en la que ella era profesora.

En el curso de nuestra guerra civil regresó a la URSS. En la Segunda Guerra Mundial luchó en el frente de Leningrado trabajando con la comisión que se ocupaba de los prisioneros de la División Azul, entre los que hizo gran labor política.

En 1942, cuando Cuba reconoció a la URSS y el ministro soviético de relaciones exteriores de entonces, Litoinov, fue a La Habana a hacerse cargo de la embajada, recibimos la agradable sorpresa, como camaradas exiliados, de que llevó a Nora como agregada cultural. Desde este cargo, dicha camarada realizó una labor extraordinaria. Al saber que nos encontrábamos allí, nos buscó y con ella compartimos momentos de conversación y de discusión muy agradables. Allí conocimos también a su hijo, un mocetón soviético que no supo adaptarse al ambiente de La Habana.

Algunos de esos momentos tuvieron como escenario la casa que el escritor norteamericano Hemingway había adquirido cerca de La Habana con parte del importe de su libro *Por quién doblan las campanas*.

El autor de dicha obra, a quien habíamos conocido y tratado en España, se complacía en invitarnos a compartir su mesa o a pasar en su jardín agradables veladas.

Nora regresó de Cuba a la URSS pasado un tiempo y su magnífico *curriculum vitae* no fue obstáculo para que la detuvieran. Salió en libertad en 1956, después de que en el XX Congreso del PCUS Jruschov denunció las consecuencias del culto a la personalidad de Stalin. Se reconoció la injusticia cometida y Nora fue rehabilitada con todos los pronunciamientos favorables, pero ¿quién pudo indemnizar sus sufrimientos de comunista, de mujer y de madre?

Un bombardeo enemigo en Sierra Pandols

Sofía. No recuerdo su nombre en ruso, ni su apellido. Por lo demás, no hace falta. Era una intérprete del consejero militar soviético que trabajó un tiempo con el jefe y el Estado Mayor de la C Brigada de la 11 División. La menciono no tanto por haber mantenido una relación directa con ella, sino por su abnegación y su heroico comportamiento.

Sofía frisaba los treinta años. De aspecto más bien rústico, era una mujer culta, creo que ingeniero. Pendiente siempre de todo cuanto ocurriese en derredor, mostraba un desvelo constante por coadyuvar no sólo a la labor de su jefe, sino a la del mando de la brigada y a la del comisario político. Su abnegación y su heroísmo llegaron al más alto grado en la batalla de Brunete, cuando la contraofensiva de las tropas de Franco nos arrebató de nuevo la plaza, el 25 de julio de 1937. Si mal no recuerdo, fue allí donde cayó prisionera, sellando con su cautiverio, que duró años, una ejecutoria ejemplar.

Lidia se comportó como una heroína en la batalla de Teruel, continuando después su trayectoria hasta el final de la contienda.

Simona Beliakova. Militante de la Juventud Comunista (Komsomol), era la intérprete del coronel Chaikin, consejero de la 11 División en el frente de Aragón y, concretamente, durante la batalla de Teruel.

Licenciada en filosofía y letras, la joven Simona era todo entusiasmo y ardor por el trabajo. Recuerdo como si fuese hoy su comportamiento ejemplar en aquellos días de diciembre de 1937, en la batalla de Teruel, con 20-22 grados bajo cero de temperatura, cuando en el puesto de mando avanzado, en el alto de las Celadas, el viento helado y la nieve cortaban su rostro fino, blanco como la espuma. Lejos de manifestar incomodidad, preocupación o cansancio, soportaba las inclemencias del tiempo y la dureza de la lucha con verdadero estoicismo, siempre dispuesta a aportar su esfuerzo incluso en lo que no le concerniese como misión. Era evidente que, como todos los soviéticos que vinieron a España, Simona había abrazado nuestra lucha como su propia causa.

Entre los soviéticos que lucharon en España, quiero recordar, finalmente, a un hombre especializado en la labor política en el ejército. Nosotros lo conocíamos con el nombre de *Pirpis* y en la URSS se llamaba Iván Nesterenko. Actuaba muy discretamente como consejero del Comisariado General. Lo vi en escasas ocasiones y, si la memoria no me es infiel, sólo conversé con él extensamente una vez, en el frente de Aragón, concretamente en Azaila, con motivo de una reunión de los comisarios de aquel frente. Pero he de resaltar el profundo impacto que me produjo por su correcta concepción del trabajo político en el ejército y por su clara comprensión de las características del mismo en las circunstancias concretas de España. Para él saltaban a la vista las peculiaridades del Ejército Popular Republicano y las diferencias con el ejército de su patria socialista. Me impresionaron, asimismo, su espíritu crítico y su capacidad de reflexión en torno a lo que la labor política del comisario comportaba.

Al término de nuestra guerra regresó a su patria, donde también fue víctima de la represión hasta el XX Congreso del Partido Comunista de la Unión Soviética (1956), en que fue liberado y rehabilitado como general. De todo esto me informó el también ex comisario Virgilio Llanos cuando lo encontré en Moscú, la primera vez que visité la URSS, en 1956.

Al cabo de veintitrés años, encontré de nuevo a Nesterenko en Praga. Grande fue nuestra alegría al abrazarnos y, aunque discrepábamos en torno a algunos problemas políticos de los últimos decenios, hablamos largo tiempo en un ambiente distendido y cordial. Ni siquiera mencionó sus años difíciles y se comportó en la conversación como si su vida hubiera seguido un curso normal. Tampoco a mí se me deslizó la menor alusión a tan doloroso periodo. Pensé, sin embargo, que el hecho de que aquel hombre, después de tantos sufrimientos, no hubiese perdido la fe en la causa denotaba que el ideal del comunismo era más fuerte que los efectos —por terribles que fuesen— de una deformación o de una degradación política. Quizá porque éstas, con ser muy deplorables o condenables, son históricamente circunstanciales, mientras que el ideal seguirá expandiéndose y se plasmará a nivel universal en un futuro no lejano.

Capítulo 9

BREVE HISTORIAL
DE LOS BRIGADISTAS POLACOS
XIII BRIGADA INTERNACIONAL DOMBROWSKI

Acudieron a España tras la dolorosa experiencia de un régimen polaco impopular que se debatía entre dos negaciones: la antisoviética y la antigermana, pero con una fuerte inspiracion reaccionaria y profascista que pronto le condenaría a ser víctima propiciatoria del expansionismo hitleriano y terreno abonado para la Segunda Guerra Mundial.

Vinieron de los más diversos confines, del interior y de la emigración, repartida por el mundo entero. Venciendo penurias, persecuciones, torturas y encarcelamientos durante largos meses, para constituirse en *Voluntarios de la Libertad* y batirse luego a vida o muerte contra el fascismo en los campos de batalla de España. Junto a la juventud democrática y revolucionaria mundial, que presagiaba la aurora de una nueva época, llenando de luz los corazones con su entrañable presencia, abriendo un surco imborrable en el duro quehacer de la fraternidad humana. En la severa escuela de los campos de batalla, a través de sus alentadoras y dolorosas enseñanzas, se forjó la unidad de acción de muchos antifascistas europeos.

En defensa de la República española se manifestaban todas las fuerzas democráticas de Polonia: comunistas, socialistas, demócratas agrarios de izquierda, así como algunos círculos conservadores, liberales y católicos, que veían en la agresión fascista una amenaza para su propio país. Y los sindicatos de todas las tendencias.

Miles y miles se ofrecieron como voluntarios para ayudar a los demócratas españoles. Sólo una pequeña parte logró salir ilegalmente del país para, a través de Checoslovaquia, Austria, Suiza y Francia —siguiendo una ruta ilegal de increíbles dificultades—, llegar a España. Desde el interior lo consiguieron unos ochocientos. La mayoría de los cinco mil Voluntarios Polacos de la Libertad procedían de la emigración residente en Francia, Bélgica, Estados Unidos, Canadá, Sudamérica y otros países. Eran metalúrgicos, mineros, estudiantes, campesinos, intelectuales; comunistas, socialistas, de otras filiaciones y sin partido; católicos, ortodoxos, hebreos, laicos, agnósticos, ateos...

Los primeros grupos llegaron desde Francia en agosto de 1936 y tomaron parte en la defensa de Irún y en el frente de Aragón (centuria Thaelmann, compañía de ametralladoras Dombrowski).

Ya en octubre de 1936 en Albacete —base de las Brigadas Internacionales—, el Batallón Dombrowski (comandante S. Ulanowski) con 750 hombres; un escuadrón de caballería; la Compañía Adan Mickevicz; unidades artilleras y médicas sanitarias (con fuerte presencia femenina) y otras formaciones. Orientador y responsable político de todas ellas era el destacado revolucionario polaco Gustav Rajcher (Rwal). En junio de 1937 se forma la XIII Brigada Internacional Dombrowski (comandante Fernando Gerasi, español; comisario político S. Matuczack, polaco) con voluntarios polacos y un número creciente de combatientes españoles; hay también ucranianos, bielorrusos. La preside un alto espíritu de amistad, compañerismo y cohesión indisoluble.

Los antifascistas polacos figuran además en muchas otras unidades. Wacek Komar, por ejemplo, manda en 1938 la recién organizada CXXIX Brigada Internacional; jefe de operaciones de la misma es el capitán Michal Bron (Misza Bronstein).

Nuestros voluntarios polacos de la libertad participaron en casi todas las operaciones militares de importancia: en la defensa de Madrid (Ciudad Universitaria, Casa de Campo, Casa de Velázquez, Humera, Aravaca, Boadilla del Monte, Almadrones, Teruel —primera ofensiva—, Jarama, Guadalajara, Pozoblanco, Huesca, Brunete, Fuentes de Ebro, Extremadura, Aragón, Lérida y, finalmente, el Ebro). En esta última batalla, mandados por el mayor Boleslaw Molojec (Edward), cuyo jefe de Estado Mayor era el capitán Henryk Torunczyk y su comisario, el notable poeta hispanocubano Lorenzo Varela, elevaron a cotas inolvidables su abnegación y heroísmo, mereciendo ser condecorados con la medalla del valor (individual y colectiva) y ser propuestos para la laureada de Madrid. Formaban entonces parte de la 35 División Internacional (Brigadas Internacionales XI Thaelmann, XIII Dombrowski y XV Lincoln). Como señalan algunos protagonistas en sus memorias (Modesto, Tagüeña, Mateo Merino y otros), durante la batalla del Ebro estos hombres repelieron sucesivos ataques devastadores a las posiciones republicanas y bombardeos aeroartilleros de muchas horas, con una densidad de medios destructivos (400/500 piezas de artillería y morteros sobre 1 kilómetro de frente; hasta 250 vuelos de avión por jornada y 100 carros de combate en una misma acción) que jamás había conocido la historia de las guerras, dando ejemplos inmortales de valentía, abnegación y firmeza en el cumplimiento de sus misiones durante los casi cuatro meses que duró la sangrienta batalla, como antes lo habían hecho en tantas otras operaciones, a costa de inmensos sacrificios y elevadas pérdidas humanas.

Así eran las jornadas de combate de los Voluntarios de la libertad enfrentándose a los hitlerianos de la Legión Cóndor, el Cuerpo Expedicionario italiano, a los mercenarios del Tercio, a los marroquíes de las tropas coloniales, como fuerzas de vanguardia de los militares fascistas sublevados contra la República democrática, el régimen legalmente constituido.

Durante su difícil lucha en España siempre mantuvieron estrecho contacto con su pueblo, remarcándolo sin cesar: «Todos y cada uno de nosotros debemos recordar siempre que la causa de España es la causa de Polonia». Y siempre sostuvieron excelentes relaciones de afecto, amistad y respeto con la población española en el terreno social, cultural, de ayuda médica sanitaria y abastecimientos, especialmente en cuanto se refiere a los niños, disfrutando por doquier de la más calurosa admiración, gratitud y simpatía.

El 23 de septiembre de 1938, en plena batalla del Ebro, el Gobierno republicano ordenó la retirada de los voluntarios extranjeros. Al despedirse en Barcelona, durante un acto impresionante, presidido por las autoridades republicanas y Dolores Ibárruri, los voluntarios polacos de la libertad —junto a sus camaradas de otras nacionalidades— prometieron, cualquiera que fuera su suerte, ser siempre y en todas partes fieles amigos del pueblo español y de su justa causa.

Pues bien, el Gobierno profascista de Polonia les privó de ciudadanía y prohibió su entrada en el país. La mayor parte de los estados europeos les negaron el derecho de asilo; sólo Francia y Bélgica lo respetaron parcialmente.

Un 9 de febrero cruzaban la frontera francesa unos mil voluntarios polacos de la libertad. Varios centenares de heridos y enfermos habían sido evacuados con anterioridad a la URSS, Francia, Bélgica y otros países. De aquellos cinco mil, unos tres mil doscientos quedaban para siempre en tierra española: habían entregado su vida en la lucha por los ideales de libertad y democracia, «por vuestra libertad y por la nuestra».

Estos hombres vivieron luego la terrible prueba de los campos de concentración franceses. Y fueron a su vez los iniciadores y organizadores de la resistencia al nazismo y de los destacamentos guerrilleros en varios países europeos. Muchos volvieron clandestinamente a la patria, ocupada por las tropas hitlerianas, y organizaron la Guardia Popular y el Ejército del Pueblo. Allí y en los campos de muerte nazis perecerían buena parte de ellos. Más de cien murieron en el frente germano-soviético durante los años 1941-1942. Los supervivientes participaron en la reconstitución de las

Fuerzas Armadas Polacas y en la liberación de Polonia al mando del general Karol Swierczewski (Walter) —otro veterano de la guerra de España— con el 2.º Ejército. Y desde la nueva Polonia, durante cuarenta años prestaron una ayuda inapreciable a nuestros presos del franquismo, a los exiliados políticos españoles que luchaban en la clandestinidad por recobrar la libertad y la democracia de nuestra patria en las duras condiciones de la dictadura franquista. Y ya en sus inicios sintieron como propios los avatares de la naciente democracia posfranquista.

A estos hombres octogenarios —*ciudadanos de honor* de la República, o sea, de la democracia española— las nuevas autoridades polacas han tratado de privarles, recientemente, de su condición de veteranos de la guerra contra el fascismo y de la modesta pensión que tienen asignada. Y ahora quieren aplicarles la ley fascista de la *responsabilidad colectiva* indiscriminada —sin acusarles de actos delictivos concretos—, atropellando los derechos humanos más elementales.

Señalaremos que en el programa del partido gobernante entre 1991 y 1995 figura un punto por el que se exige la confiscación de los bienes personales de los antiguos afiliados al Partido Obrero Unificado de Polonia (POUP), así como que se les prive de derechos políticos durante diez años.

Ello se ha podido evitar hasta ahora gracias, en parte, a la acción solidaria de la sociedad española. Continuemos esa entrañable y justa labor, ofreciéndoles nuestra constante solidaridad y apoyo. No olvidemos a quienes a lo largo de toda su vida han entregado a la lucha por la libertad y la democracia, la nuestra y la suya, lo mejor que tenían.

De los cinco mil que llegaron a España quedan actualmente muy pocos vivos, en edades muy avanzadas y con una salud precaria, aunque altísima moral y excelente disposición de ánimo.

Notas sobre el general Walter (Swierczewski)

Las batallas más importantes de la guerra de España (1936-1939) en las que participó el general polaco Walter fueron las del Jarama y Brunete, frente de Madrid; la de Belchite, frente de Aragón, así como las de Teruel y la retirada de Aragón.

La batalla del Jarama se desarrolló a mediados de febrero de 1937, se inició el 6 y acabó el 26-27. Durante dicha batalla el general Walter mandaba la División A (que era parte de una agrupación militar compuesta de tres divisiones, A, B y C. La División A estaba integrada por las brigadas V (española) y la XII y la XIV Brigadas Internacionales, constituidas éstas, en su mayoría, por italianos y franceses. Yo fui el co-

misario político de la División C, cuyo jefe militar era Enrique Líster. El territorio en que se libró la batalla, cercano al río Jarama, está también cerca de Morata de Tajuña y Arganda.

La batalla de Brunete tuvo lugar del 6 al 20 de julio de 1937, en torno al pueblo del mismo nombre. En ella, por parte republicana, participaron tres cuerpos de ejército, con tres divisiones cada uno. El general Walter mandaba la 35 División del V Cuerpo de Ejército, compuesto por las brigadas XI (internacional, la mayoría alemanes) y la CII y la XXXVIII.

Yo era comisario de la 11 División (también del V Cuerpo de Ejército), cuyo jefe militar era el comandante Enrique Líster, que fue (la 11 División) la que tomó Brunete.

La batalla de Belchite (Aragón), provincia de Zaragoza, se libró en los últimos días de agosto, primeros de septiembre de 1937, en torno sobre todo a dicha villa hasta conquistarla. En dicha batalla el general Walter mandaba la 35 División, que formaba parte del V Cuerpo del Ejército y que estaba compuesta por la XXXII Brigada mandada por Toral (que fue la que tomó Belchite) y la XV Brigada Internacional (integrada en su mayoría por anglosajones).

La batalla por la conquista de Teruel y su defensa posterior se libró desde el 15 de diciembre hasta fines de febrero de 1938. El general Walter participó en ella en su segunda fase. Seguía mandando entonces la 35 División, compuesta en esta ocasión por dos brigadas, la XI y la XV internacionales. Dicha unidad libró duros combates en el llamado cerro Muletón (mes de enero de 1938).

El que suscribe seguía siendo comisario entonces de la 11 División, cuyas características ya quedan reseñadas, que fue la que puso sitio y tomó la ciudad de Teruel. La 35 División, mandada por el general Walter, en esta ocasión integrada por las Brigadas Internacionales XI, XV y XIII, constituida esta última también por dombrowskianos, libró asimismo muchos combates cuando se hundió el frente de Aragón (marzo-abril de 1938), se perdió Belchite, Alcañiz, Caspe, etc., llegando las tropas de Franco al Mediterráneo el 15 de abril, cortando en dos el territorio republicano.

La batalla del Ebro se libró del 25 de julio a mediados de noviembre de 1938. La retirada de los internacionales del frente tuvo lugar los días 12-13 de octubre de dicho año. Pero el general Walter ya no estaba entonces en España. Fue relevado del mando de la 35 División el 6 de mayo de 1938, saliendo seguidamente de España para la URSS.

Batallón Dombrowski, 1937

ANEXO

Pedro Mateo Merino
Carta abierta al Excmo. Sr. Embajador de la República de Polonia en España
(Diciembre, 1990)

Con inmenso estupor y suma extrañeza hemos conocido la información (*El País*, 30-XI-1990) sobre el sorprendente acuerdo de la actual Dieta polaca, privando a los excombatientes de la XIII Brigada Internacional Dombrowski de su condición de veteranos de la guerra contra el fascismo, basándose en circunstancias y afirmaciones que no están en consonancia con la verdad histórica y los hechos que la integran.

Ante todo, es insostenible y absurdo responsabilizar del comportamiento de elementos incontrolados en las primeras semanas de nuestra guerra a quienes ni siquiera se hallaban entonces físicamente en territorio español. A quienes acudieron en un vigoroso estallido de amplia solidaridad democrática internacional con los republicanos españoles en defensa de los derechos y libertades de nuestro pueblo frente a la agresión fascista de dentro y de fuera, contra aquellas mismas fuerzas que tres años más tarde arrasarían Polonia para imponer su dominio imperialista y su bárbara ideología de la forma más descarnada y cruel. Ellos hicieron popular en España el famoso lema polaco *Por vuestra libertad y la nuestra*.

Como defensores de las libertades y derechos democráticos de nuestro pueblo, queremos recordar a V. E. y a los señores diputados de la Dieta polaca que los interbrigadistas polacos de la XIII Brigada Internacional Dombrowski durante toda la guerra contra el fascismo en tierras de España (1936-1939) se distinguieron por su buena organización, disciplina ejemplar, abnegación, heroísmo y combatividad y, muy especialmente, por su respeto a todas las creencias, afecto y cordialidad hacia la población civil, sobre todo a los niños, facilitándoles ayuda médica sanitaria, medicamentos, alimentos, a través de sus servicios militares correspondientes, incluyendo los culturales, y dejando por doquier una profunda huella de humanismo, amistad y admirable solidaridad (merecedores de la más imperecedera gratitud) entre las primeras víctimas de la agresión fascista.

La XIII Brigada Internacional Dombrowski —en la que había antifascistas de las más diversas tendencias políticas y religiosas, y de muy distinta procedencia social— fue condecorada con el distintivo del valor en la batalla del Ebro «por su ejemplar actividad combativa», así como muchos de sus combatientes polacos individualmente, y muchos fueron ascendidos por méritos de guerra. Dicha gran unidad perdió en la batalla a un tercio de sus efectivos y el 42 por 100 de sus tropas de combate, cumpliendo siempre ejemplarmente las misiones operativas del mando republicano. Sobre ella han escrito los mejores poetas de la España democrática. Despojar a los excombatientes polacos de esta gran unidad de su condición de veteranos de guerra contra el fascismo (Segunda Guerra Mundial) nos parece una increíble injusticia histórica por encima de toda razón.

Asimismo, constituye un atropello de los derechos humanos privar de sus pensiones de guerra a ciudadanos octogenarios, falseando intencionadamente los hechos por consideraciones ajenas a la objetividad histórica, jurídica y democrática.

No podemos dejar de señalar que los interbrigadistas polacos son *ciudadanos de honor de la democracia española,* honroso título que les fue conferido en 1938 por el Gobierno legítimo —internacionalmente reconocido y democráticamente elegido— de la República española.

Lamentamos la falta de información del grupo parlamentario de Solidaridad con respecto a quienes merecieron la condición de héroes y cuya actitud solidaria, digna y honrosa debe ser motivo de orgullo para el hermano pueblo polaco.

Rogamos a V. E. que haga llegar esta *carta abierta* a la Presidencia de la Dieta polaca, así como al mencionado grupo parlamentario, en la seguridad de que sabrán valorar las vivencias de quienes hemos compartido con los admirables interbrigadistas polacos las jornadas más estremecedoras de nuestra ya larga y nada fácil existencia.

Respetuosamente, y como expresión de gratitud a todo el pueblo polaco, que supo educar a hijos tan abnegados y ejemplares[1].

---

[1] Pedro Mateo Merino, teniente coronel del Ejército Popular de la República española, ex comandante de la 35 División (brigadas II, XI, XIII y XV).

Capítulo 10

EN MEMORIA DE LOS SUIZOS CAÍDOS EN 1936-1939 POR LA ESPAÑA REPUBLICANA[1]

En el año 1936 la crisis económica mundial pesaba aún más sobre la población trabajadora de Suiza. Los largos años de paro les oprimían y les producían una gran inseguridad, aunque también les movía a meditar sobre las causas de sus carencias. Además la victoria del fascismo en Italia, del nacionalsocialismo en Alemania y del clerico-fascismo en Austria ponían en peligro la independencia y la existencia de Suiza. Entre los países vecinos solamente el pueblo francés reaccionaba con éxito ante la llegada del fascismo.

En Suiza aparecieron numerosos «movimientos renovadores» que luchaban contra la asimilación al vecino fascista. Las clases gobernantes intentaban dominar y reprimir el movimiento obrero. El Senado alemán se encontraba bajo la influencia de Giuseppe Motta, cuya simpatía por la Italia fascista y por los regímenes autoritarios era evidente.

La clase obrera no estaba representada en el Senado, aunque el partido socialdemócrata y los sindicatos podían ganarse aproximadamente un cuarto del electorado. El Partido Comunista se encontraba en un estado precario y tenía algún peso en la ciudades de Basilea y Zurich y en los cantones romanos de Ginebra, Neuchâtel y Vaud.

La victoria del Frente Popular en las elecciones de febrero de 1936 sorprendió a to-

[1] Publicado por la Comunidad de Antiguos Combatientes Suizos por España, Postfach 323, 8040 Zurich, con motivo del Cuarto Congreso Suizo del 2 y el 3 de octubre de 1976 en la Casa del Pueblo de Zurich.

dos los antifascistas; el alzamiento de los generales fascistas en julio llevó a éstos a la sublevación. Cuando fue evidente que no se trataba de un golpe de Estado pasajero, sino de una guerra civil duradera, se creó en Suiza un amplio movimiento de solidaridad por la República Española amenazada. Se organizaron manifestaciones comunes entre los dos partidos obreros exhortando a la protesta y a la solidaridad. Se recolectaron víveres, dinero, ropa y medicamentos y se organizaron círculos de trabajo. Estas acciones de ayuda fueron coordinadas y dirigidas por la Centrale Sanitaire Suisse (Central Sanitaria Suiza), Rote Hilfe (ayuda roja), Arbeiter-Hilfswerk y Kinderhilfswerk (organizaciones de ayuda a los trabajadores y a los niños).

Algunas horas justo después de la noticia sobre el alzamiento de los generales contra el Gobierno legal, elegido democráticamente, los primeros voluntarios suizos partieron, empuñando las armas, para luchar en España por la defensa de la democracia. Se trata de defender la democracia allí donde se encontraba amenazada. La República Española estaba destinada a convertirse en la siguiente víctima de la conjuración mundial del fascismo. Los que combatían luchando allí, también luchaban contra la amenaza que pesaba sobre la libertad y la independencia de su patria.

El consejo federal reaccionó rápidamente contra estos movimientos de solidaridad; publicó dos decretos que prohibían la exportación de armas, municiones y material de guerra hacia España; igualmente prohibían salir hacia España para participar en las hostilidades, fomentar y facilitar tales iniciativas. Se luchó violentamente contra estos decretos sin ningún tipo de éxito. Los procesos iniciados por los voluntarios y los llamados enrolados comenzaron ya en otoño de 1936 y no terminaron hasta el principio de la Segunda Guerra Mundial en el verano de 1939.

Es difícil determinar exactamente el número de suizos que partieron en combate hacia España por la República. Puede que la cifra de setecientos se aproxime a la realidad. Los suizos no combatieron en el seno de una unidad determinada en las Brigadas Internacionales, según la lengua que hablasen se incorporaron en los batallones franceses, italianos o alemanes.

Unos ochenta suizos formaban parte del batallón internacional Tschapáiew que dirigía el zuriqués Otto Brunner. Los suizos procedentes de ultramar estaban al servicio de la 15.ª brigada internacional con los americanos y los ingleses. Había también suizos en las unidades españolas, en las milicias y con los guerrilleros en la retaguardia fascista. Un gran número de combatientes suizos en España eran comunistas o socialistas, pero más de la mitad no pertenecían a ningún partido político. Lo que les unía eran sus convicciones antifascistas.

Estaban representadas todas las edades, entre los dieciséis y los cincuenta años; de todas formas, la mayor parte estaban entre los veinte y los treinta años. Igualmente,

Otto Brunner, comandante del Batallón Tschapáiew

la procedencia social no era uniforme: comerciantes, intelectuales y estudiantes batallaban junto a los trabajadores. Muchos combatieron valerosamente y fueron condecorados como suboficiales y oficiales. Algunos suizos fueron grupos dirigentes, comisarios de guerra; dos estuvieron incluso a la cabeza de un batallón.

Muchos de ellos pagaron con su vida por el compromiso con la República del Frente Popular, muchos otros desaparecieron. Todos los que volvieron a Suiza comparecieron ante los tribunales; excepto en Holanda, en ningún otro Estado democrático se ha juzgado tan severamente a los voluntarios como en Suiza. Los que no manifestaron ningún tipo de arrepentimiento y eran sospechosos aún por pertenecer a un movimiento comunista perdieron además sus derechos civiles durante un periodo de cinco años.

En enero de 1939, Bélgica y Dinamarca declararon una amnistía para los combatientes que volvieron de España. A pesar de la enorme campaña que tuvo una gran repercusión entre la población, el congreso nacional suizo rehusó declarar la amnistía el 2 de febrero de 1939 por 92 votos contra 71. Esta decisión reflejaba bien la actitud de la Suiza oficial. En febrero de 1937 el consejero federal Motta ya había reconocido tácitamente a Franco y a sus generales los mismos derechos diplomáticos que a los representantes del Gobierno español oficial. Ya el 13 de febrero de 1939, antes de la caída de Madrid, Suiza fue el primer Estado democrático que reconocía bajo juramento el Gobierno de los generales sublevados.

Se ha erigido en Lucerna un león como monumento en memoria de los soldados suizos que defendieron en 1792 en las Tullerías al rey de Francia contra el pueblo indigente que provocó una revuelta. Los voluntarios suizos que volaron en auxilio del pueblo español para la lucha contra los generales impostores fueron puestos ante los tribunales y sufrieron el encerramiento en prisión y la pérdida de sus derechos cívicos. Permanecieron proscritos, y se les consideró «rojos», aventureros y mercenarios; tuvieron problemas para encontrar trabajo, algunos fueron obligados a tener una profesión independiente. La película de Richard Dindo *Los suizos en la Guerra Civil Española* tuvo una gran repercusión que ha demostrado que la simpatía y la solidaridad por los combatientes en España siguen vivas en el corazón del pueblo suizo.

La dictadura de Franco privó al pueblo español durante decenios de la justicia y la libertad, pero no llegó a extinguir su lucha por la justicia y la libertad. Después de cuarenta años del alzamiento fascista y contrarrevolucionario sería necesario recordar esta frase que podía leerse en la Bund (federación) de Berna con motivo de la campaña por amnistía de los antiguos combatientes en España: «No se puede dar una prueba más convincente de una postura seria ante los propios ideales con todo lo que se está dispuesto a hacer y además por arriesgar probablemente la vida por ello. Han dado prueba de ello los combatientes en España y merecen de justicia todo nuestro respeto, aparte de que se compartan o no sus convicciones».

Honramos la memoria de los suizos caídos en España por la libertad y la soberanía popular.

La Patria ayuda

En toda la población suiza se produjo un amplio movimiento de ayuda por la República Española. La Arbeiterhilfswerk (organización de ayuda a los trabajadores) suiza recolectó mantas de lana, ropa, dinero y víveres. Se crearon círculos de costura y de trabajo en los que, aparte de tejer y coser, se prestó un importante servicio educativo a través de conferencias dadas por científicos, médicos y escritores sobre temas específicos de la mujer. En el cantón de Berna los escolares realizaron una colecta de dinero, productos alimenticios duraderos y ropa, los cuales proporcionaron en torno a los ciento setenta mil francos. El trabajo de ayuda realizado por la incansable madre de los refugiados, Regine Kaegi-Fuchsmann proporcionó durante los tres penosos años de guerra civil y también después para los refugiados españoles un total de 325.000 francos. En España se crearon hogares infantiles. El transporte y la repartición de los productos y la evacuación de los niños refugiados fue emprendida por la Ayuda Suiza, emparentada con el Service Civique International bajo iniciativa de Rodolfo Olgiati. La Centrale Sanitaire Suisse prestó ayuda médica de todo tipo y aportó 120.000 francos, además de la recolección de bienes materiales. La Asociación de Amigos de la España Republicana (Vereinigung der Freunde des Republikanischen Spaniens) dio conferencias y llevó a cabo actos informativos sobre España; y reunió con las entradas y los padrinazgos más de noventa y tres mil francos. También se sumaron a la gran empresa la Samariter Hilfe (Ayuda Voluntaria) y la Rote Hilfe (Ayuda Roja). Estos grupos de ayuda colaboraron con el grupo de trabajo por los niños españoles. Se produjo por todo nuestro país un movimiento de solidaridad único hacia un pueblo español necesitado.

El fuego en el frente

Lucharon en total unos treinta y cinco mil extranjeros de unos cincuenta países en las Brigadas Internacionales. La tarea más importante se realizó en la defensa de Madrid, cuando los rebeldes estaban a punto de tomar la capital. Al mismo tiempo intervino la Rusia soviética enviando armas y unos dos mil consejeros.

El 8 de noviembre de 1936 las Brigadas Internacionales quisieron ayudar con todo su entusiasmo a la capital amenazada, pero también querían enseñar mediante el ejemplo a las inexpertas milicias españolas. Las milicias españolas, sobre todo las anarquistas, hasta entonces se habían esforzado en parecer lo menos militarizadas que les fuera posible. El periodista inglés Geoffrey Cox definió de una manera impresionante la nueva imagen militar que irrumpió en el panorama español:

«En la calle y en dirección al Ministerio de Guerra avanzaba una larga columna de hombres desfilando. Llevaban uniformes de pana de color caqui, unas finas gorras marrones tipo "Glengarry" parecidas a las del cuerpo de militares británicos. Marchaban en resplandeciente formación. El tac-tac de sus botas resonaba al unísono perfecto. Llevaban sobre los hombros unos vistosos rifles modernos. (...) Algunos eran jóvenes, otros se comportaban como soldados entrenados y con experiencia. Todas las unidades tenían sus oficiales y cada una llevaba sables y revólveres. Seguía detrás un pequeño acompañamiento de camiones repletos de ametralladoras y otros utensilios.»

Estos emigrantes italianos y alemanes de París, Praga y Zurich o trabajadores de países democráticos como Suiza irrumpieron en España para proporcionar una ayuda activa con las armas en la mano. La población española recibió generalmente a los combatientes extranjeros con un júbilo frenético.

Los suizos no organizaron ninguna unidad nacional cerrada, a diferencia de los alemanes, los italianos y los franceses. Pero sí que tuvo mucho peso la agrupación en torno a Otto Brunner. Esta unidad tenía el nombre de «Wilhelm Tell» (Guillermo Tell) para destacar, según la interpretación comunista de la revolución española, la analogía del movimiento de liberación suizo con la lucha de los españoles contra la intervención fascista. Aunque se temía que se pudieran producir efectos políticos negativos en Suiza en el caso de que se produjeran pérdidas humanas graves.

El país condena

Las autoridades suizas no contuvieron las oleadas de solidaridad por España. El Consejo Federal se ocupó de mantener la neutralidad suiza, que no obstante es válida para el Estado pero no para cada ciudadano individualmente. Se opusieron sobre todo a la salida de los suizos que querían defender al pueblo español mediante las armas. Por orden de la Fiscalía Federal se colocaron policías, sobre todo en las estaciones de ferrocarril, para evitar las salidas. De todas formas, sólo algunos pocos «viajeros para España» debieron ser retenidos.

El Consejo Federal prohibió entonces, el 14 de agosto de 1936 (además de la prohibición de exportación de armas) la participación en las hostilidades en España. Esta prohibición provocó una fuerte oposición entre los partidos de izquierdas. El Comité Suizo para la Libertad, asociación abierta e imparcial de diferentes personalidades de la vida cultural desde 1935, escribió una petición al Consejo Federal en la que se decía que la orden estaba en contradicción con las costumbres y las tradiciones suizas. Nunca el Consejo había negado a ningún suizo actuar según su conciencia.

La prohibición del Consejo, no obstante, avivó en Suiza el movimiento de solidaridad por España. Se organizaron por todas partes reuniones con miles de participantes para protestar en contra de las medidas tomadas por el Consejo. Por otra parte, el Partido Liberal del cantón de Zurich manifestó que las reuniones por España constituían una «intromisión no autorizada en los asuntos de un país extranjero», la cual ponía en peligro la neutralidad suiza.

El Consejo quería que se contemplase su anterior determinación. Prohibió las colectas de dinero excepto para fines humanitarios y las controló exhaustivamente. Estableció penalizaciones fuertes por las infracciones y restringió en parte la libertad de asociación. Como consecuencia, dichas acciones de solidaridad fueron tachadas de «asociaciones en contra de la política exterior del Consejo Federal». A continuación completó el Gobierno (en el que no estaba representado la izquierda) una nueva vuelta de tuerca a la prohibición y el 3 de noviembre de 1936 concluyó las «medidas contra las actividades comunistas».

Las salidas ilegales de suizos hacia España continuaron, además de las acciones de ayuda. Consiguientemente se crearon desacuerdos en el seno de los órganos policiales y de los tribunales militares. El primer «viajero español» fue sentenciado ya en diciembre de 1936. Se había incorporado a las milicias anarquistas y se le condenó a seis meses de encarcelamiento y a dos años de pérdida de derechos civiles. Era uno de los ochenta combatientes suizos que viajaron apresuradamente para ayudar de una manera espontánea a España antes de la creación de las Brigadas Internacionales. En total lucharon unos seiscientos cincuenta voluntarios suizos en el frente republicano y apenas cuarenta en las tropas rebeldes franquistas. Hasta 1939 fueron condenados por la ley 375 combatientes.

La misión continúa

Todavía después de la Guerra Civil, los partidos de la izquierda organizaron con el apoyo de algunos grupos ciudadanos una petición de amnistía para los combatientes en España en las juntas de la Confederación Helvética. Sin embargo fue rechazada: 93 contra 71 votos en el Consejo nacional y 28 contra 3 en el Consejo de los Estados.

A principios de 1939, los que habían vuelto de España transformaron la Organización de Antiguos Voluntarios en España en una organización de ayuda para ellos mismos. Tenía el propósito de clarificar la verdadera naturaleza de la dictadura de Franco a la opinión pública y «extender la solidaridad y la amistad hacia la España Republicana entre el pueblo suizo». Y se continuó aportando una ayuda humanitaria para los refugiados españoles posteriores a la victoria de Franco. Más adelante se comprometieron en otros asuntos del mundo mediante el apoyo moral y material. Aunque quisieron componer su propia historia y decidieron recoger los «Documentos sobre la participación de los voluntarios suizos en España en la lucha de 1936-1939».

Además del ataque del Parlamento «contra las actividades anarquistas y comunistas en Suiza», también el Consejo Federal prohibió la Organización de Antiguos Voluntarios en el año 1940, cuando la Alemania nazi se situaba en el punto culminante de su poder. Después de la Segunda Guerra Mundial se volvió a crear la organización.

Uno de los principales puntos seguía siendo la consecución de la amnistía para los voluntarios en España que no se logró en 1939. Desde entonces se intentó conseguir la rehabilitación de los voluntarios, pues fueron puestos en prisión como delincuentes comunes. Pero ninguna de sus pretensiones se llevó a cabo con éxito.

La demostración de una intención de apertura honra la lucha valerosa de los voluntarios suizos en España contra el fascismo. Sigue siendo un deber histórico el valorar esta acción y los efectos retroactivos de la misma.

El Batallón Tschapáiew pertenecía a la 13.ª brigada. El último dirigente del batallón fue el suizo Otto Brunner. En Brunete fue gravemente herido. Después de la Batalla de Brunete, en la que combatieron muchos suizos, se disolvió el batallón, y después de las negociaciones se repartió entre las demás brigadas. Los germanohablantes fueron a la 11.ª brigada.

Lugares conmemorativos en Suiza

1. En el año 1976, con motivo de un gran congreso español en la Casa Popular de Zurich se colocó en la fachada del edificio una placa de bronce.

EN MEMORIA
DE LOS SUIZOS CAÍDOS
1936-1939
POR LA REPÚBLICA ESPAÑOLA

2. En el Mte. Ceneri (Ticino) hay un gran monumento de granito.

En honor a los antifascistas de Ticino
caídos en España

Se mostró en un acto conmemorativo del 7 al 2 de octubre de 1972.

3. En 1984 en una gran manifestación se descubrió una inscripción en la fachada de una casa en Biasca.

En honor a los voluntarios caídos en España
1936-1939

4. En el año 1986, algunas organizaciones españolas realizaron en Ginebra un homenaje en honor a los voluntarios suizos caídos entre 1936 y 1939. En uno de los edificios de la ciudad se descubrió un relieve en escayola.

En octubre de 1938 el Gobierno de España tomó la decisión de retirar a los voluntarios extranjeros de los frentes e invitarlos a volver a sus países de origen.

Debido a su formación profesional y militar, los voluntarios suizos se enrolaron como especialistas y por ello se encontraban en muchas unidades; a partir de finales de octubre muchos volvieron individualmente a Suiza.

En Calella esperaba un grupo de 61 hombres para el transporte de vuelta a Suiza. El consulado de Suiza en Barcelona se tomó mucho tiempo para tramitar la burocracia.

Finalmente, el 30 de diciembre de 1938 el grupo emprendió el viaje de vuelta.

En Calella hubo declaraciones dirigidas hacia la lucha por los mismos fines en Suiza, es decir, el combate contra el fascismo y el nacionalsocialismo.

A principios de enero de 1939 creamos en Zurich la Asociación de Antiguos Combatientes Suizos en España. Tuvimos que superar muchas dificultades. Fuimos condenados a fuertes penas por el tribunal militar y el civil por debilitamiento de las fuerzas militares. La mayoría fueron condenados al ingreso en la cárcel durante unos ocho meses y a privación de los derechos cívicos durante tres años. Además los empresarios nos incluyeron en las listas negras por ser antifascistas y no encontrábamos trabajo. La Suiza oficial era muy germanófila.

Cuando se declaró la movilización general como consecuencia del inicio de la Segunda Guerra Mundial en septiembre de 1939, quedó prohibida la Asociación de Antiguos Combatientes. Asimismo, los combatientes tuvieron que hacer el servicio militar.

Justo después de 1945, cuando acabó la guerra se volvió a permitir nuestra organización.

Calculamos que combatieron en el bando republicano en España unos ochocientos suizos, entre los cuales había unas quince mujeres.

Los primeros debieron tomar parte en los Juegos Olímpicos de Barcelona, los cuales se pusieron a disposición por iniciativa propia. Más adelante llegaron suizos de Francia, así como aquellos que ya tenían su residencia en España.

Directamente desde Suiza llegaron unos seiscientos cincuenta ciudadanos. Entre ciento setenta y doscientos cayeron en batalla o desaparecieron. Trece fueron encarcelados y hechos prisioneros en San Pedro de Cardeña.

STUDIENBIBLIOTHEKINFO
REVISTA DE LA BIBLIOTECA DE ESTUDIOS
Boletín de la Fundación Studienbibliothek
sobre la historia del movimiento obrero, Zurich.
7.º año, n.º 22, sept. 1994

Editorial

Los temas históricos y de actualidad que presentamos en esta revista son el producto de nuestro trabajo en el presente en la Biblioteca de Estudios. Continuamente estamos aceptando encargos que nos son confiados ahora y lo serán en el futuro para ponerlos en circulación. Presentamos libros que tratan sobre nuestros temas y anunciamos actividades que nos interesan a nosotros mismos y probablemente también a otros. Pero además de todo esto, queremos dejar claro nuestro punto de vista sobre las cuestiones políticas de la actualidad. Así, Jürg Frischknecht ha escrito para nosotros un texto comprometido en el que reivindica con agudeza la participación en las urnas el 25 de septiembre de 1994 para que venza el «sí» al artículo sobre el antirracismo. La importancia de esto lo muestra hoy en día una exposición en Singen a. Hohentwiel: «Caminos fronterizos: la resistencia en la frontera suiza 1933-1945». Aquella semana se pudo albergar a diez mil visitantes, entre los cuales se encontraban casi la mitad de los suizos que entonces se interesaron por la lucha antifascista y especialmente por la política de los refugiados en Suiza durante el nacionalsocialismo en aquella región fronteriza. Yo mismo tuve la experiencia de participar en una discusión (en el marco de la exposición) con escolares de dieciséis años después de la película *El barco está lleno* sobre cómo el relacionarse con la historia obliga a hacerse preguntas y comparar con la actual política de asilo, tanto en Alemania como en Suiza.

Además nos ocupamos de Italia no sólo como país turístico o porque el Partido Comunista de allí sea diferente al de cualquier otro lugar. Por desgracia no, aquí también parecen volverse a dar creencias del pasado o se forman otras nuevas. En octubre la Biblioteca de Estudios, junto con otras organizaciones, invita a la discusión sobre «Italia -¿puede el fascismo ponerse en marcha?» en la Fábrica Roja (Rote Fabrik).

Para terminar, una invitación cariñosa para nuestros lectores y nuestras lectoras: el 29 de septiembre presentamos con la editorial Limmat y la asociación Pinkus la segunda edición del libro *Amalie y Theo Pinkus-De Sassi: la vida en la resistencia*, durante mucho tiempo difamado. El libro se nos puede pedir desde ahora mismo.

Brigitte Walz-Richter

Biblioteca de Estudios. Voluntarios suizos en la Guerra Civil Española
Retrospectiva del homenaje a los combatientes suizos en España y de la
exposición: «Solidaridad: voluntarios suizos en la Guerra Civil Española».

Con el homenaje en el Ayuntamiento de Zurich del 23 de abril de 1994, los combatientes suizos en España han recibido inesperadamente una tardía satisfacción con los discursos simpáticos y comprometidos de Ruth Dreifuss, pero al mismo tiempo la diputada tuvo la experiencia de comprobar cómo su política sobre España se distanciaba de la del Gobierno suizo de entonces. Dijo:

> Sé que el Gobierno de entonces impidió la solidaridad del pueblo suizo. Justificó su postura con la neutralidad política. También sé que los combatientes suizos en España que volvieron tuvieron que cumplir condenas desproporcionadas. Y sé que siempre se les ha negado la amnistía. Podría ser que en el presente no sea posible tal amnistía. Yo no tengo ninguna duda de que actualmente están completamente reconocidos, política y moralmente, tanto ellos como su necesario compromiso histórico.

La política del Consejo Federal en relación a España fue uno de los temas de la serie de conferencias dadas en el Ayuntamiento en las que se pusieron de manifiesto, entre otras cosas, las relaciones personales del jefe del departamento de aquel entonces, Giuseppe Motta, con El Duce en Roma. Esta serie de conferencias, que también se ocupó de los problemas de la España actual, tuvo un público de unas 700 personas que mostraban su interés en las discusiones que surgían.

La exposición no tenía como tema principal la Guerra Civil Española sino sus consecuencias en Suiza. Giraba en torno al entusiasmo y la considerable oleada de simpatía que la valerosa resistencia del pueblo español contra el fascismo europeo había levantado entre la población suiza.

En contraposición a todo esto se encontraba el control que la policía federal tenía sobre las numerosas reuniones celebradas en torno a España, sobre las recaudaciones de dinero destinadas a España y el complicado procedimiento que la Fiscalía Federal imponía a los cerca de treinta distintos proyectos de ayuda. Todo ello no era conocido hasta estos momentos, ni tampoco lo era el encarcelamiento de todos los posibles voluntarios ni el hecho de que las llamadas de ayuda que dirigían desde la cárcel los prisioneros a sus familias no tuvieran ninguna respuesta al ser sus cartas comisadas por orden y deseo del Consejo Federal.

Estos hechos salieron por primera vez a la luz y atrajeron a las cerca de doce mil personas que visitaron la exposición hasta el final de la misma el 10 de junio. Era principalmente gente de edad que había vivido esos tiempos pero también acudió gente joven interesada en ese tema del que habían oído poco, un tema que forma parte de la historia de Suiza.

A pesar de la ejemplar movilización de los suizos y de algunas suizas contra la dictadura en España, Ruth Dreifuss sostiene:

> Sin embargo, la historia de las Brigadas Internacionales tiene también aspectos muy negativos, como la enemistad entre socialdemócratas, comunistas y anarquistas, que no cesó de existir en España a pesar de un mismo enemigo común. Stalin, quien en el verano de 1936 había hecho fusilar a Zinoviev y a otros quince revolucionarios tras un simulacro de proceso, buscó también durante la Guerra Civil Española la consolidación de su dictadura utilizando unos métodos de limpieza sanguinarios. De este modo debilitó la resistencia común de todos y el socialismo democrático. Es un hecho de la historia que no queremos silenciar. Los voluntarios que fueron a luchar a España no son culpables, son los hombres en el poder que estaban detrás de todo esto los que deben cargar con la responsabilidad.

En periódicos de línea conservadora aparecieron artículos y cartas de lectores que todavía en 1994 hacían alusión a estas disputas para juzgar a los combatientes de la guerra española en lugar de hacerse una nueva composición de lugar gracias a las nuevas fuentes de información a las que se había accedido. Como apoyo contaron incluso con informes sobre los voluntarios suizos en España elaborados por algunos investigadores que no tenían en cuenta el complicado entramaje de la Guerra Civil Española. También se simplifican burdamente todavía hoy en día los precedentes que hubo en Suiza. Deberían aclararse puntos como la postura de la socialdemocracia suiza durante la Guerra Civil Española o como la participación de comunistas suizos, cuyas acciones respondían en su mayor parte a decisiones personales y obedecían en cada caso a la necesidad de cada situación. La participación del movimiento comunista de Suiza no se agota sin más en una «solidaridad dirigida» con el pueblo español. Hans Anderfuhrer es un ejemplo de ello. Él fue mucho más allá que el Partido Comunista de Suiza. Dio numerosas conferencias y desarrolló una apreciable actividad a través de la organización de grupos ocupados con el tema de España entre otras iniciativas. Otto Brunner viajó a España en contra de la orden del partido y fue castigado debido a «una política aventurera». Muchos de los primeros voluntarios movilizados ya a comienzos de agosto de 1936 eran miembros del Partido Comunista de Suiza y lucharon en milicias no comunistas en contra del deseo del partido. No sin razón tenían fama los suizos entre los comunistas alemanes de Albacete y la 11.ª Brigada Internacional de ser unos indisciplinados y unos «protestones».

Por otro lado hubo desertores no sólo en las filas de los anarquistas, sino también entre los dirigentes comunistas que se retiraron del frente al darse cuenta de cómo se podía manipular su idealismo. Esto ya ocurría en las primeras semanas de la guerra y con más razón posteriormente.

De todas maneras, en un debate de este tipo siempre tienen cabida las opiniones provocativas. Lo importante es que a través de unos ciento treinta artículos de periódico, programas de radio y televisión, surja la discusión en torno a un capítulo no superado que también pertenece a la historia de Suiza y que con seguridad ha despertado la reflexión o las ganas de ocuparse del tema de España.

Pronto nos volveremos a ocupar de este debate a través de la publicación de la serie de conferencias que se dieron en el Ayuntamiento mientras duró la exposición. La Asociación de Antiguos Combatientes Suizos en España ha legado generosamente sus fondos a organizaciones humanitarias que ya existían durante la Guerra Civil Española: 7.000 francos a la Schweizerische Arbeiterhilfswerk (Ayuda suiza a los trabajadores) y 3.000 francos a la Centrale Sanitaire Suisse. Además ha enviado 2.000 francos a la Biblioteca de Estudios para la realización del mencionado proyecto de un libro. Por todo ello agradecemos de corazón a los veteranos voluntarios de España, así como a los que han colaborado a enriquecer la exposición con sus aportaciones. El agradecimiento se extiende también a las bibliotecas y archivos de toda Suiza, sobre todo al Archivo Social Suizo de Zurich, al Archivo Federal de Berna, a la Bibliothèque de la Ville en La Chaux-de-Fonds, a la rama suiza del Service Civil Internationale, a la Centrale Sanitaire Suisse y a la colección de carteles del Museo de Arte de Zurich y a todos los que han contribuido al buen desenlace de la exposición. Damos de nuevo las gracias a Ruth Dreifuss por haberse acercado a los combatientes de la guerra española y agradecemos a nuestro presidente, Sepp Estermann, que haya hecho posible todo este evento y al departamento de la Presidencia, a cargo del Dr. Nicolas Baerlocher por sus esfuerzos y su ayuda. Tampoco podemos olvidar a Bruno Kammerer, que ha proporcionado brillantez a la exposición con sus composiciones gráficas y a Kurt Gasser, que con su trabajo de licenciatura en 1971 sobre los voluntarios suizos en España ya había abierto el camino para este tema, como ya lo había hecho la película de Richard Dindo cuyo título es igualmente *Los voluntarios suizos en España*.

Contra el fascismo, el racismo,
el extremismo de derechas,
la xenofobia y el antisemitismo.

Capítulo 11

MÉDICOS Y ENFERMERAS EN LAS BRIGADAS INTERNACIONALES

Francesca Patai
Heroínas humanitarias antifascistas

Eran las cuatro de la tarde. Todas las madres se hallaban en el mercado comprando cosas para la cena y todos los niños acababan de salir de la escuela y compraban caramelos... y los cinco bombarderos italianos aparecieron y descargaron su poder destructivo sobre esas mujeres y esos niños. No podía soportar la vista de todas esas madres que buscaban a sus hijos por el mercado y de los restos de esos niños, esparcidos por todas partes. No se oyeron zumbidos. Los bombarderos llegaron con demasiada rapidez... Nosotros (el personal médico) nos quedamos. No olvidaré Lérida mientras viva... No debería permitirse que los niños no puedan comprar caramelos en la plaza del mercado sin que les lancen encima plomo... Cuando esto ocurre quiere decir que hay algo que no funciona... Tenemos que hacer algo...

Así describía Esther Silverstein en 1937 una tragedia de guerra que había presenciado en España, con ocasión de una colecta de fondos, en California, en junio de 1938, destinada al Medical Bureau to Aid Spanish Democracy (Oficina Médica de Ayuda a la Democracia Española).

La enfermera Silverstein (Blanc) era una de las aproximadamente setenta y cinco mujeres estadounidenses (la mayoría pertenecían a servicios médicos profesionales y unas cuantas eran asistentes sociales) que trataban de hacer algo. Arriesgando sus carreras y sus vidas y, sin el apoyo de su Gobierno, llegaron a España en respuesta a la petición de la República española en, 1936, de voluntarios para la defensa del Gobierno del Frente Popular, elegido democráticamente, contra el fascismo.

La tragedia de la guerra

La mayoría de los estadounidenses eran favorables a la República española, pero el Gobierno estadounidense prefería mostrarse prudente ante el clima sociopolítico imperante en los años treinta —la gran depresión en Estados Unidos y en buena parte de Europa y la competencia entre los movimientos comunista, socialista y fascista— y optó por la no intervención, estableció el embargo de armamento y se negó a prestar ayuda humanitaria. Con todo, más de cuarenta mil voluntarios de 53 países se unieron al pueblo español en su resistencia al golpe de Estado de julio de 1936 llevado a cabo por los autodenominados nacionales (ayudados por los ejércitos y la tecnología de sus aliados los dictadores fascistas Hitler, Mussolini y Salazar).

La mayoría de los españoles trataban de conservar las reformas sociales y políticas iniciadas en 1931: un reparto de las tierras más justo, separación de la Iglesia y del Estado, instrucción pública, derechos de los trabajadores, etc. Las mujeres españolas de todas las clases sociales comenzaron públicamente a reformar la sociedad, a redefinir su *status* y sus prioridades, alcanzando nuevos derechos personales y políticos —instrucción, igual salario a trabajo igual, actividad en las Cortes, obtención del divorcio, anticonceptivos, aborto. El proceso de emancipación conoció un ulterior desarrollo durante la Guerra Civil, cuando las mujeres combatieron masivamente por la República en el frente, en las fábricas, en la retaguardia.

La voluntaria estadounidense Fredericka Martin, enfermera jefa, observó que «la defensa que llevaban a cabo los españoles de su República era una guerra popular... (sus) esperanzas daban a los voluntarios su fuerza moral».

Se han escrito más de veinticinco mil libros sobre la Guerra Civil Española. Decenas de ellos permiten documentarnos sobre los dos mil ochocientos voluntarios estadounidenses del Batallón Abraham Lincoln, unidad de combate de la XV Brigada Internacional.

La mayoría ignora la participación de mujeres estadounidenses —aun cuando muchas de ellas participaron como voluntarias en varias de las más importantes luchas por la justicia social del siglo XX.

En realidad, el primer voluntario estadounidense en España fue ¡una mujer! En octubre de 1936 la enfermera y técnica de laboratorio Celia Greenspan (Seborer) se hallaba en Madrid por asuntos personales, ayudando al doctor Norman Bethune a organizar su innovador Servicio Canadiense de Transfusiones de Sangre y adiestrando a las mujeres españolas a utilizarlo. Tras esto, trabajó como voluntaria en el Hospital Universitario de Murcia. De noche se transformaba en enfermera y atendía a los numerosos heridos de la batalla del Jarama.

Sin embargo, la mayoría de las voluntarias llegaron a España bajo la égida delMedical Bureau to Aid Spanish Democracy (conocida también por la AMB o por Medical Bureau —amalgama de grupos de base—, que enviaron más de ciento veinticuatro profesionales estadounidenses de la medicina —los voluntarios y voluntarias de los servicios médicos provenían de

28 países, pero el contingente estadounidense era, con mucho, el más numeroso—. El grupo estadounidense provenía de distintos medios y en él quedaron superados los prejuicios de raza, etnia, religión, clase social y sexo; incluía 46 enfermeras, cinco técnicos de laboratorio, otros cinco miembros de otros servicios sanitarios, dos intérpretes/administradores, un conductor de camión para ambulancias y transporte de municiones y un médico. La mayor parte de los voluntarios provenían de la clase trabajadora, de origen inmigrante. La mitad de ellos se identificaba como judíos, laicos, humanistas, conscientes de su propia historia de opresión, pero solidarios con todos los explotados. Alrededor de un 25 por 100 estaba afiliado al Partido Comunista de Estados Unidos, pero la mayoría era de ideología liberal, que simpatizaba con quienes estaban en situaciones desfavorecidas.

Del mismo modo que en los *lincolns* (los brigadistas del Batallón Abraham Lincoln), en todas las unidades de los AMB existía una total integración racial. Los negros, como la enferme-

Un equipo del AMB con una ambulancia donada por el pueblo negro americano al pueblo de la España republicana

ra Salaria Kea, tenían con frecuencia como subordinados a colegas blancos —¡la primera vez en la historia militar y médica de Estados Unidos!—. Ningún voluntario estadounidense, hombre o mujer, estuvo al servicio de los franquistas. Sus actividades se iniciaron en enero de 1937 y las voluntarias estadounidenses colaboraron con los colegas internacionales y españoles en la instalación y dotación de hospitales de base y del frente y numerosas unidades quirúrgicas móviles a lo largo y a lo ancho de la España republicana. Sirvieron en los frentes en cada una de las más importantes batallas —desde el Jarama en febrero de 1937 hasta el cruce final del Ebro en noviembre de 1938.

Muchas colaboraron estrechamente con famosos médicos españoles e internacionales en el desarrollo de nuevos avances en medicina y en el establecimiento de registros e historiadores con el fin de reducir las tasas de mortalidad —pese a las bombas y a la escasez crónica de medios, personal, alimentos y agua.

Trabajaban sin sueldo o por un sueldo mínimo y salvaron la vida a innumerables civiles y a todo tipo de soldados —internacionales y españoles, republicanos y también prisioneros fascistas heridos.

Algunas enfermeras trabajaron durante casi dos años. Algunas permanecieron en España, después de la retirada de los internacionales en 1938, para escoltar a los heridos y refugiados que huían a Francia —salvándose por los pelos de los fascistas victoriosos antes de que éstos clausuraran la frontera y de que la República fuera derrotada definitivamente en abril de 1939.

Antifascistas prematuras

La II Guerra Mundial estalló seis meses más tarde. La mayoría de las enfermeras de la AMB volvieron a presentarse como voluntarias en las Fuerzas Armadas de Estados Unidos. El hostigamiento que habían padecido muchas de ellas como *antifascistas prematuras* quedó mitigado al presenciar la reciente recuperación de la libertad en España.

Pero oigamos a las propias mujeres. Cada caso es único, pero, en conjunto, puede hablarse de una experiencia conjunta.

Enfermera Hilda Bell (Roberts)

Yo pertenecía a una familia pobre y viví en una atmósfera de plena conciencia de los problemas de la clase obrera. Mi madre era miembro de la International Ladies Garment Workers Union (Unión Internacional de Trabajadoras de la Confección de Ropa Femenina). Mis padres eran socialistas... Mi decisión (de ir voluntaria) se debió a razones políticas y humanitarias... Me sentía comprometida con la gente que combatía para no perder la democracia... y atemori-

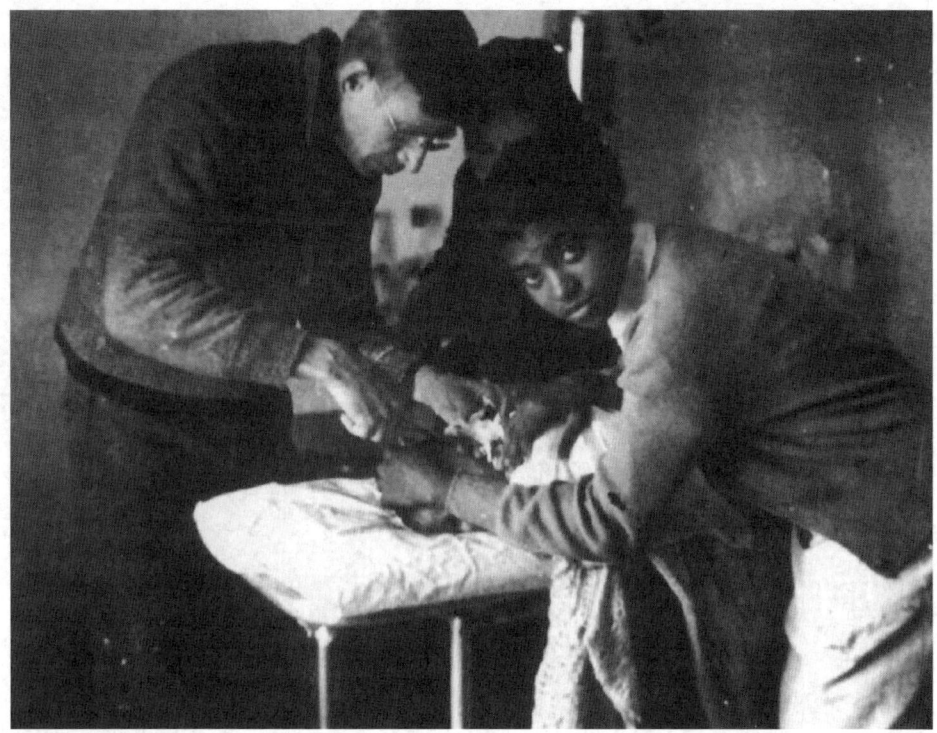

La enfermera Salaria Kea de Harlem

zada por la amenaza fascista en España y en el mundo... Ingresé en el Partido Comunista justo antes de ir a España...

Cuando llegó el momento (de ir a España), no se discutió sobre el sueldo. Nunca esperé que me pagaran...

Enfermera Salaria Kea

La enfermera Salaria Kea rechazó siempre que la definiesen a partir de pautas racistas. Cuando era estudiante suprimió la segregación racial en la Escuela de Enfermería del Hospital de Harlem. Al explicar las razones que la impulsaron a venir voluntaria a España, dijo:

Fui una de las iniciadoras, en Harlem, de la campaña de recogida de fondos y pudimos enviar un hospital de campaña de setenta y cinco camas a Etiopía...[1] En cuanto tuve la opor-

---

[1] Durante la invasión italiana de 1935. Nota del traductor.

tunidad de ir a España para ayudar al Gobierno legal y repeler una insurrección apoyada por Italia, fui.

Enfermera Esther Silverstein (Blanc)

Mis padres fueron mi ejemplo. Eran inmigrantes judíos pobres que venían de Rumanía... No eran *políticos,* tenían más bien una fuerte conciencia social...

»Quería haber estudiado medicina, pero mi familia era demasiado pobre para que hiciese estudios superiores, por lo que me hice enfermera... (y apoyé) la idea del poder de los sindicatos.

Yo sabía por qué iba voluntaria a España: fui a España a ayudar, y era, además, una resuelta antifascista...

Nos dieron dos uniformes... como parte del equipo, a cada enfermera se le dio un paquete de preservativos para usarlos si era necesario... Al cruzar la frontera franco-española se los di a un guardia fronterizo, diciéndole que podían ser útiles para evitar ¡enfermedades y embarazos no deseados! No teníamos paga, pero nos dieron 50 dólares para casos de emergencia.

Administradora Mildred Rackley (Simons)

Su bautismo de fuego se produjo en febrero de 1937, en El Romeral, cuando convirtieron una escuela en el primer hospital estadounidense. Los informes de la administradora Mildred Rackley (Simons) sobre la terrible ofensiva del Jarama caracterizan la colaboración de los españoles en superar las condiciones adversas y la escasez ante las que todas las unidades médicas hubieron de enfrentarse a lo largo de la guerra a causa del embargo de la ayuda a la España republicana.

Carecíamos de medios sanitarios... (no disponíamos de) una línea eléctrica de poca potencia, no teníamos teléfono. Fuimos inmediatamente a ver al alcalde... para pedirle que todo el pueblo cooperara en todo lo concerniente a la instalación del hospital. Hicieron absolutamente de todo por nosotros... Teníamos órdenes de abrir el hospital y ponerlo en funcionamiento en 48 horas, e hicimos todo lo que pudimos... El primer día atendimos a 40 soldados gravemente heridos... Médicos y enfermeras trabajaron 40 horas seguidas sin descansar...

Junto a las mujeres españolas, numerosas voluntarias estadounidenses dejaron de lado los papeles convencionales por sexos y desempeñaron muchos trabajos no tradicionales. La doctora Frances Vanzant era la encargada del hospital base norteamericano de Murcia y, en 1938, acompañó a sus pacientes en la larga y peligrosa evacuación hacia Cataluña.

La conductora Evelyn Hutchins

La conductora de ambulancias y de camiones de municiones Evelyn Hutchins condujo hacia los frentes de batalla a través de la España leal, sola, por la noche:

> Me habían dado (en el ejército republicano) un par de bombas de mano y yo llevaba mi arma al cinto, así que, si me ocurría algo, podía llevarme por delante, antes de morir, a algunos infiltrados fascistas.

Compromiso hasta el final

La enfermera Esther Silverstein (Blanc) ilustra cómo las mujeres desafiaban a la muerte y al fascismo.

> Una gran parte de mi trabajo en España lo dediqué a dar clases. Enseñé a jóvenes de diecisiete y dieciocho años de ambos sexos a trabajar en una sala de operaciones... (Gracias a ellos) aprendí español lo más rápidamente que pude... Fue para mí una gran alegría y un privilegio colaborar con el pueblo español... Dábamos clases de lectura y escritura al mismo tiempo que enseñábamos a los niños a trabajar en los pabellones... Todas las enfermeras quieren ir siempre al frente, y el 14 de julio fui al frente (Brunete).
> A veces trabajábamos durante 36 ó 48 horas sin parar ni siquiera durante los ataques. Nos hicimos cargo de cuatro mil... El bombardeo fue terrible. Continuaba día y noche... Era tremendo ver llegar a la gente totalmente hecha pedazos por las bombas fascistas...

Enfermera Ray Harris (Marantz)

Las enfermeras no veían la guerra con sensiblería, ni la glorificaban. La enfermera Ray Harris (Marantz), que sirvió en los frentes durante casi dos años, recuerda a los soldados que volvían del frente en 1937.

> Sólo oíamos pisadas de aquellos jóvenes soldados que marchaban agotados y cubiertos de barro. No mostraban un aspecto heroico, nadie echaba flores a su paso, sólo se escuchaban las lágrimas silenciosas de los espectadores.

Enfermera Hilda Bell (Roberts)

Y la enfermera Hilda Bell Roberts añade:

> Había realmente muy poco equipo... Había que afilar las agujas en las piedras y volver a usarlas... (Durante la retirada del Ebro del otoño de 1938). Tuvimos que instalar nuestro hospital provisional en un túnel porque era relativamente seguro ante las bombas fascistas... Cruzamos el Ebro en el último momento...

Enfermera Ave Bruzzichesi

La ofensiva del Ebro representó el comienzo del fin, pero el compromiso de las enfermeras con los heridos no finalizó. He aquí la carta de la enfermera Ave Bruzzichesi al doctor Leo Eloesser, el cirujano estadounidense con el que había servido en varios campos de batalla:

Quiero contarle cómo se desarrolló la evacuación de Barcelona... A las dificultades habituales del tiempo frío se unía la escasez de alimentos... Al cuidado de los heridos, al hambre, a la penuria, a los congelamientos, se añadía también un aumento de las incursiones aéreas... (Los pacientes) se evacuaban lo más rápidamente posible, mientras avanzaban las tropas de Franco... Valencia se convirtió en un centro de selección y evacuación... miles de personas iban bordeando las carreteras... Obteníamos comida en las casas abandonadas por los campesinos, cuando disponíamos de tiempo... Por la noche, pese al peligro de las incursiones aéreas, los refugiados encendían hogueras para calentarse... A veces había que improvisar puestos de primeros auxilios a lo largo de la carretera a medida que avanzábamos por ella, de modo que nadie se quedase atrás (salvo los muertos)... Pero cuando los supervivientes alcanzaron la frontera, les arrebataron los alimentos que llevaban consigo y los metieron en campos de concentración... que no eran otra cosa que campamentos al aire libre divididos por alambre de espino... Se los consideró *prisioneros de guerra...* Estábamos en febrero... con mucho frío... Muchos murieron de hambre o a causa de la intemperie y de la falta de atención sanitaria... No faltaba mucho para que se propagase una epidemia de tifoideas...

Ave permaneció en los campos para atender a los enfermos durante dos meses. Al volver a Estados Unidos, como muchas otras enfermeras de vuelta a su país, recorrió el país recaudando fondos para ayuda de los refugiados españoles y participó en las acciones encaminadas a la liberación de los prisioneros capturados por Franco.

Hacer del mundo un lugar mejor

Al considerar sus vidas, la mayoría de estas mujeres se muestran de acuerdo con la enfermera y técnica de laboratorio Celia Greenspan (Seborer):

Yo sabía que ir a España significaba lucha por la democracia, y me gustó mucho haber estado en ese país. Nunca lo lamenté... Ha sido el momento culminante, el mejor periodo de mi vida. Todas sentían lo mismo. ¡Era una manera de hacer que el mundo fuese un lugar mejor!

Resumiendo, la labor humanitaria de las mujeres fue una acción política antifascista (un proceso que las dotó de autoridad moral a ellas y a numerosas camaradas españolas), insepara-

ble de su activa lucha por forjar uniones y sindicatos, por los derechos civiles y por una sociedad nueva e igualitaria en Estados Unidos y en el extranjero. La mayoría creía que parar los pies
al fascismo en España significaba acabar con él en Estados Unidos. Las exigencias de la guerra
y las revoluciones sociales coincidentes (en España e internacionalmente) desplazaron muchas
de las estructuras culturales que suelen *sexizar* y desvalorizar la labor humanitaria como propia
«del deber, de la naturaleza y del destino de las mujeres». La experiencia y habilidades de las
voluntarias de los servicios médicos fueron vitales y su presencia simboliza el apoyo popular al
movimiento antifascista internacional, a pesar del desinterés del Gobierno de Estados Unidos.
Esta dinámica permitió que las mujeres adquiriesen un alto grado de autonomía. El sexismo
no fue la norma. La dependencia mutua, el humor y el compromiso con una causa común —la
libertad— impulsó la cooperación y la camaradería.

Aún hoy, muchas de esas heroínas continúan su combate como activistas en las luchas actuales en favor de los derechos humanos universales y de una paz mundial socialmente justa.

Dolores Ibárruri dijo de ellas: «Vosotras sois historia. Vosotras sois leyenda. Vosotras sois el
ejemplo heroico de la solidaridad y universalidad de la democracia...»

Heroínas humanitarias, antifascistas: mujeres voluntarias estadounidenses en la Guerra Civil Española. Los libros de la historia oficial masculina las han olvidado, pero ellas participaron
como voluntarias en varias de las más importantes luchas por la justicia social del siglo XX.

Celia Greenspan, Seborer, fue la primera persona voluntaria en la Guerra Civil Española.
Ella fue la primera que ha trascendido como los voluntarios internacionales. Ella es, además,
una parte de la historia del género que nos ha sido escamoteada. Y ellas, las voluntarias estadounidenses clandestinas para la posteridad, como tantas otras hacedoras de la historia, cobran
vida, hechos y nombres en estas páginas[2].

Mao Zedong
En memoria de Norman Bethune

El camarada Bethune[3] era miembro del Partido Comunista del Canadá. Tenía unos cin-

---

[2] Francesca Patai: *Mujeres voluntarias estadounidenses en la Guerra Civil Española (1936-1939).
(Traducción de C. A. Caranci.)*
[3] Norman Bethune era un célebre cirujano. En 1936, cuando los fascistas alemanes e italianos intervinieron en España, fue al frente de combate a servir al pueblo español que luchaba
contra el fascismo. A comienzos de 1938, después de estallar en China la guerra de resistencia contra el Japón, vino a nuestro país encabezando un equipo de trabajadores médicos cana-

cuenta años cuando, enviado por los partidos comunistas del Canadá y Estados Unidos, vino a China, recorriendo miles de kilómetros para ayudarnos en nuestra guerra de resistencia contra el Japón. Llegó a Yenán en la primavera del año pasado; luego fue a trabajar en las montañas de Wutai y, para aflicción nuestra, ofrendó la vida en su puesto de trabajo. ¿Qué espíritu impulsa a un extranjero a entregarse sin ningún móvil personal a la causa de la liberación del pueblo chino como a la suya propia? El espíritu del internacionalismo, el espíritu del comunismo, que todos los comunistas chinos debemos asimilar. El leninismo enseña que la revolución mundial sólo puede triunfar si el proletariado de los países capitalistas apoya la lucha de los pueblos coloniales y semicoloniales, y si el proletariado delas colonias y semicolonias apoya la lucha liberadora del proletariado de los países capitalistas[4]. El camarada Bethune puso en práctica esta línea leninista. Los comunistas chinos también debemos atenernos a ella en nuestra práctica. Debemos unirnos con el proletariado de todos los países capitalistas, con el proletariado del Japón, Inglaterra, Estados Unidos, Alemania, Italia y demás países capitalistas; sólo así se podrá derrocar al imperialismo y alcanzar la liberación de nuestra nación y nuestro pueblo y de las otras naciones y pueblos del mundo. Éste es nuestro internacionalismo, el internacionalismo que oponemos al nacionalismo y al patriotismo estrechos.

El espíritu del camarada Bethune, de total dedicación a los demás sin la menor preocupación por sí mismo, se expresaba en su infinito sentido de responsabilidad en el trabajo y en su infinito cariño por los camaradas y el pueblo. Todo comunista debe seguir su ejemplo. No pocas personas se muestran irresponsables en su trabajo, prefieren lo liviano a lo pesado, dejan las cargas pesadas a otros y escogen para sí las livianas. En cada ocasión, piensan en sí mismas antes que en los demás. Cuando hacen alguna pequeña contribución, se hinchan de orgullo y la pregonan temiendo que alguien se quede sin saberlo. No sienten cariño por los camaradas y el pueblo, y los tratan con frialdad, indiferencia y apatía. En realidad, esas personas no son comunistas o, al menos, no pueden ser consideradas como verdaderos comunistas. De todos aquellos que regresaban del frente, no había ninguno que, al hablar de Bethune, dejara de expresar su admiración por él y de mostrarse conmovido por su espíritu. En la región fronteriza de Shansí-Chajar-Jopei, todos los militares o civiles que fueron atendidos por el doctor Bethune o que lo vieron trabajar se sentían conmovidos. Todos los comunistas deben aprender de este auténtico espíritu comunista del camarada Bethune.

---

dienses y norteamericanos. Llegó a Yenán entre marzo y abril de ese año y al poco tiempo partió para la región fronteriza de Shansí-Chajar-Jopei. Trabajó allí durante dos años, dando ejemplo de espíritu de sacrificio, entusiasmo en el trabajo y sentido de la responsabilidad. Habiendo contraído una infección mientras practicaba una operación de urgencia, infección que se transformó en septicemia, falleció el 12 de noviembre de 1939, en el distrito de Tangsien, provincia de Jopei.

[4] Véase J. V. Stalin, «La cuestión nacional», en *Los fundamentos del leninismo,* VI.

El camarada Bethune era médico. Dedicado al arte de curar, perfeccionaba constantemente su técnica; se distinguía por su maestría en el servicio médico del VIII Ejército. Esto constituye una excelente lección para aquellos que quieren cambiar de trabajo apenas ven otro nuevo, y para quienes menosprecian el trabajo técnico considerándolo sin importancia ni futuro.

El camarada Bethune y yo nos vimos una sola vez. Posteriormente me escribió muchas veces. Pero como yo estaba muy ocupado, sólo le escribí una carta y no sé si la recibió. Me siento profundamente apenado por su desaparición. El homenaje que todos rendimos a su memoria demuestra cuán honradamente su espíritu inspira a cada uno de nosotros. Todos debemos aprender de su desinterés absoluto. Quien posea este espíritu puede ser muy útil al pueblo. La capacidad de un hombre puede ser grande o pequeña, pero basta con que tenga este espíritu para que sea hombre de elevados sentimientos, hombre íntegro y virtuoso, hombre exento de intereses triviales, hombre de provecho para el pueblo[5].

Norman Bethune atendiendo también a los niños en España

[5] Mao Zedong. *En Memoria de Norman Bethune*. 21 de diciembre de 1939.

André Marty
Exequias del Doctor Rouqués

En nombre del Comité Central del Partido Comunista Francés y también como uno de los camaradas de lucha del doctor Pierre Rouqués, he aceptado la dolorosa tarea de saludar por última vez al gran cirujano, al gran luchador que durante más de 30 años nunca escatimó esfuerzos. Si los trabajadores, si los pobres han venido hoy en tal número a acompañarle junto al personal hospitalario al que tanto defendió, si muchos corazones sufrieron un vuelco el sábado al conocer su doloroso final es porque el doctor Rouqués supo ganarse durante toda una vida de abnegación y de luchas el cariño del pueblo, y en especial de la clase obrera. Médico eminente, cirujano que salvó a tantos hombres y mujeres, luchó sin descanso por la vida contra la muerte.

Esta lucha no sólo la afirmó en la cabecera de los heridos y los enfermos, la llevó a cabo día tras día durante toda su vida de hombre valeroso y de militante que consagra todas sus fuerzas al futuro y la felicidad de la clase obrera y el pueblo.

Desde los diecinueve años, como estudiante apasionado que quería convertirse en un excelente facultativo, ya buscaba el futuro.

La guerra acababa de enfilar un millón ochocientos mil cadáveres de soldados franceses. Pierre Rouqués se convirtió rápidamente en uno de los animadores de los que se llamaban los estudiantes colectivistas de París y que veían un futuro favorable a los trabajadores y al pueblo en un cambio de régimen, en una nueva Comuna. Desde hacía apenas dos años, un régimen nuevo, el poder de los obreros y campesinos, daba el ejemplo de ello al mundo. Era la República de los Sóviets. Pierre Rouqués supo reconocerla. Iba a serle inquebrantablemente fiel.

El joven estudiante de medicina que aprendió a conocer la miseria y las esperanzas del proletariado de París iba a ser uno de los luchadores más ardientes para crear en Francia aquello de lo que carecíamos: un Partido Obrero de nuevo tipo. Rápidamente, se afilió al gran Partido Comunista Francés, que abría a la clase obrera la certidumbre y los medios de conquistar un futuro mejor.

En lo sucesivo, su camino estaba marcado. Gran cirujano, iba a ser además activista de todas las luchas obreras. Ese camino elegido voluntariamente iba a hacer de Pierre Rouqués a partir de 1936 y en los años terribles de 1939 a 1944 un gran y perspicaz patriota.

Ya desde 1925, el doctor Pierre Rouqués daba muestra de sus cualidades: médico reputado, cirujano ayudante, consideraba insuficientes los medios de lucha contra la enfermedad, la enfermedad que golpea sobre todo a los pobres. Y por esta razón se entregó, con tanto ardor, a la organización práctica de los dispensarios para los nuevos ayuntamientos comunistas surgidos de las elecciones de 1925: Malakoff, Bobigny, Romainville, Villejuif, Athismons, Bagnolet, Vitry, Ivry, Montreuil, Bondy, Gagny, Neuilly-sur-Marne...

Va por todas partes, siguiendo día a día el trabajo de los dispensarios. Se esfuerza en aplicar todo lo mejor y nuevo de la ciencia médica.

Quiere que esos centros médicos populares sean los mejor organizados, los mejor instalados. Aconseja y forma a los mejores equipos de facultativos.

Fue así como empezó a ser conocido y amado por el personal hospitalario y por el pueblo.

Cada vez que los sindicatos de la CGT unitaria querían crear y organizar servicios médicos y preventivos, se dirigían a Pierre Rouqués. Él mismo se convirtió en el animador y preparador de muchos médicos que tendían hacia el pueblo, como los Ténine, Pénin, Rolland, Struzer, Stroszeska, y tantos otros.

Más tarde, será así el animador de la clínica Des Bleuets de los metalúrgicos parisinos, y el consejero de los trabajadores de los servicios públicos.

Naturalmente, él no separaba la lucha contra la enfermedad de los cuidados a la infancia. Será consejero de las colonias de vacaciones que van creando poco a poco los ayuntamientos comunistas.

Pero el gran médico que quiere aliviar los sufrimientos de los trabajadores, que entrega sus días y sus noches a esa obra gigantesca, sabe muy bien, porque es comunista, que es preciso mirar más alto y más lejos.

En el mismo momento en el que las organizaciones populares creaban al precio de tantos sacrificios los dispensarios y las colonias de vacaciones, el Gobierno desencadena la guerra para rematar la conquista de Marruecos, de nuevo la guerra, en la que se pierden sin cesar los regimientos.

Y ésta es la razón por la que el doctor Rouqués es un participante activo en la gran campaña de los comités de acción contra la guerra de Marruecos, cuyo presidente es ya Maurice Thorez.

935 condenas golpean a los militantes obreros. Pierre Rouqués, a la vez que continúa su campaña activa, se ocupa de ayudar prácticamente a los militantes enfermos arrojados a las prisiones de Francia.

Es así como aparece esa unidad magnífica en la vida del gran cirujano: él no separa nunca su trabajo en la sala de operaciones de la lucha por una vida mejor en la que el obrero ya no sea un esclavo dedicado periódicamente a la masacre en guerras para el solo provecho de sus explotadores.

Por esta razón en 1932, cuando Romain Rolland y Henri Barbusse lanzan el gran movimiento contra el fascismo y la guerra, llamado de Amsterdam-Pleyel, el doctor Rouqués está en primera línea. Él mismo crea el movimiento de los médicos contra la guerra y el fascismo. Es el gran animador de los comités locales con su sencilla argumentación: ¿salvar vidas humanas en las salas de operaciones? Sí, pero eso no basta; entonces hay que incorporar a toda la gente de bien a la defensa de la paz y para barrer de fascismo la tierra, el peligro esencial del momento.

Mil novecientos treinta y seis. Entre el júbilo, el Frente Popular triunfa. La clase obrera acaba de imponer el triunfo de las más hermosas reivindicaciones sociales que haya conocido el pueblo desde la Comuna. En el preciso momento en que la esperanza de un poco de felicidad penetra en los talleres y en los cuchitriles, el repugnante fascismo golpea en el punto que cree más débil: en España, el 18 de julio de 1936, el general Franco, traidor a su juramento y a su patria, desencadena la rebelión contra el Gobierno de la República española. Al instante, el complot se revela elaborado en Berlín. Es la guerra. La destrucción de la República española es la primera etapa de la agresión de Hitler y Mussolini para cercar, dominar y destruir Francia. Las 200 familias derrotadas por el Frente Popular se alegran: Hitler va a traerles la revancha. Y comienza la infamia: el Gobierno de Francia, en vez de permanecer estrictamente neutral, interviene directamente en favor del fascismo al bloquear a la República española mientras que las fuerzas militares y el material de guerra modernos de Hitler y Mussolini afluyen libremente a España.

Felizmente, el gran pueblo español resiste a la agresión militar del fascismo y la traición organizada por todas partes. Pero no tiene ejército. Lo crea de los pies a la cabeza. Las pérdidas son enormes frente a militares profesionales bajo el mando de los generales de Hitler.

Pierre Rouqués es uno de los primeros en responder al magnífico llamamiento que dice que la causa de España es la de toda la humanidad avanzada y progresista.

Sin interrumpir en ningún momento su trabajo de facultativo en los hospitales y los dispensarios, es él el que convoca a todo lo que ha podido encontrar: 20 médicos y enfermeras, en la pequeña sala de la Rue de Bondy.

La campaña política de ayuda a la España republicana no es suficiente, explica. La mayoría del cuerpo médico español se ha pasado a Francia, ha traicionado a la República. Hay que ayudar al pueblo español efectivamente, y nuestra ayuda es aportarle mayores medios materiales e incluso ayuda personal para que se organice rápidamente un gran servicio de sanidad moderno para un ejército que crea el pueblo y que va a llegar al millón de hombres.

En ese momento, el doctor Rouqués muestra todas sus cualidades. Es él quien crea el servicio de sanidad de las Brigadas Internacionales. Es él quien introduce en España los automóviles quirúrgicos que llevarán a la primera línea las posibilidades de una sala de operaciones moderna. Y es él quien hace surgir de la solidaridad popular los comités de ayuda a la España republicana y sobre todo la central sanitaria internacional que va a pregonar por todos los países del mundo el deber de ayudar a la República española.

Y así fue como el doctor Pierre Rouqués logró hacer surgir, sobre todo de Europa, los millones necesarios para la compra del material sanitario. Y así fue como se ganó los corazones, preparando en España a los mejores facultativos y dando él mismo ejemplo llegando hasta el frente, allí donde el combate es duro, para salvar a los combatientes de la República española.

Ante sus llamamientos tan convincentes, vemos llegar incluso, en febrero de 1937, a uno de los mayores cirujanos de New York, el doctor Barsky, con un material sanitario de primer orden, médicos y enfermeras cualificados, convencidos y preparados por el ejemplo del doctor Rouqués.

Y cuando el doctor Barsky vea hundirse un muro de su sala de operaciones en el hospital provisional de Tarancón, bombardeado por la aviación fascista porque es un hospital, Rouqués estará junto a él...

Los tres años de guerra de España fueron para Rouqués un verdadero apostolado.

Los voluntarios internacionales heridos y mutilados estaban sometidos en todo momento a la persecución implacable del Gobierno francés. Cuando Pierre Rouqués se presentaba en la frontera para hacer pasar ciento cincuenta o doscientos mutilados, la policía, por orden del Gobierno, prohibía el acceso al suelo francés a los que habían luchado por Francia al luchar en España.

Para cada convoy, había un verdadero combate para arrancar al Gobierno francés del momento la autorización provisional de penetrar en nuestro suelo para antifascistas alemanes o austríacos, polacos o checos.

Y luego, había que alojarles en los hospitales, a los que el Gobierno daba orden de no aceptarles. Había que acompañarles, operarles. Fue ahí cuando el doctor Rouqués apareció no sólo como el hombre de gran valor, sino como el militante: cada vez que los servicios ministeriales oponían, siguiendo órdenes, los pretextos burocráticos para la admisión de los heridos, Rouqués se dirigía directamente al personal, a los trabajadores: ¿Vais a permitir que el Gobierno remate aquí a los que el fascismo ha mutilado? Fue la época en la que halló un apoyo inestimable en el Sindicato de los obreros metalúrgicos parisinos entonces dirigido por Pierre Timbaud y Henri Tanguy.

Su preocupación por salvar a los militantes se expresó naturalmente hacia los mejores dirigentes de la lucha de independencia del pueblo español, agrupados en torno a José Díaz, todos trabajadores, todos más o menos enfermos tras los sufrimientos padecidos durante los años de opresión y militancia.

La España heroica y mártir acaba de saludar su obra una vez más en la carta del Comité Central del Partido Comunista de España que dice:

«Los comunistas españoles siempre recordarán con cariño, respeto y reconocimiento el nombre del doctor Pierre Rouqués.»

Esa pasión en la lucha por salvar a los luchadores antifascistas no debía atenuarse nunca: él velaba a nuestros heridos personalmente, incluso durante la clandestinidad, y hasta estos últimos meses. Pues todavía hoy el Gobierno no reconoce como heridos de guerra a los franceses que combatieron por Francia en la España republicana.

Septiembre de 1939. España ha sido aplastada, es la hora de Francia. Rouqués es movilizado como médico militar.

La gente que en los consejos de administración y en el Gobierno traicionaban a Francia, lanzaban contra los comunistas la infame acusación de compromiso con Hitler.

En el torbellino de calumnias que rodeaba entonces a los que serían llamados el Partido de
los Fusilados, el doctor Rouqués, capitán-médico, fue inflexible. El estudiante colectivista de
1919 se reconocía en el gran cirujano 20 años más tarde, al no separar nunca su fidelidad al
Partido de la clase obrera de su pasión de lucha por salvar las vidas humanas.

La traición de las 200 familias y de su Gobierno iba a entregar Francia a Hitler. Los mismos que perseguían a los militantes sindicales y comunistas trajeron voluntariamente la catástrofe. Para un Pétain y su banda, era el armisticio y la traición. Pero para los patriotas, en lo
sucesivo se trataba de reconquistar la independencia nacional.

Fue así como el doctor Pierre Rouqués se convirtió en uno de los primeros resistentes, uno
de los verdaderos, de los luchadores de cada minuto, en la campaña de explicación del crimen
que nos llevó a junio de 1940, y en la necesidad de la lucha por la liberación de Francia.

Con su amigo y camarada el doctor Ténine, que iba a caer heroicamente en Chateaubriant,
fue uno de los fundadores del Frente Nacional, y uno de los redactores de *El Médico Francés*, órgano del Frente Nacional de los médicos.

Fue él quien instaló en pleno París un centro de asistencia ilegal para atender a los militantes clandestinos.

Fue en el curso de su actividad de resistente, el 6 de junio de 1942, cuando, al volver a pasar la línea de demarcación, tuvo una caída grave tras la cual tuvo que ser hospitalizado. Tuvo
la fuerza de establecer él mismo su diagnóstico.

Convertido rápidamente en organizador del servicio de salud de las Fuerzas Francesas del
Interior de l'Île de France en 1943, iba a hacerse de este modo miembro activo del gran ejército de liberación, reconocido oficialmente por la citación en la orden del Ejército y la Legión
de honor a título militar.

Pero la liberación de Francia a la que tanto había contribuido dejaba el país devastado; sus
mejores hijos, los trabajadores y sus hijos sufrían duros golpes por los años de privaciones, de
sufrimiento y a menudo de deportación.

Como jefe de gabinete de nuestro camarada François Billoux, ministro de Sanidad Pública,
el doctor Rouqués comenzó a poner en pie un plan de reorganización general de los servicios
hospitalarios a la vez que de revalorización de los sueldos del personal para asegurarles una vida
digna de su gran tarea.

Modestamente, como siempre, Pierre Rouqués volvió a ocupar al mismo tiempo su lugar

en la sala de operaciones, en la que su seguridad, su precisión, su alta capacidad, le garantiza-
ban el respeto y la admiración de sus colaboradores y colaboradoras y el cariño del personal.
No abandonaba su lucha de siempre por la vida, contra la muerte. Como concejal de París
desde 1945, reclamaba la reorganización general de los hospitales de París. El 2 de diciembre
de 1950, el responsable general del presupuesto, el Sr. Ulver, dejaba ver su indiferencia hasta
el punto de que el doctor Rouqués le dijo: «Se lo ruego, ¿podría hacer el favor de escucharme?»: pero los mil millones que solicitaba fueron rechazados.

Los dos mil millones de beneficios de la Asistencia Pública en 1950 iban a entregarse al Estado para alimentar el presupuesto de la policía y de la guerra.

El doctor Rouqués simbolizaba bien al representante de nuevo cuño, el médico de los pobres que defiende en las asambleas de representantes los intereses de los explotados.

El gran cirujano Pierre Rouqués, médico de los pobres, ha muerto tal y como vivió, pobre.

En momentos como éstos, en los que la corrupción se instala en todas las esferas dirigentes del país, el doctor comunista Pierre Rouqués aparece entonces como el símbolo y la certeza del nacimiento de una nueva sociedad, en la que sólo el trabajo y la capacidad serán títu-
los de nobleza.

Pierre Rouqués hubo de demostrar una vez más su valía cuando, en noviembre de 1950,
nuestro querido camarada Maurice Thorez se vio atacado repentinamente por la enfermedad,
cuya causa esencial fue su exceso de actividad y su trabajo gigantesco. Llegados los primeros a
la clínica de los Servicios Públicos, vimos que Rouqués ya estaba allí.

Con su espíritu de decisión habitual, había tomado inmediatamente las primeras disposiciones; y no se separaría de Maurice hasta el momento en que le puso en manos de sus colegas
soviéticos in situ, con todas las precisiones necesarias para la puesta en juego de los medios más
rápidos de curación. Aclamó el ofrecimiento del Gobierno soviético de acoger en tierra socialista a nuestro Secretario general. Explicaba que la abundancia gigantesca de los medios científicos puestos a disposición de los médicos en el país del socialismo era uno de los elementos
decisivos para asegurar la rápida curación de Maurice Thorez.

A la vez que agradecemos profundamente a la ciencia y al Gobierno soviético por haber accedido a acoger y cuidar a nuestro camarada Maurice Thorez, lo justo es decir que el doctor
Rouqués estuvo detrás de la toma de las primeras medidas que van a hacer volver entre nosotros a nuestro Secretario general, a su puesto de excepcional responsabilidad y de lucha.

El doctor Rouqués tenía que participar en la delegación de médicos que se dirigió en 1951
a la Unión Soviética. Pero su mal acababa de agravarse. Con dolor, vio marcharse a la delegación mientras que a su vez él tenía que ingresar en el hospital.

A todos los que le visitaron, les decía que quería curarse, que quería volver pronto a la actividad: «Nunca seremos bastantes médicos y comunistas, los trabajadores nos necesitan más que nunca».

Le vimos en la Pitié, hace ahora un mes y medio. En un esfuerzo extraordinario, argumentaba con la misma precisión, con la misma certeza sobre la victoria de las fuerzas de la vida sobre las fuerzas de la muerte. Evocaba en sus recuerdos los momentos terribles de la clandestinidad, nos hablaba de la traición de 1940, evocaba España, la España heroica, ardiente, sobre la que pedía noticias. Y sin embargo, eran sus últimos momentos, y él lo sabía.

Sabiéndolo, hablaba de su confianza inquebrantable en la victoria final de los trabajadores y de la paz sobre las fuerzas negras de la reacción y la muerte.

El homenaje que hoy le rinden quienes le conocieron, incluso sus adversarios políticos, es un testimonio de su prestigio y de su obra.

Sin embargo, ello no nos impide acordarnos de que, mientras vivió, él también fue calumniado, en especial durante el viaje que hizo para acompañar a la Unión Soviética a Maurice Thorez.

Pero en el corazón de los trabajadores decididos a liberarse, el recuerdo de Pierre Rouqués siempre estará vivo. A su compañera, terriblemente afectada, que fue su sostén durante su dura vida, a sus hijos, a su madre, a su familia, les decimos con respeto: «Si hay algo que pueda atenuar vuestro dolor y el nuestro, que sea el cariño de los camaradas de Pierre Rouqués, de los trabajadores, por el que fue el médico de los pobres».

Pierre Rouqués, por su vida y su lucha, quedará como el ejemplo del gran intelectual llegado al pueblo, muerto por el pueblo y por su futuro.

Querido camarada Pierre, camarada de lucha durante tantos años, tu cuerpo nos abandona hoy. Pero tú te quedarás entre nosotros, pues tu llama vivirá eternamente. Será el ejemplo y la antorcha para nuestros jóvenes intelectuales en la lucha por una sociedad en la que el hombre vivirá feliz, dueño de su destino.

Querido camarada Pierre Rouqués, hermano de combate en los momentos más difíciles, «Los que viven son los que luchan»: por ello tú estarás eternamente presente entre nosotros.

Miércoles, 23 de abril de 1952
André Marty

R. Meyer
En memoria de Carl Coutelle (1908-1993)

Ante nosotros se encuentra la vida poco corriente de Carl Coutelle, contenida en un historial oficial de tan sólo dos páginas, con escasas anotaciones hechas por él mismo. ¿Cómo se podría hacer revivir todo lo que de especial había en él que conmovía a todo el que entraba en contacto con su persona?

No era de los que podían pasar inadvertidos. Hay seres humanos que con su forma de ser provocan la autocrítica y la autorreflexión en los demás, seres humanos al lado de los cuales uno se pregunta si se saldría airoso de un examen de conciencia. Un hombre de esa naturaleza era Carl Coutelle: médico, investigador, organizador, comunista e incansable luchador por una visión de un mundo humana y humanista.

Cuando Franco se levantó en 1936 en contra del Gobierno del Frente Popular en España y los antifascistas alemanes se enfrentaron en suelo español a los fascistas italianos y alemanes, Carl Coutelle se unió a las Brigadas Internacionales como uno más de los 359 médicos de todo el mundo, en su mayoría comunistas. Participó en la Guerra Civil Española desde 1937 hasta la derrota en 1939. Primero trabajó como cirujano en los hospitales de los frentes de la sierra de Guadarrama y Brunete, más tarde pasó a los hospitales de la retaguardia como cirujano y médico interno. En España conoció a Rosa, su mujer, de apellido Süssmann, una judía de Ucrania, que también formaba parte de las Brigadas Internacionales. Sus relaciones comenzaron cuando ambos se encargaban de la organización de las secciones del lazareto. Externamente eran una pareja inusual: él era grande, de ojos azules y pelirrojo; Rosa, pequeña y delicada (apenas le llegaba al hombro), de pelo negro y ojos profundamente negros. Se casaron durante la Guerra Civil. Su unión atravesó dolorosas separaciones debido a la guerra pero permaneció siempre tan fresca como al principio.

Tras la derrota del Gobierno del Frente Popular Español en 1939, Carl y Rosa fueron internados por separado en campamentos del sur de Francia, Carl en Argèles y Gurs y Rosa en el campamento de mujeres de San Zacarías y Brignoles. Como ya se perfilaba que el fascismo se iba a extender e iba a tener una repercusión mundial, los dos se decidieron a ir a China y ayudar al pueblo chino contra el agresor japonés.

Mientras se habían formado comités de ayuda a China (China Medical Aid Committe) en Estados Unidos, Inglaterra y otros países, y 17 médicos de las Brigadas Internacionales se comprometieron a ir a China dentro del marco de la Cruz Roja, entre ellos Carl y Rosa Coutelle.

Con ayuda de colegas ingleses Carl se trasladó a Londres junto con un grupo de médicos. Rosa, embarazada de muchos meses, pudo seguirle más tarde a Inglaterra, donde nació su hijo Charles tres días después del comienzo de la II Guerra Mundial.

Mientras tanto había aumentado el número de médicos que se había apuntado voluntariamente a la ayuda a China. El primer grupo llegó a China en 1938 al mando del canadiense Norman Bethune. Este grupo colaboró con el octavo ejército comunista, en el que reinaba un clima de camaradería, de apoyo a su trabajo y de reconocimiento. El grupo de Carl llegó en 1940 y fue enviado al Sur de China con el ejército de Chiang Kai-chek.

Aquí reinaba un clima humano completamente distinto. La escasez de médicos en China era una catástrofe. En el ejército había unos trescientos médicos responsables de dos millones y medio de soldados del frente y de diez millones de la reserva. Llevar la más mínima higiene ya costaba un gran esfuerzo. Eran impresionantes la pobreza y la ignorancia de la humilde población además de la fría burocracia y la corrupción de las autoridades. Los médicos chinos a las órdenes de Chiang Kai-chek eludían su trabajo en el frente y se enriquecían a costa de sus pacientes, por ejemplo al vender en el mercado negro los ya de por sí escasos medicamentos que estaban destinados a los enfermos y a los heridos.

Los voluntarios combatientes de la guerra española tenían desagradables enfrentamientos con las autoridades chinas de Kuomintang, quienes teniendo en cuenta las epidemias de viruela, enfermedades de transmisión sexual y malaria, mantenían una postura casi cínica frente al resto de las infecciones como el cólera o la disentería, entre otras.

Las posibilidades de trabajo se volvían cada vez más difíciles, la situación política interior empeoraba de tal manera que incluso se amenazaba al grupo con una reclusión y Carl y sus otros colegas decidieron unirse al cuerpo expedicionario chino en la India. Rosa organizó desde Londres a través del China Medical Aid el traslado del grupo al ejército del general Stillwell.

Carl escribe en su historial:

«A principios de 1943 fui enviado a la India por la Cruz Roja china y trabajé como médico en campos de instrucción chinos en la India Central y más tarde como médico correo entre el servicio de sanidad americano y el chino en la frontera birmana en la selva de Assam y el norte de Birmania y participé en el restablecimiento de la conexión con China.»

Tras estas sencillas palabras se esconde un periodo de heroica entrega médica. Los hombres tenían que transportar a los heridos a través de la selva y de regiones inviables, frecuentemente con el agua hasta el pecho a través de pantanos y charcos y bajo el fuego de pequeñas unidades camufladas del ejército japonés.

A pesar de los enormes esfuerzos y peligros, esa época fue infinitamente más gratificante que el trabajo en el ejército chino de Chiang Kai-chek. Había suficientes medicamentos, los soldados recibían los cuidados adecuados y eran sistemáticamente vacunados.

Tras la derrota del fascismo alemán los médicos de las Brigadas Internacionales regresaron a Europa y fueron trasladados por los americanos a sus países de origen.

En noviembre de 1945 llegó Carl Coutelle a Berlín, en donde, como él oportunamente comenta con irónica satisfacción, se presentó ante el comité del Partido Comunista de Alemania vestido con el uniforme de los aliados del oeste. Se le encargó de inmediato la recién creada Administración Central de la Sanidad de la antigua zona de ocupación soviética.

El periodo de 1939-1945 necesita mucha publicidad para que la gente del mundo lo conozca —a pesar del control de Franco en España desde 1939 hasta el glorioso mes del año 1975 en que murió Franco—. Nosotros nunca nos rendimos y ahora el próximo año será el sesenta aniversario de la lucha contra el fascismo.

La política de no intervención de prácticamente todos los países europeos afectó a las medidas tomadas sobre el pueblo español. Nosotros observamos cómo miles de hombres y mujeres trataban de escapar de los carniceros del ejército fascista de Franco y de los ejércitos nazis. Con lágrimas en los ojos vimos cómo los valientes hombres y mujeres y niños y los ancianos y ancianas intentaban escapar a Francia. Sí, aquellos hombres y mujeres vieron en las vías férreas francesas vagones llenos de comida, equipo médico, las armas que podían haber sido utilizadas por el ejército republicano, pero ni un solo vagón llegó a España. Sí, el pueblo español se moría de hambre, en los hospitales no había equipo médico, la aviación nazi alemana apoyada por la vil aviación fascista italiana bombardeaba grandes áreas de España. Ningún país europeo apoyó al pueblo español. Sí, Franco recibió armas, aviones, equipo médico. Franco recibió transportes de Estados Unidos y Gran Bretaña y los países llamados democráticos abastecieron a Franco con materiales de guerra. Y cuando Francia fue derrotada el equipamiento varado en las vías férreas francesas pasó a manos del nazismo alemán.

Cuando la gente de España y los camaradas de las Brigadas Internacionales marcharon a Francia, los soldados y la policía francesa se aseguraron de que todos los que huían de las carnicerías franquistas fueran a campos de concentración franceses en Gurs, Argèles y otros puntos. El Gobierno francés no les dio refugio, el ejército francés los conducía a punta de pistola y disparaba por la espalda a aquellos que escapaban. No había hospedajes disponibles para los que habían luchado contra el fascismo. Nuestros hombres, mujeres y niños recibieron poquísima comida.

Cinco meses después, en 1939, contemplamos el inicio de la Segunda Guerra Mundial.

Los brigadistas británicos no pudieron ingresar en las Fuerzas Armadas británicas. Yo me las arreglé para hacerlo. En Francia miles de antifascistas fueron hechos prisioneros. En casi todos los países llamados democráticos los españoles y los brigadistas internacionales fueron arrestados y hechos prisioneros.

Nosotros, los luchadores de la República española, nos vimos atacados por ambos bandos; muy acertadamente, los británicos han dado el nombre de guerra del cinturón (*thong war*) a aquellos primeros seis o siete meses. Los soldados republicanos españoles ofrecieron a Francia su destreza militar para luchar contra el ejército nazi. Francia rehusó la oferta.

No fue una sorpresa que cuando el ejército alemán se movilizó hacia Holanda, Bélgica, Francia, Gran Bretaña, agotado por la resistencia a los ejércitos *panzer* nazis, el ejército británico encontrara en Dunkerque su única vía de escape.

¿Qué había ocurrido mientras tanto con su pequeña familia que había tenido que abandonar en Londres en 1940? Rosa, pese a todos los esfuerzos, no había conseguido compartir la vida de Carl en China, la India y Birmania. Tan sólo en 1941 tuvo la oportunidad de seguirle junto con el pequeño Charles, ya que no se permitía a las mujeres y a los niños emprender un viaje por mar sin protección militar. Su caravana ya había traspasado la frontera de las aguas territoriales británicas cuando fue bombardeada por la aviación alemana. Su barco se incendió y 40 personas perdieron la vida. Rosa y Charles fueron recogidos por un buque noruego y llevados de nuevo a Londres a través de las islas Hébridas. Nunca se volvió a presentar una segunda posibilidad de marchar en busca de Carl, de modo que Rosa estuvo durante toda la guerra en Inglaterra, en donde trabajó de médica en diferentes hospitales de Sheffield y Birmingham, y en donde finalmente fue directora de la sección infantil del City General Hospital en Stoke-on-Trent.

Tras la noticia de la vuelta de Carl a Alemania fue a su encuentro en 1946, primero sin Charles, que hasta febrero de 1947 no pudo ser llevado a Berlín por unos camaradas. Habían pasado más de seis años desde que Carl había visto por última vez a su hijo, que entonces contaba tan sólo con diez meses de edad. En esos momentos comenzó una vida normal de familia para los tres.

Carl trabajó primero como jefe de división en la sección de personal de la Administración Central de Sanidad y más tarde como jefe del departamento principal de estadística, legislación y organización para pasar por último a ser jefe del departamento principal de personal y escolarización. Tuvo un papel decisivo en la construcción del sistema sanitario en los primeros años después de la guerra, cuyas leyes y disposiciones de carácter humanista y antifascista tuvieron una gran importancia en el posterior sistema sanitario de la RDA. Carl Coutelle trabajó para acabar con la situación de aislacionismo internacional del sistema sanitario alemán y por colaborar con la OMS.

Tuvo éxito al conseguir, con ingenio pero también con tacto y sensibilidad, limpiar el sector de la medicina de muchos embusteros que, favorecidos por el desorden de la guerra y la posguerra, practicaban la medicina sin haber terminado siquiera los estudios.

Las dificultades de la reconstrucción, la revisión y el orden del caos organizativo y humano en el que el fascismo y la guerra habían dejado sumida a Alemania, la conquista de la medicina para todos los que colaboraron en el desarrollo de un sistema sanitario humanista, son expuestos claramente por Carl Coutelle en su estudio «Líneas principales de la Administración Central», en el primer volumen *Servir a los hombres*, 1945-1949. Dietz Verlag, pp. 58-67.

A pesar de su beneficiosa actividad llevada con éxito al lado de hombres tan insignes como Maxim Zetkin, del Partido Comunista de Alemania, y Alfred Beyes, del SPD (Partido Socialista de Alemania), Carl no perdía el deseo de realizar una actividad relacionada con la medicina y la investigación. Ningún trabajo administrativo le podía contentar a la larga.

Tras los años de lucha antifascista, tras la emigración y las continuas amenazas a su vida durante las largas marchas a través de la jungla enemiga, tras cuatro años desempeñando labores de organización en un puesto de elevada responsabilidad, consiguiendo un gran reconocimiento, con cuarenta y un años, Carl tuvo el valor de comenzar todo de nuevo. En 1949 dejó su puesto en la Administración Central y pasó al Instituto de Patología de Berlín-Buch en calidad de simple ayudante. El Instituto estaba a cargo del Prof. Anders quien, al ser destinado al Instituto de Patología de la Charité, se llevó a Carl a la universidad. Después de que el Prof. Anders fuera llamado por la Universidad Humboldt, Coutelle fue trasladado en 1954 al Instituto de Patología de la Charité, que estaba bajo la dirección del Prof. Kettler, y en ese mismo año fue nombrado médico jefe, cargo que mantuvo hasta que se le concedió una plaza en la Universidad de Martin Luther en Halle.

Carl pudo dedicarse de nuevo a sus investigaciones histológicas. En 1954, con un estudio en el que echaba por tierra la supuesta influencia que por aquel entonces se atribuía al sistema nervioso sobre el nacimiento y reproducción de tumores malignos, consiguió un reconocimiento que con el tiempo se convirtió en internacional.

«Ya que a la larga la labor administrativa me alejaba de la medicina y no me proporcionaba ninguna satisfacción, en 1949 renuncié a mi cargo».

Médicos y sanitarios de la XIV Brigada

Carl Coutelle, que contaba por entonces con cincuenta y tres años de edad, aparecía ante nosotros, jóvenes alumnos de patología, no sólo como el estricto profesor que era, que sancionaba cada incorrección con absoluta consecuencia, sino al mismo tiempo como un hombre de otro mundo, que no sólo inspiraba respeto, sino que siempre nos asombraba y dejaba profundamente marcados con su comprensión, su calor humano, su amabilidad y también su tolerancia. No hemos aprendido lo que sabemos sólo con dolor, hemos aprendido a sacrificar nuestro propio estado de ánimo a las necesidades objetivas del trabajo. Quien quisiera podía aprender que las propias experiencias dolorosas no debían amargarnos sino aumentar nuestro amor al ser humano y llevarnos hacia otras formas de ver el mundo, una actitud que en aquellos tiempos era excepcionalmente rara y que para nosotros, jóvenes médicos, tuvo una importancia decisiva.

Coutelle, combinando cualidades humanas extraordinarias junto con una inmensa diligencia y un elevado sistema de valores, ha hecho crecer la reputación de la actividad medica a través de la figura del prosector y ha dado más prestigio al Instituto de Patología de la Charité.

Al ser llamado a Halle como profesor, llevó a cabo en nuestro Instituto un esfuerzo decisivo en el estudio de la Patología.

El Prof. Coutelle ha desempeñado el cargo de profesor y el de director hasta 1970 y hasta 1979 ha trabajado en Halle como colaborador científico. Con su muerte, todos aquellos que hemos tenido el honor de trabajar con él, sufrimos una pérdida que sólo poco a poco se justifica por lo que tiene de inapelable.

El 24 de junio de 1993 ha muerto el profesor Carl Coutelle a sus casi ochenta y seis años. Aquellos que le conocían, que aprendieron con él y que en sus años más jóvenes vivieron su influencia, han comprobado con dolor la irreparable pérdida de un hombre tan importante. Nunca podrían recogerse todos los aspectos de su vida y obra.

Coutelle nació en Elberfeld de padres hugonotes. Estudió Medicina en Düsseldorf y Friburgo de 1927 a 1932. Comenzó su actividad como médico en Hamburgo, de donde fue expulsado en 1934 por cuestiones políticas; también la universidad de Friburgo le relegó de sus funciones. Esta es la razón por la que consiguió su certificado de licenciatura y su diploma de doctor en 1946, con fecha de 1934.

Siguieron años de exilio en Moscú, en donde hasta 1937 trabajó en el Instituto Fisiológico con la profesora Lina Stern y en el Instituto de Histología con el profesor Baron, con quien trabajó y publicó un estudio sobre la estructura y función de las sinapsis en el ganglio cervical.

Honraremos su recuerdo si nos afanamos con constancia en avanzar en los conocimientos técnicos conseguidos por él, con su mismo talante maduro y humano.

G. van Reemst-de Vries
Un hospital en Cuenca

Mi nombre es Trudi van Reemst-de Vries y fui enfermera del servicio de sanidad de las Brigadas Internacionales.

Alrededor de setecientos cincuenta holandeses (no se sabe el número exacto) han participado en la lucha de la República de España, en las Brigadas Internacionales. Existía una compañía holandesa dentro de la XI Brigada. El nombre de la compañía era De Zeven Provinciën (Las Siete Provincias), y comandante de ésta fue el capitán Piet Laros. Uno de los comisarios políticos era Krijn Breur.

Más o menos la mitad de los holandeses que combatieron en España quedaron en el campo.

En el servicio de sanidad había una cantidad de enfermeras y tres médicos, particularmente: doctor Gerrit Kastein, doctor Ies Voet y doctor Theo van Reemst. El doctor Kastein ya partió para España en el año 1936 —en enero de 1937 fue relevado por Theo van Reemst—. El doctor Ies Voet cayó en el frente.

Los holandeses que participaron en la lucha de la República de España, al regreso a Holanda, perdieron su ciudadanía ¡también el médico Van Reemst!

En la provincia de Cuenca, en Villanueva de la Jara, en 1937, fue montado el hospital holandés —un hospital con un máximo de personal holandés—, encabezado por el doctor Ies Voet, que en 1938 se marchó al frente. Theo van Reemst lo reemplazó.

En Villanueva de la Jara los habitantes estaban prácticamente privados de asistencia médica. El médico local resultó ser un fascista, y de hecho había sido el médico privado del latifundista y su familia. La población pobre carecía de medios para pagarle las consultas médicas y por lo tanto no era interesante para él. Este médico huyó en el año 1937. Ya antes se había ido el latifundista hacia Franco. ¡Su casa se transformó en un hospital de 230 camas! Nuestros médicos y enfermeras inmediatamente les ofrecieron ayuda médica a los habitantes de la aldea, y —aunque después de una vacilación— se aprovechó de ella rápidamente. Los contactos con los habitantes y con el alcalde fueron excelentes. Así, por ejemplo, se organizaron fiestas infantiles, donde los niños recibieron comida extra —de las raciones que los pacientes y el personal se habían quitado de la boca—. A veces incluso se logró «organizar alguna golosina».

El hospital fue evacuado en abril de 1938, cuando Franco amenazó con abrirse paso a la costa mediterránea.

A la vuelta en Holanda, nosotros estábamos preparados para los tiempos horrorosos que estaban por venir. La mayoría de los ex interbrigadistas participaron en la resistencia contra la ocupación nazi. De ellos, la mitad —¡otra vez!— murió en campos de concentración o fue fusilado.

En el pueblo de Bloemendaal hay un cementerio de honor, donde los héroes de la resistencia están enterrados. Allí también se encuentran los antiguos combatientes de las Brigadas Internacionales, como el doctor Gerrit Kastein, Krijn Breur (fusilado en 1943), Henk Mrins, Janric van Gilse (muerto en el momento de su detención por una granizada de balas).

Un número de holandeses que se encontraron en prisiones españolas fueron expatriados en 1943 y llevados a Inglaterra. Ellos se integraron en la Brigada Princesa Irene —a pesar de que estaban sin nacionalidad— y algunos de ellos, entre otros Jan Jetten, tomó parte en las acciones militares para la liberación de nuestro país.

Después de la Segunda Guerra Mundial, los ex interbrigadistas holandeses han seguido agitándosa por la liberación de España. Existía un comité «Vrij Spanje» (España Libre).

El «CISE Nederland» (Holanda) fue dirigido por un ex interbrigadista.

En el año 1986 fue inaugurado el «Spanje-monument» (un monumento para los combatientes holandeses caídos en la lucha contra el fascismo durante la Guerra Civil).

Los medios necesarios para el monumento fueron recolectados por el pueblo holandés, y en gran parte también por muchos ayuntamientos del país.

El monumento se encuentra en la «Plein Spanje 1936-1939» (la plaza de España 1936-1939). Un colegio que se encuentra enfrente se ha preocupado de «adoptar» el monumento. Todos los años, alrededor del 4 de mayo, se reúnen los estudiantes del colegio para entregar el monumento adoptado a una clase sucesiva.

En esa ocasión, los viejos interbrigadistas somos los invitados de honor, nosotros que todavía estamos vivos y válidos. Uno de nosotros les habla y juntos con los estudiantes ponemos flores alrededor del monumento.

Como veis, seguimos dando nuestro modesto aporte, para que las generaciones futuras se encuentren en un mundo de paz y libertad[6].

G. van Reemst-de Vries

---

[6] Testimonio de Trudi van Reemst-de Vries. 1996.

Capítulo 12

TESTIMONIOS SOBRE LOS BRIGADISTAS

En este capítulo se halla agrupada una serie de opiniones o testimonios de los combatientes españoles e internacionales sobre el significado y la importancia de las Brigadas Internacionales y el papel que éstas desempeñaron en la lucha de 1936-1939. Al menos, cómo han apreciado o aprecian ese papel los que aquí se refieren a ellas. Los testimonios tienen un origen muy diverso y un valor también diferente. Van desde los de Pedro Mateo Merino, que en la última fase de la guerra fue jefe de la 35 División integrada aún por muchos internacionales, pasan por Bill Alexander, excombatiente inglés que en una etapa fue jefe del Batallón Británico, hasta la española Concha, que era una niña cuando tuvo lugar la guerra y que recuerda a las Brigadas como se las hicieron recordar en la casa de sus antepasados, que por razones políticas no tenían por ellas ninguna simpatía. Pero muy distinto es el caso de su marido, Ventura Notario, excombatiente de las propias Brigadas de la mencionada 35 División.

Ventura se sentía orgulloso, con razón, de haber pertenecido a las mencionadas Brigadas, como se sentían los que se hallaban en igual circunstancia: los que vieron en dichas Brigadas un símbolo de la solidaridad internacional, como son los casos de Julio San Isidro, comisario general de ingenieros del Ejército del Centro (Madrid); de Julia Manzanal, comisaria de batallón en dicho ejército, uno de los ejemplos excepcionales de nuestro ejército popular.

Como son también los casos de Salvador Muñoz, comisario de batallón en la I Brigada Mixta que formó parte de la gloriosa 11 División; de Silverio Ruiz, comandante del Estado Mayor de la 11 División, y de los demás que son objeto de mención en este capítulo y que no repito aquí nominativamente por no hacer este comentario demasiado extenso.

ANEXO 1
Pedro Mateo Merino
Paladines de la conciencia universal

Querido Santiago:

Ahí te envío unas líneas. Quizá no sea lo que tú querías. Otras opiniones, ideas... Aprovecha lo que te sirva.

El libro viene a llenar una necesidad urgente, por todos sentida. ¡Que tengas éxito en tus planes! Es una página esencial de la historia reciente de nuestra patria, atormentada, malherida y rota por ciegos afanes regresivos, en un mundo implacable, convulso y sombrío, al que opusimos nuestros ilusionados horizontes de esperanza. Un cordial abrazo.

Ciertamente, estos hombres y mujeres no necesitaron llamamientos. Actuaron en conciencia. Desde el primer día. Todos los progresistas demócratas, revolucionarios o lisa y llanamente antifascistas —ciudadanos de otros países que residían en España o se hallaban circunstancialmente en nuestra tierra— se pusieron sin titubeos al lado de la democracia española, encarnada en la República, al producirse la vandálica sublevación militar fascista y la intervención armada germano-italiana, que querían retrotraernos a un sistema de barbarie medieval sin libertades políticas ni derechos democráticos y humanos. Se confabularon para ello las cinco oligarquías tradicionales: financiera, terrateniente, militar, burocrática y eclesiástica. Instigadas y respaldadas desde el exterior por las potencias fascistas europeas y los imperialismos de todos los colores. La elección no ofrecía dudas: regresión y barbarie, ausencia de libertades políticas, derechos democráticos y humanos, genocidio a imagen y semejanza de la Alemania hitleriana y la Italia de Mussolini, o bien, la democracia republicana en desarrollo, con sus libertades y derechos, hacia una España más culta, más justa y mejor, más racional, igualitaria y solidaria de la que todos pudiéramos enorgullecernos.

Ése fue el primer brote de la solidaridad internacional con la agredida joven República española. Luego vendrían la solidaridad organizada por nuestros amigos del mundo entero, en la que se fundieron la espontaneidad inicial y la organización meditada. Aquí habría que citar en primer lugar a la Unión Soviética, México y Checoslovaquia, junto a la iniciativa de todos los pueblos. Venciendo increíbles dificultades de todo orden acudieron a nuestro lado para cerrar el paso al fascismo franceses, italianos, alemanes, soviéticos, austriacos, británicos, polacos, húngaros, rumanos, búlgaros, cubanos, argentinos, norteamericanos y así hasta 57 nacionalidades de todos los continentes por encima de las fronteras y de sus propios gobernantes. Una gloriosa página de la historia universal de la que merecidamente puede enorgullecerse el género humano.

Pobremente armados —como todos los republicanos españoles— acudían a luchar contra los ejércitos mejor pertrechados del mundo, con una superioridad manifiesta en organización, suministros y equipamiento técnico en todas las armas, especialmente aviación y artillería. Ellos salvaron el honor de una sociedad acobardada por el vandalismo hecho ley. Su presencia en España era una victoria sobre el miedo europeo y mundial, sobre la angustia generalizada. Decenas de nacionalidades y un solo afán.

La penetración en sus filas de algunos aventureros o de agentes infiltrados del enemigo —como sucede en todos los movimientos populares— no puede ensombrecer la grandeza de las heroicas Brigadas Internacionales, su admirable ejemplo de enorme trascendencia histórica. Como enseñanza imperecedera, en su lucha sin compromiso contra la barbarie fascista, los internacionalistas voluntarios de la libertad nos han mostrado que sólo por el camino de la solidaridad internacional entre los pueblos frente a todas las agresiones la sociedad mantendrá su *condición humana* y no se convertirá en un conglomerado de hordas salvajes enfrentadas unas con otras, aunque ofrezcan falso colorido de *modernidad.*

Cabe señalar que las Brigadas Internacionales lo fueron en el más amplio sentido de la palabra, sobre todo desde finales de 1936, cuando de uno a dos tercios de sus efectivos estaban formados por españoles: convirtiéndose así de hecho en Brigadas Internacionales del Frente Popular Antifascista Mundial.

Pero ¿quiénes eran aquellos hombres y mujeres cuyos nombres están escritos con letras de oro en la historia universal de la lucha contra la barbarie fascista? ¿Cómo eran en el combate nuestros *voluntarios internacionales de la libertad?* Aún conservo en la memoria (¡y en la mirada!) tres episodios genéricos de la batalla del Ebro que los definen para el juicio del lector.

1. Pasó la columna de refuerzo en medio de un combate destructor —con el jefe y el comisario al frente— para mantener a ultranza las posiciones atacadas por las tropas enemigas. Un intenso bombardeo aéreo cortó su avance por la vaguada. Al disiparse el humo y el polvo de las explosiones, de las ramas desnudas de los almendros colgaban los miembros y cuerpos amputados en un espectáculo dantesco. Entre ellos los del jefe y el comisario, dos voluntarios de la libertad austriacos. La pequeña unidad, una compañía de la XI Brigada Internacional Thaelmann, llegó a su destino y la posición se mantuvo.

2. El jefe de operaciones de la XV Brigada Internacional Lincoln, un teniente norteamericano, desplazándose en moto por la retaguardia enemiga, cayó prisionero de una columna franquista de 900 hombres. A las pocas horas supo hacerse dueño de la situación, convenciendo a los aprehensores franquistas de que no tenían más disyuntiva que deponer las armas y entregarse a las tropas republicanas si querían conservar la vida. Y así los condujo desarmados al Estado Mayor de la brigada en calidad de prisioneros.

3. Durante quince días seguidos el Batallón Mickiewicz (a cuyo frente se hallaban dos antifascistas polacos), de la XIII Brigada Internacional Dombrowski, rechazó los ataques de fuer-

zas muy superiores del enemigo, defendiendo la cota 287 en la carretera de Gandesa a Mora de Ebro, cerrando desde allí el paso a las tropas franquistas apoyadas por 200 aviones, 40 tanques y 250 piezas de artillería y morteros, que día y noche intentaban romper la defensa republicana. Con preparaciones artilleras y de aviación de dos hasta seis horas todo quedaba envuelto en el humo y el polvo de las explosiones de bombas y proyectiles. Sobre una superficie de apenas medio kilómetro cuadrado se abatió repetidas veces el huracán de pólvora y acero, la avalancha de fuego, acero y tierra levantada por las explosiones, arrasando cuanto hallaba a su paso. Parecía imposible que quedara algo vivo en aquel sector. Las comunicaciones estaban rotas. Entre nubes de humo y turbonadas de tierra volaban los cuerpos deshechos. Difícil era suponer que aún sobreviviera alguien entre las ruinas de las trincheras y zanjas de comunicación, donde aún se defendían cuarenta y cinco héroes con el jefe del diezmado, pero invicto, batallón.

Pues bien, ésta era la tónica general, el denominador común de nuestros voluntarios internacionales de la libertad, quienes emulaban siempre en todas las operaciones con las mejores unidades del Ejército Popular de la República. En su conjunto, constituyeron aproximadamente el 3 por 100 del total de los efectivos republicanos. Su presencia en las filas del Ejército Popular nunca excedió de doce mil o quince mil hombres, pero su trascendencia moral y política fue inmensa, respaldada por una ejecutoria militar admirable.

Los hombres que conocí de cerca y de quienes conservo lúcida memoria eran disciplinados y generosos luchadores de gran talla ideológica y moral, buen temple castrense y humano, seres muy conscientes del mensaje universal que conllevaba la lucha de los republicanos españoles y sumamente respetuosos y entrañables con la gente del pueblo. Buen número de ellos poseían alta cultura y elevada experiencia revolucionaria. Ni en las situaciones más graves y desfavorables vi decaer jamás la moral de estos hombres admirables.

Enfrentándose a los nuevos bárbaros y esclavistas de la época moderna, ellos hicieron más intensa «aquella luz, aquel destello y resplandor que fue nuestra lucha y que alumbrará eternamente los caminos de la historia». De aquellas cruentas jornadas emergería luego la derrota del fascismo en escala universal mundial.

Ahora y siempre han sido y son los mejores defensores y amigos de la *democracia española*, hoy prisionera de la mediocridad, ingrata y desmemoriada con ellos, a los que ni tan siquiera se les ha reconocido —junto a sus méritos— la condición de excombatientes de nuestra gran causa democrática. (En eso podrían tomar buen ejemplo de Francia, su vecina, respecto a los internacionalistas republicanos españoles.) Y cada día se van acentuando más y más los rasgos históricos burocráticos y cultural reaccionarios, subculturales, chabacanos y vulgares, *borbónicos*

Brigadistas del Batallón Británico antes de cruzar el Ebro en julio de 1938

tradicionales, a veces carnavalescos, de la actual monarquía española, poco en consonancia con el carácter democrático, laico, europeísta y moderno del régimen que necesita nuestro país.

Desde aquí mismo, un vigoroso *¡Salud, hermanos internacionales! La historia os ha dado la razón.* Los auténticos progresistas, demócratas y revolucionarios, los antifascistas españoles no os hemos olvidado y os guardamos eterna gratitud por haber compartido con nuestro pueblo las duras pruebas y cruentas batallas contra el fascismo y las tropas italogermanas intervencionistas. Así como por toda vuestra vida de luchadores incansables en pro de la justicia social, la democracia, la libertad y los derechos humanos de todos los pueblos. Haciendo siempre honor a vuestro alto título de *internacionalistas voluntarios de la libertad,* nuestros mejores maestros en el difícil arte de vivir con dignidad. Los jerarcas y oligarcas quieren que olvidemos el pasado —pues saben que cuando la gente recuerda no quedan impunes las injusticias ni es fácil el engaño—. Nuestro deber es mantener viva la memoria histórica y aprender sus lecciones. Vuestro mensaje posee hoy la mayor actualidad[1].

ANEXO 2
Bill Alexander
El valle del Jarama. Recuerdos

Un grupo de brigadistas internacionales, familiares y amigos ha viajado a España para unirse a la ceremonia que se va a celebrar hoy en el cementerio de Morata de Tajuña, en honor de los caídos en la histórica batalla de valle del Jarama, hace 57 años.

Los restos de muchos de los muertos, españoles e internacionales, fueron recogidos del campo donde cayeron, mucho después de la batalla, y fueron enterrados en una fosa anónima en el cementerio de la ciudad. Para nosotros, constituye una ocasión inmensamente emotiva; pues el hecho de que haya sido el pueblo español el que ha erigido este monumento le da una emotividad y un significado más intenso y especial.

El acontecimiento es la realización, la idea y la capacidad de elaborarlo de tres organizaciones de veteranos excombatientes republicanos de la guerra de 1936-1939, unidas para realizarlo: la Liga de Mutilados e Inválidos de la Guerra de España, los Ex presos Políticos Antifranquistas y los Brigadistas Internacionales.

Estas organizaciones están respaldadas por otros grupos de creciente importancia, como simpatizantes, protectores y amigos en la sociedad española.

---

[1] Carta de Pedro Mateo Merino a Santiago Álvarez, Móstoles, 5 de diciembre de 1994.

La Guerra Civil Española produjo un profundo trauma entre el pueblo español. Los españoles fueron divididos, incluso entre las mismas familias, algunos por ideologías, otros por ubicación accidental en aquellos días y otros por haber sido movilizados o conscriptos.

Las víctimas, tanto civiles como militares, fueron muy elevadas, causadas por las bombas, la guerra, la represión y el terror.

Después de su victoria militar, Franco se vengó asesinando y encarcelando a todo el que, de alguna forma, había simpatizado con cualquier organización progresista o con el Gobierno republicano. Luego, durante los 35 años que duró su dictadura, solamente su ideología pudo ser divulgada en los medios de una distorsión oficial y total de la realidad histórica, de los hechos de la Guerra Civil y de sus consecuencias.

En toda la geografía española hay muchas tumbas colectivas anónimas de civiles y soldados que perdieron la vida durante la guerra. La mayoría sólo perduran en la memoria de familiares y supervivientes de este trágico periodo de la historia de España. Supone un sublime significado que sea el pueblo español el que haya decidido erigir este monumento a los que cayeron en la batalla del Jarama, precisamente en estos momentos en que el fascismo y la reacción extrema están creciendo en muchos países y en la propia España.

Brigadistas del Batallón Británico

En Gran Bretaña, la batalla del Jarama tiene un significado muy emotivo para los brigadistas internacionales supervivientes, para sus familiares y para sus amigos.

Esto es conocido y recordado entre amplios grupos de trabajadores progresistas y movimientos antifascistas. Ello muestra al mundo que el brazo armado del fascismo pudo ser detenido.

Cuando Franco y los generales se rebelaron contra el Gobierno legal del Frente Popular, inmediatamente recibieron una amplia ayuda, a escala militar, de las dictaduras fascistas, de Hitler y Mussolini.

El Gobierno conservador británico también le ayudó, impidiendo al Gobierno republicano adquirir armas bajo el falso pretexto de la no intervención.

Las fuerzas franquistas lograron inicialmente rápidos avances contra unas milicias democráticas sin experiencia y mal equipadas. Pero esta ofensiva fue detenida en las calles de Madrid por la heroica resistencia del Ejército Popular, del pueblo y de los primeros brigadistas internacionales.

Entonces Franco decidió intentar aislar la capital del resto de la España republicana, cortando la única carretera que la unía a Valencia, donde había sido trasladada la residencia del Gobierno republicano. Para ello, concentró una poderosa fuerza de hombres y de armas: cuarenta mil hombres de sus mejores tropas, tanques, la máquina germanonazi artillera y la legión aérea Cóndor de Hitler.

Consiguió un rápido avance y al alcance de su vista tuvo la llave del puente sobre el río Jarama en Arganda. Los fascistas lograron atravesar dos puentes menores acuchillando a sus centinelas.

El Gobierno popular movilizó sus mejores tropas: las divisiones de Líster y de El Campesino[2] y cuatro Brigadas Internacionales. El Batallón Británico, de quinientos brigadistas, que por aquel entonces estaba organizándose y aún no había sido todavía equipado con armas fue incorporado a la XV Brigada Internacional.

En la mañana del 12 de febrero, avanzaron hasta una montaña rocosa y escarpada y, a través de un olivar, continuaron el avance hacia las posiciones desconocidas de los fascistas. Sobre la cúspide de un cerro, que pronto se llamó «el cerro suicida», penetraron en la intensa potencia de fuego de las fuerzas de Franco.

Para hacer frente a las fuerzas de Franco sólo disponían de rifles. Sus pérdidas en muertos y heridos fueron muy elevadas.

---

[2] La presencia en el Jarama de las fuerzas mandadas por El Campesino es una suposición de Bill Alexander o una información equivocada, pues El Campesino y las fuerzas que él mandaba no estuvieron en el Jarama. Las fuerzas españolas a partir del día 13 fueron todas mandadas por Enrique Líster, cuya unidad orgánica era la 11 División del Ejército Popular.

Después de siete horas, el jefe del batallón, Tom Wintrinegham, se vio obligado a retirarse a la próxima loma. Pero esto era sólo a media milla a través de una meseta o altiplanicie de olivos delante de la carretera vital.

Al día siguiente las reforzadas fuerzas fascistas atacaron de nuevo, pero la compañía británica de ametralladoras entró en acción y les infligió grandes pérdidas.

El batallón francobelga, que estaba situado en el ala derecha, fue obligado a retroceder y sus posiciones fueron ocupadas por los fascistas, que los dejaron diezmados y, por infiltración, cogieron prisionera a la compañía de ametralladoras británica.

Por la noche del día 13, los del resto del Batallón Británico retrocedieron de nuevo y formaron una nueva línea de defensa a lo largo de un angosto camino.

Al día siguiente, o sea, el cuarto día de esta lucha intensa y sangrienta, los fascistas atacaron nuevamente con fuerza. Los tanques y la infantería irrumpieron en las posiciones británicas, infligiéndoles grandes pérdidas. La línea fue rota y quedaron aislados. Los pocos y pequeños grupos de supervivientes hicieron su propia retirada hacia la carretera de donde habían partido.

Los fascistas pudieron avanzar, pues el camino estaba libre para poder cortar la carretera de Valencia. Madrid habría caído y el fascismo hubiera proclamado otra victoria suya.

Pero el líder de la República Irlandesa, Frank Ryan, y Jock Cunningham, que habían sido alertados del catastrófico peligro, empezaron a reagrupar y reorganizar a los hambrientos y cansados hombres que encontraban desperdigados por la carretera, cubiertos de polvo, haciéndoles retroceder nuevamente hacia el frente. Españoles e internacionales, procedentes de otras unidades que habían sido deshechas, se unían a ellos.

Ryan sugirió entonces que, todos a la vez, cantaran *La Internacional*. Los fascistas, al oírlos, temieron la llegada de nuevos refuerzos y, como estaban deshechos por su feroz resistencia y sus cuantiosas bajas, se retiraron.

Los antifascistas reocuparon sus viejas posiciones. El frente del Jarama jamás fue roto en la lucha, únicamente fue derribado por medio de la traición en los últimos días de la guerra.

Las bajas republicanas fueron muchas a lo largo de todo el frente, alrededor de diez mil entre muertos y heridos.

El Batallón Británico tuvo 151 bajas en el frente del Jarama y casi todos fueron heridos, pero la República pudo mantenerse luchando otros dos años más y los demócratas y amantes de la paz de todo el mundo tuvieron más tiempo para preparar la resistencia al fascismo.

El eslogan *No pasarán* se hizo realidad y estimuló la resistencia antifascista en la Segunda Guerra Mundial.

La batalla cambió de tono y restableció la reputación y la moral del Batallón Británico. En

Bill Alexander en el frente de Talavera en septiembre de 1936

todas sus acciones, Sam Wild, último comandante del batallón, pudo con orgullo y correctamente proclamar: «El batallón ha cumplido las órdenes recibidas».

De regreso a Gran Bretaña, la Asociación Brigada Internacional se basó en la experiencia de la batalla del Jarama como orientación para su ayuda al pueblo español a recuperar la democracia. Se realizaron sobre esta campaña conferencias, representaciones, canciones, películas y libros.

Durante los 35 años de la dictadura de Franco hemos visitado a los líderes del Partido Conservador, e incluso a algunos líderes laboristas, para que ayudaran a detener la depravada dictadura de Franco sobre España y los españoles.

Desde su muerte, hemos saludado todos los avances hacia la plena restitución de la democracia en España.

Honrando la lucha y el recuerdo de los voluntarios británicos por la libertad, se han erigido 55 monumentos, en 55 municipios, a sus propios voluntarios.

El monumento en el Jubilee Gardens de Londres recuerda a: «Todos los que dejaron estas riberas para luchar contra el fascismo en España y honrar a los 526 que ahora descansan en tierra española».

En el cementerio de Morata de Tajuña, hombro con hombro con otros luchadores internacionales, recordaremos a nuestros camaradas caídos.

Pero nosotros reforzaremos nuestra convicción desde el Jarama: Unidad y lucha pueden derrotar al fascismo[3].

ANEXO 3

Germán Sánchez

Querido camarada Santiago:

Me pides te transmita lo que de las heroicas e inolvidables Brigadas Internacionales recuerde. Poco es lo que puedo decirte y menos será el valor que para tu propósito tenga lo que te diga, debido a las escasas oportunidades que tuve de convivir con sus integrantes.

Recuerdo el impacto revitalizador que para Madrid tuvo su aparición en las críticas jornadas de la gesta defensora.

Mi primer contacto personal fue con los heridos que llegaban al hotel Palace, convertido en el Hospital Militar n.º 1. En múltiples ocasiones, valiéndome del idioma francés, cuyo conocimiento era común a casi todos ellos, pude comunicarme ampliamente y conocer en forma directa el sentir y el valor de aquellos hombres que tan sencilla y explícitamente me enseñaban lo que era la solidaridad internacional.

A principios de 1938, incorporado yo a la CXXIII Brigada de la 27 División en el XVIII Cuerpo del Ejército, encuentro allí a dos jóvenes alemanes (no recuerdo por qué no estaban encuadrados en el Batallón o Brigada Thaelmann) que con el grado de comandantes mandaban dos de los batallones de la mencionada brigada, el 491 y el 493. Sus nombres: Walter Janka y Gustav Becker. El recuerdo más impactante de ellos, además de su heroico comportamiento, es cuando hubo que acatar el acuerdo de retirada de España. Lloraban con emoción y rabia cuando se despedían de nosotros sin comprender por qué tenían que dejarnos. Su compromiso so-

---

[3] Bill Alexander, *El valle del Jarama. Recuerdos, Morning Star*, 8 de noviembre de 1994.

lemne fue que tratarían de llegar a China a continuar allí la lucha contra fascismo. Gustav Becker creo que logró su objetivo.

De Walter Janka supe que años más tarde habría de convivir en Berlín, donde desempeñaba un puesto de alta responsabilidad en la industria cinematográfica de la RDA, con nuestro camarada Celestino Uriarte Bedia, el herrero de Mondragón que mandaba la 123 Brigada.

La ocasión de contacto más directo con los hombres de las Brigadas Internacionales fue durante la batalla del Ebro. En la sierra de Pandols (¿o Caballs?) nuestra brigada relevó a la XIII Brigada Internacional, a los batallones polacos de la Dombrowski. Habían cruzado el río y combatido sin cesar, como en tantos otros frentes y batallas, hasta encaramarse a aquellas crestas. Atrás habían dejado a muchos camaradas, pero su ánimo y decisión estaban intactos. La noche del relevo, tras parapetos de piedra, esperaban nuestra llegada. Entre abrazos, bromas y la silenciosa euforia comprensible, nos decían que, si no bajábamos a tomar Gandesa que hiciéramos trincheras que las íbamos a necesitar. Hasta el amanecer estuvimos cavando.

En el penal de Collioure, en Francia, reanudé contactos con gente de las Brigadas Internacionales. Tengo muy presente a un compañero anarquista que había estado con los garibaldinos, Henri Crespí, quien continuamente repetía con airado desconsuelo en una mezcla de italiano y español: «¡*Porco Dio!*, la guerra de España ha *stato perduta per il Comitato de no Intervento, ¡Porco Dio!*». Nunca aceptó que hubiésemos sido derrotados por quienes se nos enfrentaron en la lucha.

En Collioure también tuve ocasión de conocer a un espía infiltrado en las Brigadas Internacionales al servicio del Deuxieme Bureau francés. Tipo repugnante y envilecido, ruso blanco de apellido Grachú, que, ya sin tener que disimular, seguía sirviendo a sus amos, ahora como cabo de varas, al frente de la siniestra Brigada Especial del Penal.

Mi último contacto personal con camaradas de las Brigadas Internacionales fue en el campo de concentración de Vernet d'Ariége, adonde nos condujeron después que el pueblo francés consiguió con su presión que se clausurara el Penal de Collioure. Allí fueron llegando hombres de las más diversas nacionalidades, principalmente europeos. Entre ellos había un nutrido grupo de camaradas alemanes, entre los que se hallaban portuarios de Hamburgo que habían sido compañeros de lucha de Ernesto Thaelman. Debido a mi precario estado de salud, consecuencia de heridas de guerra y malos tratos y castigos, tanto en Collioure como en Vernet, tuve ocasión de valorar de nuevo el concepto de solidaridad y el valor humano de aquellos hombres: me apadrinaron, por así decirlo, y con el conocimiento y aprobación de los camaradas españoles me cuidaron empleando lo que recibían de ayuda externa a sobrealimentarme hasta mi salida del campo de concentración.

Son detalles, Santiago. Pequeñas cosas, pero para mí están ligadas a ellos y, aunque sea con retraso, estoy haciéndome presente en el merecido homenaje que se les ha rendido recientemente en el cementerio de Morata de Tajuña.

Ya hablé con Heliodoro para que te haga llegar su testimonio. En México lo solicitaré en tu nombre a todos los que considere pueden darlo. Yo me encargaré de reunirlos y enviártelos.

P.D. El checoslovaco que estuvo en España con las Brigadas Internacionales y que luego conocimos en México como encargado de negocios de la legación de Checoslovaquia en dicho país se llamaba Rudolf Sanko. Era un hombre discreto, amable en su trato y competente en su cargo.

Un abrazo para ti y para Luz

Germán[4]

ANEXO 4
Carlota y Walter Janka
Carta a Romero Marín

Muy apreciado camarada Romero Marín:

Los momentos que hemos vivido y las experiencias recogidas en nuestro viaje de este año a través de vuestro gran, precioso y sufrido país se han clavado muy profundamente en nuestros recuerdos. Y muy particularmente las entrevistas contigo, con el camarada Santiago Álvarez, con Marcos Ana y con muchos otros amigos y camaradas del PCE durante y después del homenaje a las Brigadas Internacionales han fortalecido estos lazos de lucha emprendidos ya hace 50 años y aún más.

Es comprensible y muy amable que vosotros lo mismo que todos los españoles antifascistas siempre nos dais las gracias por la aportación que hemos hecho durante la guerra de 1936 a 1939. Pero yo y otros también damos las gracias de todo corazón al pueblo español que durante los años de la dominación fascista en Alemania nos ha dado la posibilidad de participar con las armas en la mano de manera activa a vuestro lado contra el fascismo, la tradición y la opresión.

En mi vida nada me ha fortalecido más en mi desarrollo y concienciación que esta lucha. Y ninguna derrota, ningún retroceso y ninguna pérdida en el desarrollo de las cosas ha podido cambiar nada. Por eso finalmente yo considero que lo debo a vosotros.

Hemos escuchado con mucha atención tus informaciones y las de otros camaradas durante los diferentes encuentros. Y nos alegramos mucho de que vosotros habéis emprendido nuevos caminos que fortalecerán la influencia y aumentarán la fuerza de vuestro partido que tiene por objetivo la unificación del movimiento obrero español.

---

[4] Carta de Germán Sánchez a Santiago Álvarez, Madrid, 17 de octubre de 1994.

Con nuestros mejores deseos para ti y para vosotros así como vuestro trabajo, recibid nuestros más cordiales y sinceros saludos[5].

ANEXO 5

Con motivo del cincuenta aniversario de la Guerra Civil se organizarán actos para *recordar*: a) La devastación de España hace cincuenta años. b) La derrota de la democracia y la libertad y la implantación del régimen fascista. c) Las decenas de miles de hombres, mujeres y niños que perdieron su vida. d) Los miembros de nuestras filas, combatientes de las Brigadas Internacionales, que murieron allí.

En dichos actos se recordarán las consecuencias de la Guerra Civil Española: ascenso del fascismo en Europa, desencadenamiento de la Segunda Guerra Mundial, el horror y las devastaciones de aquel holocausto, las decenas de millones de muertos y la supervivencia del fascismo en España después de su derrota en Europa.

Pero los actos tendrán más bien un carácter de *celebración*: a) Saludaremos el heroísmo de un pueblo que hace cincuenta años se levantó para defender la democracia y la libertad de su país. b) Rendiremos tributo a los hombres de las Brigadas Internacionales. c) Celebraremos tener todavía entre nosotros a algunos héroes del Batallón Británico, que prosiguen la lucha, lo que constituye un honor para nosotros, el PC.

La campaña *Ayuda a España* abarcó aquellos sectores del movimiento obrero y alertó al pueblo británico contra el peligro del fascismo, pero el partido incorporó a ella a otros movimientos opuestos a la política de Chamberlain. En el congreso del partido, en 1938, Harry Pollit señaló la necesidad de movilizarse todos para poner fin a la política de la camarilla de Chamberlain.

Aunque la lucha de España fue derrotada, aportó una contribución histórica a la creación del frente unido de las naciones contra el hitlerismo hasta derrotarlo en la Segunda Guerra Mundial.

Tenemos hoy el honor de que entre nosotros se encuentre el camarada Santiago Álvarez, del CC del PCE. El Partido Comunista de España ha recorrido en estos cincuenta años un camino legendario, inspirado por la Pasionaria, manteniendo la resistencia contra Franco y aplicando nuevas formas de lucha como la constitución de Comisiones Obreras. Así se llegó a la derrota del franquismo, que hizo realidad la aspiración del poema de nuestro Bob Cooneys *Hasta la vista, España*.

Con la vuelta de la democracia a España, los comunistas españoles y los movimientos pro-

---

[5] Carta de Carlota y Walter Janka a Francisco Romero Marín. Kleinmachnow, 7 de noviembre de 1986.

Brigadistas dirigiéndose al frente del Ebro

gresistas tienen nuevas tareas para consolidar el régimen democrático. Nuestro partido, a lo largo de estos años, ha reforzado sus lazos de amistad con los camaradas españoles. Camarada Álvarez: deseamos a vuestro partido los mejores éxitos en su labor futura.

Celebramos hoy, también, el glorioso palmarés de lucha que poseen los comunistas británicos: fueron ellos los que formaron el Batallón Británico que combatió en España, los que animaron la campaña de ayuda a España y los que combatieron a los fascistas de Mosley; los que sostuvieron la campaña por la apertura del segundo frente y los que hoy mantienen la lucha en un mundo que ha cambiado dramáticamente. La correlación de fuerzas en el mundo ha cambiado a favor del socialismo y de los movimientos de liberación.

Con el peligro de guerra y con la carrera armamentista nuclear en el mundo, nuestra primera tarea consiste en asegurar la coexistencia pacífica, el desarme y la paz[6].

ANEXO 6
Wendy y Ray Davis
Carta a Silverio Ruiz

Querido Silverio:
Gracias a usted por el inolvidable fin de semana. Los dos, mi esposa y yo, nos sentimos muy felices cuando tuvimos la suerte y el privilegio de encontrarle a usted siempre que lo deseábamos en ese maravilloso y emotivo descubrimiento del monumento conmemorativo que siempre lo recordaremos ambos.

Todos nosotros apreciamos el duro trabajo realizado por ustedes y por sus camaradas de las Brigadas Internacionales en España para erigir el monumento conmemorativo. ¡Gracias! ¡Muchísimas gracias!

Mi tío, Harold Davies, murió en el Jarama el 28 de febrero de 1937. Nosotros nos proponíamos colocar una pequeña placa y algunos otros recuerdos en el ayuntamiento el año pasado.

Al tío de Wendy, Sidney Shosteck, lo mataron en Belchite el 6 de septiembre de 1937, al que nosotros hemos deseado también rendirle homenaje.

Todos los soldados que fueron abatidos en la guerra de 1939-1945 luchando contra el fascismo en Europa tuvieron medallas entregadas posteriormente a sus familiares. Yo me pregunto si hay medallas por la Guerra Civil Española y si están disponibles para los familiares. Si así fuera, yo planteo desde ahora mismo la petición de las de ellos: una para el ayuntamiento de

---

[6] Resumen del discurso del secretario nacional de organización del PC de Gran Bretaña en el acto de Glasgow del primero de julio de 1986, en el que participó Santiago Álvarez.

Harold Davis en el País de Gales y otra para EE.UU., la de Sidney Shosteck. ¿Podrá usted orientarme cómo lograr esto?

Tuvimos la gran suerte de volver a encontrarnos con usted y nosotros esperamos volver a encontrarle de nuevo en el futuro.

Solidariamente Ray Davis, Wendy y su hijo Tomas (Cardiff, 18 de octubre de 1994)[7].

ANEXO 7
Adelina Abramson
Los primeros... (Los precursores...)

Los trascendentales acontecimientos del siglo XX, empezando por las guerras locales y finalizando con la Segunda Guerra Mundial, originaron un nuevo problema hasta entonces poco conocido: el papel de la traducción militar y, por ende, el rol de los traductores militares.

Cabe recordar que la traducción literaria fue factor primordial y clave en el desarrollo de la cultura mundial en sus diferentes fases.

Justamente fue en España durante la Guerra Civil (1936-1939) donde se plasmó, en la práctica, lo específico de la función del intérprete, en primer lugar, o sea el intérprete con conocimientos de la terminología militar.

Trataré de dar una visión real y objetiva del papel del intérprete en el marco de aquellos acontecimientos históricos.

Cuando la República Española empezó a recibir la ayuda material de la Unión Soviética, a la par de ésta, llegaban los especialistas militares soviéticos voluntarios, dispuestos a ofrecer su ayuda inapreciable, sus conocimientos y experiencia en aras de la noble causa del pueblo español: la lucha por la democracia.

Fue entonces cuando surgió la apremiante necesidad del intérprete que pudiera traducir del español al ruso y, viceversa, del ruso al español.

En aquellos años el castellano se enseñaba en un reducido número de Institutos Superiores, principalmente en dos ciudades: Moscú y Leningrado. Muchos de los egresados dominaban con soltura el español coloquial, conocían la literatura, pero no estaban preparados para la traducción militar en condiciones de guerra.

Hoy día, recordando lo vivido, rebobinando la cinta de la historia, sería un suicidio renun-

---

[7] Traducción al español de la carta en inglés de Ray Davies y su esposa Wendy a Silverio Ruiz Daimiel.

ciar a la memoria y a todo lo sufrido y al mismo tiempo quisiera dar unas pinceladas de cómo el intérprete cumplía su nueva función en las condiciones de aquella contienda.

De los 204 intérpretes (112 mujeres y 89 hombres) participantes en los diferentes frentes de la Guerra Civil y de los 29 de la escuela de Kirobabad se podría diferenciar el nivel de su español; Había un grupo de intérpretes para quienes el español era idioma natal (20 argentinos, 3 cubanos, un intérprete de Australia y otro de Brasil que podían cumplir con sus funciones de intérprete).

Pero la única dificultad que se planteó ante todos los intérpretes fue la falta de preparación en materia de la traducción militar, o sea, la traducción empleando la terminología militar necesaria en condiciones de guerra.

¿Cuál fue la solución de este problema? Al principio cada intérprete había confeccionado su propio diccionario dependientemente del arma donde estaba incorporado; una gran ayuda a esta labor la prestaban los militares.

Poco a poco todo iba mejorando en el profesionalismo del intérprete llegando a poder desenvolverse con holgura en este terreno.

Hay que dejar constancia de que los últimos intérpretes que llegaban a España ya iban pertrechados de la terminología militar necesaria, gracias a los cursillos organizados con profesores que eran los intérpretes que regresaban y se les consideraba peritos en la materia.

Al llegar a España el intérprete era designado a determinados consejeros o bien a unidades militares. El intérprete era el arma que no disparaba pero que satisfacía con creces, en un cien por cien, su presencia tanto en la preparación de las operaciones militares como en la primera línea de fuego en los diferentes frentes.

En España todos los intérpretes recibieron su primer bautismo de fuego que más tarde pusieron a prueba durante la Segunda Guerra Mundial.

Sin lugar a dudas, la participación de los especialistas soviéticos creó condiciones ideales para conocer el carácter y la manera de ser del español y del ruso.

Esto hubiera sido imposible sin su inapreciable participación, éstos eran verdaderos internacionalistas, eslabón de enlace con un pueblo que se enfrentó al fascismo, la causa del pueblo español era su propia causa, estaban pendientes de todo lo que acontecía en España y en las diferentes condiciones de guerra demostraron su carácter decidido y tenaz.

¡Cuán ardua tarea es escribir estas páginas testimoniales!

Pero no todo era camino de rosas para el intérprete: por ejemplo el psicológico, éste debía adaptarse, no sólo a las diferentes condiciones que la guerra ofrecía, sino encontrar la clave que le permitiera compenetrarse con su jefe, o sea con el especialista militar soviético, o con el consejero, como entonces los llamaban.

Adelina Abramson en Albacete, 1937

En las condiciones de guerra sobre el intérprete se cernía el peligro o bien de caer prisionero o perecer como cualquier soldado. Así sucedió con Sofía Bessmertnaya (Borshetzkaya), intérprete del Consejero de la 11 División que cayó prisionera en julio de 1937 y condenada a 30 años de prisión; en 1944 regresó a la Unión Soviética; Alejandra Bajmutskaya, otra intérprete que pereció el 7 de abril de 1938 en las proximidades del aeródromo de Sabadell.

Es curioso el hecho de que el problema del intérprete también se creó dentro de las Brigadas Internacionales. En la mayoría de los casos el yiddish fue uno de los medios de comunicación dentro de las unidades, pero también recurrían al francés o al italiano, idiomas de un mismo origen con el español o a veces se hablaba un español reducido.

Entre lo escrito sobre la lucha contra las fuerzas reaccionarias y fascistas, sobre la solidaridad cordial y fraterna se destaca la alta apreciación del papel del especialista soviético y del intérprete en la Guerra Civil emitida por Santiago Álvarez en su obra *Cincuentenario de la Guerra Española. Homenaje a las Brigadas Internacionales*[8,9].

ANEXO 8

Clara Rosen
Kirovabad 1937-1939

Llegué con mi madre a Kirovabad el 29 de enero de 1937. En el tren viajaban, en otro vagón, cuatro personas más: Rosso, el hijo adoptivo de María Fortus, Ramón Casanellas (en calidad de alumno y traductor, aunque el comisario Mírov lo eximió de la última misión), y dos traductores cuyos nombres no recuerdo. Eran personas mayores, uno de ellos sastre, proveniente de Argentina.

En Kirovabad ya estaban (habían llegado unos días antes) las hermanas Steinmetz, Aurora e Irina; Sonia Besmertnaia, una jovencita de diecisiete años, nacida en Checoslovaquia y criada en Argentina; Juan o Iván *el Cubano* (luego nos enteramos de que era el hermano de Blas Roca), Yákov Schvartz, Liminik y su esposa. Más tarde llegaron el matrimonio Samsón Besmertni (tío de Sonia) y su esposa. Prácticamente este pequeño grupo de traductores atendió las necesidades del primer curso de alumnos. Cuando llegamos se quitaban las piedras del primer aeródromo para poder empezar los vuelos, y los aviones U-2 todavía estaban sin montar en unos cajo-

---

[8] pp. 71-75.
[9] Testimonio escrito en diciembre de 1995 por Adelina Kondratieva, intérprete en el E. M. de la aviación republicana española.

nes que parecían vagones. Después de la primera promoción no regresaron Irina Steinmetz, Liminik, Sonia y los Besmertni (ambos pasaron a la escuela de observadores de Járkov). A partir del segundo turno pasaron por la escuela hasta 29 traductores. Aurora Besmertnaia, casada con Iván *el Cubano*, hija de Samsón. Vinieron de España en distintos turnos: Petrov, Petrova, Konstantínova, Oliver, Pokrovskaia (todos de Leningrado). Salvo Pokrovskaia, casi todos ellos se marcharon sin llegar al final de la próxima promoción. También estuvo Besmertni, hermano de Samsón, que llegó de España con su esposa española.

A la lista debo añadir a Iván Tristá, Iliá Altman, Alexei Korobitsin, Valentina Krávchenko (hasta el final de los cursos), Inna Gladkova (un par de meses), María Yusim, Greigori Kinover. A fines de 1938, cuando ya estaba acabándose la guerra de España, llegaron cuatro jóvenes de Leningrado, después de haber hecho unos cursillos de tres meses de español (llamaban yelmo al casco de vuelo). Entre ellos sólo recuerdo los apellidos de Ivanov y Kolomíets.

Los únicos traductores que estuvimos desde enero de 1937 hasta mayo de 1939 (o junio, no recuerdo) fuimos Rosso, Aurora Steinmetz, Schvartz y yo. Algunos estuvieron dos promociones o más, entre ellos Valentina Krávchenko, Tristá, Altman, Korobitsin. La plantilla completa debía ser de 18 traductores, nunca pasamos de 12.

Asignaturas que se estudiaban: motor, aerodinámica, teoría de vuelo, meteorología, vuelos nocturnos, tiro-ametralladora; además, análisis diario de los errores de vuelo. Mirov, Comisario, daba conferencias sobre política internacional y la situación en los frentes de España.

El trabajo del traductor en el campo era el siguiente: *cada* despegue iba precedido por las explicaciones del instructor, *obligatoriamente* a través del traductor. *Cada* aterrizaje requería un análisis del vuelo realizado, *obligatoriamente* a través del traductor. Recalco estas palabras, porque existía una Orden especial para los instructores, que debían cumplir al pie de la letra, de lo contrario por cualquier accidente que ocurriera con el alumno el instructor respondía textualmente «con su cabeza», ya que podía haber la posibilidad de que el alumno no lo entendiera o lo entendiera mal. Y aunque los instructores ya se manejaban bastante bien con el idioma, esa regla la cumplían rigurosamente. A los aeródromos se enviaban solamente los traductores que mejor conocían el idioma, por eso en cada uno de los cinco aeródromos trabajaba, por lo común, un solo traductor. Primero había que subir al ala del U-2, después al ala del R-5 (yo, que trabajaba con los SB-Katiusha), al ala del mastodonte R-6 y luego a la del SB. Eso antes de cada despegue y después de cada aterrizaje. En el campo volaban de seis a ocho aviones, con sus respectivos instructores.

Horario de trabajo: en verano los vuelos comenzaban a las cinco de la mañana; había que levantarse a las tres. Los vuelos terminaban a la una de la tarde. De allí al baño directamente. Después la comida, el comedor estaba en el territorio del estado Mayor. De allí al cuartel a hacer el análisis de los vuelos del día (dos horas). Después las asignaturas según el horario establecido. Las clases terminaban aproximadamente a las 8 de la noche.

Aviadores voluntarios soviéticos. De izquierda a derecha Smirnov, Serov, Iakushin en 1937

En invierno el horario se corría unas tres horas: los vuelos comenzaban a las ocho de la mañana. Al aeródromo nos traían el segundo desayuno caliente. En verdad, no muchas traductoras resistían ese ritmo. Yo no puedo quejarme, porque en Kirovabad cumplí los diecisiete años y a esa edad se resiste todo, máxime cuando «todo sea por la victoria».

Quiero añadir que los instructores de Kirovabad eran la crema y nata de los profesionales, seleccionados en todas las escuelas de la URSS. En el plazo de cinco meses cumplían el programa de tres años de estudios en las escuelas del país. Existía un clima de camaradería total entre alumnos y profesores.

Tuvimos tres casos de detenciones: el piloto Linden (alemán del Volga, que regresó de España), el jefe de ingenieros Mittelman y el instructor Lashin. Del único que supe algo es de Lashin, que luchó en la GGP.

Entre los instructores había ases de la aviación: Krávchenko, Grómov, Gritsevets y otros. El jefe de mi escuadrilla de SB era Grachov, piloto de Stalin a Teherán.

Traductores que trabajaron en Kirovabad

Steinmetz, Aurora
Steinmetz, Irina
Rosso, Pedro
Besmertnaia, Sonia
Besmertni, Sansón y su esposa
Besmertni (hermano del anterior)
Iván (Juan) *el Cubano*
Yusim, María
Liminnik
Pokrovskaia, Luisa
Petrov (Leningrado)
Petrova (Leningrado)
Konstantinova (Leningrado)
Oliver (Leningrado)
Gladkova, Inna
Kravchenko, Valentina
Tristá, Iván
Altman, Iliá
Korobitsin, Alexei
Kinover, Grigori
Ivanov (Leningrado)
Kolomiets
Schvarts, Yakov
Rosen, Clara
y 4 más (dos de Leningrado), cuyos apellidos no recuerdo[10].

ANEXO 9
Hermann Streit
Sobre la muerte de Hans Beimler

Al leer el artículo publicado en la revista *Antifa* de julio del presente año con ocasión del
100.º natalicio de Hans Beimler, volvieron a mis recuerdos España, Madrid, Casa del Campo y
la forma en que este camarada perdió la vida.

---

[10] Testimonio de Clara Rosen, Berlín, a 25 de septiembre de 1995.

Bajo el seudónimo de Franz Strunk llegué de la Unión Soviética a España junto a los camaradas Richard Staimler y Paul Wolf para asistir al pueblo español en su lucha por la libertad.

El primero de diciembre de 1936, el frente de Madrid, particularmente en Casa del Campo, estaba en constante movimiento. La distancia entre nosotros y el enemigo era tan corta que a veces se reducía a cien metros o menos. Continuamente había que proceder a reagrupaciones pues desde el punto de vista de la situación global del frente era necesario mantener esta posición.

En aquellos días el Batallón Thaelmann se hallaba en la primera línea lo mismo que su mando, que se encontraba en una carretera con un declive de algunos metros en una de sus laderas. En el mando se recibió un parte de que un centinela había sido atacado con granadas de gas por parte del enemigo. Se hizo necesario instruir a los camaradas del puesto de avanzada sobre el manejo de las máscaras de gas. Como yo poseía los conocimientos correspondientes resolví hacerme cargo de esta tarea.

Partí a mediodía y me arrastré unos sesenta u ochenta metros en dirección al puesto de avanzada, siempre por el borde inferior del declive y protegiéndome como podía. Tanto el declive como el terreno adyacente, cubierto de algunos arbustos, eran visibles para el enemigo, quien había apostado a sus tiradores en el lugar. Cuando alcancé la parte del declive desde donde me había propuesto cruzar la carretera, sentí algunos disparos. Miré hacia atrás y vi a dos hombres cerca del declive casi al descubierto que habían sido alcanzados por los tiros. Ellos llevaban chaquetas de piel canadienses de color claro. Inmediatamente después saltó un hombre de la ladera y arrastró a uno de los heridos hacia arriba. Desde la distancia a que me encontraba naturalmente no podía ver quiénes eran los heridos ni tampoco quién acudió en su ayuda desde el declive. Esperé algunos momentos y enseguida atravesé a saltos la carretera a la vista del enemigo. En la parte izquierda de la carretera me dirigí hacia el centinela hacia quien estaban disparando desde una casa blanca aislada. Cerca de ahí se encontraba otro edificio desde el cual también salían disparos.

Una vez cumplida mi tarea y al caer la noche me devolví al mando del batallón. Recién allí supe que el primero de los dos camaradas alcanzados por las balas había sido Hans Beimler y que había sido a él a quien habían subido por la ladera; el otro camarada fue Louis Schuster. Las lesiones de Hans Beimler fueron mortales. De Louis Schuster se dijo que falleció en un hospital madrileño a raíz de las lesiones sufridas[11].

---

[11] Testimonio de Hermann Streit, escrito en agosto de 1995.

ANEXO 10
Hans Landauer-Operschall
Impresiones de España

Me han preguntado muchas veces a lo largo de mi vida cómo pudo el muchacho de dieciséis años que yo era ir a España a tomar parte en una guerra. Y se referían tanto a la realización concreta del viaje como al factor psicológico del alistamiento voluntario.

Lo psicológico se explica enseguida. Hasta febrero de 1934 —cuando es abolida la democracia en Austria—, mis dos abuelos fueron alcaldes socialdemócratas de Ober-Waltersdorf y Tattendorf, respectivamente, modestas comunidades rurales en las cercanías de Viena. En ambas hay calles que llevan sus nombres hoy día.

El triunfo del Frente Popular en España, en febrero de 1936, fue acontecimiento productor de contento y júbilo entre todos los demócratas de Austria. Defender a la República Española era para nosotros un acto de solidaridad.

Mil quinientos austriacos pusieron en práctica esta solidaridad, quedando para siempre en tierra española 225 de ellos.

No venía yo solo de mi patria chica; éramos cuatro: Franz Tabor, a quien había tenido de compañero en la tejeduría mecánica local hasta el momento de partir, Franz Guttmann y August Schober, de Möllersdorf, municipio vecino. Un quinto paisano, Rudolf Schara, de Ober-Waltersdorf, nos seguiría meses después.

Pero yo era el único que tenía pasaporte, de manera que pude viajar ya hacia París sin impedimento ninguno el 19 de junio de 1937.

Mis amigos hubieron de llegar allá cruzando ilegalmente las fronteras. Así pues, el más joven —es decir: yo—, convertido en «batidor y viajero en solitario», llegaba a España unos días antes que el resto. Nos volveríamos a ver en el campo de instrucción de Madrigueras.

Cuando en París le presenté el pasaporte a mi contacto, a éste, viendo mi fecha de nacimiento (19 de abril de 1921), lo único que se le ocurrió decir fue: «Estás chalado; cómo vamos a enviar niños a España». Bien poco le convenció mi respuesta de que no era mi pasaporte, sino el de un primo —inexistente— y que yo no tenía dieciséis años, sino que ya había cumplido los dieciocho. La balanza se inclinaría cuando objeté que si había de regresar a Austria, no estaba garantizado que no soltara prenda en la policía.

Se me dejó proseguir el viaje con la identidad de Hans Operschall (usando, pues, el apellido de soltera de mi madre).

Hans Beimler
comisario político muerto en diciembre de 1936 en el frente de Madrid, en la Ciudad Universitaria

Días después franqueaba los Pirineos, a la altura de Massanet de Cabrenys, junto con cerca de un centenar de voluntarios, procedentes de todo el globo. Al clarear el día, ya en suelo español, arribamos a una maciza construcción de piedra, parecida a las queserías alpestres. Sabiendo de nuestra inminente llegada, los guardias fronterizos españoles nos esperaban con café caliente. En camiones descendimos luego hacia la fortaleza de Figueras. En su interior vi un cartel que se proponía estremecer la conciencia moral del mundo. Mostraba los cuerpos mutilados y ensangrentados de niños a quienes dejaran muertos sobre el asfalto de Madrid las bombas arrojadas por aviones alemanes de la Legión Cóndor. Por encima, un rótulo sencillo y, como hoy sabemos, profético: «Hoy, España; mañana, el mundo».

Los responsables de la política en Londres y París, que habían creado el Comité de No Intervención, no se daban cuenta —o no querían dársela— de que también las ciudades de sus países podrían padecer un día el terror de los bombardeos.

Coventry y Oradour aún no les cabían en la cabeza, y a Dresde la preservaba el huero patetismo de Hermann Göring, mariscal del Reich, diciendo: «Me llamaré Maier cuando un avión enemigo llegue hasta cualquier ciudad alemana».

No querían enterarse de que con Guernica se iniciaba un «proceso técnico-militar», a cuyo extremo opuesto iba a hallarse un día —tras Varsovia, Rotterdam y Londres— una ciudad alemana llamada Dresde.

Por cierto que Hannes Trautloft, excombatiente de la Legión Cóndor, tendría el mando supremo de las fuerzas aéreas de la OTAN con posterioridad a 1945.

Compañeros de armas

El batallón austriaco Doce de Octubre de 1934, constituido en la retaguardia de Cañizar a finales de junio de 1937, durante el paréntesis entre Guadalajara y Brunete, desde un principio tuvo en sus filas más de un 25 por 100 de españoles. Eran voluntarios todos, de Andalucía y de la zona de Valencia. Uno de ellos llegó a furriel en nuestra compañía, la de ametralladoras. Con su eterna sonrisa pícara, a los treinta y tres años tenía cara de indio centenario. Le llamábamos afectuosamente Ratón. Era la persona servicial por excelencia, siempre encantada de hacer favores a los demás. Se sentía inconsolable —o así lo parecía, al menos— cuando en lo que era su competencia: el abastecimiento de la compañía, alguna cosa no salía bien. Pero estaba a sus anchas en cuanto tenía la posibilidad de sacar del zurrón, como por arte de magia, los tan ansiados cigarrillos, bebidas o naranjas. Conocía ya a su parroquia, así españoles como internacionales, y obraba en consecuencia.

Bromista de nacimiento, gustaba de ponerle picante a sus actuaciones. Siempre negaba tener pitillos para los fumadores, chocolate para los imberbes, y de repente los sacaba del bolso como un Papá Noel.

Se ponía melancólico tan sólo contemplando la fotografía de su joven esposa, con el hijo de un año que tenía en los brazos.

¿Qué habrá sido de él?

Peón de los arrozales valencianos, figura de las novelas de Blasco Ibáñez hecha carne, miliciano del primer momento. Aunque no recuerde su nombre, nunca olvidaré su cara ni, por extravagante que suene, la minúscula fotografía, que de vez en cuando me mostraba con todo su orgullo de padre.

Amistad allende la muerte

Junto a la carretera de Falset a Mora de Ebro, inmediatamente después del desvío hacia Masroig, se alzaba entre olivos una masía. Era de esas construcciones, presentes por doquier en España, que entonces se habitaban y colmaban de animación tan sólo para la cosecha, permaneciendo vacías la mayor parte del año.

Pero cuando la siega acudían los peones con toda su grey más la mula y el burro, dispuestos a ganarse en pocas semanas el parco sustento de todo el año.

Ahora, en plena era del tractor, están estas masías abandonadas y arruinándose.

A finales de abril de 1938, sin embargo, aquel edificio de una planta, provisto de soportales y circundado por un alto muro, servía de cuartel general a la XXXV División.

Al recién organizado batallón especial de la división se nos había encomendado proteger al estado mayor.

Bajo los olivos cavamos, todo alrededor del edificio, nuestros pozos de tirador, que debían procurarnos por la noche lecho y, en casos de ataque aéreo, refugio.

En torno al 1 de mayo de 1938 recibimos visita. Con motivo de la transmisión del mando del general Walter (Karol Swierczewski) a Pedro Mateo Merino, nos vino a ver Dolores Ibárruri, *Pasionaria*. El servicio era leve, sin grandes variaciones, prescindiendo —eso sí— del deporte matutino, tormento que nos deparaba nuestro paternal amigo Hans Hertl, de los gimnastas proletarios vieneses, jefe de pelotón en nuestra compañía, cuyo silbato nos arrancaba cotidianamente de las inexistentes plumas de ganso.

Única circunstancia fastidiosa era que Falset distaba de allí 8 kilómetros, siendo nulas nuestras posibilidades de diversión. Pero para algunos de nosotros, el problema se resolvería de manera sorprendente.

Un campesino alto, enjuto y bronceado por el sol cultivaba sus reducidas parcelas cerca de allí. Llegaba, día tras día, en su carro de dos ruedas, tirado por un mulo, y a cuya sombra trotaba un perro.

Un sistema de riego muy sencillo, a partir de un arroyuelo tributario del Ciurana, hacía prosperar a las mil maravillas tomates, pepinos, judías y otros vegetales desconocidos para nosotros.

Utilizando mis escasos conocimientos del castellano, entablé conversación con él.

Era de Marsá, a unos cuatro kilómetros de distancia. En un día de asueto nos invitó a su casa.

Éramos tres: Franz Chladek, a quien pocas semanas después —el 5 de septiembre de 1938— destrozaría una mina aérea en la cota 502 de la sierra de Pándols; Franz Hahs, que, con motivo de la «segunda entrada en acción» de los Internacionales, caería prisionero de Franco, hallándose gravemente herido, junto a Caldas de Malavella; y yo.

Encontramos su vivienda en una calle estrecha. A ras de tierra, en la entrada, que cerraba un sólido portón, se erguía el carro. Su «motor», es decir: el mulo, tenía el establo justo al lado. En la parte contraria se alineaban los compartimientos para aves, conejos y cerdos. Ocupaban el primer piso la cocina y las habitaciones. Una genuina lámpara de petróleo proyectaba su mortecina luz sobre la cocina, donde la madre se afanaba ante el hogar, mientras que el abuelo, de boca desdentada, daba chupadas a una pipa corta.

No salía de casa sin la típica boina maña en la cabeza.

Ahora bien, la atracción de aquella casa, además de grata sorpresa para nosotros, eran las dos hijas: María Teresa, de mi edad, y Juanita, algo mayor, típicas muchachas campesinas. Juanita era un poco más alta que María Teresa. Las dos tenían un pelo negro azulado, muy liso. Siempre estaban alegres, con la burla danzando en sus ojos.

Aún no sabía yo que María Teresa tenía novio formal, el cual suponía para nosotros una competencia insuperable. Fernando Jaffa, voluntario de la XV Brigada Internacional y, en cuanto bonaerense, en posesión de la lengua castellana, nos daba ahí sopas con honda.

Efectivamente, se casó con ella.

Hacia el final de la guerra cayó prisionero de los franquistas cuando ya estaba en camino su primer hijo, un varón, al que habrían de seguir otros tres.

Con el amo de casa era con quien mejor me entendía yo.

En cuanto le conté que mis abuelos eran campesinos también —Pequeños campesinos, como él—, me vi aceptado enteramente.

El tema de nuestras conversaciones nunca variaba.

Como en toda la España de entonces, en Marsá se carecía de una serie de cosas y, sobre todo, de pan y jabón. En aquella comarca, orillada por el Ebro y la sierra de Montsant, sólo se daban olivos, avellanos, almendros y los casi inabarcables viñedos del Priorato, mundialmente famoso. Medio siglo después, todo sigue igual. Cómo no íbamos a compartir nuestra «demasía» de pan y jabón con la hospitalaria familia Sánchez. Las mujeres, a su vez, nos lavaban mudas y uniformes. Ello nos convertía sin duda en los soldados más pulcros y mejor vestidos de los alrededores.

Cuando, el 23 de septiembre de 1938, se retiró del frente a los Internacionales, el embarco en los vagones tuvo lugar en la estación de Marsá.

Como era natural, me despedí de aquella familia.

Era yo el único que quedaba del trío inicial.

Franz Chladek había muerto, y Franz Hahs, herido, estaba en el hospital.

Tras la muerte de Franco, con motivo de mi primer regreso a España, viajé a Marsá también, por supuesto. Y así me enteré de que de toda la familia sólo sobrevivía María Teresa, que pasaba un semestre en Argentina y otro en España, descolgándose de vez en cuando por Marsá.

Así pues, dejé mi dirección a un vecino. En otoño de aquel mismo año tenía en mis manos correo de Buenos Aires:

«Querido Hans, hemos sabido que fuiste a buscarnos. Nos encontraremos en España el año que viene».

Y así hubo de suceder.

No me avergüenzo de las lágrimas que vertí —que vertimos—, cuarenta años de separación.

En los años siguientes nos encontraríamos regularmente, por lo general, con motivo de la fiesta de la ADAR, en Gandesa.

A María Teresa se la llevó —demasiado pronto, ay— una enfermedad traicionera, estando en España.

Unos años después, de pena, sin duda alguna, moriría también Fernando en Argentina, casi ciego ya.

De acuerdo con su voluntad, se lo incineró, trayéndose la urna a Marsá, en un punto al este de cuyo lugar, junto a la carretera que lleva a Torre de Fontaubella, está enterrada al lado de los restos de su amigo el estadounidense Cockson, caído en la batalla del Ebro.

Unos monolitos presiden las dos sepulturas; las flores se renuevan incesantemente a sus pies.

Prisciliano

A pocos austriacos les sonará este nombre de pila. En nuestro país no es común, y aun puede que nadie lo haya oído nunca. No es solamente la lucha en tierra española lo que me vincula a mi segunda patria. Acaso me ate aún más a ella el calvario de los campos de internamiento franceses; «camps d'accueil» (campos de acogida) llamaban, con todo cinismo, a aquella antesala de los campos de concentración alemanes, adonde iríamos a parar en 1940, tras la derrota de Francia.

Y he aquí que entró en vigor el decreto número 5740/38-IV A2, de 25 de septiembre de 1940, de jefatura de la Policía de Seguridad y del Servicio de Seguridad, inspirado por el propio Hitler, relativo al «trato que se dará a los excombatientes de la España roja, así sean nacionales del Reich como extranjeros». Decía en él que «también a los ciudadanos españoles prisioneros de guerra de los alemanes» se los «liberará de la cautividad, por orden del Führer, para entregarlos a la GESTAPO», que «dispondrá su traslado a un campo de concentración».

A partir de entonces, a los campos de prisioneros de guerra (STALAGS) se los cribaría sistemáticamente en busca de «rojos españoles», la mayoría de los cuales fueron a parar al campo de Mauthausen. No hay quien sepa decir hoy por qué justamente a Mauthausen, que estaba en construcción todavía y donde las condiciones de vida —mejor dicho: de supervivencia— eran catastróficas.

Las obras del campo obligaban a arrancar de una inmensa cantera el granito con que se erigían la mayoría de los edificios sólidos y los muros de circunvalación del campo. Aparte del trabajo en la cantera, que hacía peligrar las vidas de por sí —de ahí que el campo fuese acreedor de la categoría 3.ª, la destinada a presos «cuyo retorno no interesa» y a apresados en redada nocturna y sorpresiva, que tenían terminantemente prohibido mantener correspondencia—, ocurría que por aquel entonces desempeñaban todos los destinos del campo criminales notorios, casi siempre diligentes esbirros de las SS.

El durísimo trabajo en la cantera, la nutrición insuficiente y el extremado rigor del invierno de 1941 a 1942 diezmaban a los presos y más aún a los españoles.

El 9 de diciembre de 1941 murieron 51 presos (36 españoles) y al día siguiente, 64 (55 españoles). Similar balance arrojan el 14 de enero de 1942, cuando murieron 58 presos (40 españoles) y el día siguiente, con 66 víctimas incluso (56 españoles).

No cabe más elocuente ilustración del concepto «aniquilación por el trabajo».

El 9 de noviembre de 1942 llegó a Dachau, procedente de Mauthausen, un transporte de inválidos, 51 de los cuales eran españoles. Prisciliano García Gaitero, uno de ellos, describe la llegada en sus memorias, inéditas aún:

«A eso de las doce de la noche nuestro tren se para, las puertas de mi vagón se abren y un camión con SS y presos con trajes de rayas azules y blancas nos dicen en español y con mucha amabilidad: "Ven, ven, español. Despacio". Yo les miraba extrañado y sin saber dónde estaba, lo más extraño era que nos hablaban en español. Yo les pregunto: "¿Sois españoles?", y me responden: "No, somos hermanos tuyos, somos internacionales". Y continúo preguntando: "¿Dónde estoy?", y me responden: "En Dachau, estás en un campo muy bueno, aquí hay muchos internacionales, que te ayudaremos".

»Desde aquel mismo momento me entraron ganas de vivir, ya no tenía miedo a la que antes deseaba por momentos para terminar de sufrir: la muerte.»

Hasta finales de 1942 morirían otros 8 de los españoles que llegaran y en los años 1943, 1944 y 1945 —hasta la liberación— otros 9 más.

A los de mayor debilidad física se los logró internar en la enfermería. Allí ocupaban la mayoría de los destinos presos socialistas, entre quienes figuraban algunos austriacos excombatientes de la guerra de España. Se trataba de Josef Schneeweiss, Sebastian Wrulich y Vincenz Seiser. Con su ayuda recuperarían fuerzas algunos de los procedentes de Mauthausen.

Eugen Weiler confirma en su libro *Die Geistlichen in Dachau* (Sacerdotes en Dachau) que tal solidaridad no sólo benefició a los «rojos españoles».

A éstos era necesario colocarlos en columnas de trabajo en las que no repercutieran negativamente para ellos ni el déficit lingüístico —ninguno sabía alemán— ni el estado físico deplorable en que casi todos se hallaban.

Por los buenos oficios de Josef Presterl, *Martin*, excombatiente austriaco de la guerra de España, uno de los distribuidores de tareas, quedarían ubicados como mejor cupo en columnas tales. A la mayoría les tocó en recuperación de cables. Consistía ésta en desguazar primero la chatarra de aviones derribados que se hubiese recogido. Los cables que aún permaneciesen en los restos se abrían, seleccionándose en su interior los hilos según índole y calidad del metal. Era trabajo sucio, si bien llevadero, que además se realizaba dentro de una barraca —esto es: a salvo de inclemencias meteorológicas—, sin comparación, desde luego, con el de la cantera de Mauthausen.

Un grupo menor incluso pudo colocarse en la manufactura de porcelana.

Quienes acaecían en columna formada hasta aquel momento por excombatientes de España austriacos o alemanes no solían tropezar con dificultades. En otros casos bastaban unas palabras con el *kapo* de turno, enterándole de que el español que acababa de serle asignado contaba con un defensor —o ángel de la guarda, si se prefiere—, lo cual solía inducir al *kapo* a portarse correctamente con aquél.

Creo asimismo que los paseos por la avenida del campo, que ocasionalmente dábamos con los españoles tras la revista vespertina, eran factor psicológico nada desdeñable en lo que al fortalecimiento de la moral se refería. Aparte de las noticias sobre la marcha de la guerra, conocían en la práctica que en tan hostil y amenazador país había gentes que, si no mucho, algo sí que podían hacer por ellos.

En realidad, nos dábamos indirectamente ánimos a nosotros mismos.

En un campo de concentración alemán sólo se sobrevivía gracias a la solidaridad. A los austriacos excombatientes de España nos la depararon, cuando llegamos a Dachau, presos políticos alemanes y austriacos, los primeros de los cuales podían llevar recluidos allí desde 1933.

En campos donde no se daban tales condiciones —como Mauthausen, Gross-Rosen, Neuengamme, por no citar otros—, donde uno estaba «desnudo entre lobos», las posibilidades de sobrevivir eran sumamente escasas, como se ha visto.

Nosotros considerábamos nuestro deber mantener viva la solidaridad. De ahí que me colme de orgullo el regalo de despedida que me hicieran los compañeros de fatigas españoles de Dachau.

Una especial amistad me unía al antes mencionado Prisciliano García Gaitero, de Mieres. Pensando en él llamé Hans-Prisciliano a mi hijo mayor. En mayo de 1945, una vez liberado Dachau por las tropas de Estados Unidos, aquél abandonó el campo con muletas, en dirección a Francia. Nunca más volvimos a vernos.

Mantuve correspondencia con él hasta 1948. Después, el contacto se cortó.

En octubre de 1986, cuando durante una entrevista televisada mencioné su nombre en Oviedo, su hermano y su sobrino acudieron desde Mieres a mi hotel, y al día siguiente era huésped de la familia.

Ellos me informaron de que Prisciliano había fallecido el 30 de junio de 1948 en el sanatorio de Brevannes, departamento de Seine-Oise (Francia).

Mi hijo Hans-Prisciliano perdió la vida en un accidente de caza el 3 de enero de 1981, a la edad de treinta y tres años.

Resta decir que una solicitud de la madre de García Gaitero para que se le concediera pensión de víctima sería rechazada por el organismo de clases pasivas del *land* Renania N.-Westfalia (nota 3 G 4162 E, de 9 de septiembre de 1965), alegando —literalmente— que «una indemnización no puede ser pedida en su caso debido a que su hijo Prisciliano murió más tarde que ocho meses después del remate de su captura en el campo»[12].

ANEXO 11

Gastón Demoret
¡No pasarán!

1936. El cañón truena. La sangre fluye a borbotones y enrojece la tierra de España. Hitler y Mussolini apoyan la rebelión.

La resistencia se organiza y de esta resistencia nació el ejército popular español. Un ejército improvisado que levantó la admiración del mundo entero.

---

[12] Testimonio de Hans Landauer-Operschall. Viena, marzo de 1995. Traducción de Jorge Deiken.

El mundo manifestó su intención firme de ayudar a la República. Éstc era el sentimiento unánime. Entonces se crea en el mundo una vasta corriente de solidaridad. Se envían víveres, ropas de abrigo, medicamentos. Se acoge a los niños.

La República resiste gloriosamente los terribles asaltos de un enemigo cien veces superior en número y en material.

Pero ¿podrá mantenerse todavía durante mucho tiempo? ¿La bandera de la República podrá flotar todavía durante mucho tiempo en el cielo de Madrid?

En los cuatro puntos del globo los hombres se alarman. La República debe vivir y, para que viva, iremos si es necesario a «morir en Madrid». Tenía veintidos años. Volamos en auxilio de nuestros hermanos de España y les decimos: «Aquí estamos. Vuestra causa es nuestra, ¡no pasarán!».

Y es al grito de «¡no pasarán!», pronunciado en cien acentos diferentes, que las Brigadas Internacionales irán desde Madrid al Ebro, sobre un largo camino jalonado de cadáveres: los de nuestros camaradas.

¡Han pasado! pero con nuestra presencia en el frente español hemos demostrado que la solidaridad de 1936 no era una vana palabra.

¡Han pasado! La bandera de la República ya no flotará más en el cielo de Madrid.

He oído contar que —esto pasó hace mucho tiempo— un destacamento español fue capturado por las hordas de Napoleón. ¿Sería quizás en Bailén? Se pregunta al oficial que la dirigía. En vano. Se insiste. Se sigue insistiendo. Entonces, mirando a su enemigo con desdén: «Cuente —le dijo— cuente nuestros muertos, nuestros heridos y nuestros prisioneros y ya sabrá cuántos somos, porque nosotros, los españoles, ignoramos lo que es huir».

Se reconoce ahí el espíritu de la España eterna... la España valiente y orgullosa... la España que, como la caña en cada tormenta, se pliega pero no se rompe.

Así fue siempre tras su larga y gloriosa historia. Así fue en 1936. Y es con un indecible orgullo que aún recuerdo ese 6 de noviembre, cuando en Albacete me asocié a la lucha de un pueblo que siempre quedará para mí como símbolo de la valentía, del heroísmo y de la abnegación.

Qué orgullo para mí, cuando a la evocación de Madrid y de Teruel, de Belchite y de Caspe, de Guadalajara y de Málaga, de la Cuesta de la Reina y del Ebro, puedo decir con un legítimo orgullo: «Yo también estaba allí», todos animados del mismo sentimiento humanitario, de solidaridad y de fraternidad, comprometidos en un mismo combate por la defensa de la República y de sus derechos sagrados.

Y es con emoción que entiendo a Manuel Benavides, en su patético homenaje a todos aquellos que, venidos de todos los horizontes, hicieron el largo y ensangrentado camino que nos llevó de Madrid hasta el Ebro, expresarse en estos términos: «¡Vieja España, que guardas en tus tumbas a los hijos de cien pueblos confundidos en tus campos de batalla! El inglés, el francés y el checo; el alemán, el italiano y el austriaco; el negro africano y el pajizo oriental; el portugués, el sudamericano y el yanqui, todos los antifascistas —todos, todos— son ya un poco hijos tuyos. Juntos reposan los muertos bajo tu tierra[13].

ANEXO 12

Salvador Muñoz
Testimonio

Quien esto refiere, en aquellos días de comienzo de noviembre de 1936, era el comisario político de la primera compañía del Batallón Victoria (que fue incorporado a la I Brigada Mixta del Ejército Popular como su II Batallón). En plena ofensiva franquista, cuando llegaba ya a Madrid, a mi batallón se le había confiado el mantenimiento de una posición en la carretera de Andalucía en la intersección de la misma con el camino que entonces existía para comunicar el Cerro de los Ángeles con Getafe. En el cruce no había más que unas tres o cuatro casas de campo abandonadas. El batallón contaba con cuatro compañías de fusiles y una de ametralladoras, más el apoyo de un blindado de ruedas, que con su fuego de cañón trataba de impedir el paso del enemigo por nuestro flanco izquierdo, en el que no quedaban fuerzas de nuestro bando; es decir, el batallón estaba desplegado y atrincherado, como mejor pudo, al borde de la carretera, desde el cruce hacia el sur. Por nuestra derecha no teníamos contacto con otras unidades republicanas y el blindado hubo de retirarse pronto cuando se vio que la carretera de Andalucía estaba a punto de ser cortada por el enemigo a la altura de Villaverde. Nos mantuvimos en la posición que ocupábamos durante dos días, haciendo frente con nuestras armas a los repetidos intentos del adversario, con violento fuego de artillería, de desalojarnos del cruce de caminos.

Habíamos quedado sin conexión alguna, ni telefónica ni por otro medio, con el mando. En esta situación, siendo la noche del segundo día, el jefe del batallón, comandante Valverde, al tener consciencia de que permanecer en aquel lugar ya no tenía objeto, puesto que los franquistas habían rebasado nuestra posición en Villaverde, y que podíamos participar en la defensa de Madrid en otro emplazamiento en el que fuéramos más necesarios, resolvió que lo abandonáramos antes de que fuera de día, para tratar de reincorporarnos donde se dispusiera. Emprendimos la marcha en la oscuridad, rodeando el Cerro de los Ángeles y, con dificultades, por Perales del Río hacia Vaciamadrid. Cuando amanecía llegamos a este lugar, justamente al mismo borde de la carretera de Valencia, sin que en todo el recorrido encontráramos a nadie,

---

[13] Testimonio de Gastón Demoret, 19 de diciembre de 1995.

Artilleros del V Cuerpo de Ejército en el Ebro entre julio y noviembre de 1938

ni amigo ni enemigo. Este hecho dio que pensar, puesto que era evidente que los franquistas, al no encontrar resistencia más al sur de la posición que ocupábamos en la carretera de Andalucía, podían haber penetrado desde Pinto y avanzado entre Perales del Río y La Marañosa para alcanzar la carretera de Valencia, sin pegar un tiro.

En cuanto se tuvo conocimiento de que los franquistas iniciaban una ofensiva hacia el este de Madrid, el mando republicano reaccionó inmediatamente; concentró varias unidades de choque que habían demostrado su arrojo ante Madrid, entre ellas varias Brigadas Internacionales y la 11 División, en la que ya estaba encuadrada la I Brigada Mixta (el Batallón Victoria, II de la brigada, había participado dentro de ésta en diversas operaciones del frente de Madrid, en los tres meses transcurridos). La 11 División estaba mandada por Enrique Líster, teniendo como comisario político de la división a Santiago Álvarez.

Esta nueva ofensiva de los franquistas iba dirigida en flecha hacia Vaciamadrid, punto en que —como hemos visto—, de conseguirlo, ocuparían este pueblo y se harían con el nudo estratégico de Arganda, desde el que proseguirían el avance hacia Alcalá de Henares, completando prácticamente el cerco.

Al romper las líneas republicanas en La Marañosa el ejército franquista suponía tener el camino libre hasta su objetivo. No esperaba la movilización rápida de las mejores unidades del ejército popular para cerrarle el paso. La I Brigada Mixta fue situada a lo largo del gran recodo del río Manzanares en torno a la elevación del terreno que forma un saliente conocido como el Espigón de Vaciamadrid. El II Batallón de la brigada (el Batallón Victoria) recibió la orden de asaltar el cerro para impedir que el enemigo llegara a ocuparlo totalmente, con lo que le sería fácil bajar hacia el río, cruzarlo y crear una cabeza de puente hasta la misma carretera de Valencia.

El batallón, bajo un fuego intenso, subió por la ladera impetuosamente y rechazó al enemigo a una línea de su retaguardia. En esta acción, a nuestro lado con el jefe de mi compañía participaron, corriendo un enorme riesgo, siendo tan importante cerrar el paso al adversario, el jefe del batallón, comandante Varela (el comandante Valverde había muerto valerosamente en la operación del Cerro de los Ángeles, Cerro Rojo), y el comisario de la 11 División, Santiago Álvarez.

Nos mantuvimos en la posición reconquistada, resistiendo el fuego de ametralladora y morteros. Tuvimos bajas. Mas por ese punto quedó paralizada la ofensiva franquista; no pudieron tomar el cerro y poner el pie en la carretera de Valencia. Intentó proseguir el avance más al sur, en dirección a Morata de Tajuña, siendo aquí donde se desarrolló seguidamente la fase más importante de la batalla del Jarama. Allá fue también mi batallón, después de ser relevado de la posición del Espigón, con el resto de la I Brigada Mixta.

En lugar destacado volvimos a combatir hasta que con las demás fuerzas de nuestro ejército se hizo fracasar definitivamente la ofensiva franquista en el Jarama. Estabilizado el frente, la

11 División marchó para tomar parte en la contraofensiva de Guadalajara. No fue toda la división, pues la I Brigada Mixta quedó de guarnición en sus posiciones del Jarama en previsión de un nuevo intento del enemigo.

El primer periodo de la maniobra inicial del enemigo había empezado el día 6 de febrero y la primera fase de su desarrollo (días 6, 7 y 8) iba orientada a conquistar la ribera occidental del Jarama. El avance esencial en esa dirección que impidió que cayese el Puente Viejo de Arganda lo cortaron las mencionadas unidades de la 11 División, que se batieron heroicamente y éstas dieron motivo a la siguiente orden del Estado Mayor publicada el día 9 de febrero de 1937.

Al jefe de la división Líster: el general jefe del ejército del Centro, en su telegrama de las 0,45 minutos me dice: «Felicite en mi nombre al comandante Varela, de la brigada mixta de Líster, por su comportamiento ejemplar noche de hoy en la conquista del espolón Vaciamadrid y haga llegar a personal sus órdenes igualmente la expresión de mi satisfacción por su valerosa conquista».

Reciba también mi felicitación y haga presente a esas fuerzas que para su satisfacción y estímulo de cuantas se hallan bajo mi mando se hará una citación en la orden general de mañana.

De orden de su excelencia el jefe de Estado Mayor, P.O. el jefe de la sección de operaciones teniente coronel José Fontán.

Madrid, 9 de febrero de 1937. El comandante jefe del Estado Mayor.

Al terminar el día 8, el frente adversario iba de la zona de Ciempozuelos a la de La Marañosa dominando el valle del Jarama a excepción del sector de Vaciamadrid, en razón de lo dicho anteriormente[14].

---

[14] Testimonio escrito por Salvador Muñoz, comisario de batallón.

Un barracón habilitado como intendencia

ANEXO 13
Julia Manzanal
Carta a Santiago Álvarez

Me pides que te dé mi impresión sobre lo que fueron y significaron para mí la llegada de las inolvidables Brigadas Internacionales, en aquellos fatídicos días, 8 y 9 del mes de noviembre de 1936, cuando los criminales fascistas habían llegado a las puertas de Madrid.

Yo, en aquel entonces, fui nombrada comisario político del Batallón Comuna de Madrid, junto con otro compañero maravilloso llamado Gonzalo Gil (de sobrenombre *Chalo*). Él vino para acompañarme a buscar mi batallón que estaba disperso entre el barrio de Usera y Carabanchel. Llevaban dos días sin comer y sin ropa, muertos de frío, sin nadie que se hiciera cargo de ellos, porque se ignoraba su posición.

Aprovechando que a mí me llamaban *el Chico* (apodo puesto por nuestro inigualable camarada Domingo Girón, comisario de artillería del sector Centro y miembro del Comité Provincial de Madrid del PCE), me fui a un almacén de víveres y ropas que dirigían las Mujeres Antifascistas, «grandiosas luchadoras que tanto bien hicieron en la defensa de España», y tuve la suerte de que una de ellas se creyera que yo era un chico de verdad, como iba vestido de hombre y llevaba un revólver del 38 y mi gorra Thaelmann, con mis insignias del PCE, me llenó dos camiones de ropas y víveres que me habían dejado en el Estado Mayor de la XLII Brigada Mixta. Por lo que pude apreciar se había enamorado de mí y fueron mis chicos los que se beneficiaron de este *amor* repentino y fui a llevárselo corriendo, porque casi todos eran jóvenes y lo necesitaban. Se lo fui repartiendo subiéndome por lo alto de la trinchera, para llegar antes, evitando los zigzags de la misma y tardar menos en el reparto. Cuando iba por lo alto y el enemigo me localizaba y tiraba a dar, como es lógico, entonces los compañeros me bajaban a la trinchera tirando de mí. Tuve mucha suerte y aquí estoy para contártelo. Fueron muchos momentos muy duros, pero ¡qué felicidad haberlos vivido y poderlos contar a finales de 1994!

En estas condiciones reviso el material y veo que los milicianos tienen fusiles *máuser* y las balas checas. Fui a ver al general Miaja y le expuse nuestra situación y me dio una autorización para que me entregaran en el parque de artillería de Pacífico municiones para nuestros fusiles españoles y para los mosquetones, ya que teníamos pocos.

Y en estas circunstancias nos notifican que vienen hacia Madrid unos valientes luchadores por la libertad de todos los pueblos del mundo y que, por primera vez, se habían creado unas Brigadas Internacionales que venían en nuestro auxilio sabiendo el peligro en que se encontraba esta España que, a costa de muchas luchas y sacrificios, había logrado ganar las elecciones el día 14 de abril de 1931 e instaurar la II República española. Y que el día 16 de febrero de 1936, en otras nuevas elecciones, se reafirma el pueblo como tal y otorga nuevamente, con su voto, la continuación de la República y el día 18 de julio de 1936 todas las fuerzas reaccionarias, a las que se une una gran parte del ejército español, dirigidos por el fascismo ítalo-alemán, nos declaran una guerra fratricida a la que responde el pueblo con sus poquísimas defensas, pero con su gran corazón y coraje.

La emoción que sentí no se puede definir con palabras, eso solamente lo sabemos los que estuvimos allí.

Les dije al comandante Moreno y al capitán Palomo que debíamos ir a recibirlos y así fue.

Fuimos el día 8 a Vallecas, nos presentamos y los abrazamos y no pudimos continuar con ellos durante todo el recorrido porque no podíamos abandonar el frente en el que se estaba luchando, dispuestos a perder la vida, pero llevando adelante la consigna de *No pasarán*.

¡Qué gentío había esperándolos! ¡Qué emoción en todos los rostros! Mujeres, niños, viejos, jóvenes. Todo el que no estaba en el frente de batalla estaba allí. ¿Y ellos? ¿Qué decir de esos bravos hombres con su marcialidad, cabeza erguida y de frente, con paso firme y seguro, porque sabían que estaba en juego la vida de un pueblo glorioso, que se estaba jugando el todo por mantener la libertad y la independencia y lo que esto conlleva, como es el bienestar de ellos, de sus hijos y de la humanidad, pues sabíamos que si caía España en las garras fascistas, después vendrían guerras más feroces, como desgraciadamente así fue. Tuve la suerte de estar con ellos en Francos Rodríguez, en el V Regimiento; allí estaban el inolvidable comandante Carlos, Líster, Campesino, Antón, Girón y toda la plana mayor del PCE. La arenga del comandante Carlos fue fabulosa y por nada del mundo podré olvidar aquellos momentos.

En otra ocasión estuve comiendo con los camaradas italianos en compañía del comandante Carlos, en la calle de Velázquez y ya mi roce personal con ellos dejó paso al año 1992, cuando se recibe en UNEX una carta invitando a la dirección para asistir a una reunión en el hotel Praga de veteranos del Batallón Garibaldi, porque el día 23 de octubre, aniversario de su llegada a Albacete, les ofrecían las autoridades de aquella ciudad un homenaje en recuerdo a la enorme ayuda que prestaron al pueblo español en los trágicos momentos de la invasión fascista, cuando nosotros teníamos pocas armas y poquísima oficialidad profesional. Se acordó que fuera yo la representante, ya que era la tesorera de UNEX y además comisario político del Batallón Comuna de Madrid de la XLII Brigada Mixta, que estaba al mando del comandante Rovira, oficial que pertenecía al ejército español en el cuerpo de regulares y así fue como tuve la grandísima dicha de disfrutar de su compañía.

El recibimiento que les hicieron las autoridades fue grandioso y en el ayuntamiento la alcaldesa les dedicó unas emocionantes palabras a las que los garibaldinos contestaron en el mismo emotivo tono.

Fuimos presentados a las autoridades, los que los representábamos: a UNEX y a Fraternidad Democrática (creo recordar que se llamaba Arce el compañero que representaba a esta asociación). Intervinimos los dos dando las gracias y todos juntos paseamos por Albacete, recorriendo los lugares que a ellos, los veteranos, mayores recuerdos les traían a su memoria.

Lo encontraron todo cambiadísimo, como era lógico; pero el parque y la plaza de toros les admiraron y se recrearon en su contemplación.

Nos dieron a todos un magnífico banquete y allí, en los brindis, intervinimos unos y otros recordando tiempos pasados y nos abrazamos al ver que al cabo de tantos años volvíamos a reunirnos con el mismo ideal de entonces.

Al despedirnos dijimos: Hasta otro día, queridos camaradas, y así ha sido para mí el día en que nos volvimos a encontrar en el homenaje a los brigadistas caídos en nuestra lucha, que están enterrados en el cementerio de Morata de Tajuña[15].

ANEXO 14

Julio San Isidro
Carta abierta a mi querido amigo y camarada Santiago Álvarez

Algo que pueda hacer vibrar a un ser humano hasta la médula. Elevar a un grado máximo las emociones, los sentimientos más nobles que pueda albergar un hombre, en fin, lo indescriptible es lo que sentí yo cuando en el fragor de la batalla por la defensa de Madrid, *la defensa de Madrid*, escuché, vi, presencié, la entrada en fuego de las Brigadas Internacionales en el sector de la Ciudad Universitaria. Yo estaba allí. Nuestra situación desde el punto de vista militar era precaria, grave. Pero desde la óptica de la moral de un pueblo en armas que combate ardorosamente por su independencia, unidos, clavados en la trinchera, pegados al terreno, galvanizados por el *¡No pasarán!,* nuestra situación era excelente.

Luchábamos como fieras y aquellos hombres de la solidaridad internacional cristalizaban en un nombre: *las Brigadas Internacionales*; así, a bloque.

Luego, en los días que siguieron de lucha epopéyica, irían surgiendo las particularizaciones, los nombres en concreto de los batallones... Comuna de París... Thaelmann... Gastone Sozzi... y allí, con ellos, estábamos los hombres y mujeres del V Regimiento.

El día 7 de noviembre de 1936 yo cumplía veintiun años. Y una efeméride restallaba en el firmamento madrileño ese día, esa noche; y nos acompañaba y nos daba más moral... se cumplían los diecinueve años de la toma del poder por los revolucionarios rusos. También nos ayudaba la URSS. Y el día 7 de noviembre se sucedían una tras otra las oleadas de ataques de moros y legionarios en el vértice de Moret, en las inmediaciones del paseo de Rosales. La munición escaseaba, la situación era crítica. Conmigo estaba mi querido amigo y camarada Francisco Molero (ingeniero de caminos). Me avisan con urgencia: «Julio, han matado al artillero que accio-

---

[15] Testimonio escrito por Julia Manzanal, comisaria de batallón.

naba la pieza de 7,7 mm». Y me precisan con la noticia: «Tenemos ya muy poca munición para el cañón». Se suceden los ataques y yo disparo a cero, sin alza. Molero y yo tomamos una decisión. En los talleres del Canal de Isabel II, relativamente próximos, mandamos serrar trozos de tubo de hierro fundido de 80 mm de diámetro y 40 cm de longitud. Se llenaban con dinamita, cebo y mecha y se les hacía rodar por la pendiente cuando se reproducían los ataques. Así se hizo. La solución de emergencia dio un resultado positivo.

Mientras tanto habíamos pedido a las organizaciones políticas y sindicales, en los barrios de Madrid, que nos hicieran llegar con urgencia toda la munición que pudieran.

Así estaba la situación cuando el teniente coronel Ortega nos comunicó que la llegada de las Brigadas Internacionales era inminente.

Desfilaron por Madrid el día 8 y entraron en combate el día 9. Al atardecer de este día celebramos una reunión en el puesto de mando del teniente coronel Ortega a la que asistió también su ayudante, capitán David, dos miembros de la XI Brigada Internacional (Batallón Edgar André), Molero y yo. Era preciso coordinar al máximo las operaciones defensivas que los incesantes ataques y contraataques del enemigo nos imponían. Tenían prisa por entrar en Madrid. Franco presionaba y exigía responsabilidades por no haber conseguido el objetivo principal de haberlo logrado el 7 de noviembre. El mismo día 9 se sumó a la comisión coordinadora un miembro del batallón italiano Garibaldi. Más tarde conocimos su nombre: Nino Nanetti. Esto ayudó a mejorar notablemente nuestra situación en el sector de la Ciudad Universitaria y nos permitió aliviar el estado angustioso de la carretera de Extremadura, sector de los Carabancheles, Puente de Toledo, Cerro del Basurero y proximidades de Orcasitas. Se estaba parando y fijando a los atacantes. La presencia y acción decidida de los internacionales medulaban y daban creciente consistencia y moral a todo el frente. El pueblo de Madrid, sus hombre y sus mujeres electrizados por tanto heroísmo se crecían como gigantes y la acción solidaria y activa militar de los internacionales cristalizaba en una nueva situación que iba calando hondo y ayudando en la defensa de Madrid.

El frente se estabilizaba paulatinamente y los días 14 y 15 de noviembre fueron decisivos para configurar el frente estacionario definido con la cuña del hospital Clínico. A partir de aquí, en este sector comenzaba la guerra de minas subterráneas con voladuras y contravoladuras. Las ganancias y pérdidas de terreno no pasaban de treinta a cincuenta metros.

En la zona de Vallecas el frente estaba mandado por el coronel Bueno; en Villaverde operaba Líster; al coronel Prada le correspondía el Puente de la Princesa; el comandante Rovira tenía asignada la zona de Carabanchel (la comisario del Batallón Comuna de Madrid era Julia Manzanal, de quien me despedí en el Puente de Toledo, en pleno combate, y la he vuelto a encontrar 57 años más tarde como tesorera de UNEX (Unión de Excombatientes de la guerra de España), y al coronel Escobar la carretera de Extremadura; al ser herido le sustituyó posteriormente el coronel Arce; los coroneles Mena y Clirac defendieron la zona del Puente de Toledo; al coronel Álvarez Oque, teniente coronel Galán y a los comandantes Romero y Enciso la Casa de Campo; a José María Galán, Humera-Pozuelo; al coronel Barceló, la zona de Boadilla del Monte.

La defensa de artillería quedó en manos del comandante Zamarro y completando el cuadro defensivo diremos que el arma de ingenieros quedó bajo la dirección del coronel Ardid, teniente coronel Pérez Sanz, comandante Molero y los comisarios Ángel Diéguez y Julio San Isidro (de brigada). Y dando un salto en el tiempo reanudo mi contacto con las Brigadas Internacionales, con su disciplina y entusiasmo combativo en el frente de Guadalajara luchando contra las fuerzas italianas.

Madrid, 1937. Pasionaria con los milicianos

El día 14 de marzo de 1937 tuve ocasión de saludar al teniente coronel Jurado, jefe del IV Cuerpo de Ejército y al comisario del mismo, Sebastián Zapirain; mi misión en aquel momento consistía en establecer los campos de minas que debían proteger la carretera general de Barcelona para evitar el avance de los invasores italianos con sus cincuenta mil hombres y sus 148 tanques, blindados y tanquetas ligeras.

En Torija recibí instrucciones del general Pablito (coronel Rodimtsev) y con algunos hombres de la XI Brigada Internacional mandada por el teniente coronel Hans Kahle, completamos los *pozos de lobo* para la defensa en los primeros ataques, que no tardaron en producirse, y pude abrazar a mi gran amigo y camarada Luis Miranda, que venía de atravesar las líneas enemigas, donde tuvo la ocasión de presenciar cómo las tanquetas ligeras italianas pasaban por encima de los muertos y remataban a los heridos del Batallón Alicante Rojo. Después supimos que habían hecho prisionero al también amigo y camarada, comisario del batallón, José del Pozo.

Allí di mi despedida a los hombres de las Brigadas Internacionales y a una representación de aquellos brigadistas acompañados por sus veteranas y gloriosas banderas, los he saludado recientemente, al cabo de cincuenta años, en el homenaje que se les rindió en Morata de Tajuña, con el descubrimiento de una lápida en su honor.

¡Gloria y honor para siempre en el corazón de los brigadistas y españoles que vibraron al unísono luchando por la libertad y la democracia[16]!

ANEXO 15

Ventura Notario
Algunos recuerdos sobre mi pertenencia a las Brigadas Internacionales

Me complace enviarte algunos recuerdos sobre mi pertenencia a las Brigadas Internacionales durante nuestra guerra.

Me incorporé a las mismas en Brihuega, durante las operaciones de Guadalajara con dieciséis años recién cumplidos, permanecí en ellas hasta el final de la guerra, en que pasé a Francia, recuerdo que al incorporarme fuimos solamente 16 españoles los que lo hicieron conmigo. El efecto que me produjeron aquellos hombres de diversos países, generalmente considerando mi juventud me dieron la tónica de su espíritu humano y solidario. Recuerdo, por ejemplo, al capitán Alex (polaco), ayudante del general Walter, que frecuentemente me preguntaba mi

---

[16] Testimonio escrito por Julio San Isidro, comisario de brigada del arma de ingenieros del ejército del Centro.

edad, a lo que yo invariablemente le respondía que tenía diecisiete años; alguna vez llegó a decirme: «Tú siempre tienes diecisiete años». Sencillamente, trataba de ocultar mi verdadera edad, lo que, estoy seguro, él suponía.

Me impresionaban la frialdad y valentía de todos y cada uno de ellos y sobre todo ver al general Walter en situaciones de verdadero peligro. Llegué a considerar que, estando cerca de él, en esas situaciones no podía pasarme nada.

Como es bien sabido, las Brigadas Internacionales fueron desde el primer momento ejemplo de organización y disciplina, luchando como unidades de choque durante toda la guerra.

Después de Guadalajara, a partir de mi incorporación fueron los frentes de La Granja, Brunete, Belchite, Teruel, Aragón y el Ebro. En todas esas batallas pusieron a prueba su heroísmo y tengo un especial recuerdo para la sierra de Pandols.

En mi concepto el fenómeno de las Brigadas Internacionales ha sido único e irrepetible, ya que prácticamente antifascistas de todo el mundo acudieron a España en defensa de la libertad.

Aún hoy, transcurridos 58 años, es emocionante cuando con cualquier motivo nos reencontramos con los viejos camaradas brigadistas (últimamente en Morata de Tajuña) se mantienen intactos los sentimientos de solidaridad, amistad y cariño que entonces se fraguaron; es emocionante también cómo mantienen el conocimiento y dominio de nuestra lengua, que muchos aprendieron entonces. Creo que todos son seres excepcionales fieles a sus ideas, ya que su heroísmo individual y colectivo quedó bien patente en todas las acciones en las que tomaron parte.

No quiero extenderme más, pues mucho se ha escrito sobre estos valientes y forzosamente lo que yo pueda agregar desde mi modesto punto de vista ya está escrito.[17]

ANEXO 16
Conchita
Carta a Santiago Álvarez

Con motivo de tu nuevo libro sobre las Brigadas Internacionales, me pides mis impresiones sobre las mismas. Nací en 1936 y, por tanto, mis vivencias de la guerra son prácticamente nulas. Mi infancia y mi adolescencia las pasé en el seno de una familia conservadora, en consecuencia en mi casa no había más que una versión de los hechos y nunca supe que a las Brigadas Internacionales se les diera la importancia que realmente tuvieron. Con los años

---

[17] Carta de Ventura Notario a Santiago Álvarez, Madrid, 30 de noviembre de 1994.

y, naturalmente, con la ayuda del que 34 años ha sido mi compañero, he comprendido lo que verdaderamente representaron en aquellos momentos tan trascendentales para la España republicana.

Últimamente y con alguna frecuencia, he mantenido con algunos de estos camaradas contacto personal y me ha impresionado que, a pesar de los muchos años y los achaques, siguen manteniendo ese espíritu de solidaridad y de entrega para cualquier acto en que se requiera su presencia, con los mismos ideales de entonces[18].

ANEXO 17

Adela Ossart

Testimonio

Nací el 3 de abril de 1919 en París, de padres españoles, originarios de Castilla la Vieja (Valladolid), emigrantes y casados en Francia durante la Gran Guerra. Mi padre era pintor de chapa, mi madre sin profesión. Éramos una familia de cuatro hijos. Mi lengua materna fue el español y, cuando pude entrar en contacto con el mundo exterior, he practicado el bilingüismo. Fui educada en el culto a la familia, el respeto de los demás, la hospitalidad, el amor al trabajo, la dignidad, la cual, decía mi padre, se obtenía por el conocimiento.

Nos encontrábamos a menudo con otros emigrantes económicos españoles. Como mis padres, vinieron a Francia motivados por las condiciones difíciles en las cuales vivían, en el límite de la pobreza. Esta situación se veía agravada por mi padre, que se encontraba a menudo sin trabajo, debido a su entrega en el movimiento sindical. Las conversaciones se tornaban alrededor de la vida de la familia que había dejado el país y de la lucha que llevaban en Francia al lado de los obreros franceses para mejorar su situación. Guardaban en el fondo de su corazón una gran nostalgia de ese país que querían y al cual esperaban en secreto volver algún día.

En esta atmósfera es en la cual me he desenvuelto. No soportaba siempre mi situación de hija de emigrados. Conocí la injusticia, pero mi familia no tuvo que sufrir mucho por ello. Mi padre se afilió muy pronto al PCF.

Fui al colegio hasta los quince años. Quería ser institutriz, pero esa vía se me cerró, pues mi padre se encontró sin trabajo. Tuve que dejar de ir a la escuela y ponerme a buscar trabajo.

---

[18] Carta de Conchita, esposa de Ventura Notario, a Santiago Álvarez, Madrid, 30 de noviembre de 1994.

Esa época era muy difícil. Había mucho paro. Y vino la victoria del Frente Popular. Fue en esa época que me afilié a las Juventudes Comunistas, llamadas más tarde Juventudes de Francia. Fui nombrada, sucesivamente, secretaria de las JC y de las juventudes de mi localidad de Arcueil. Esa época para mí fue una de las más bonitas de mi vida. Encontré camaradas cariñosos que me hablaban de fraternidad, de justicia, de solidaridad y de la voluntad de obrar por una sociedad más justa. Me iniciaban al marxismo. Era una época exaltante. Participé en los grandes desfiles del Frente Popular y en la ayuda a los huelguistas que florecían en toda Francia.

Julio de 1936; ¡truenos!, la rebelión fascista estalla en España, en la ciudad de donde eran originarios mis padres, Valladolid. Desde ese momento, en casa, vivimos a la hora española, a la perspectiva de las últimas noticias.

Por intermedio de mi padre, el órgano comunista de la emigración española *La Voz de Madrid* me llamó para trabajar benévolamente en el secretariado administrativo del periódico. La sede se encontraba en la Casa de los Sindicatos, calle de la Grange-aux-Belles. Teníamos allí una oficina, la cual compartíamos con los camaradas emigrantes polacos. No era cuestión de otra cosa, sino de España.

Como el conflicto se prolongaba, enseguida se organizaron comités de ayuda a España. En Arcueil, animé al comité local. Enseguida hicimos un plan de trabajo: octavillas, llamadas a la solidaridad, colectas de víveres y ropa, leche para los niños, denuncia del famoso Comité de No Intervención.

En *La Voz de Madrid* me encargaron también de llevar el importe de las colectas a la organización creada para ese efecto a la Casa de los Sindicatos CGT, calle Mathurin Moreau, hoy plaza del Coronel Fabien, sede del PCF. Ahí fue donde me encontré con los internacionales que acudían hacia Francia y que deseaban alistarse en las Brigadas Internacionales en vías de organización.

Fue entonces cuando el partido me propuso ir a España al secretariado de la base de Albacete, donde se necesitaba una secretaria que supiese el francés y el español.

Estaba entusiasmada y me sentí muy honrada. Mi padre estaba de acuerdo con algunas reticencias, pues no tenía más que dieciocho años. Mi madre no lo aceptó tanto. Fue un drama, pero me fui a España, pues ésa era mi voluntad.

A mediados de junio de 1937 llegué a Figueras, donde me recibió el camarada Eloy, entonces comandante del fuerte, que me acompañó hasta Albacete.

Albacete fue mi verdadero contacto con la España de la guerra. La plaza del Altozano bullía de militares en espera de destino, heridos, convalecientes, se hablaban todos los idiomas. Un altavoz difundía comunicados de guerra, seguidos de canciones revolucionarias. Toda esta animación en medio de una población desconocida bajo un sol brillante hicieron que me sintiera muy emocionada.

En el Estado Mayor de la base ocupé el puesto de secretaria bajo las órdenes de Maurice

Lampe, François Billoux, André Marty. Trabajaba en la misma oficina que la camarada francesa Henriette Royer, que se encontraba en España en el momento de la sublevación fascista. Albacete, capital de La Mancha y patria de Don Quijote, no era entonces más que un pueblo. La población, que tenía muchos refugiados llegados del interior, nos manifestaba mucha simpatía. Enseguida me gustó España, que me recordaba de muchas maneras el espíritu que era el medio en el cual fui educada. Olía bien a aceite de oliva, a canela y vermut, a calor humano.

Tuve el privilegio de conocer algunos grandes de la Internacional de paso hacia el Estado Mayor, de voluntarios encargados de misión que hablaban distintos idiomas, pero que se expresaban lo más a menudo en francés y en español. Me impresionaban mucho, pues sumaban a menudo largos años de lucha y de cárcel en sus propios países. Se desprendía de ellos una gran fuerza, en sus lenguas y sus canciones destacaba siempre la palabra *libertad*.

A mediados del verano de 1937 fui llevada para colaborar con Georges Soria, reportero de *L'Humanité*. Estaba ligado a la delegación de Valencia y tenía por misión ir cada día a la agencia de prensa dirigida por Constancia de la Mora. Soria me dictaba del frente los artículos que yo sometía a censura y después yo los dictaba por teléfono a la agencia de prensa de *L'Humanité*. Durante mi estancia en Valencia me encontré con el comandante Fort, que acababa de perder la vista y estaba esperando su repatriación para Francia; el camarada Henri Tanguy, que llegó a ser el coronel Rol-Tanguy, y François Vittori. Ocupé el mismo puesto en Barcelona, donde conocí mis primeros y serios bombardeos. Me reintegré a la base de Albacete en diciembre de 1937, pues Georges Soria había sido llamado desde Francia.

En abril de 1938, evacuamos de noche la base de Albacete. Se me encogió el corazón por tener que dejar este pueblo y su población con los cuales me había encariñado mucho.

En Barcelona, fui afectada, así como la camarada Henriette Royer, a la agencia de prensa AIMA (Agencia de Informaciones Mundiales Antifascista). Mi trabajo consistía en coger por teléfono las informaciones dictadas de Francia, de transcribirlas y, después de la traducción por el servicio competente, de volverlas a escribir a máquina y de difundirlas.

Tuve la felicidad emotiva de asistir al gran desfile de adiós a las Brigadas Internacionales organizado por el Gobierno de la República, bajo la presidencia de Negrín y de la Pasionaria, que pronunció, en esta ocasión, un discurso emotivo que cada voluntario guarda en lo más profundo de su corazón. En la cabecera del desfile reconocí con emoción el que sería mi marido, Roger Ossart. Tenía los brazos cargados de flores, como todos sus camaradas llegados directamente del frente. Todo el recorrido de la Gran Diagonal estaba cubierto de flores traídas por las mujeres españolas llegadas para rendir un último homenaje a las Brigadas Internacionales. Es un recuerdo inolvidable.

Volví a Francia en noviembre de 1938. Poco después fui solicitada como secretaria por la dirección de la JSU. Seguí, pues, mi lucha de ayuda a España ayudando a nuestros camaradas a reagrupar las familias de refugiados que permanecían en los campos de refugiados y, más tarde, a trasladarles hacia los países de acogida de América Latina. Mis lazos con el pueblo español se reanudaron definitivamente. Como todo voluntario, guardo a España en el corazón[19].

ANEXO 18

Aurora Arnaiz

España. Las Brigadas Internacionales y sus indelebles recuerdos

¿Cómo olvidarlos[20]? Todos sabemos de su heroica participación en la guerra de España. De su generosa entrega a la defensa de la libertad; el pueblo español hubo de hacer frente a las fuerzas retrógradas que se alzaron contra el triunfo de la democracia progresista obtenido en las urnas. Fue la inerme y legítima lucha de los más frente a los militares sublevados contra ellos. El ejército franquista, sabido es, controló, desde el primer momento de su alzamiento, los mandos técnicos de la dirección militar, avituallamiento y armas, así como cuarteles y campos de adiestramiento. Y por si fuera poco, contaron, además, con la pasividad del mundo democrático internacional, frente a la ayuda que, desde el principio, recibieron de la Alemania nazi y la Italia fascista.

El desconcierto en nuestra zona republicana duró poco. Inmediatamente nos pusimos todos a trabajar, a sacar algo, de la nada, que nos permitiera repeler la agresión. Pero era difícil crear todo un ejército con obreros, campesinos y muchachos de la clase media, estudiantes y universitarios, que sabían manejar el martillo, la azada, los libros de estudio. México envió los primeros fusiles que se repartieron en el Cuartel de la Montaña, con su comandante Carlos (Vittorio Vidali). Pero nadie, o muy pocos, sabía cómo manejarlos. Hubo que organizar su instrucción, mientras el ejército franquista atacaba en flancos primordiales. Y así, con milicias republicanas frente al organizado y disciplinado ejército franquista, se comenzó a repeler las agresiones, a contestar como se podía a los ataques franquistas.

Los primeros aviones alemanes, bien pertrechados, lanzaron su acometida sobre la inerme población civil madrileña. Fue en esos momentos cuando nos dimos cuenta de la envergadura de la tragedia. Frente a la indiferencia internacional de la causa del pueblo español (recordemos que «no merecía la muerte de un solo soldado inglés») surgió la solidaridad de los brigadistas internacionales y sus grandes dirigentes militares y políticos, como Luigi Longo, André Marty, el inglés Malcolm Dumbar, jefe de la British Antitank Battery (batalla del Jarama), el checos-

---

[19] Testimonio escrito por Adela Ossart, París, diciembre de 1994.

[20] Algunos de los datos manejados en este artículo han sido tomados del libro de Andreu Castells, *Las Brigadas Internacionales de la Guerra de España*.

lovaco Laco Holdos, Pietro Nenni, el dirigente italiano socialdemócrata; los anónimos brigadistas internacionales, caídos en la defensa de Madrid, enterrados en el cementerio de Fuencarral, y cómo no recordar al comandante español Vicente Rojo, encargado de la defensa de Madrid, comandante español, al general Miaja, presidente de la Junta de Defensa de Madrid, y a
José Cazorla, consejero de Orden Público de la Junta.

Cómo olvidar los trágicos meses del cerco de Madrid, con sus requetés, moros y militares
franquistas, con los «voluntarios» nazis y fascistas, en aquel 6 de noviembre de 1936, cuando la
inerme población madrileña fue atacada, por tierra y por aire, en riguroso día de invierno, cuyo
rigor se mantuvo durante las semanas de aquel inolvidable mes y de los meses siguientes, en los
que carecimos de abrigo, alimentos y combustibles. Pero había que sobrevivir. Y lo logramos.

Manifestación popular antifascista en Madrid

Cómo no recordar a los generales Kleber y Luckács, a los brigadistas que actuaron en Belchite (Zaragoza), al Batallón Dimitrov, los lincoln, a los garibaldinos en la batalla de Guadalajara que siguió a la del Jarama (provincia de Madrid), ambas para reforzar la resistencia del Madrid cercado. Cómo olvidar a la centuria Thaelmann en el frente de Aragón (batalla de Teruel), a André Malraux y su escuadrilla. Se ha escrito que «fue encima del Jarama donde tuvo lugar la batalla aérea más importante de toda la guerra, con más de cien aparatos en combate».

Los nombres se nos agolpan en nuestras mentes: Brunete (provincia de Madrid), Guadalajara, Jarama, Belchite (Aragón), las dos brigadas de la 11 División de Líster y la 46 División de El Campesino (Brunete), al general Walter (Morata de Tajuña, Jarama) y sus quince mil muertos, entre ellos la célebre periodista Gerda (Taro).

Indalecio Prieto denominó a Albacete, lugar en que se encontraba la escuela militar de las Brigadas Internacionales, bajo la dirección del ruso Bielov, *la república soviética de Albacete,* aun cuando fue considerada como la retaguardia de las Brigadas. En Belchite estuvo E. Hemingway, en Madrid y varios lugares de España, buscando escenarios para su célebre documental *Tierra española* y su gran novela *Por quién doblan las campanas.* En ésta describe, fundamentalmente, la vida de los guerrilleros andaluces en su labor de infiltración, espionaje y sabotaje en las filas nacionalistas que operaban en el frente de Andalucía (Jaén) y Extremadura.

Por falta de espacio pasamos por alto la labor de los brigadistas en las batallas del Ebro, antes de su retirada, en un intento de participar en la salvación de la debacle final, para detenernos en el frente de Madrid y en la despedida a los brigadistas de la Escuela de Albacete.

En el cerco de Madrid, las Brigadas Internacionales tuvieron una labor de defensa decisiva. Apenas si estaba comenzando a funcionar, en el otoño de 1936, la Escuela de Albacete. Las recordamos con sus batallones de voluntarios judíos, alemanes, franceses, italianos (los garibaldinos, Guadalajara), con Pietro Nenni, jefe de compañía. Desde Albacete comenzaron a llegar los refuerzos de los primeros de la escuela de adiestramiento. Llegaron hacia el mes de octubre y ya para el 6 noviembre estaban casi organizados. Defendieron el Campo del Moro y el Manzanares, en sus primeros ataques. Se hicieron fuertes, a costa de grandes bajas, en la Ciudad Universitaria, edificio por edificio, piso por piso, palmo por palmo. En la Ciudad Universitaria con los brigadistas peleó Durruti y su célebre columna de hierro, que defendió, principalmente, la Facultad de Ciencias. Los brigadistas y los milicianos hicieron parapetos en las ventanas de la Facultad de Filosofía y Letras, de Medicina, de la Casa de Velázquez, con los libros que encuentran a mano, insustituibles ediciones de los clásicos. Se lucha en los pabellones, en las escaleras (arriba están los unos, abajo los otros)... Un 20 por 100 de bajas en dos días de batalla, con lluvia incesante. El 23 de noviembre se organiza el ataque a la Casa Roja, con los garibaldinos y los thaelmann... «Los veinte días de batalla salvan Madrid...» (Luigi Longo, ob. cit.) Prevaleció «el ansia de luchar por la libertad...» (V. Rojo, ob. cit.) «Madrid, con vuestro nombre se agranda y se ilumina» (Alberti).

El libro de Luigi Longo es fuente documental para la historia de la Guerra Civil. Quienes vivimos aquel cerco de Madrid, su gesta heroica, hemos de reconocerlo.

La defensa de Madrid del pueblo español, de sus milicianos y de los brigadistas internacionales, fue de semanas tras semanas, meses tras meses. Cada vez fueron mayores los padecimientos de la población. La aviación alemana, en ocasiones, llegó a entrar en picada sobre sus edificios habitados, sobre sus calles concurridas, en las que quedaron para siempre (¿en el olvido?) sus niños, ancianos, mujeres, milicianos y brigadistas. Caían a nuestro derredor, a nuestro paso, balas, morteros y obuses. El ruido de los derrumbes de los edificios se entremezclaba con los gritos de dolor de los heridos. Se nos combatía por aire y por tierra, sin tregua, noche y día, en todo momento y lugar. Eran peligrosas las filas para obtener el escaso racionamiento oficial (las consabidas lentejas, viejonas y agusanadas, que la ironía popular denominaba *las lentejas de Negrín*). Sobre ellas se lanzaban, alocados e intempestivos, los obuses alemanes.

Quienes vivimos la gesta de Madrid, desde aquel noviembre de 1936, no podremos olvidarla. Nos mantuvo la esperanza de que la justa causa del pueblo español tenía que triunfar. Después, ya muy tarde, aprendimos que, en las contiendas bélicas triunfa la precisa organización militar sobre los buenos deseos. Nosotros tuvimos la fantasía sin el pan técnico.

La historia reconocerá al pueblo de Madrid, a sus milicias y brigadistas como la «última oleada épica de los pueblos modernos, en su lucha por la libertad». (I. Ehrenburg). Cómo no recordar estas palabras, en este libro de Santiago Álvarez, comisario político de diferentes unidades. Y cómo olvidarnos que en el cementerio de Morata de Tajuña quedaron enterrados, pero también diseminados por sus aledaños, sepultados rápidamente en sus tierras, donde se podía, por la noche y de madrugada, burlando las balas de los nacionalistas, parte de los miles de brigadistas que en la batalla sucumbieron.

Madrid, durante los trágicos meses de su cerco, no se rindió. Fue entregada por Casado, Besteiro y Cipriano Mera, jefe militar del sector de Guadalajara, en aquella noche eterna que comenzó el 5 de marzo de 1939. El anarquista Mera, para dejar libre el acceso militar a Madrid, detuvo con engaños de una reunión en su cuartel militar a los jefes políticos y militares del sector, comenzando por José Cazorla, mi esposo, a la sazón gobernador de la zona de Guadalajara.

Ya para entonces, los brigadistas habían partido de España. Se comenzó en Albacete, en los finales de la primavera de 1938, creo recordar, en el que intervinieron, además de José Cazorla Maure, entonces gobernador de Albacete, diversas personalidades.

No lo sabíamos, pero fue el principio del fin[21].

---

[21] Testimonio escrito por Aurora Arnaiz Amigo. Madrid, marzo de 1995.

ANEXO 19
Silverio Ruiz
Testimonio

La llegada de los brigadistas internacionales a Madrid me cogió en el Hospital Obrero, donde había ingresado por haber sido herido en el frente de Talavera de la Reina, el 11 de septiembre de 1936. La herida, por cierto muy grave, fue producida por una bala de ametralladora, que me entró por la boca, quemándome los labios, y me deshizo el maxilar inferior derecho causándome dos fracturas en el mismo.

Los primeros brigadistas que conocí fueron de nacionalidad polaca. Se trataba de dos heridos ingresados como yo en el Hospital Obrero y que colocaron a cada lado de la cama en que yo estaba. Su idioma era desconocido para mí. Intenté hablarles en francés, inglés y alemán, pero no me entendían. A los pocos días vino un compañero a visitarlos y este brigadista hablaba francés y pudimos entendernos. Me dijeron que los tres habían participado en la defensa de Madrid y que en el frente de la Casa de Campo es donde habían sido heridos.

Esto sucedía en el mes de noviembre y yo ya me sentía mejor de mi herida. Ya me habían desbloqueado la boca (la tuve cerrada con alambres desde el mes de septiembre) y ya podía ingerir líquidos y purés con más facilidad. Los camaradas y amigos que me visitaban me informaban de la situación en los frentes. Tenía conciencia de que esa situación exigía el máximo esfuerzo de todos nosotros, para poder superar la superioridad, tanto numérica como de armas, de Franco, así como la preparación técnica. Solicité una entrevista urgente con el director del hospital para rogarle que me diera el alta porque, le dije, yo podía y quería ir al frente. El director me lo negó rotundamente por muchas razones, pero por una sobre todo, le impedía acceder a mi petición: que mi herida todavía estaba abierta y, a causa de una fístula que se me había formado, era necesario volver a operarme y, según dijo, en esas condiciones era una locura pensar en el alta.

«Lo siento, señor director —le dije—, pero si usted no me da el alta, me iré sin ella.» Y así lo hice, sin atender a las razones que me exponía el director al añadir que sin el alta no me aceptarían en ninguna unidad y que, además, me exponía a que me detuvieran en la calle... Pero me escapé del hospital.

Yo conocía dónde estaba ubicado el V Regimiento, que era en un convento de la calle de Francos Rodríguez, muy cerca del hospital. Allí era donde instruían y formaban a las compañías de acero. Sabía que Enrique Líster y Modesto eran los jefes del V Regimiento y allí me fui a solicitar mi ingreso. Naturalmente, lo primero que me pidieron al ver mi cabeza vendada fue el alta, pero les expliqué que no la tenía ni el director me la quería dar. También otra razón en el motivo de no dármela: el Hospital Obrero se regía democráticamente y a mí me habían nombrado el representante de los heridos dentro del hospital y no querían desprenderse de mí. Les expliqué que yo había dejado este asunto resuelto con los camaradas heridos, para que ellos eligieran nuevamente entre ellos a mi sucesor y me prometieron que al nuevo representante le ayudarían como a mí en las tareas de representación. Además, les expliqué que yo creía que podía jugar un buen papel en el frente, pues era oficial de complemento y que hacía poco que había aprobado los ejercicios teóricos y prácticos de táctica y estrategia.

«Y ahora —le dije a Líster—, como todos los que quedamos en el V Regimiento hemos de incorporarnos a una unidad regular y yo conozco no sólo el valor de la 11 División, sino la disciplina que la caracteriza, te pido que me destines a una de tus brigadas y allí que me envíen a la compañía o sección que estimen conveniente.»

Mi destino en la 11 División fue para cumplir una misión administrativa en la IX Brigada. Posteriormente, cuando Líster se hizo cargo del V Cuerpo de Ejército, pasé a la sección administrativa de la 11 División, lo que me permitió un trato más directo con Líster y Santiago Álvarez, a la sazón comisario político del V Cuerpo de Ejército. De ellos aprendí la aplicación práctica del humanismo y de la solidaridad internacional y a comprender que consagrarse a estos fines era a lo más elevado que una persona puede aspirar.

Estos sentimientos se fueron ampliando y confirmando al paso de los años y acabaron de consolidarse cuando viajé a Inglaterra, adonde fui enviado a requerimiento de los camaradas ingleses a pronunciar unas conferencias, en distintas ciudades, a los brigadistas con motivo del cincuenta aniversario de la Guerra Civil.

Impresiones del viaje a Inglaterra con motivo del cincuenta aniversario de la Guerra Civil de España

La primera ciudad visitada fue Cardiff, en el País de Gales. Llegamos al aeropuerto de Londres y allí nos esperaban dos camaradas del PCB en Cardiff. En un coche nos trasladaron a Cardiff, distante unas tres horas de Londres. Nos dejaron en la casa de un camarada, técnico agrónomo, donde estuvimos alojados los días 11 y 12.

El acto de Cardiff era el 12 de julio, consistente en una cena homenaje organizada por la Asociación de Brigadistas (International Brigades Association), el Partido Laborista de Gales, el Partido Comunista del País de Gales y varias organizaciones más de izquierda para celebrar el cincuenta aniversario de la Guerra Civil Española.

Asistieron unas trescientas personas de todas las ideologías de izquierdas. A mi mujer y a mí nos sentaron en la presidencia de acto, al lado del secretario general del Sindicato Minero de Gales. También estaban en esta mesa presidencial el presidente de los brigadistas, Jim Brewer; el diputado David Morrés (ambos laboristas); el ministro de Cultura representante de Nicaragua, Roberto Hodgeson, y el camarada Sam Russell, de Londres.

Hubo varias intervenciones al acabar la cena, que estaba compuesta por platos españoles. Yo intervine en primer lugar y en nombre de la Comisión Central de Excombatientes Españoles. Una vez concluido el acto, el camarada secretario general de los mineros, que era el moderador del acto, me regaló un libro escrito por él sobre la historia de las luchas del Sindicato Minero del País de Gales. Está escrito en inglés, es muy interesante y lo entregaré al Partido cuando haya concluido su lectura.

El mismo día 12 por la mañana se celebró una manifestación (a la cual asistimos mi mujer y yo) para protestar contra el despido de 6.000 trabajadores gráficos en Cardiff y contra el magnate de la prensa inglesa causante de estos despidos. Esta manifestación fue considerada un éxito por sus organizadores, pues asistimos unas seiscientas personas. Allí conocí al secretario del PCB en Cardiff, un profesor de francés en la universidad, en cuya casa dormimos la noche del día 13 y el cual nos llevó en su coche a la estación para tomar el tren y dirigirnos a Liverpool.

La segunda ciudad visitada fue Liverpool. A la estación fue a esperarnos el secretario general del PCB en Liverpool, camarada Steve Mumby. Nos llevó al local del partido, donde tuvimos una entrevista con otros miembros.

Batallón Británico en julio de 1938

Miembros del Batallón Británico en mayo de 1937

Por la tarde del mismo día, se celebró un acto conmemorativo del cincuenta aniversario de la Guerra Civil Española, organizado por el Partido, en el cual intervine en nombre del PCE y como excombatiente. Con el mismo texto se difundieron varios carteles y folletos de diversos tamaños para anunciar el acto. Mis datos biográficos habían sido enviados con anterioridad a mi viaje, por Santiago Álvarez, a Inglaterra y fueron repetidos en todos y cada uno de los actos en que participé a lo largo de mis intervenciones.

A primera hora de la tarde, antes del acto, el secretario general nos llevó a visitar el famoso puerto de Liverpool, donde pudimos admirar la plataforma metálica levantada en la parte principal del puerto, sobre la cual los líderes obreros dirigen la palabra a los participantes en todas las manifestaciones obreras que terminan frente a esta plataforma, que constituye uno de los más emocionantes símbolos de la lucha de los trabajadores contra el imperialismo británico.

El acto conmemorativo del cincuenta aniversario fue considerado por ellos como un éxito, pues se llenó el local hasta el punto de que varias personas se quedaron de pie. Al final de este acto hubo un coloquio. Nos hicieron varias preguntas al camarada brigadista Deegan, del Batallón Británico, y a mí, que fuimos los únicos oradores y habíamos sido presentados por el secretario general.

El secretario del PC de Liverpool, camarada Steve, un joven de poco más de treinta años, cenó con nosotros y nos presentó a un intelectual escritor y viejo camarada, en cuya casa dormimos. Al día siguiente fue a recogernos y nos acompañaron hasta la estación donde debíamos tomar el tren para Manchester.

En la estación de Manchester nos recibió un camarada de la dirección del partido, profesor de la universidad, Trevor Maphan, que hablaba español, el cual nos presentó al secretario general, Steve Casby (también un joven de unos treinta años).

A primera hora de la tarde asistimos a una recepción que daba el ayuntamiento en honor de los brigadistas. Nos recibió la alcaldesa, *miss* Katharine, del Partido Laborista, de izquierda, que había invitado también a esta recepción a la dirección del PC, por lo que fuimos acompañados por dos camaradas de la dirección del PC de Manchester. Asistió también el secretario regional del PCB, el cual nos regaló, en nombre del PC regional, una copa de cristal con el escudo de Manchester grabado a mano.

En el ayuntamiento asistimos a una exposición conmemorativa de la guerra española. Asimismo visitamos una placa escultórica que hay en uno de los muros del ayuntamiento, donde se destaca en relieve las palabras que Dolores Ibárruri pronunció en la despedida de las Brigadas Internacionales. La alcaldesa estuvo muy atenta y prometió asistir a la conferencia que más tarde daría yo en los locales del Museo Judío.

En el Museo Judío, una antigua pagoda constituida en museo, intervenimos un representante de las Brigadas inglés y yo. A este acto asistió más de un centenar de personas de todas las ideologías, entre las que destacaban numerosos jóvenes. También asistió la alcaldesa acompañada de su esposo, tal y como me había prometido anteriormente.

Al final también hubo coloquio. Al terminar el acto, el camarada Trevor me comunicó que la alcaldesa no quería irse sin hablar antes conmigo. Pensé que sería para hacerme alguna observación, pues señalé como una de las causas de la derrota la política de no intervención impuesta, principalmente, por los gobiernos inglés y francés. Pero, cuál no fue mi sorpresa, al ver que me felicitaba y me decía que ella estaba de acuerdo *en todo* lo que había dicho, hasta tal punto que ella actuaba en ese sentido. Para corroborarlo, me dijo que había organizado una semana de ayuda a Nicaragua auspiciada por el ayuntamiento.

El día 16 a las 12 nos despidieron en la estación donde debíamos tomar el tren en dirección a Londres el secretario general Steve y el camarada de la dirección Trevor.

En Londres nos esperaban Sam Russell y otro miembro del Comité de Londres, Len Kay, maestro de escuela nacional jubilado, en cuya casa estuvimos hospedados los días que estuvimos en Londres.

Intervine en varios actos: primero en el acto organizado por la Asociación de Brigadistas Internacionales Británicos, celebrado el día 18 a mediodía, ante el bello e impresionante monumento erigido en honor de los brigadistas caídos en nuestra guerra y situado en los jardines del antiguo ayuntamiento de Londres, a orillas del Támesis. En este acto hablamos tres oradores: un antiguo brigadista, Alexander (que hizo de presentador) y yo. Cuando hizo mi presentación me consideró como el orador principal, ya que era español, llegado expresamente para este acto. Después de mi intervención me abrazó públicamente. A continuación se mantuvo un minuto de silencio y se realizó una ofrenda de flores ante el monumento. Nos proporcionaron un ramo de flores, que depositamos mi mujer y yo conjuntamente al pie del monumento. Acto seguido, se cantó por todos los asistentes (unos doscientos) la canción de los brigadistas, cuya letra, impresa en una octavilla, se había repartido previamente al acto.

En segundo lugar, asistimos a una comida, organizada por la Asociación Internacional de Brigadistas Británicos, que se realizó en un local cedido por el Sindicato de Transportes de las Trade Union. Habíamos comentado con Alexander que al día siguiente era el aniversario de nuestra boda (49 años) y que nos habíamos casado con Líster y Santiago Álvarez de testigos. Pues bien, al hacer mi presentación de esta comida, contó la anecdota, lo que nos valió un cerrado aplauso de todos los asistentes. A continuación nos hizo el obsequio de un plato de cerámica alusivo a la lucha de los brigadistas en España. Todo fue muy emocionante.

Alexander estuvo e incluso participó en los gastos de desplazamiento, colmándonos, como siempre, de atenciones.

En tercer lugar, el mismo día 18, a las 7:30, nos recogió del sitio donde se había celebrado la comida, el secretario de organización del PCB. Me regaló una biografía del que fue fundador del PCB, la cual me dedicó. Nos llevó al lugar donde se iba a celebrar otro acto en el que debía intervenir Santiago Álvarez, cosa que hice yo en su nombre. Al final me obsequiaron con un ramo de flores.

En cuarto lugar, fuimos a visitar la Memorial Library Karl Marx, donde se celebraba una exposición con fotografías y documentos de la Guerra Civil Española. Me emocionó ver en las fotografías a los camaradas Líster y Santiago Álvarez en plena juventud, tal y como los conocí en la guerra, así como a otros camaradas desaparecidos como, por ejemplo, el coronel Valledor, etcétera[22].

ANEXO 20
Guillermo Rodríguez
Breve biografía personal

Nacido en Andalucía, Villanueva del Arzobispo (Jaén), en 1915, vine a Madrid a reunirme con mis padres en 1920 ó 1921 y sólo salí de Madrid una vez incorporado a la milicia en 1936.

---

[22] Testimonio escrito por Silverio Ruiz, comandante de la II División.

Participé, como la mayoría de mis amigos de juventud, en infinidad de combates de los primeros días en Madrid y sus cercanías y, al formarse el Batallón España, en Fuenlabrada, Usera y Boadilla del Monte, hasta su pérdida en diciembre de 1936. Allí fue donde por primera vez combatí con los internacionales que vinieron de refuerzo; con ellos pasé dos días, y puedo decir que fueron ellos, entre los cuales había veteranos de la guerra mundial, los que me enseñaron lo que había que hacer en una guerra: lo primero, protegerse, para combatir mejor y poder ser eficaz, y lo más importante, la solidaridad, ayuda y asistencia entre todos los combatientes.

Muchos, aún hoy día, me preguntan cómo siendo español fui brigadista; mi respuesta es simple. Al ser militarizadas las milicias, me dieron permiso antes de volver a Cuenca, donde se formaba la brigada en que estaba destinado, y en lugar de ello, viendo la incorporación de ciertos batallones españoles, como Leones Rojos, Madrid, en la 12 para completar las bajas sufridas en Arganda y Jarama, individualmente, sin autorización de mi nueva unidad, ya que no la necesitaba, me incorporé en el Batallón André Marty, entonces en la 12 al mando de Luckács, siendo destinado a la 1.ª compañía 1.ª sección; en esta unidad participé en todos sus combates: Brihuega, Palacio Ibarra (con los garibaldinos de la brigada en marzo), Casa de Campo (en abril), Huesca (donde sufrí dos heridas de bala y dos de metralla), Brunete (una bala explosiva), Los Monegros (Belchite) en agosto de 1938. En diciembre de 1937 un batallón fue a formar parte de la 14 Brigada a El Escorial, relevado el 13 de marzo de 1938, transportada toda la unidad a las cercanías de Caspe, la cual recuperamos en un contraataque, teniendo que abandonarlo al anochecer y retirarnos a la orilla derecha del Guadalope, carretera de Caspe a Maella, donde la explosión de una bomba de aviación me enterró y fui evacuado por conmoción cerebral.

Del Guadalope a Gandesa y Cherta, desde donde, en barca, pasamos a la izquierda del Ebro después de haber perdido todo equipamiento.

Y llegó el paso del Ebro por mi batallón, más abajo de Amposta para atraer a las fuerzas de Yagüe; casi todos los que pasaron fueron muertos por los moros. Relevados y reorganizados en Resquera regresamos al frente en la sierra de Pandols, donde en contraataque recuperamos la cota 356, perdiéndola la víspera de la retirada de los internacionales del frente; esa tarde perdimos al comisario. Los españoles de la 14 continuamos el combate: de toda la brigada apenas si se pudo formar dos compañías para cubrir Venta de Camposines, de donde fui evacuado el día de su pérdida con una pierna llena de pequeños granos de metralla al hospital de Igualada, hospital de recuperación del V Cuerpo.

Cruzando el Ebro, 1938

Reformada la brigada, pasamos en reserva en Espluga Calva, de donde el 25 de diciembre salimos a contener al enemigo en las cercanías de Cogull el día 26, después de haber andado toda la noche.

Durante toda la mañana veíamos cómo se preparaban para pasar un pequeño riachuelo, pero sin artillería ni morteros no podíamos hacer nada. Al desencadenarse el ataque, sufrimos una lluvia de morterazos jamás vista por mi parte; uno de ellos me dejó atolondrado dentro del pequeño agujero que me había hecho, de tal forma que al volver en mí, estaba en la segunda línea de ataque; mezclado con ella pude escaparme por otra vaguada e incorporarme a mi compañía en la nueva línea establecida.

En la madrugada del día 28, después de haber rechazado tres ataques, mientras observaba la línea recibí una bala en el brazo izquierdo, rozándome el pecho. Fui evacuado a Reus, Villafranca y Barcelona (Hospital General) de donde pude escaparme dos horas después de la entrada de los franquistas.

En Gerona todo era desorden, y con otro camarada nos presentamos en el CRIM para informarnos, pero no nos dejaron salir. Formaban una nueva brigada con viejos, heridos (peor que yo) y todo aquello que pudieron recuperar. Con ella formamos línea en Blanes y como base Castell de Haro, y puedo decir que todo el borde de la Costa Brava lo hice a pie, durmiendo de día y escapándonos de noche, y así hasta Rosas, donde antiguos compañeros de la 13 me recuperaron.

Entré en Francia el 9 de febrero 39 por el túnel de Port-Bou (como herido me dejaron pasar) y, durante el año que pasé en los campos, siempre me paseaba con un peso en la mano izquierda para recuperar mi brazo, ya que había perdido todo el músculo superior por infección de los tejidos.

Hoy día, gracias al Real Decreto que reconoce mi nacionalidad española en la época de mis heridas, tengo una pensión de 48 puntos.

Pertenezco a varias organizaciones de brigadistas: la francesa AVER, la italiana AICVAS, con la cual he viajado con frecuencia a España, así como los garibaldinos, de la cual soy el abanderado, bandera que he tenido el honor de llevar en España a Barcelona, en 1988, Flix, por la inauguración del monumento italiano, y Morata de Tajuña, por la placa conmemorativa de donde periódicos hicieron fotografías (el artículo me dice francés).

En Italia también. En Bolonia dos veces, Milán y, por último, Turín, con ocasión del congreso de las Brigadas Garibaldi.

XI Brigada, marzo de 1937

En Francia, y sobre todo en la región en que vivo, soy conocido por todas las autoridades, ya que aquí tienen la costumbre de venir a saludar a todos los abanderados.

En Toulouse sólo quedamos dos antiguos brigadistas, Vicente Tonelli, italiano y presidente de la asociación, y yo.

En Pau tenemos al camarada Mazou, antiguo comisario de mi batallón y que tanto ha hecho por Morata de Tajuña, lugar de su primer combate con la 15 Brigada, con el cual estoy en contacto casi permanente.

Bueno, yo creo que para un perezoso en escribir ya está bien ¿no es así?

Para terminar:

Yo creo que ya es hora de que las autoridades democráticas de España se acuerden de aquellas personas, hombres y mujeres de todas las nacionalidades, que vinieron a combatir con nosotros, abandonando todo, familia, hogar y, muchos, bienestar, y sean reconocidos como españoles. Como decimos en francés, «A part entere», sobre todo porque, si no me equivoco, todos aquellos que combatieron en el otro campo cobran pensiones del Estado y son reconocidos como combatientes.

Sin más paso a saludaros... en espera de podernos ver pronto[23],

Mr. et Mme. Rodríguez-Guillermo

ANEXO 21

Diario del V Regimiento de Milicias Populares

Núm. 90. 5 de noviembre de 1936

Noticia en la que se informa de que un grupo de antifascistas italianos ya han actuado en distintos frentes. «Uno de estos grupos es el que estuvo actuando con la Columna Catalana, al mando del teniente coronel López Tienda, en el frente de Talavera. Este grupo lleva el nombre de Centuria Gastone Sozzi y de la que se ocupó la prensa madrileña en tono muy halagador hace algún tiempo.»

Núm. 96. 11 de noviembre de 1936

Publica una nota sobre la XI Brigada Internacional. No se dice nada en concreto. Tiene un carácter general: «Son hombres de todas las nacionalidades, de todas las edades. Muchos de ellos han conocido la gran guerra por haberla hecho. Han salido de sus países: Alemania, Italia, Polonia y otros».

---

[23] Testimonio de G. Rodríguez. Toulouse, 14 de noviembre de 1995.

Núm 97. 12 de noviembre de 1936

Una breve noticia. «Ayer han desfilado por Madrid otros dos batallones de la columna internacional. Conoce el pueblo de Madrid, por las noticias dadas en la prensa, la actuación de aquella columna, y al ver desfilar nuevas fuerzas que vienen a sumarse a las ya combatientes, prorrumpió en ovaciones a los milicianos, los cuales cantaban *La Internacional* y contestaban a los aplausos y vivas levantando el puño.»

Núm. 98. 13 de noviembre de 1936

Saludo de la Brigada Internacional al pueblo de España. Firma el comisario político Mario Nicoletti. No se dice el número de la misma... «Esta brigada está compuesta por obreros, campesinos, intelectuales, artesanos, por trabajadores de todos los países, pertenecientes a todos los matices políticos, que expresan la opinión de las masas populares de Europa... Todos los países están representados, particularmente los pueblos oprimidos por la sangrienta dictadura del fascismo: alemanes, italianos, polacos, húngaros, portugueses, yugoslavos, etc. También están representados los países regidos por sistemas democráticos: franceses, ingleses, etc. Así pues, la Brigada Internacional, por su composición y por sus fines, es "una Brigada del Frente Popular de Europa". El hecho de que en la brigada estén en gran mayoría los comunistas no cambia, en absoluto, su carácter de Frente Popular...»

Núm. 101. 16 de noviembre de 1936

Publica un saludo del V Regimiento a la Brigada Internacional. (No se da el número de la misma.)

Homenaje «sencillo y conmovedor» de un pueblo al general Kleber, comandante de la Brigada Internacional, en un pueblecito de los alrededores de Madrid.

Núm. 102. Madrid, 17 de noviembre de 1936

El general Kleber, comandante de la Brigada Internacional. Breve nota con datos biográficos: conoce muchos idiomas, pero habla poco... Prisionero e internado en Rusia, fue puesto en libertad por la Revolución y ofreció sus servicios al nuevo Gobierno soviético... Logró, a la cabeza de importantes unidades, infligir duras derrotas a generales famosos en su oficio: al general zarista Kolchak, al general francés Janin, etc... El general Kleber ha sido designado por el Gobierno legal de la República española para mandar nuestra Brigada Internacional. Entró en batalla con sus tropas sin haber completado aún su equipamiento y no del todo organizadas. El general Kleber causó al enemigo derrotas sangrientas, deteniéndole con la consigna de *¡Alto! ¡No pasarán!*

Núm. 104. 19 de noviembre de 1936

Saludo de Mario Nicoletti, comisario de la Brigada Internacional, a través de la emisora del V Regimiento... «En nombre de la Brigada Internacional os traigo el saludo fraternal y caluroso de todos los pueblos de Europa, representados en nuestra brigada por alemanes, italianos, franceses, ingleses, polacos, yugoslavos, húngaros, belgas, suizos, griegos, etc. Nuestra brigada

se siente orgullosa de su acción victoriosa de estos días a las puertas de Madrid y de haber infligido a los fascistas sus primeros y duros golpes en nombre de las masas populares de Europa... Los ataques y contraataques llevados a cabo por nuestra brigada nos han costado algunas bajas —siempre infinitamente inferiores a las del enemigo—; pero ni esas bajas ni el cansancio quebrantan la moral de nuestra brigada...

Núm. 107. 22 de noviembre de 1936

Llegada de nuevos voluntarios internacionales: «Anoche llegaron por la estación de Francia más de dos mil socialistas franceses, muchachos jóvenes en su mayoría, y entre los que figuraban algunas mujeres. Un grupo de 1.500 antifascistas franceses fueron recibidos en la estación de Francia por dirigentes de la UGT y del PSUC. Desfilaron por el paseo Colón, las Ramblas y plaza de Cataluña, estacionándose frente al hotel Colón.

Núm. 108. 23 de noviembre de 1936

La XII Brigada Internacional saluda al pueblo de Madrid. «Os presentamos un nuevo amigo nuestro: la XII Brigada Internacional. Ha tomado ya parte en varias acciones serias, luchando con bastantes dificultades bajo el mando de su comandante Luckács, y ha sufrido un duro bautismo de fuego. Nuestra columna se encuentra ahora más cerca del corazón del mundo, que eres tú, Madrid, valiente y libre.

»Nos incorporamos desde hoy a los defensores de Madrid formando, bajo el mando del general Kleber, una nueva unidad de combate con la XI Brigada que desde hace ya unos cuantos días constituye una parte del cinturón de acero que defiende Madrid...

»Nuestros batallones se llaman Thaelmann, Marty y Garibaldi, y bajo estos nombres nos incorporamos a vosotros para la lucha. La XII Brigada está firme y defenderá vuestra capital como si fuera verdaderamente su propio pueblo natal. Vuestro honor es el nuestro. Vuestra lucha es la nuestra. ¡Salud, camaradas!»

Núm 118. 3 de diciembre de 1936

Publica la muerte de Hans Beimler... «El 1 de diciembre, ayer, veintitrés días después de cumplirse el aniversario de la revolución rusa. Hans Beimler, en cumplimiento de una misión política, se dirigía a una de las compañías alemanas situadas a cincuenta metros del enemigo. Pasaba por una zona que estaba batida por los fascistas. Una bala le alcanzó. Hans Beimler cayó gritando: «¡Frente rojo! *Rot Front!*».

Hans Beimler, organizador de los primeros destacamentos internacionales del Ejército Republicano. Murió en el frente de Madrid el 10 de diciembre de 1936

Capítulo 13

LOS VOLUNTARIOS DE LA LIBERTAD Y LAS LEGIONES DE HITLER Y DE MUSSOLINI

¿Cuántos combatientes internacionales hubo en España?

Aún es objeto de discusión el total de voluntarios internacionales que lucharon en las filas del Ejército Popular republicano. La historiografía española del periodo franquista, y no digamos la alemana nazi-fascista, han tratado de equiparar el número de combatientes voluntarios de la libertad con el de los ejércitos regulares de Hitler y Mussolini, que vinieron a apoyar a Franco. Además del carácter esencialmente distinto de una y otra participación, esa equiparación no resiste el menor análisis.

El número de voluntarios internacionales en la zona republicana jamás pasó de 12.000 a 15.000 en cada periodo. Y la discusión está en si fueron 35.000 el conjunto de los brigadistas que pasaron por España[1] o si en realidad esa cifra fue menor aún, como comprobó la Comisión Militar de Control de la Sociedad de Naciones (CMC de SDN), después de muchas indagaciones y pesquisas.

La mencionada comisión llegó a España en octubre de 1939 con el propósito de controlar la desmovilización de los voluntarios internacionales, cuya retirada había decidido el Gobierno de Negrín. En la retaguardia catalana cercana al frente tuvimos ocasión de conversar con algunos de sus componentes, que, además, comprobaron que a esas alturas ya no quedaban internacionales en el V Cuerpo de Ejército.

Pero también supimos que después de múltiples averiguaciones, utilizando una

---

[1] Como se afirma en un folleto de J. Sandoval y M. Azcárate, escrito a raíz de la preparación de la obra *Guerra y revolución en España,* dirigida por Dolores Ibárruri. Como dice también E. Líster en su libro *Nuestra guerra* y como reitera en una de sus obras el hispanista soviético Maidanek.

red de informadores, incluidos diversos consulados, dicha CMC de SDN constató, no sin estupefacción, que en la zona republicana no había habido más de 32.165 voluntarios internacionales y que, en aquel momento, no quedaban más de 12.114.

La clasificación hecha por las oficinas de la organización de las Brigadas Internacionales fue la siguiente (por nacionalidades)[2]:

Franceses (comprendidos argelinos) 8.950

Polacos (comprendidos ucranianos y de Rusia Blanca) 3.110

Italianos 2.944

Estadounidenses 2.336

Alemanes 2.212

Países Balcánicos (búlgaros, yugoslavos, griegos) 2.089

Ingleses 1.824

Belgas 1.721

Checoslovacos 1.062

Países Bálticos 887

Austriacos 868

Escandinavos 793

Holandeses 613

Húngaros 528

Canadienses 512

Suizos 402

Portugueses 131

Varios (sudamericanos, Cuba, México; chinos, de nacionalidades diversas, sin nacionalidad, con pasaporte Nansen) 1.121

Total 32.109

Como puede constatarse, la cifra que da la oficina de las Brigadas Internacionales no difiere más que en 56 del número comprobado por la CNC de SDN.

El general Gómez, que fue jefe de la base de las Brigadas Internacionales de Albacete, considera que desde noviembre de 1936 hasta abril de 1938 pasaron por la base y fueron enviados al frente los voluntarios siguientes: de noviembre de 1936 a marzo de 1937, 18.714; de abril de 1937 a julio, 6.017; de agosto a noviem-

---

[2] Estos datos son tomados del original de un libro escrito por André Marty en 1938, antes de salir de España, pero que no llegó a publicarse.

bre, 7.781; desde el 16 de noviembre de 1937 hasta abril de 1938, 19.472, cupos que arrojaban un total de 51.984. Pero como en estas cifras están incluidos también los brigadistas heridos que al reincorporarse al frente pasaban de nuevo por la base de Albacete y éstos fueron varios miles, la cifra de 51.984 no puede considerarse válida.

El competente general polaco Walter (K. Swerczewski), que fue jefe de la 35 División, apoyándose en los datos de Albacete, decía que probablemente el número de internacionales podía calcularse en cuarenta y dos mil. Pero él mismo reconocía (tenemos delante su nota) lo difícil que era ofrecer una cifra exacta por el defectuoso registro de personal en dicha base. Y la propia suma del total del cálculo que él hizo de voluntarios de cada uno de los países sólo arroja la cifra aproximada de treinta y un mil.

El colectivo de autores del libro *La solidaridad de los pueblos con la República española*[3] ha considerado que la cifra estimada por el general Walter (unos cuarenta y dos mil combatientes de la libertad) quizá no esté muy lejos de lo real.

Ocurre, sin embargo, que las deducciones realizadas por dicho colectivo, pasados cuarenta años y partiendo de las *aportaciones nacionales,* no son, salvo excepciones, más que aproximadas. Por ello, en mi opinión, carecen de rigor para establecer una suma exacta.

¿En qué se basó dicho colectivo para deducir una cifra mayor que la que nos ofrece el registro de la organización de las Brigadas Internacionales y que la comprobada por la CMC de SDN?

1. En que en la base de Albacete no se registraron todos los voluntarios internacionales, en particular los que procedían de países latinoamericanos, y que, por la comunidad del idioma, ingresaban directamente en las unidades españolas de las Milicias Populares y del Ejército Popular.

2. En que tampoco eran registrados voluntarios soviéticos —pilotos, tanquistas y otros especialistas—, incorporados a las unidades militares españolas.

3. En que los emigrados —polacos, ucranianos, húngaros, italianos, etc.— llegados a España de la Argentina, EE.UU., Canadá y Bélgica eran registrados unas veces por su origen nacional y otras por los países de donde procedían y donde habían quedado sus familiares.

---

[3] Moscú, 1974, Editorial Progreso, Epílogo.

Estos tres argumentos no contienen, sin embargo, elementos suficientes a favor de una cifra mayor que la ya citada: unos treinta y cinco mil.

Respecto al primero de esos argumentos, diremos que los voluntarios procedentes de países latinoamericanos no enrolados en unidades internacionales no pasaron de ser unas decenas. Formaron parte de las divisiones 11 y 46, españolas, casi exclusivamente. Y si se suman todos los brigadistas procedentes de Cuba, México, Argentina, Brasil, Uruguay, Perú y algún otro país de ese continente, no rebasan el millar (unos ochocientos cubanos), con lo cual la cifra ofrecida en la relación citada arriba de las Brigadas Internacionales resulta bastante exacta.

Sobre el segundo argumento es de reconocer, efectivamente, que la mayoría de los voluntarios soviéticos no fueron registrados en la base de Albacete. Pero, como veremos más abajo, sólo si se suman los soviéticos a las Brigadas Internacionales propiamente dichas es como la cifra de internacionales alcanza algo más de treinta y cinco mil.

El tercer argumento (el registro no por el origen nacional, sino por el país de donde procedían, más bien se vuelve en su contra, porque puede, efectivamente, hacer variar la cifra de brigadistas, según los cálculos de la base de Albacete o según las respectivas versiones de las aportaciones nacionales. Ambos cálculos pueden no coincidir. Pero la variación no afecta al número en su conjunto. Porque en las unidades militares con brigadistas lo que contaba era el número de extranjeros, no su origen y nacionalidad. En dichas Brigadas Internacionales, si al principio había un 25 por 100 de españoles, en 1938 había ya un 70 por 100 y sólo un 30 por 100 de extranjeros.

Hagamos aún otra comprobación. Si comparamos la cifra de 32.109, registrada y aceptada como rigurosa por la CMC de SDN y la consideramos como auténtica, hallamos una diferencia de 19.965 con la de 12.144 que, según dicha comisión, eran los internacionalistas que quedaban en octubre de 1938. Pero, precisamente, cálculos rigurosos indican que fueron aproximadamente veinte mil los muertos, heridos y desaparecidos. Algunos de los inválidos retirados del frente fueron evacuados de España antes de 1938.

En lo que concierne al número de internacionales, incluso estudiosos del tema pertenecientes al campo democrático han cometido exageraciones de cálculo. Por ejemplo, Andreu Castells, en su libro sobre las Brigadas Internacionales (valioso, por otra parte, en muchos sentidos), sostiene que los franceses hicieron la mayor aportación de voluntarios, que él cifra en 15.384. Calculando de ese modo, Castells da un total de más de cincuenta mil.

Que los franceses aportaron el mayor número de hombres combatientes a las Brigadas Internacionales es rigurosamente cierto, pero de ninguna manera alcanza la suma indicada por Castells. Como hemos visto, la cifra dada en su día por la dirección de las Brigadas Internacionales es de 8.950. Tengo ante mí una carta de H. Rol-Tanguy, que fue comisario político de la XIV Brigada Internacional, la antigua Marsellesa. Dicha carta, fechada a 1 de octubre de 1981, responde a una consulta mía para mi libro *Los comisarios políticos en la guerra civil de 1936-1939.* Rol me dice: «En las filas de las Brigadas Internacionales combatieron de ocho mil a diez mil franceses, más de tres mil de los cuales cayeron en los diversos frentes de España»[4].

Por tratarse de uno de los principales protagonistas franceses de nuestra guerra y héroe de la Segunda Guerra Mundial, creo que podemos aceptar su cálculo, establecido después de numerosas comprobaciones, dando como buena la cifra de 8.950 brigadistas franceses, incluyendo algunos argelinos.

Después de consultar diversos textos y cifras y de recurrir al recuerdo de mis propias vivencias, estimo que, si se excluye a los soviéticos, cuya absoluta mayoría no estaba, como hemos dicho, en las Brigadas Internacionales, los voluntarios enrolados en éstas no pasaron de 33.000 en números redondos. Y si a éstos se añaden los 2.064 soviéticos que estuvieron en España, número perfectamente comprobado hoy, la cifra de internacionalistas que combatieron en nuestra guerra civil no pasa de 35.646. No se equivocan, pues, los que la evalúan en 35.000, en números redondos.

Si se compara este número con el que da Luis María de Lojendio (de 60.000 a 70.000), con el que contiene el *Estudio de la Oficina de Información Española,* que llegó a hablar de la presencia de 125.000, o con el que nos brindan los nazis (Von Faupel habló de 120.000) para justificar la presencia militar de Hitler y de Mussolini en España, comprobamos cuántas falsedades se han escrito a este respecto.

La diferencia entre los ejércitos fascistas y los voluntarios de las Brigadas Internacionales es de doble carácter: esencial y numérico. Esencial porque los que vinieron a combatir al lado de la República eran plenamente voluntarios. Llegados de 53 países de todos los confines del globo, los animaba tan sólo el deseo de oponerse al fascismo, de defender la democracia y la libertad. Los únicos que vinieron enviados por un Estado, el único Estado socialista de entonces, fueron los soviéticos. Pero incluso éstos, que, salvo alguna compañía de tanques e inicialmente algunos aviadores, no eran uni-

---

[4] En la Segunda Guerra Mundial Rol-Tanguy fue el jefe de las fuerzas que liberaron París y ante el que capitularon los alemanes.

Guadalajara, 1937

dades militares ni pequeñas ni grandes, sino especialistas de diversas armas, eran voluntarios. Estimulados, eso sí, por el Partido Comunista de la URSS, pero voluntarios al fin y al cabo.

Las tropas llegadas para apoyar a Franco eran unidades regulares de los ejércitos de Alemania y de Italia. Como pudimos comprobar en distintos frentes, sobre todo cuando derrotamos a los italianos en Guadalajara, los contingentes nazi-fascistas no tenían nada de voluntarios. La versión franquista de dos intervenciones: la soviética y la germano-italiana, no resiste el menor análisis, ya que no tiene nada que ver con lo que fue la realidad. Es una versión que se asemeja a lo que ha ocurrido recientemente en Nicaragua. Se trataba de justificar la destrucción del sistema democrático.

Nosotros combatimos en el Jarama no con cientos o miles de voluntarios alemanes, sino con la Legión Cóndor de la Luftwafe y las baterías y agrupaciones artilleras de la Vehrmacht con sus cañones modernos del 8,8. Málaga la conquistaron las divisiones italianas. Y en Guadalajara, el cuerpo italiano mandado por el general Roatta, que en España se llamaba Manzini o Alberto Colli, estaba integrado por cuatro divisiones: 1.ª Coppi, 2.ª Possi, 3.ª Nuvolari, 4.ª Littorio; por las brigadas Flechas Azules y Flechas Negras; por un batallón de carros de combate; por unidades de autos y autoametralladoras; por una compañía de lanzallamas; por artillería divisionaria y de cuerpo de ejército, baterías antiaéreas y antitanques. Todo ello con servicios de intendencia, transmisiones, ingenieros, sanidad y transportes y con la cooperación de tres escuadrillas aéreas alemanas y cuatro italianas. Se trataba de un verdadero ejército regular italiano.

Las Brigadas Internacionales empezaron a crearse a partir del 20 de octubre de 1936, cuando, como hemos visto, era un hecho la intervención ítalo-alemana al lado de Franco. Los voluntarios de la libertad venían dispersos o en pequeños grupos a través de los Pirineos o del Mediterráneo, desafiando en muchos casos la muerte. Al llegar a España tenían que concentrarse en Albacete, lugar señalado por el Gobierno español para organizarse.

Las unidades militares de Alemania e Italia, gracias al dominio fascista sobre la Europa de entonces y a la llamada política de no intervención de Inglaterra y Francia, apoyada por EE.UU., llegaban completas y pertrechadas enteramente, de suerte que, desde su llegada, estaban prestas para entrar en combate.

En cuanto a la cantidad de extranjeros que lucharon en uno y otro campo, la diferencia también fue sustancial. Ya hemos visto la cifra de los voluntarios de la libertad. En los ejércitos intervencionistas alemanes e italianos actuaron simultáneamente de 100.000 a 120.000 hombres. La Legión Cóndor, enviada por Alemania, se componía de 50.000 hombres, que fueron reemplazados dos veces. Los legionarios italianos fueron, como mínimo, 100.000, reemplazados tres veces, lo que arroja una cifra total de alemanes e italianos de 400.000 hombres.

El relevo de fuerzas no existió, ni hubo opción para que existiese, en el caso de los combatientes de la libertad. Sólo los soviéticos relevaron a algunos de sus especialistas. Las unidades italianas que intervinieron en Guadalajara alcanzaban más de sesenta mil hombres. En el momento en que el Gobierno republicano, presidido por Negrín, negociaba la retirada de los internacionales, su respuesta al Comité de Londres (26-VIII-1938) a propósito del número de extranjeros en uno y otro campo es diplomática, pero categórica: la proporción es de diez a uno a favor de Franco.

Después de explicar que el Gobierno ha examinado con la atención y el cuidado que la importancia del caso requiere el proyecto de resolución presentado por el Comité de No Intervención, la nota oficial añade, entre otras cosas: «Así resulta que las previsiones del plan encontrarían encaje perfecto si, por ejemplo, el cómputo diese por resultado la existencia de 50.000 extranjeros en cada parte. Pero ¿qué ocurriría si, por ejemplo, el cómputo arrojara un resultado más próximo a lo que el Gobierno español considera como la situación real: 10.000 extranjeros, en cifras redondas, con el Gobierno y 100.000 con los rebeldes?»[5]. O sea, que el Gobierno del doctor Negrín calculaba, cabe subrayarlo, esa proporción.

En conclusión, no sólo por el número de combatientes extranjeros, sino por su distinto carácter, la situación difería esencialmente entre uno y otro campo.

Del lado de Franco se trataba de una intervención politico-militar abierta de los ejércitos nazi-fascistas en los asuntos de España. Por el lado del régimen republicano se trataba de una ayuda solidaria del proletariado internacional, del primer Estado socialista —la URSS— y de las fuerzas del progreso y de la cultura, porque consideraban a los republicanos como defensores de su misma causa y de la paz mundial.

Ésa fue la realidad histórica. Lo dicho en contrario ayer y hoy fueron y son versiones erróneas o conscientemente tergiversadas. El mantenimiento de esa falsedad sólo sirve a intereses contrarios a la democracia. En la perspectiva histórica, sólo favorecería al imperialismo y a la reacción.

---

[5] Don Pablo de Azcárate, *Mi embajada en Londres durante la Guerra Civil Española,* documento 45.

La primera batalla de la Segunda Guerra Mundial

La relación existente entre la guerra española de 1936-1939 y los avances de Hitler hacia la Segunda Guerra Mundial se evidencia, entre otros, por los siguientes datos:

1. Por los antecedentes que preceden a nuestra contienda, a los cuales ya hemos hecho referencia.

2. Por la intervención directa, desde agosto de 1936, de un verdadero ejército ítalo-alemán que, en el curso de la guerra, llega a cuatrocientos mil hombres, que participa activamente al lado de Franco desde febrero de 1937 (toma de Málaga), interviene decisivamente en la batalla del Jarama, que es el protagonista fundamental en la batalla de Guadalajara, en la ocupación de Santander y en las operaciones militares a que pasamos a hacer referencia.

Después de que Franco recuperó Teruel, el 12 de marzo de 1938 (tercer día de la ofensiva franquista en Aragón, cuyo frente se había roto el día 9), Hitler ocupaba Austria.

El día 8 de agosto, trece días después de que el ejército republicano cruzara el Ebro, cuando las tropas de Franco habían iniciado su primera contraofensiva (Fayon-Mequinenza), se precisaban ya los preparativos de Munich. Lo evidencia la conversación que el jefe del Gobierno vasco, don José Antonio de Aguirre, mantiene con el señor Bonet, ministro francés de Negocios Extranjeros, y que aquél relata en su libro *De Guernica a Nueva York, pasando por Berlín,* resumiéndola del siguiente modo:

> Poco tiempo después sobrevenía la crisis provocada por el caso de los Sudetes y la intervención de Hitler alarmó al mundo y produjo el primer resbalón de la democracia en la Conferencia de Munich. Entonces me acordé de la obsesión del señor Bonet y de la precisión de la fecha: primero de octubre. El pacto de Munich se firmó el 29 de septiembre.[6]

La capitulación de las democracias occidentales frente a Hitler, en el pacto de Munich, tiene lugar, efectivamente, cuando aún nos batíamos en plena batalla del Ebro (pero cuando las tropas del general Franco habían realizado su tercera contraofensiva y arrebatado al Ejército Popular la cota 705 de la sierra de Pandols, punto estratégico en torno al cual se libraron los combates más duros y sangrientos de aquella batalla).

---

[6] José Antonio de Aguirre, *De Guernica a Nueva York, pasando por Berlín.*

Los acuerdos de Munich fueron una puñalada por la espalda al Gobierno de la República española, para cuya causa tuvieron las consecuencias siguientes:

— Intensificación de la ayuda al general Franco por parte de las potencias fascistas.
— Más estímulo a las corrientes y personalidades españolas partidarias de la capitulación.
— Una presión más intensa de los gobiernos de Gran Bretaña y Francia sobre el Gobierno republicano para que buscase un *arreglo,* es decir, para que aceptase capitular.
— Mayor aislamiento diplomático de la España gubernamental.
— Estímulo a los intentos de un grupo nacionalista catalán de separar a Cataluña del resto de España e incluirla en la órbita de Francia e Inglaterra.
— Prolongación del cierre de la frontera francesa y de los accesos por mar, decididas ya el 29 de junio, para impedir que ya en vísperas del cruce del Ebro nos llegasen las armas que, por gestión del Gobierno, enviaba la Unión Soviética.
— Y, en fin, mucha mayor presión exterior, con el objeto de estrangular nuestra lucha definitivamente.

Negrín pronunció el 14 de octubre una alocución, por radio, en la que, entre otras cosas, dijo:

España no es un país de capitulaciones (...). Los pleitos de los españoles se resuelven entre los españoles. Ni se logra tampoco la paz pretendiendo desestabilizar los frentes y tejer unas fronteras de artificio entre la zona rebelde y la leal. Eso nunca.

Y añadía:

Oblíguese a la retirada de los invasores. Restitúyasenos nuestros derechos hollados de gobierno legítimo. En pocos meses, quizás en pocas semanas, la paz surgirá espontáneamente.[7]

Por su parte, analizando el significado del pacto de Munich, José Díaz, secretario general del Partido Comunista de España, escribía:

Defender a España significa hoy defender todas las conquistas del proletariado y las libertades de los pueblos. Quizá sea España el último baluarte de la democracia y de la paz

---

[7] Frente Rojo, 15 de octubre de 1938.

en la Europa capitalista. Este baluarte no puede caer y no puede perderse porque ello sería la catástrofe segura para todos los países libres de Europa, y en primer lugar para la clase obrera.[8]

Firmado el pacto de Munich, el 1 de octubre de 1938, Hitler se anexionaría ya parte de Checoslovaquia, el territorio llamado de los Sudetes (Bohemia y Moravia) y, el 15 de marzo de 1939, poco después del fin de la guerra de España (perdida por el Ejército Republicano Cataluña y cuando ya la derrota de la República era un hecho), establecía su protectorado en Praga. El 1 de septiembre de 1939, después de anexionarse Dantzig, invadiría Polonia, pocos meses más tarde el resto de Europa y el 21 de junio de 1941 atacaría a la URSS. Tal fue la secuencia de los hechos: sólo al ser derrotada la República española estallaría la Segunda Guerra Mundial.

> Si hemos de preservar la herencia de nuestros padres, debemos estar dispuestos a luchar valientemente como lucharon y murieron los españoles leales, oponiéndose con sus cuerpos y su sangre durante dos años y medio a la ola de barbarie que se desencadenó sobre Europa, hasta que sucumbieron en medio de la extraña indiferencia de las naciones democráticas, en cuya defensa ellos combatieron valerosamente. La Segunda Guerra Mundial comenzó en España en 1938.[9]

Esta afirmación del embajador de Estados Unidos coincide con el criterio de relevantes personalidades de la política internacional de los años treinta-cuarenta, con el de destacados jefes militares y con el de poetas y escritores de fama mundial y avala nuestra opinión, expresada reiteradamente, de que la guerra de España tuvo dos grandes vertientes, una nacional y otra internacional, siendo ésta el prólogo o avanzada de la Segunda Guerra Mundial.

Rodión Malinovski, consejero soviético en España durante nuestra contienda, dos veces héroe de la Unión Soviética, ministro de Defensa de la URSS y uno de los mariscales más notables de la Segunda Guerra Mundial, escribe en sus recuerdos sobre España:

> Toda persona sensata asociaba esta figura [la del general Franco] al fantasma de la Segunda Guerra Mundial que inexorablemente se nos venía encima.

---

[8] José Díaz, *Tres años de lucha*, p. 642, Frente Rojo, 5 de octubre de 1938.

[9] Claude G. Bowers, embajador de EE.UU. durante la guerra española, *Misión de España, 1933-1939*, editorial Grijalbo, S.A., México D.F., 1955, Prefacio, p. VIII.

Y más adelante:

> En esencia, esta tarea fue la primera prueba de las fuerzas militares del fascismo, llamada con absoluta justeza batalla de las vanguardias y preludio de la Segunda Guerra Mundial.[10]

Por su parte, Maiski dice:

> Ha transcurrido más de un cuarto de siglo desde el día en que los fascistas españoles, encabezados por el general Franco y estimulados al máximo por Hitler y Mussolini, se sublevaron contra el Gobierno democrático de la República española. Estos años han sido ricos en grandiosos acontecimientos de significación histórica universal. Y, pese a todo, la humanidad progresiva conserva vivo el recuerdo de la guerra que sostuvo durante cerca de tres años la democracia española contra el fascismo y sus protectores descarados y encubiertos. Dos causas principales explican este hecho. En primer lugar, la guerra de 1936-1939 en la península Ibérica escribió una página brillante e inolvidable en la historia de la democracia, tanto española como universal. Fue una guerra de las fuerzas del progreso contra las fuerzas de la reacción, de las fuerzas de la paz contra las de la agresión, una de las guerras más justas que conoce la historia. Y en segundo lugar, la guerra de 1936-1939 en la península Ibérica fue, como puede verse a la luz de la perspectiva histórica, la primera batalla de la Segunda Guerra Mundial.[11]

En mayo de 1945, Palmiro Togliatti escribía:

> Si bien es verdad que desde 1939 ha caído sobre España el silencio de las tumbas y de las prisiones, es también verdad que el campo de batalla no fue sino desplazado, sin que los objetivos hayan variado. Si aquel primer bastión hubiese caído sin combate, la suerte del mundo y de nuestro propio país habría cambiado. Sobre ese campo de batalla conocimos a nuestros amigos y a nuestros enemigos; conocimos el peligro y el deber común de todos los demócratas sinceros; sobre ese campo de batalla surgió la unidad antifascista como una realidad y como una escuela real de guerra y de política, escuela para los pueblos, para las clases sociales, para los partidos, para los hombres de Estado clarividentes.[12]

Este significado de la guerra de España ya había sido subrayado antes de su final muy certeramente con las siguientes frases:

> Hemos resistido a todo y a todos y hoy tenemos el orgullo de proclamar que, si la re-

---

[10] *Bajo la bandera de la España republicana,* Editorial Progreso, Moscú, p. 7.
[11] I. Maiski, académico soviético, *Cuadernos españoles,* Editorial Progreso, Moscú, p. 3.
[12] Palmiro Togliatti, *L'esperienza di Spagna,* Risorgimiento, 1.º anno, mayo de 1945.

sistencia española no ha logrado todavía cambiar completamente el curso de la política internacional, ha influido sobre ello poderosamente de dos maneras esenciales:

— Primero, porque nuestra resistencia es el primer paso, en los países capitalistas, de firmeza ante la ofensiva de guerra del fascismo y éste, sorprendido, ha visto estorbados sus planes en su desarrollo y en su realización progresiva y calculada.

— Segundo, porque la resistencia de España y el heroísmo de nuestro pueblo están trazando al mundo un nuevo camino en el desarrollo de las relaciones entre los pueblos y este camino es el que deberán seguir todos los países civilizados, si quieren evitar la ruina que les acecha.[13]

Si la contienda española de 1936-1939 fue la primera gran batalla de la Segunda Guerra Mundial, lo fue en virtud de los hechos que hemos relatado, de las circunstancias a las que se refieren las personalidades políticas y militares antes citadas, dado el carácter global que definía la lucha entre la democracia y el fascismo en aquella etapa histórica, dado el aporte que significaba para el eje nazifascista la victoria político militar de los sublevados.

Por el contrario, el profundo significado político moral que a nivel mundial alcanzó la lucha antifascista española de tres años produjo una reacción de combate, psicológica y política, de los pueblos amenazados por el hitlerismo. Este factor fue esencial para el desenlace posterior de la contienda, porque contribuyó a forjar la alianza de la Unión Soviética, Estados Unidos, Gran Bretaña y la Francia libre, etc., y a desarrollar la resistencia antihitleriana en los pueblos de Europa. Esa alianza de pueblos y Estados fue la base de la victoria antinazi y antifascista en dicha conflagración mundial, determinando también, con la aportación del pueblo chino contra la agresión japonesa, la derrota del Japón militarista en el Extremo Oriente asiático.

ANEXO
Armando López Salinas
Política exterior franquista y la Segunda Guerra Mundial

La Guerra Civil Española fue la primera batalla librada contra el fascismo, el prólogo de la Segunda Guerra Mundial. La derrota de la República mostraría pronto que la vinculación franquista a las potencias del Eje, amén de concordancias ideológicas, era el pago a la ayuda mili-

---

[13] José Díaz, *Lo que España enseña a Europa y América,* Conferencia en Barcelona.

tar, económica, política y diplomática recibida por los sublevados durante la guerra y que les permitieron vencer en la misma.

Verdad es que, también, dicha vinculación era alimentada por delirios imperialistas de Franco y sus acólitos de Falange que se prestaban, si la ocasión era propicia, a recoger las migajas del nuevo reparto del mundo que el creciente poderío alemán en Europa parecía asegurar.

Días antes de finalizar la guerra en España se firmaba en Burgos, con Jordana como ministro de Asuntos Exteriores, el Pacto Anti Komintern, acuerdo político contra la Internacional Comunista. También, el 31 de marzo de 1939, se suscribió el tratado de amistad hispano-germano, que colocaba a España en la condición de asociada a Alemania en condiciones harto ventajosas para dicho país. Tiempo después se retiraba España de la Sociedad de Naciones, «ese antro podrido de la democracia» al decir de la prensa de la época. Simultáneamente se establecían bases de cooperación con el Vaticano.

No, no se trataba de poner una vela a Dios y otra al diablo. Las cruces, la gamada y la del papado, cuyas tendencias totalitarias eran más que manifiestas, podían perfectamente servir a un régimen que trataba de revivir las épocas del esplendor de Trento, de la España martillo de herejes. Fascismo y clericalismo eran las dos caras de una misma moneda. Los teólogos de combate, que habían movilizado tanto la Iglesia española como el Vaticano contra la República española, venían a plantear el mismo o parecido discurso que en Berlín planteara Goebbels: *Por el imperio hacia Dios.*

Tiempo después, y según sucedían los avances de las tropas alemanas en Francia, el Gobierno, que había declarado públicamente la neutralidad española, iba cambiando de actitud. Días antes de la capitulación francesa en el bosque de Compiegne a manos de Petain, Laval y demás colaboracionistas, cambió España su actitud de país neutral por la de no beligerante, situación nueva que permitiría a Franco mostrar mejor y más claramente su apoyo a las potencias del Eje.

Así, aviones y submarinos alemanes repostaban en puertos y aeródromos españoles. Se bombardeaba Gibraltar desde bases andaluzas, barcos de guerra italianos fondeaban en las islas Baleares. Las policías de Hitler y Mussolini adiestraban a toda suerte de policías españoles, ya fueran oficiales u oficiosas, en los métodos represivos de la época.

Tánger fue españolizado, es decir, ocupado por tropas españolas, y en esa ciudad se establecieron la Gestapo y los servicios de inteligencia alemanes para todo el norte de África.

Serrano Súñer, Ridruejo, Tovar y otros jerarcas del «amanecer» negociaban en Berlín, en 1940, la utilización del territorio español para la llamada Operación Fénix. Se trataba de la ocupación de Gibraltar para así impedir el dominio naval y aéreo británico en el Mediterráneo y también la utilización posterior de dicha base en operaciones militares en el norte de África. Parecía que los delirios fascistas de Castiella y Areilza expresados en el libro titulado *Reivindi-*

caciones españolas estaban a punto de cumplirse. Si España entraba en la guerra al lado de Alemania o Italia, no sólo Gibraltar, sino también parte de Argelia y del Marruecos francés serían españoles. Zonas de expansión colonial en Río de Oro y el golfo de Guinea formarían parte del nuevo imperio que estaba al alcance de la mano.

Tras las negociaciones de Berlín y la visita de Himmler, jefe de la Gestapo, a Madrid, se celebró la entrevista de Hendaya entre Franco y el Führer. Serrano Súñer y Stcher redactaron el protocolo donde se contemplaba la participación de España en la guerra a cambio de compensaciones territoriales.

Si España no entró en guerra en aquellos meses no fue debido a la posteriormente cacareada visión de Franco, sino a que Hitler tuvo que prestar toda su atención a la situación creada en los Balcanes a causa de la derrota del ejército italiano en Grecia en octubre de 1940. Al tiempo, el Estado Mayor alemán prepara dos alternativas militares: la dicha Operación Fénix, ataque a Gibraltar, y la denominada Barbarrossa, ataque a la Unión Soviética.

Serrano Súñer y Hitler, Canaris y Franco conversan, en distintas ocasiones, acerca de la fecha adecuada para el ataque a Gibraltar. Pero la preparación del operativo Barbarrossa y el desastre italiano en Libia obligan a Hitler al envío a África del ejército de Rommel. Se aplaza, entonces, la Operación Fénix.

Las entrevistas de Franco y Mussolini en Bordighera y con Petain en Montpellier, en febrero de 1941, no modifican en nada la situación. Son, fundamentalmente, temas de primera página en la prensa de la época, ocasión de reafirmación antidemocrática y anticomunista para los monaguillos del Movimiento. Ocasión también para la deportación de exiliados republicanos en Francia a los campos de concentración nazis sitos en Alemania o Austria.

El 21 de junio de 1941 las tropas alemanas invaden territorio de la URSS. La fiebre, la euforia fascista en España es total, invade las calles, la prensa, las emisoras de radio. La histeria de Serrano Súñer, la de Arrese, la de muchos jefes militares no conoce límites. Piden el exterminio de Rusia. El país de Lenin, gritan en la madrileña calle de Alcalá, es culpable de la muerte de José Antonio Primo de Rivera, de nuestra guerra civil.

Se crea la División Azul, que entraría en combate el 13 de agosto. Marchaban hacia Alemania borrachos de anticomunismo, cantando *Lily Marlén* o *Cara al sol*. Franco, el 18 de julio, se encargaría de echar leña al fuego. Para él, las tropas alemanas dirigían la batalla que Europa y el cristianismo tanto anhelaban. Y la sangre de la juventud española iba a unirse a la de los camaradas del Eje. Naturalmente, al socaire de todo ello se intensificaba la represión interna. La caza al *rojo* estaba al orden del día.

España, aunque de manera parcial, se había convertido en beligerante al enviar soldados a luchar contra la Unión Soviética. Hitler era el amo de Europa y sus tropas alcanzaban las afueras de Moscú. De otra parte, el ataque japonés a Pearl Harbour el 7 de diciembre de 1941 y las iniciales y espectaculares victorias niponas daban alas al optimismo fascista.

Pero pasaban los meses y las cosas no estaban claras a pesar del optimismo de *Informaciones, Arriba* y demás prensa regimentada. Parecía que misas y *tedeums* por la liberación de Rusia no eran suficientes para doblegar al Ejército Rojo, el cual, a pesar de sufrir cuantiosas bajas humanas, a pesar de la pérdida de inmensos territorios, no se derrumbaba, seguía combatiendo. De otra parte, las ansias de imperio no casaban bien con la realidad española de aquel tiempo, realidad que se prolongó bastantes años. Aunque banderas, guiones y gallardetes, camisas azules, botas altas y boinas rojas, himnos y triples gritos mostrando la sumisión al jefe, al Caudillo, formaran parte sustancial de la vida cotidiana, España era, sobre todo, tierra de mendigos, de gentes que hambreaban con la escudilla en la mano, las colas formadas ante las puertas de los cuarteles o de los locales del Auxilio Social de no importa qué lugar del país.

Teóricos de uniforme, subidos a la cucaña del poder, al tiempo que se enriquecían en el mercado negro, pícaros de la letra anticomunista, peroraban sobre la esencia histórica del español, mitad monje mitad soldado. Policía política, policía militar, guardias civiles, jefes de casa, de barrio, de localidad, etc., formaban parte del tejido social, de tela de araña, donde se ahogaba la vida española. Más de doscientos treinta mil presos políticos existían en España, según datos oficiales, en 1940. Ciano afirmaba que en Madrid se fusilaba diariamente entre doscientos y doscientos cincuenta hombres y mujeres; en Barcelona, ciento cincuenta; en Sevilla, ochenta. Para Wolfis, entre 1939 y 1941 más de ciento noventa y dos mil españoles fueron pasados por las armas.

En 1942 comienza a cambiar el curso de la guerra. La ofensiva de verano es frenada en el Cáucaso a finales de septiembre. En Stalingrado se inicia la batalla que iba a romper la columna vertebral del poderío alemán. Franco cesa a su cuñado como ministro de Asuntos Exteriores y en vez de la baza Serrano juega la baza Jordana, al que ciertos medios, no se sabe bien por qué, juzgan proclive a los aliados. Verdad es que también, por aquellos tiempos, Franco había declarado que «si el camino de Berlín fuese abierto a las fuerzas soviéticas, España enviaría no una nueva División Azul, sino un millón de hombres para defender la capital hitleriana».

El desembarco en Casablanca el 8 de noviembre de 1942, la carta que envía Roosevelt a Franco, una cierta posición conciliadora de Churchill respecto al régimen franquista, fuerzan a la política exterior española a ciertos equilibrios, a acusadas ambigüedades. Aún, a pesar de todo, el franquismo espera el milagro, la victoria alemana. Si, por un lado, se limitan los suministros a aviones y barcos italiano y alemanes en nuestro territorio, por otro, se firman acuerdos para el envío de víveres y materias primas al Tercer Reich. Arrese, secretario general del Movimiento, toma el relevo de Serrano Súñer en lo que concierne a la actividad propagandística pro nazi, llevando ésta hasta lo convulsivo.

Arrese se entrevista con Hitler, al que solicita armamento moderno para poder hacer frente a una eventual invasión de España por parte de americanos e ingleses, presumiblemente por Canarias. De otra parte, tras la reunión de Sevilla el 17 de febrero de 1942 entre Franco y Oliveira Salazar se firma el Pacto Ibérico. Los dirigentes fascistas de Portugal y España olfateaban las dificultades de las armas alemanas y se aprestaban, sobre todo Franco, a abrir una etapa de diversificación de contactos y acuerdos. Portugal había mantenido, a pesar de su régimen corporativo, fascista, sus tradicionales relaciones con Gran Bretaña, ésa era una baza que Franco podía necesitar en su momento.

El África Korps se derrumbaba en las arenas del desierto ante la aviación y los blindados anglo-americanos. Y en enero de 1943 comenzaba la fase final de la batalla de Stalingrado. Los que habían destruido Guernica, los que habían humillado al ejército francés, al belga, los que habían humillado a media Europa caían vencidos, derrotados ante la potencia y heroísmo de los soldados rojos. Stalingrado fue la esperanza para millones y millones de hombres y mujeres. Un nombre de leyenda en cárceles y campos de concentración, en los versos de cien poetas. Era el principio del fin del imperio de los mil años proclamado por Hitler.

En esa situación, Franco, a través de Samuel Hoare, embajador británico en Madrid, propone se lleven a cabo conversaciones entre las fuerzas del Eje y los aliados para lograr una paz por separado y unir las fuerzas frente a la Unión Soviética, con la que había que continuar guerreando hasta lograr su aplastamiento. Pero la iniciativa de Franco, que de algún modo tomaba en su mano la propuesta que en su día hiciera Rudolf Hess a los británicos y salía al encuentro de los intereses políticos y estratégicos de los sectores más reaccionarios del imperialismo anglo-norteamericano, era ciertamente prematura y sólo sería posible años después, tras el discurso de Churchill rompiendo la coalición antihitleriana que marca el comienzo de la guerra fría, no de la *caliente,* que era la pretensión de Franco entonces.

Franco fracasa en sus intentos y tiene que aceptar la única salida que le queda, bajo presión anglo-norteamericana vuelve desde sus posiciones de no beligerante a la neutralidad. Declaración que fue hecha el 3 de octubre de 1943. Y así, el 12 de diciembre del mismo año comenzaba el retorno de algunas unidades de la División Azul. Volvieron diezmados, con Cruces de Hierro, pero sin el regusto de la victoria.

Comienza un cambio lento en la política exterior española, dado que tanto en las fuerzas armadas como en Falange las corrientes pro nazismo son abrumadoramente mayoritarias y Franco las necesita ante la incertidumbre que el porvenir puede deparar a su régimen, sabe de ciertas conspiraciones de algunos monárquicos y de otros que no lo son que andan buscando el apoyo de los aliados para una posible restauración monárquica a través de la espada de algún Badoglio indígena.

España, mejor dicho, la política franquista sigue debatiéndose entre las presiones de los aliados y su permanente gesticulación fascista. Víveres y materias primas, sobre todo wolframio, siguen enviándose a Alemania. Washington, cogiendo por el cuello la economía española, suspende temporalmente el envío de petróleo a nuestro país en enero de 1944. Ante el cariz que toma la situación, Franco tiene que hacer nuevas concesiones. Así, tras el desembarco de Normandía, meses después, aviones del Air Transport Command norteamericano son autorizados para repostar en territorio español, incluso en aeródromos cercanos a Madrid. Y ante la presión británica los envíos de wolframio son reducidos a la mínima expresión. Y el 12 de abril de 1945 España rompe relaciones diplomáticas con Japón.

Mussolini, liquidada la República de Saló, rodeado por un grupo de soldados alemanes, es arrestado el 27 de abril en Dongo por la resistencia italiana. El 29, veintitrés cuerpos cuelgan por los pies de una plaza milanesa, la de Loreto. Entre los de los jerarcas fascistas y miembros del Gobierno de la República de Saló se encuentran los de Mussolini y Clara Petacci. Días después, en un Berlín destruido, ocupado ya en su práctica totalidad por el Ejército Rojo, Hitler se suicida. La guerra toca a su fin, la bandera roja ondea ya sobre el edificio de la cancillería.

Pero la victoria del 9 de mayo de 1945 no trajo a España la libertad deseada, sino la continuación de la dictadura. La política exterior franquista, tras la derrota alemana, consistió, en lo fundamental, en jugar, de una parte, la carta vaticana. De otra, en cambiar de amo, en traspasar la hipoteca que Hitler había mantenido sobre España a las potencias imperialistas, Estados Unidos de Norteamérica en primer lugar. Gran Bretaña y los EE.UU. levantaron entonces, en frase de Churchill, un «telón de acero» frente a la pretendida y falaz amenaza soviética. Prefirieron una España franquista a una España democrática, España franquista que, aislada, era posible controlar y utilizar en la guerra fría.

Capítulo 14

LA RETIRADA DE LOS VOLUNTARIOS DE LA LIBERTAD Y SU DESPEDIDA

Los voluntarios internacionales que vinieron a luchar a España, al lado de la democracia, no permanecieron en los frentes de combate hasta el fin de la guerra. Fueron retirados o evacuados meses antes ya de perderse el territorio de Cataluña, y cuando la llamada Zona Centro estaba aún en poder del Gobierno de la República.

La presencia de voluntarios extranjeros en la guerra de España era un tema del cual venía hablándose en las cancillerías extranjeras desde 1937 y especialmente en el seno del tristemente célebre Comité de No Intervención.

La decisión del Gobierno de Negrín de evacuación de los interbrigadistas era la respuesta más rotunda al plan de retirada de los voluntarios extranjeros, adoptado a propuesta de Inglaterra por el Comité de No Intervención el 5 de julio de 1938. Según el plan inglés, sería enviada a España una comisión internacional encargada de repatriar a los extranjeros y, en cuanto hubieran sido retirados del frente diez mil de una parte y un número proporcional de la otra, a las dos se les concedería el derecho de beligerancia. Después de ello se preveía restablecer el control marítimo y terrestre en las fronteras y costas españolas.

A pesar de las deficiencias del plan, el Gobierno de la República dio su conformidad el 26 de julio, pero ni Franco ni los gobiernos alemán e italiano estaban interesados en su realización. Lo que les interesaba era continuar el juego con el fin de engañar a la opinión pública mundial.

El Gobierno republicano tomó la decisión de la retirada de los voluntarios internacionales, al día siguiente de que el Ejército Popular cruzase el Ebro, para librar durante los meses de verano-otoño de 1938, en el triángulo de la sierra Pandols y el río más grande de España, la batalla decisiva de la guerra.

El doctor Negrín conversando con el general Antonio Cordón en presencia de Diego Martínez Barrio y del general Rojo, en el frente del Ebro

Franco tardó hasta el 16 de agosto en responder al Comité de No Intervención. Y sólo lo hizo después de consultar con los Gobiernos de Alemania e Italia. Admitía de palabra el plan, rechazándolo de hecho. Exigía que se le concediera el derecho de beligerancia incondicional e inmediatamente. Sólo después aceptaría evacuar voluntarios, y no en número proporcional —como establecía el plan—, sino diez mil de cada parte, lo que significaba mofarse de los organismos internacionales. Únicamente admitía el control fronterizo, rechazando de plano el marítimo. Franco echaba por tierra el plan inglés. Los fascistas no estaban interesados en retirar a las tropas italianas y alemanas de España, sin las cuales no podían ganar la guerra.

El 21 de septiembre, el doctor Negrín explicó en Ginebra, ante la Asamblea de la Sociedad de Naciones, que el Gobierno de la República española había decidido la retirada inmediata y completa de todos los combatientes extranjeros, sin distinción de nacionalidad, alistados en el ejército republicano después del 18 de julio de 1936.

«El Gobierno español —declaró Negrín—, en su deseo de contribuir, no solamente con palabras sino con actos, al apaciguamiento y a la *détente* que todos deseamos, y resuelto a hacer desaparecer todo pretexto para que se pueda continuar dudando del carácter netamente nacional de la causa por la que se baten los ejércitos de la República, acaba de decidir la retirada inmediata y completa de todos los combatientes no españoles que toman parte en la lucha en España, en las filas gubernamentales; bien entendido, que esa retirada se aplicará a todos los extranjeros, sin distinción de nacionalidades, incluyendo a aquellos que hubieran tomado la nacionalidad española después del 18 de julio de 1936.[1]»

A renglón seguido Negrín pidió a la Sociedad de Naciones la constitución de una comisión internacional que se encargase de comprobar la retirada de los combatientes extranjeros.

El Gobierno de la República había adoptado una decisión unilateral. Estaba determinada por los siguientes factores:

1. Tratar de poner fin a las patrañas sobre una supuesta intervención de la Komintern en la guerra de España, con las que se pretendía justificar la intervención militar ítalo-alemana.

2. Al retirar del ejército de la República a todos los extranjeros, el Gobierno de Negrín trataba de colocar a la Sociedad de Naciones ante la necesidad de devolver a la República la plenitud de derechos como miembro de la misma, con la facultad de comprar el material de guerra necesario para su defensa, derecho del que gozaban todos los miembros.

3. El Gobierno del doctor Negrín tenía en cuenta también el número a que habían quedado reducidos los voluntarios internacionales y el hecho de que el Ejército Popular había adquirido su plenitud y el problema para la República no era el número de sus combatientes sino los medios de combate, es decir, las armas.

---

[1] *Frente Rojo,* 22 de septiembre de 1938.

La Asamblea de la Sociedad de Naciones encargó a su Consejo el 30 de septiembre que designase sin dilación la Comisión Internacional solicitada por el Gobierno de la República española. Ésta quedó constituida por 19 miembros ese mismo día, siendo su presidente el general B. Jalander (Finlandia); sus comisarios, el general de brigada Molesworth (Gran Bretaña) y el teniente coronel E. Homo (Francia), y su secretario, el teniente coronel R. Bach (Francia).

La comisión quedaba encargada de comprobar: «Las medidas de retirada adoptadas por el Gobierno y presentar un informe sobre su eficacia, sobre el destino dado a las personas retiradas de este modo y sobre la medida en que se estimara que la retirada es completa.»[2]

El 16 de octubre llegó a Barcelona la Comisión Internacional. En el informe que más tarde presentó ante la Asamblea de Ginebra hacía constar que el 1 de septiembre de 1938 las llamadas Brigadas Internacionales eran, en realidad, como ya hemos dicho en anterior capítulo, formaciones mixtas compuestas por extranjeros y españoles, con una proporción variable según los casos.

35 División: XI Brigada, XIII Brigada, XV Brigada.

45 División: XII Brigada, XIV Brigada, CXXIX Brigada, batallón de fortificaciones.

Cinco grupos de artillería.

Un grupo de D.C.A.

Servicios diversos: sanidad, sección administrativa, comisariado, recuperación, etc. Centro de hospitales[3].

El Gobierno republicano tomó las disposiciones adecuadas para retirar del frente a los interbrigadistas y agruparlos en la retaguardia.

El censo de los voluntarios internacionales elaborado por la mencionada comisión registró que en la zona de Cataluña había 9.843 y en la zona Centro-Sur, 2.830, total 12.673, cifra muy aproximada a la que previamente había declarado el Gobierno español.

En su declaración en Ginebra, el Gobierno de la República se comprometió a retirar a los voluntarios internacionales del frente y a evacuarlos de España. Ya en el mes de octubre entabló negociaciones diplomáticas con más de treinta gobiernos. La prolongada duración de éstas y de las formalidades consulares, ajenas a la voluntad del Gobierno español, retrasaron la evacuación de los interbrigadistas, cuya salida no comenzó hasta noviembre.

---

[2] *El Socialista,* 17 de enero de 1939.
[3] Informe de la Comisión Internacional de Control, leído en la Asamblea de Ginebra (*La Vanguardia*, 18 de enero de 1939).

Comentaristas de esa época han tratado de demostrar que la decisión del Gobierno de Negrín de retirada de los voluntarios internacionales fue muy mal recibida por éstos, creando con ese motivo una situación generalizada de descontento. Se trata de una apreciación falsa, gratuita, de la realidad. Cierto que los voluntarios internacionales sentían abandonar la lucha en España, en donde habían combatido con toda su pasión juvenil, por una causa que sentían profundamente, y en cuyo suelo quedaban enterrados muchos de sus compañeros.

Aquellos voluntarios eran conscientes de que su salida de España era un nuevo tributo que tenían que pagar a la causa antifascista, por la que llevaban más de dos años combatiendo.

El 11 de noviembre de 1938, los activistas de las Brigadas celebraron su último congreso en España. En su resolución final declararon: «Volvemos a nuestros países, no para recibir homenajes, no para descansar, sino para continuar la misma lucha que hemos sostenido en España. Solamente cambiamos de frente y de armas».

Pronto se demostraría que su cambio de frente comportaba el volver a empuñar las armas. En esa nueva andadura la experiencia de España les sería preciosa.

El 2 de noviembre de 1938 salieron de España por Cervera los dos primeros trenes con interbrigadistas franceses. El 12 de enero la Comisión Internacional certificó que ya habían salido 4.650 y que un convoy de 1.500 voluntarios y otro de 350 estaban concentrados y dispuestos a salir[4]. Bajo el control de la Comisión Internacional fueron retirados 2.141 franceses, 548 estadounidenses, 347 belgas, 13 luxemburgueses, 194 italianos, 80 suizos, 50 noruegos, 115 daneses, 182 suecos, 2 irlandeses, 46 alemanes, 1 austriaco, 107 ingleses, 143 holandeses, 27 finlandeses, 1 andorrano, 4 chilenos, 3 tangerinos, 283 polacos, 3 griegos, 20 checos, 1 mexicano, 1 brasileño, 1 portorriqueño, 2 búlgaros, 2 rumanos, 7 yugoslavos, 8 húngaros, 9 sin nacionalidad y 24 rusos; total, 4.650[5].

---

[4] *El Socialista,* 17 de enero de 1939. Informe de la Comisión Internacional de Control leído en la Asamblea de Ginebra. (*La Vanguardia,* 18 de enero de 1939).

[5] *El Socialista,* 17 de enero de 1939. Informe de la Comisión Internacional de Control leído en la Asamblea de Ginebra. (*La Vanguardia,* 18 de enero de 1939).

1938. Partida de los interbrigadistas

La despedida de los voluntarios internacionales

La retirada de los voluntarios fue registrada en el Ejército Popular con profundo sentimiento, con pena, aunque con la comprensión de la necesidad de su decisión.

Entre los partidos políticos y organizaciones del Frente Popular, el sentimiento no podía ser el mismo que en el ejército, pero se manifestó emoción y una clara comprensión del hecho político.

Entre el pueblo, como indicó la manifestación de Barcelona del 28 de octubre, la emoción fue enorme. La despedida, que duró semanas, tuvo varios niveles: en las Divisiones y Cuerpos de Ejército a que pertenecían las Brigadas Internacionales, como unidades orgánicas; V y XV Cuerpos de Ejército: cartas públicas de jefes y comisarios, números extras de los periódicos, mítines y otros actos tuvieron lugar en la primera quincena de octubre.

Un acto solemne organizado por el Ejército del Ebro, con la asistencia de las más altas autoridades militares y del jefe del Gobierno y ministro de Defensa, doctor Negrín, tuvo como escenario el monasterio de Poblet.

El 13 de octubre, el Comité Nacional del Frente Popular hizo público el siguiente documento:

> Nuestra España despide, emocionada, a los voluntarios internacionales que tanto han contribuido a defenderla...
>
> Los despide con infinita gratitud y profundo sentimiento de fraternidad. Ciudadanos de nuestra tierra, por el sacrificio y el heroísmo que han prodigado en ella, dejan en cada corazón español el recuerdo que no se apaga nunca...

El documento terminaba así: «Los que hasta hoy nos defendieron con su fusil van a cambiar de frente. En sus respectivos países, algunos, en cada uno de los pueblos por los que van a distribuirse, ellos se convertirán en embajadores de nuestra causa, haciendo que el nombre de España —cuya unión tan bien han conocido— sirva para fundir a los antifascistas del mundo en incontenible movimiento de solidaridad y de ayuda[6].

Como homenaje a los heroicos voluntarios de la libertad, el jefe del Gobierno de la República, doctor Negrín, firmó el 20 de octubre una orden del Ministerio de Defensa Nacional por la que se creaba la Medalla de las Brigadas Internacionales[7].

---

[6] *Frente Rojo,* 14 de octubre de 1938.

[7] Su diseño puede verse en *Frente Rojo*, 23 de octubre de 1938.

1938. Pasionaria con los componentes de la XIII Brigada en su despedida

Tendrán derecho a ostentar la condecoración todos los combatientes no españoles que hubieran servido en las Brigadas Internacionales desde su creación hasta la fecha de esta orden circular.»[8]

Días después, en uno de los actos de despedida a los interbrigadistas, en el que había representantes de más de cincuenta países, anunció el jefe del Gobierno: «El Gobierno de la República reconocerá y reconoce a los internacionales que tan bravamente han luchado con nosotros, que ya puede decirse que son connaturales nuestros, el derecho a reclamar, una vez terminada la guerra, la ciudadanía española»[9].

La despedida oficial del Gobierno de la República a los voluntarios internacionales tuvo lugar en el Casino de la Rabassada el 27 de octubre. En los salones, engalanados con banderas nacionales y pancartas, se podía leer: «España será siempre una patria vuestra. Y los españoles vuestros hermanos».

Asistieron, entre otras personalidades oficiales y del Frente Popular, el jefe del Gobierno acompañado por el presidente de las Cortes de la República, Diego Martínez Barrio; altos mandos y comisarios del ejército republicano.

Negrín expresó en nombre del Gobierno y de todo el pueblo la gratitud y el cariño a los genuinos patriotas de 52 países que acudieron voluntariamente a España para luchar contra la barbarie fascista, enalteció el maravilloso ejemplo de los miles de voluntarios que sacrificaron su vida en tierra española. Su recuerdo —dijo— vivirá en nosotros y vivirá en la historia de España, que en estos momentos representa la historia del mundo. Al discurso de Negrín contestaron Luigi Longo, el coronel Hans Kalhe y André Marty.

El PCE, con la asistencia de su secretario general, José Díaz, celebró el 31 de octubre en Barcelona un acto de despedida de los brigadistas. Y actos similares tuvieron lugar en Madrid, Valencia y otros lugares.

La despedida popular y nacional por excelencia de los internacionales fue la que se le rindió en la Diagonal de Barcelona, el día 28 de octubre de 1938. Presenciando su desfile estábamos el presidente de la República, el jefe del Gobierno y ministro de Defensa, doctor Negrín, su gabinete, el Alto Estado Mayor y los jefes y comisarios del Ejército del Ebro y del V y XV Cuerpos de Ejército, así como el cuerpo diplomático. Más de doscientas mil personas se agolparon a lo largo de la Diagonal para arrojar flores y lágrimas al paso de las Brigadas. Éstos marcharon marcialmente, al unísono, con

---

[8] *Frente Rojo,* 23 de octubre de 1938.
[9] *Frente Rojo,* 26 de octubre de 1938.

representaciones de todas las armas del Ejército Popular. Su desfile estuvo cubierto por un techo de escuadrillas de la aviación republicana.

De aquel día inolvidable es el mensaje lapidario que Dolores Ibárruri dirigió al pueblo español y a las Brigadas Internacionales.

La despedida del ejército y del pueblo español a los voluntarios internacionales

El pasado día 12 tuvo lugar en una División del frente del Ebro la separación de los voluntarios internacionales de la unidad a que pertenecían, unidad gloriosa, mandada por uno de los hombres más populares de España: el teniente coronel Líster. Su solo nombre evoca toda la formación del joven ejército del pueblo. Comandante y organizador del V Regimiento de Milicias, el obrero cantero Líster ha dado, con su Estado Mayor, en enero de 1937, 70.000 hombres, formados, instruidos y encuadrados, al Gobierno de la República. A su lado está siempre su comisario, Santiago Álvarez, que no forma más que uno con el jefe. Hoy, este hijo glorioso del pueblo español manda un Cuerpo de Ejército y da mucho que hacer a los generales fascistas italiano y alemanes, que ya han sido derrotados por él en varias ocasiones.

Se celebró el acto en un pueblo del frente.

¡Gracias, combatientes!

Nada de discursos, nada de desfile. Los combatientes de las antiguas Brigadas Internacionales se han agrupado rápidamente por batallones. Únicamente rinde honores una Compañía española de una Brigada del Cuerpo de Ejército. Líster no pasa revista. No quiere fatigar a sus combatientes. Pasaría revista según su costumbre: durante la batalla y en primera línea. Podría darnos los nombres de casi todos los hombres, a algunos de los cuales conoce ya desde hace dos años.

Rápidamente las delegaciones se agrupan en el viejo teatro del pueblo, mientras los altavoces llevan a las masas de combatientes, agrupados en el campo —la aviación amenaza—, la reseña exacta del peligro.

Sagnier, comandante de la plaza, habla el primero; como siempre, directo, preciso, hombre de acción. Da las gracias al pueblo español y a su Gobierno por el honor concedido a los internacionales de haber podido combatir durante dos años bajo la bandera de la República. Y promete a los representantes de la verdadera España continuar la lucha por la misma causa: la libertad de España y la derrota del fascismo.

Al pronunciar la última palabra la sala entona *La Marsellesa*, acompañada de la banda del Cuerpo, pero no *La Marsellesa* blanda y sin emoción de los capituladores, sino nuestra *Marsellesa,* la de la Revolución Francesa, la del pueblo que no quiere la tiranía interior ni la servidumbre a la reacción extranjera.

Y los oradores desfilan uno tras otro. Hablan algunos minutos cada uno. Ninguno se repite: un comisario italiano jura que la lucha no se acabará hasta que el fascismo no sea derrotado; un comisario checo declara que su pueblo, traicionado en el interior y en el exterior, ha sido sorprendido. El ejemplo de España le muestra cuál es su deber.

Y el antiguo comandante de la División promete continuar la lucha hasta el final.

Espectáculo emocionante

Y entonces asistimos al espectáculo emocionante de los obreros y obreras de Barcelona, que todos, de diferente forma, saludan a los voluntarios como hermanos, expresándoles el reconocimiento infinito del pueblo por todo lo que han hecho y por todo lo que han sufrido.

El viejo obrero revolucionario, que no ha comido en todo el día, manifiesta su fe inquebrantable en la victoria final.

Y la muchacha catalana que casi no llega a la mesa tiene apenas voz para decir: «¡Decid por todo el mundo lo que es nuestra España, nuestro pueblo! ¡España no es ni Austria ni Checoslovaquia! Nunca capitularemos, antes la muerte. Decid esto en todos los países».

Se aplaude, se grita, se canta la *Joven Guardia* y distingo algunos de los más viejos luchadores que se restriegan los ojos de emoción.

Pretel habla en nombre de la UGT. Se pregunta si la clase obrera de los países democráticos va a permitir, con respecto a España, la misma infamia de los «cuatro carniceros de Munich» con respecto a Checoslovaquia.

Después es Antón, el hombre de Madrid, el que habla. La ovación es formidable. Antón exalta lo que representan los internacionales; repite que en ningún caso admite España la injerencia extranjera; es por esto por lo que se les pide un nuevo y gran sacrificio a los voluntarios de nuestra lucha.

Antón evoca los días felices de la victoria y recuerda a los voluntarios, que, como hijos predilectos del pueblo español, tendrán una segunda patria en el país; librado, al fin de la barbarie fascista, acogerá a todos los que quieran colaborar en la reconstrucción del país liberado.

«No os olvidaremos nunca»

Inútil insistir sobre la acogida tributada al jefe del Cuerpo de Ejército cuando toma la palabra. Hace memoria de cada una de las batallas de nuestra lucha y recuerda que durante veintiséis meses ha estado siempre en estrecho contacto con los combatientes internacionales, tanto en los días más duros como en los días de victoria. Les hace recordar lo que es el Ejército de la República, lo que ha hecho, su fuerza, su disciplina y unidad.

En esta dura jornada de separación, les pide que no olviden nunca a los que han caído aquí, a los que sufren en los hospitales. Y apenas ha terminado la banda el himno a los «muertos de la Revolución», Líster repite: «No los olvidéis nunca; es decir, no olvidéis nunca nuestra unión fraternal aquí, no olvidéis que el Ejército Popular entero, inflamado del espíritu de unidad antifascista, es el pueblo en armas. Y que el pueblo español no depondrá las armas hasta que los últimos invasores italianos y alemanes no hayan abandonado el país».

Todo el mundo ha comprendido y, una vez más, aclaman al jefe enérgico y decidido que los ha conducido tantas veces a la batalla y a la victoria.

André Marty concluye el mitin. Y por la noche, una cena fraternal reúne a los dirigentes militares y políticos del Cuerpo de Ejército, las delegaciones de los voluntarios y las de las de los obreros de las fábricas.

¡No! ¡España no será nunca esclava!

Todo ha terminado. El Cuerpo de Ejército no cuenta ya con ningún internacional en sus filas. Desde el punto de vista militar, ya no le pertenecen más que para el avituallamiento.

Casi a los dos años de la creación de las Brigadas Internacionales, estos hombres, estos héroes del Ejército Popular de la República española, parten con el mismo dolor con que se abandona a la familia. Saben por qué el Gobierno les ha pedido este sacrificio; pero saben también, y lo han dicho y repetido, que parten porque el frente se ha hecho más extenso, porque, gracias a su victoria checa, debida a la traición, el fascismo ha podido marcarse un nuevo éxito.

No olvidan y no olvidarán jamás la jornada del 16 de marzo, en que mientras la Brigada La Marsellesa y la Garibaldi y el batallón checo se lanzaban al asalto en Caspe, el Gobierno francés, ese mismo día, pedía la capitulación al Gobierno de la República española, intentando, de esta forma, apuñalarle por la espalda.

Y yo desearía que los pueblos francés e italiano, checo y balcánico no olvidaran jamás este espectáculo emocionante de la España heroica, simbolizada por esta pequeña tribuna de pueblos donde los oficiales y los comisarios, los obreros y las muchachas, los campesinos y los jornaleros, los representantes de las grandes organizaciones políticas y sindicales, unidos como hermanos, declararon: «¡No! ¡España no será nunca esclava! Nosotros la liberaremos, estamos seguros; pero vuestra ayuda ahorraría muchas vidas humanas y mucha sangre!».

Trabajadores de Francia e Inglaterra, trabajadores, pueblos de los países más grandes del mundo, ¿oís este llamamiento de los que luchan y mueren por vosotros? ¿Vais a permitir la misma canallada, con respecto a España, que habéis permitido con respecto a Checoslovaquia?

(André Marty)

A los bravos combatientes de la Brigadas Internacionales

Queridos camaradas:

En estas líneas os envío la sincera gratitud de un combatiente español a sus queridos camaradas internacionales que ayudaron generosamente al pueblo español en la lucha por su independencia. En la historia de nuestra guerra de liberación nacional, en los corazones de todos los verdaderos españoles, ocupáis el lugar que merecéis, el de héroes que dieron su sangre, que pusieron cuanto valían al servicio de la independencia de España que lo es también de todos los pueblos.

Hoy, al marcharos os dedico mi saludo fraternal y os hago la promesa de seguir luchando hasta conseguir que vuestro esfuerzo, el de todos los combatientes del Ejército Popular no sea estéril, y lo que yo os pido es que, allí donde vayáis, tengáis presente a los camaradas que aquí continúan combatiendo y que sigáis prestando desde allí vuestra ayuda al pueblo español que se mantiene firme ante la invasión fascista ítalo-germana.

Salud, queridos camaradas.

(Enrique Líster)

Acto de despedida de las Brigadas Internacionales en 1938. Forman parte de la presidencia Modesto, Jefe del Ejército del Ebro; Negrín, Jefe del Gobierno, y Líster, Jefe del 5.° Cuerpo de Ejército

A vosotros, queridos hermanos internacionales, expresión fiel de la solidaridad de todos los pueblos del mundo con nuestra lucha de independencia nacional, os dedico estas líneas y con ellas un abrazo de hermano.

Los que os hemos visto luchar durante dos años a nuestro lado sentimos honda emoción al separarnos. Los españoles nunca os olvidaremos y lucharemos cada día con más entusiasmo para conquistar la libertad de nuestra patria.

Llevad, queridos camaradas, a todos los países donde vayáis el ejemplo de la unidad de nuestro pueblo como la más firme garantía de victoria de las masas populares sobre el fascismo.

Os abraza a todos

(Santiago Álvarez, comisario del V Cuerpo.)

ANEXO 1

Resumen del Informe de la comisión para la retirada de los Voluntarios extranjeros

I. Las Brigadas Internacionales eran, en realidad, formaciones mixtas en las que figuraban una proporción variable, según las unidades, de extranjeros y de españoles y estaban administradas como unidades enteramente españolas del ejército, a saber: 35 División, XI, XIII y XV brigadas; 45 División, XII, XIV y CXXIX brigadas; 5 grupos de artillería; 1 grupo de defensa contra la aviación (DCA); servicios diversos.

II. A su llegada la comisión recibió del Gobierno español las cifras siguientes sobre los elementos extranjeros que servían en el ejército (las cifras eran aproximadas, porque la agrupación estaba todavía en curso): Brigadas Internacionales, 7.102; otros elementos, 1.946; hospitalizados, 3.160; total, 12.208.

III. A los efectos de la retirada y de la colaboración con la comisión internacional, el Gobierno español había constituido una «comisión de enlace» presidida por el general Gamir, inspector general de la instrucción, y formada por el coronel Cerón, jefe de la sección de organización y movilización en el Ministerio de Defensa, el señor Quero Morales, del Ministerio de Estado, y el teniente Feliu, del Estado Mayor Central. Las dos comisiones reunidas formaron la «comisión mixta», cuyas sesiones fueron objeto de actas escritas.

IV. El 18 de octubre la comisión española presentó un plan de retirada. La comisión internacional lo aceptó «precisando las modalidades de su acción de control. El plan español y la respuesta de la comisión internacional formaron juntos el «plan de trabajo» de la comisión; el cual fue aprobado por el Comité de Tres del Consejo en noviembre con una sugestión británica tendiendo a extender el retiro a los «consejeros» e «instructores» empleados tanto en cuestiones militares como en la fabricación y comercio de armas.

V. La comisión, mediante interrogatorios de los individuos concentrados y visitas por sorpresa a los centros de concentración, ha podido verificar la exactitud de los datos que le facilitaban las autoridades españolas. El 12 de enero el recuento efectuado arrojaba las cifras siguientes: Zona de Barcelona, 9.843; zona de Valencia, 2.830; total, 12.673. Estas cifras tienen un carácter provisional hasta que hayan terminado las verificaciones en curso. Sin embargo, la comisión afirma que representan con gran aproximación el número de voluntarios extranjeros en España el 21 de septiembre de 1938, y hace observar que no difieren mucho de las cifras aproximadas facilitadas por el Gobierno español cuando la comisión llegó a España.

VI. La evacuación estaba controlada en estaciones fronterizas, puertos y aeródromos de tal manera que el mismo oficial de la comisión que había realizado el recuento y la identificación de cada voluntario controlaba su evacuación. El 16 de enero habían abandonado España 4.640 voluntarios, bajo el control de la comisión, de ellos 2.141 franceses, 407 ingleses, 347 belgas, 285 polacos, 182 suecos, 194 italianos, 80 suizos, 548 americanos, etc.

VII. El informe explica en detalle algunos de los medios de comprobación y verificación empleados por la comisión... Para mayor comprobación, la comisión comparó los justificantes del mes de septiembre con los de meses anteriores y pudo disponer de un medio eficaz para comprobar la exactitud de las listas de voluntarios agrupados en los centros de concentración facilitadas por las autoridades españolas.

VIII. Las conclusiones del informe se refieren a los tres extremos siguientes:

a) eficacia de la retirada;
b) destino de los elementos evacuados;
c) hasta qué punto la comisión estima que la retirada ha sido completa.

a) Resulta de las investigaciones practicadas por la comisión que la retirada de los combatientes españoles ha sido efectivamente realizada según las condiciones previstas en el plan de retiro... Las investigaciones y sondeos practicados por la comisión... permiten afirmar no sólo que ya no existen en el ejército español unidades de tipo internacional, sino, además, que todos los voluntarios extranjeros han sido retirados del frente para ser agrupados en los sitios de concentración designados por el Gobierno.

b) Si bien la comisión puede afirmar, por haberlo comprobado, que los voluntarios han atravesado la frontera española, no le incumbe asegurar que el destino de los elementos que han salido de España ha sido, en definitiva, el previsto.

c) Hay que distinguir entre la retirada completa del frente y la retirada completa de España. En cuanto a la retirada del frente, la comisión tiene la convicción moral de que las operaciones de retirada están completamente terminadas y ha comprobado que tanto la acción del Gobierno como la ejecución de las medidas previstas en el plan de retirada se han conformado a los compromisos contraídos ante la asamblea por el presidente del Consejo español[10].

ANEXO 2
Mensaje de Pasionaria

Hasta pronto, hermanos...

Es muy difícil pronunciar unas palabras de despedida dirigidas a los héroes de las Brigadas Internacionales, por lo que son y por lo que representan.

Un sentimiento de angustia, de dolor infinito, sube a nuestras gargantas atenazándolas... Angustia por los que se van, soldados del más alto ideal de redención humana, desterrados de su patria, perseguidos por la tiranía de todos los pueblos... Dolor por los que se quedan aquí para siempre, fundiéndose con nuestra tierra y viviendo en lo más hondo de nuestro corazón aureolados por el sentimiento de nuestra eterna gratitud.

De todos los pueblos y de todas las razas, vinisteis a nosotros como hermanos nuestros, como hijos de la España inmortal, y en los días más duros de nuestra guerra, cuando la capital de la República española se hallaba amenazada, fuisteis vosotros, bravos camaradas de las Brigadas Internacionales, quienes contribuisteis a salvarla con vuestro entusiasmo combativo y vuestro heroísmo y espíritu de sacrificio.

Y Jarama y Guadalajara, y Brunete y Belchite, y Levante y el Ebro cantan con estrofas inmortales el valor, la abnegación, la bravura, la disciplina de los hombres de las Brigadas Internacionales.

Por primera vez en la historia de las luchas de los pueblos se ha dado el espectáculo, asombroso por su grandeza, de la formación de las Brigadas Internacionales para ayudar a salvar la libertad y la independencia de un país amenazado, de nuestra España.

Comunistas, socialistas, anarquistas, republicanos, hombres de distinto color, de ideología diferente, de religiones antagónicas, pero amando todos ellos profundamente la libertad y la justicia, vinieron a ofrecerse a nosotros incondicionalmente.

Nos lo daban todo; su juventud o su madurez; su ciencia o su experiencia; su sangre y su vida, sus esperanzas y sus anhelos... Y nada nos pedían. Es decir, sí: querían un puesto en la lucha, anhelaban el honor de morir por nosotros.

---

[10] De la documentación de don Pablo de Azcárate, embajador de la República en Londres y participante, con el jefe de Gobierno, doctor Negrín, en las reuniones de Ginebra, en relación con la retirada de los ex brigadistas que luchaban en España.

¡Banderas de España! ¡Saludad a tantos héroes, inclinaos ante tantos mártires!

¡Madres! ¡Mujeres! Cuando los años pasen y las heridas de la guerra se vayan restañando; cuando el recuerdo de los días dolorosos y sangrientos se esfume en un presente de libertad, de paz y de bienestar; cuando los rencores se vayan atenuando y el orgullo de la patria libre sea igualmente sentido por todos los españoles, hablad a vuestros hijos; habladles de estos hombres de las Brigadas Internacionales.

Contadles cómo, atravesando mares y montañas, salvando fronteras erizadas de bayonetas, vigiladas por perros rabiosos deseosos de clavar en ellos sus dientes, llegaron a nuestra patria como cruzados de la libertad, a luchar y a morir por la libertad y la independencia de España, amenazadas por el fascismo alemán e italiano. Lo abandonaron todo: cariños, patria, hogar, fortuna, madre, mujer, hermanos, hijos y vinieron a nosotros a decirnos: «¡Aquí estamos!; vuestra causa, la causa de España es nuestra misma causa, es la causa de toda la humanidad avanzada y progresiva».

Hoy se van; muchos, millares, se quedan teniendo como sudario la tierra de España, el recuerdo saturado de honda emoción de todos los españoles.

¡Camaradas de las Brigadas Internacionales! Razones políticas, razones de Estado, la salud de esa misma causa por la cual vosotros ofrecisteis vuestra sangre con generosidad sin límites os hacen volver a vuestras patrias a unos, a la forzada emigración a otros. Podéis marcharos orgullosos. Sois la historia, sois la leyenda, sois el ejemplo heroico de la solidaridad y de la universalidad de la democracia, frente al espíritu vil y acomodaticio de los que interpretan los principios democráticos mirando hacia las cajas de caudales o hacia las acciones industriales que quieren salvar de todo riesgo.

No os olvidaremos, y, cuando el olivo de la paz florezca, entrelazado con los laureles de la victoria de la República española, ¡volved!...

Volved a nuestro lado, que aquí encontraréis patria los que no tenéis patria, amigos, los que tenéis que vivir privados de amistad, y todos, todos, el cariño y el agradecimiento de todo el pueblo español, que hoy y mañana gritará con entusiasmo: ¡Vivan los héroes de las Brigadas Internacionales!

Dolores Ibárruri, Pasionaria
1-XI-1938

Dolores Ibárruri

Capítulo 15

CANCIONERO DE LAS BRIGADAS INTERNACIONALES[1]

A las Brigadas Internacionales

VENÍS desde muy lejos... Mas esta lejanía,
¿qué es para vuestra sangre que canta sin fronteras?
La necesaria muerte os nombra cada día,
no importa en qué ciudades, campos o carreteras.

De este país, del otro, del grande, del pequeño,
del que apenas si al mapa da un color desvaído,
con las mismas raíces que tiene un mismo sueño,
sencillamente anónimos y hablando habéis venido.

No conocéis siquiera el color de los muros
que vuestro infranqueable compromiso amuralla.
La tierra que os entierra la defendéis, seguros,
a tiros con la muerte vestida de batalla.

Quedad, que así lo quieren los árboles, los llanos,
las mínimas partículas de la luz que reanima
un solo sentimiento que al mar sacude: ¡Hermanos!
Madrid con vuestro nombre se agranda y se ilumina.

Rafael Alberti.
Madrid, diciembre de 1936

---

[1] Por encargo de las Brigadas Internacionales, editado por Ernst Busch, Barcelona, junio de 1938.

A las barricadas

Negras tormentas agitan los aires,
nubes oscuras nos impiden ver,
aunque nos espere el dolor y la muerte,
contra el enemigo nos manda el deber.
El bien más preciado es la libertad,
hay que defenderla con fe y valor.
Alto la bandera revolucionaria
que del triunfo sin cesar nos lleva en pos.
¡En pie, pueblo obrero, a la batalla,
hay que derrocar a la reacción!
¡A las barricadas! ¡A las barricadas!
¡Por el triunfo de la Confederación!

Unión Hermanos Proletarios

Lucha hasta el fin camarada
lucha hasta el fin sin cesar
que al final de nuestra empresa
hallarás la libertad

UHP, proletarios, el grito es, vencedor
que por España derrama la sangre contra el traidor.
Hijos de lucha y trabajo, parias del hambre y dolor,
salidos somos al mundo con ánimo luchador.
Unidos todos, hermanos, los proletarios están,
que hay que vencer al fascismo para nuestra libertad.

Himno de Riego

1
Serenos y alegres,
valientes y osados
cantemos, soldados,
el himno a la lid.
De nuestros acentos

el orbe se admire
y en nosotros mire
los hijos del Cid.

Soldados, la patria
nos llama a la lid,
juremos por ella
vencer o morir.

2
El mundo vio nunca
más noble osadía,
más grande el valor,
que aquel que, inflamados,
nos vimos del fuego
excitar a Riego
de Patria el amor.

Soldados: la patria
nos llama a la lid,
juremos por ella
vencer o morir.

3
La trompa guerrera
sus ecos da al viento,
horror al sediento;
ya Marte, sañudo,
la audacia provoca
y el ingenio invoca
de nuestra nación.
Soldados: la patria...

Letra: Evaristo San Miguel
Música: Francisco Huerta

Canciones
de las Brigadas
Internacionales

Por encargo de las Brigadas Internacionales
Editado por Ernst Busch. Barcelona, junio 1938
5.ª edición.

Els segadors

Catalunya triomfant
tornarà a ser rica i plena
endarrera aquesta gent
tan ufana i tan superba.

Bon cop de falç
Bon cop de falç
defensors de la terra
Bon cop de falç

Ara és l'hora, segadors,
ara és l'hora d'estar alerta
per quan vingui un altre juny
esmolem ben bé les eines.

Bon cop de falç
Bon cop de falç
defensors de la terra
Bon cop de falç

Que tremoli l'enemic
en veient la nostra ensenya
com fem caure espigues d'or,
quan convé seguem cadenes.

Bon cop de falç
Bon cop de falç
defensors de la terra
Bon cop de falç

Nuestra bandera

1
Bandera roja,
tú eres nuestro guía.
Bandera roja,
tú forjas la unión.
Tú eres la esperanza

de que un nuevo día
saludes triunfante
la revolución.

2

Tras de ti marchamos
sin miedo a la muerte;
por ti luchamos
sin desfallecer.
Bandera roja,
y por ti más fuerte
va marchando el paria
que habrá de vencer.

3

Obreros y campesinos, cantad
a nuestro rojo pendón.
Marchemos todos unidos detrás,
que la victoria es la unión.
Alzad la voz, camaradas, cantad,
que nuestro triunfo se acerca fatal.

Bandera roja... (primera estrofa).

Marcha del V Regimiento

1

Adelante batallones,
adelante los héroes de acero;
rompe el silencio del alba el tronar del fusil,
del cañón y el mortero.
Adelante, milicianos,
pecho fuerte y alegres pensamientos.
Vamos a hacer una España feliz por el Quinto Regimiento.

2

Sangre roja de españoles,
brasa viva del Quinto Regimiento:
Lucha en tus cuadros el viento español
por el pan y la paz de los pueblos.

Nada importa lo que pase;
nuestros nervios van templados al fuego;
ni un paso atrás; adelante, a luchar por el Quinto Regimiento.

3

Cada ataque una victoria,
cada tiro un perro fascista muerto;
tiembla el fascismo del mundo al mirar
cómo luchan las filas de acero.
Punta al frente, bayonetas,
voces de héroes se esparcen por los vientos.
Dedo al gatillo y la vista afinar por el Quinto Regimiento.

4

Adelante, camaradas;
campo abierto a los soles y a los vientos,
fuerte pisada y al frente mirar,
donde se unen la tierra y el cielo.
Pueblo en armas, luchadores
al combate con ánimo de hierro
llena las calles y plazas la voz: ¡Viva el Quinto Regimiento!

Letra: Herrera Petere
Música: Hans Eisler

Canción del Quinto Regimiento

El Partido Comunista,
que es en la lucha el primero,
para defender a España
formó el Quinto Regimiento.
Con el Quinto, Quinto, Quinto,
con el Quinto Regimiento
tengo que marchar al frente
porque quiero entrar en fuego.
Con Líster y con Galán,
El Campesino y Modesto,
con el comandante Carlos
no hay miliciano con miedo.
Con los cuatro batallones

que están Madrid defendiendo
va toda la flor de España,
la flor más roja del pueblo.
Madre, madre, madre,
vaya usted mirando
nuestro regimiento
se aleja cantando.

Las Compañías de Acero

¡Las Compañías de Acero
cantando a la muerte van!
Su fuerza es mucha
y van a la lucha
por la libertad.

¡Las Compañías de Acero
cantando a la muerte van!
¡Las Compañías de Acero
forjadas de acero están
y triunfarán!

En el crisol de ese acero
se funden ardientemente
el guerrillero, el obrero,
el proletario valiente
y el invicto capitán,
y el invicto capitán.

¡Las Compañías de Acero
cantando a la muerte van!
¡Las Compañías de Acero
forjadas de acero están
y triunfarán!

Los milicianos de acero
salvarán al mundo entero,
pues ante el plomo certero

dicen al mundo: «Si muero
¡mis hijos se salvarán!
¡Mis hijos se salvarán!».

¡Las Compañías de Acero
cantando a la lucha van!
¡Su temple es duro,
seguro y valiente
el ademán!

*¡Las Compañías de Acero
cantando a la lucha van!
¡Las Compañías de Acero
forjadas de acero están
y triunfarán!*

*Letra: Luis de Tapia
Música: Carlos Palacio*

¡En pie!

1
Tal el estilo fue
de las frases sencillas:
«Antes morir en pie
que vivir de rodillas».
bis

2
Vivir bajo tutelas
de mílites pandillas,
con sable y con espuelas,
es vivir de rodillas.
estribillo

3
Aguantar las tonsuras
de sucias coronillas,
sometido a los curas,
es vivir de rodillas.
estribillo

4

Escuchar el repique
con que en pueblos y villas
toca a muerte el cacique,
es vivir de rodillas.
estribillo

5

Aceptar los jornales
para siega y trillas
de tres a cuatro reales
es vivir de rodillas.
estribillo

6

Pasionaria con fe
dijo en frases sencillas:
«¡Antes morir en pie
que vivir de rodillas!».
estribillo

7

Y mi pueblo, al oír
frase de tal virtud,
en pie quiere vivir
y no en esclavitud.
estribillo

Luis de Tapia

Los campesinos

Los campos heridos de tanta metralla,
los pueblos sangrantes de tanto dolor
y los campesinos sobre la batalla
para destrozar al fascismo traidor.
Dejando el arado tirado en la tierra,
tomando el fusil para pelear
marchamos valientes hacia las trincheras
para que en España haya libertad.
Somos los campesinos, hoy somos los soldados

¡Adelante!, gritan nuestros fusiles,
gritan nuestros arados
¡Adelante! ¡Adelante! ¡Adelante!
Sangre que corre valiente
ha de ahogar un día en su tempestad
a los enemigos del proletariado
y a los enemigos de nuestra unidad.
Ya llegará el día de nuestra victoria,
la paz por el mundo se paseará,
talleres y campos cantando
la gloria de los que cayeron por la libertad.

Letra: Antonio Aparicio
Música: Enrique Casal

La despedida

Si la bala me da,
si mi vida se va,
bajadme callados a la tierra.
Las palabras dejad.
Es inútil hablar,
ningún héroe es el caído.
De tiempos futuros
será forjador,
ansiaba la paz,
no la guerra.
Si la bala me da,
si mi vida se va,
bajadme, sin más,
a la tierra.
De tiempos futuros
será forjador,
ansiaba la paz,
no la guerra.
Si la bala me da,
si mi vida se va,
bajadme, sin más,
a la tierra.

Letra: Josef Luitpold
Música: Bela Reinitz

Los cuatro generales

Los cuatro generales,
Los cuatro generales,
Los cuatro generales,
mamita mía,
que se han alzado
para la Nochebuena,
mamita mía,
serán ahorcados.

Puente de los Franceses,
Puente de los Franceses,
Puente de los Franceses,
mamita mía,
nadie te pasa.
Porque tus milicianos,
mamita mía,
que bien te guardan.

La casa de Velázquez,
La casa de Velázquez,
La casa de Velázquez,
mamita mía,
se cae ardiendo.
Con la quinta columna,
mamita mía,
metida dentro.

Madrid qué bien resistes,
Madrid qué bien resistes,
Madrid qué bien resistes,
mamita mía,
los bombardeos.
De las bombas se ríen,
mamita mía,
los madrileños.

Marchaos legionarios,
marchaos hitlerianos,
marchaos invasores,

mamita mía,
a vuestra tierra.
Porque el proletariado,
mamita mía,
ganó la guerra.

Música: De los cuatro muleros

Tren blindado

Yo me subí a un pino verde
por ver si Franco llegaba
y sólo vi al tren blindado
lo bien que tiroteaba.

Anda jaleo, jaleo, jaleo,
silba la locomotora
y Franco se va a paseo.

Yo marché con el tren blindado
camino de Andalucía
y vi que Queipo de Llano
al verlo retrocedía.

Anda jaleo, jaleo, jaleo,
silba la locomotora
y Queipo se va a paseo.

Por tierras altas de Burgos
anda Mola sublevado,
ya veremos cómo corre
cuando llegue el tren blindado.

Anda jaleo, jaleo, jaleo,
silba la locomotora
y Mola se va a paseo.

Música: ¡Anda, jaleo!

Los emboscados

1

Cuando vamos de permiso
lo primero que se ve
son milicianos de pega
que están tomando café.

2

A todos los emboscados
les debían de poner
primera línea de fuego,
sin tabaco y sin comer.

3

Los moros que trajo Franco
en Madrid quieren entrar;
mientras quede un miliciano
los moros no pasarán.

4

Si me quieres escribir, ya sabes mi paradero:
tercera brigada mixta, primera línea de fuego.

Trágala

1

Tú, de la panza mísero siervo,
que la ley odias de tus abuelos,
porque en acíbar y lloro
ha vuelto tus gollerías y regodeos.

*Tú que no quieres lo que queremos,
la ley preciosa do está el bien nuestro.
Trágala, trágala, trágala, perro,
trágala, trágala, trágala, perro.*

2

Busca otros hombres,
otro hemisferio.

Busca, cuitado,
déjanos quietos,
donde no sabe
que a voz en cuello
mientras vivieres
te cantaremos:

Tú que no quieres lo que queremos,
la ley preciosa do está el bien nuestro.
Trágala, trágala, trágala, perro,
trágala, trágala, trágala, perro.

3
Dicen que el trágala
es insultante,
pero no insulta
sino al tunante.
Y mientras dure
esta canalla
no cesaremos
de decir trágala.

Tú que no quieres lo que queremos,
la ley preciosa do está el bien nuestro.
Trágala, trágala, trágala, perro,
trágala, trágala, trágala, perro.

¿Qué será?

Coro:
Qué será,
ay ¿qué pasará?
¿Qué habrá sucedido
que en el campo faccioso
todo es suspiro?
¿Qué será?,
ay, ¿qué pasará?
¿Qué habrá pasado?
Que ruge Mussolini,

suspira Franco.
suspira Franco.

Solo:
Frente al cabo de Palos
sobre las aguas
retumban los cañones,
suben las llamas.

Coro:
Qué será,
ay, ¿qué pasará?
¿Qué estará pasando?
La Marina española
que está luchando.
¿Qué será?,
ay, ¿qué pasará?
¿Qué habrá sucedido?
La Marina española
que ya ha vencido

Solo:
¿Para qué tantos humos,
tantos faroles,
si nuestros marineros
son españoles?

Coro:
Y han de ver,
lo vais a ver
cómo al *Baleares,*
al *Cervera* y *Canarias*
bajo los mares
los han de ver
y lo saben bien,
y ya lo habéis visto,
qué hacen los españoles
con el fascismo.

Solo:
Tanto alemán que tienes,
tanto italiano
y a un español le basta
sólo una mano.

Coro:
¿Quién lo ve,
quién lo puede ver,
quién lo está mirando,
los barcos españoles con italianos?
¿Quién lo ve,
quién lo puede ver,
quién lo ha visto antes,
los barcos españoles
con alemanes?

Juventudes proletarias

Juventudes proletarias,
defensoras de la libertad:
la reaccionaria bestia
del fascismo mundial
debéis, unidas, aplastar.
Juventudes: adelante,
a lograr la paz universal,
que vuestra sangre
selle con fraternidad
el triunfo de la libertad.
Unidos todos,
combatamos contra el bárbaro invasor
y para siempre
consigamos enterrar a la reacción.

Letra: Caballero
Música: Espinosa

Himno de las Brigadas Internacionales

Lied der Internationalen Brigaden

Text: Erich Weinert   Música: Espinosa / Palacio

2 Spaniens Freiheit heisst jetzt unsre Ehre.
   Unser Herz ist international.
/: Jagt zum Teufel die Fremdenlegionäre,
   jagt ins Meer den Banditengeneral. :/
   Träumte schon in Madrid sich zur Parade,
   doch wir waren schon da, er kam zu spät.

| : Vorwärts, Internationale Brigade!
      Hoch die Fahne der Solidarität. : |

3 Mit Gewehren, Bomben und Granaten,
   wird das Ungeziefer ausgebrannt,
/: Frei das Land von Banditen und Piraten,
   Brüder Spaniens, denn euch gehört das Land :/
   Dem Faschistengesindel keine Gnade
   keine Gnade dem Hund, der uns verrat!

/: Vorwärts, Internationale Brigade!
      Hoch die Fahne der Solidarität. :/

¡Alerta!

1

¡Alerta!, gritamos
con voz juvenil.
Marchamos con recio tesón
al mañana feliz.
Vayamos triunfantes
con fe y con amor,
las frentes tan limpias y altas
que brillan al sol.
Nuestra cultura que es
ya plenitud,
tenemos consignas que son auras
de juventud.
Mundo anhelante
con honda inquietud
la lucha tenaz contempla
de la juventud.

2

Amamos la patria,
amamos la paz,
los cuerpos al aire y al sol,
su vigor tensarán;
ballestas de acero
mis brazos serán;
seré joven, fuerte y feliz
y amaré la verdad.
Vayamos triunfantes, etc.

3

¡Alerta y alerta!
cual faro en el mar;
alcemos al brazo el fusil
y podremos vengar
a los que cayeron
en lucha fatal.
¡Alerta! que es noble vivir
por la fe del ideal.
Vayamos triunfantes, etc.

4

De cara al futuro
que es nuestra razón
vayamos unidos en haz
al final redentor.
Es nuestro enemigo
el fascio mundial,
marchemos sin miedo a morir
con valiente ademán.
Vayamos triunfantes, etc.

Letra: F. V. Ramos
Música: Rodolfo Halffter

La Joven Guardia

1

Somos la joven guardia
que va forjando el porvenir;
nos templó la miseria
sabremos vencer o morir.
Noble es la causa de librar
al hombre de su esclavitud;
quizá el camino hay que regar
con sangre de la juventud.

Que esté en guardia,
que esté en guardia,
el burgués insaciable y cruel;
joven guardia,
joven guardia,
no le des paz ni cuartel.
¡Paz ni cuartel!
Es la lucha final que comienza,
la revancha de los que ansían pan
en la revolución que está en marcha,
los esclavos el triunfo alcanzarán.
Siempre en guardia,
siempre en guardia,
joven guardia.

2

Hijos de la miseria,
ella rebelde nos forjó,
odio a la tiranía,
que a nuestros padres explotó.
Más hambre no hemos de sufrir,
los que trabajen comerán,
la explotación va a concluir,
nuestras las fábricas serán.
Que esté en guardia...

3

Mañana por las calles
masas en triunfo marcharán,
ante la Guardia Roja
los poderosos temblarán.
Somos los hijos de Lenin,
y vuestro régimen feroz
el comunismo ha de abatir
con el martillo y con la hoz.
Que esté en guardia...

Hijos del pueblo

Hijo del pueblo
te oprimen cadenas
y esa injusticia
no puede seguir.
Si tu existencia
es un mundo de penas
antes que esclavo
prefiere morir.
En la batalla
la hiena fascista
por nuestro esfuerzo sucumbirá
y el pueblo entero
con los anarquistas
hará que triunfe la libertad.

Trabajador, no más sufrir,
el opresor ha de sucumbir.
Levántate, pueblo leal,
al grito de
revolución social.
Fuerte unidad de federación
producirá la revolución
nuestro pendónu no ha de ser
sólo en la unión está el vencer

El último saludo

1

Valiente en la lucha caíste
poniendo en la causa tu fe,
libertar al pueblo quisiste
del secular yugo, tirano y cruel,
y la opresión infame del burgués.

2

Tu vida con fe consagraste
a luchar por la libertad
y hoy tus hermanos que amaste
con el puño en alto te van a enterrar
y siempre por tu causa lucharán.

3

Ultrajes nunca soportaste
de nuestro enemigo cruel,
hoy de tus ojos que cerraste
la heroica mirada rebelde se fue,
mas tu ideal sagrado queda en pie.

4

Hoy es todo el pueblo quien viene
con brío viril a luchar
y sólo una esperanza tiene:
¡Vencer, para luego poderte vengar!
¡Y en la lucha final te vengará!

¡Vamos juntos, camaradas!

Vamos juntos, camaradas,
vamos juntos a luchar.
Los trabajadores rusos
en nosotros pensarán.
Adelante, compañero:
junto a ti han de avanzar
los campesinos soviéticos
llevando la libertad.
Adelante, camarada,
vencerá la libertad.
Rusia es nuestra defensora,
lucharemos por la paz,
por la paz.

Letra: Lorenzo Varela
Música: Carlos Palacio

Caballería del Don

1

Galopando caminos de coraje y valor
jinetes vuelan como el huracán:
a las armas, resuena, desde el Volga al Kuban
ardientes voces clarín vencedor.

2

Sol y polvo Budiony nos dirige, allá va,
en ciego potro de espuma y honor:
ríos secos y cerros arenosos, temblad,
pasa la guerra y la revolución.

3

En el Don y en Zamostie huesos blancos están,
flota en los llanos brillante calor:
para siempre aquí yace el invasor atamán,
blandid, jinetes, los sables al sol.

4

Invasores, sabed que os esperamos en pie
junto al fusil engrasado y cabal,
esperando la voz del comisario otra vez
que nos ordene a caballo marchar.

Letra: Herrera Petere

Canción de la patria socialista

Verdes ríos y dorados llanos,
gran gigante alegre es mi país,
en el mundo no se encuentra tierra
donde el hombre viva más feliz.

Desde Leningrado a la Siberia,
desde el Cáucaso hasta el mar glacial,
se pasea el hombre como dueño
de la pura y libre inmensidad.

Corre, verde Volga, libremente,
corre clara vida en libertad,
para el joven se abren los caminos,
para el viejo la tranquilidad.

No es posible medir nuestros ríos,
no es posible medir nuestro mar,
no hay palabra como camarada,
tan humana ni tan fraternal.

Letra: Herrera Petere

Nueva juventud

¡La juventud!, con sus brazos de acero,
abre el camino de un nuevo ideal,
alza en sus manos la hoz y el martillo
que han de crear el trabajo y la paz.

Por una tierra de pan y trabajo
arde el esfuerzo de la juventud.
Con nuestra unión llegará la victoria;
camaradas del mundo, ¡salud!

¡Oh, juventud!, el camino se enciende
con muerte y odio que quiere impedir
la siembra fértil de tus redenciones,
la aurora libre de tu gran porvenir.
Juventud, adelante; la vida
ha de brotar entre lucha y pasión,
entre las llamas que rompen, danzando,
el hierro infame de vuestra opresión.

Canto soviético

Canción del Frente Popular

Y como ser humano
el hombre lo que quiere es su pan.
Las habladurías le bastan ya,
porque éstas nada le dan.

Pues: un, dos, tres,
pue:, un, dos, tres,
compañero, en tu lugar.
Porque eres del pueblo, afíliate ya
en el Frente Popular.

El hombre por ser hombre
la libertad anhela conquistar.
No quiere a tiranos obedecer
ni a nadie esclavizar.

(estribillo)

Despierto está el fascismo,
despierto brilla y sangra su puñal.
¡Atrás la muerte y la opresión,
unidos todos luchad!

¡Nunca jamás,
nunca jamás
el fascismo pasará!
Es viva muralla de la libertad
nuestro Frente Popular.

Herido está el fascismo,
herido por el Frente Popular,
¡es imposible resistir
la fuerza de la unidad!

(estribillo)

Canto alemán
José Herrera Petere

Marcha del Ejército Popular

1

La farsa innoble al pueblo de España
el diecinueve de julio acechó
y el negro fascio con sádica saña
contra el obrero la lucha entabló.
En desunir las regiones hispanas
buscó el apoyo el mundo opresor,
pero el obrero en legiones hermanas
un canto exclama con noble valor:

¡No pasarán!
Lleno de fe y valor singular,
al criminal fascismo hundirá
en profundo abismo el
Ejército Popular.

2

El pueblo ansía la fuerza, que es gloria
y galardón de invencible unidad:
firme en su fe marchará a la victoria
exterminando toda iniquidad.
El nuevo ejército en ruta aparece
y al mundo obrero saluda con fe,
y en conquistarle la paz que merece
enardecido exclama: en pie.

¡No pasarán!
Lleno de fe y valor singular,
al criminal fascismo hundirá
en profundo abismo el
Ejército Popular.

Capítulo 16

HOMENAJES A LAS BRIGADAS INTERNACIONALES

Recogemos aquí diversas intervenciones de interbrigadistas asistentes al Homenaje que el Partido Comunista de España ofreció a los Voluntarios de la Libertad en 1984.

Santiago Álvarez
El papel de los ex interbrigadistas en la lucha antifascista mundial

Queridos camaradas:

Exponer en quince minutos el papel de los hombres de las Brigadas Internacionales en la lucha antifascista mundial es tarea imposible. Nos limitaremos a ofrecer una breve referencia. Dicho papel está históricamente relacionado:

1. Con la nueva situación mundial creada en 1933 por la subida de Hitler al poder en Alemania.

2. Con el significado internacional que, en ese contexto, tuvo la lucha antifascista española de 1936-1939.

3. Con la consecuencia inmediata que, a nivel general, acarreó la derrota de las fuerzas democráticas en la guerra de España: el estallido de la Segunda Guerra Mundial.

El ascenso de Hitler al poder en Alemania, en 1933, y la derrota de las fuerzas democráticas en Austria, en 1934, habían creado en algunos países un ambiente de impotencia ante el fascismo. A causa de la división, la clase obrera no pudo impedir el avance fascista y, acosada por la represión, se había replegado. Imperaba un profundo pesimismo político y moral.

La resistencia antifascista española de 1936-1939 hizo cambiar el panorama: quedó patente que se podía combatir al fascismo, hacerle retroceder y, en determinadas condiciones, derrotarlo.

Los heroicos brigadistas, símbolo de la solidaridad internacionalista, fueron parte de esa resistencia española.

El combate del pueblo español elevó la conciencia antifascista de Europa y de todos los países del globo. Fue un revulsivo de la conciencia universal.

— Sirvió de catalizador del sentimiento y del espíritu internacionalista combatiente de los pueblos.

— Concitó en su contra las fuerzas más reaccionarias del mundo, pero atrajo a su favor a las más amplias fuerzas sociales.

— Movilizó en su defensa a los sectores culturales más avanzados del planeta. El II Congreso Mundial de Escritores, celebrado en Madrid y Valencia en 1937, fue una prueba palpable de ello.

— Retrasó el comienzo de la Segunda Guerra Mundial, contribuyendo a evitar que una posible victoria de Hitler marcase otro rumbo a la humanidad.

— Fue una gran forja de cuadros políticos y militares (comisarios y jefes), cuyo aprendizaje tuvo un valor inapreciable para la victoria sobre Hitler en la Segunda Guerra Mundial.

Sin la lucha antifascista de 1936-1939, sin la gran gesta y el ejemplo de los 33.000 hombres y mujeres que, de 53 países del globo, vinieron a España formando las Brigadas Internacionales, no sabemos si se hubiera desarrollado en Europa, en América, en Asia y en África la amplia resistencia popular al hitlerismo que propició la réplica y contraataque victorioso de los estados aliados contra Hitler.

«Volvemos a nuestros países, no para recibir homenajes, no para descansar, sino para continuar la misma lucha que hemos sostenido en España: solamente cambiamos de frente y de armas.» Son conceptos de la resolución del último congreso celebrado en España, el 11 de noviembre de 1938, por los activistas de las Brigadas. Pronto se demostraría que su cambio de frente comportaba volver a empuñar las armas. La experiencia de España les sería preciosa.

La victoria sobre el nazi-fascismo y el militarismo japonés en la Segunda Guerra Mundial fue posible gracias, ante todo, a la alianza de la URSS, Estados Unidos, Gran Bretaña, la Francia libre y la lucha liberadora de los pueblos. A la vanguardia de esta lucha estuvieron los excombatientes de las Brigadas Internacionales.

El puesto de honor en la histórica victoria antifascista de 1945 correspondió a los pueblos de la Unión Soviética y a sus heroicos ejércitos, en el seno de los cuales desempeñaron un papel de primer orden los supervivientes de la guerra de 1936-1939.

Las tropas soviéticas de cobertura del frente occidental de la URSS, que sufrieron el primer embate de las Panzer Divisionen, las mandaba Pávlov, un general soviético de España. Y no fue su imprevisión la que impidió oponerles una mayor resistencia.

Uno de los ejércitos que derrotaron a los nazis en Stalingrado, cambiando con ello el curso de la Segunda Guerra Mundial, actuaba bajo el mando de un general soviético de España: Rodimtsev.

Un antiguo coronel, consejero de la 11 División en el Jarama y después mariscal, liberó el sur de Rusia y aportó una ayuda decisiva a la liberación de Rumanía, Hungría y Austria, penetrando con sus ejércitos hasta el corazón de Europa. Me refiero al mariscal Malinovski, que después fue ministro de Defensa de la URSS.

El primer oficial nazi abatido en París cayó bajo las balas del héroe nacional francés, coronel Fabien (Pierre Georges), que había sido capitán en la guerra de España.

Una vanguardia integrada por excombatientes franceses de las Brigadas Internacionales y exiliados españoles liberó casi todo el sur de Francia. Pero quizás el ejemplo más notable sea el que nos ofrece Rol-Tanguy, aquí presente, que fue el jefe de las fuerzas que liberaron París y ante el cual firmaron su capitulación y entrega los jefes militares nazis. H. Rol-Tanguy, obrero metalúrgico, fue comisario político de la XIV Brigada Internacional La Marsellesa en la guerra de España.

En Italia, la resistencia nacional a Mussolini y a los nazis fue iniciada también por los ex voluntarios de España. Al frente de la misma estuvo Luigi Longo, ex comisario inspector de las Brigadas Internacionales. Longo creó el llamado Alto Comando o Estado Mayor de la Resistencia. De cinco de sus miembros, tres eran excombatientes de España.

Francesco Scottorno, *Scotti,* ex comisario en España de la 60 División, fue el jefe del comando partisano de la zona norte de Italia.

El jefe militar de la República Partisana de Montefiurino (zona liberada en la retaguardia nazi cinco meses antes de que se liberase Italia) era el legendario comandante Armando, un combatiente de las Brigadas Internacionales.

Después de luchar en España, miles de antifascistas alemanes combatieron al hitlerismo, que dominaba su patria y que desencadenó la Segunda Guerra Mundial. Centenares de cuadros militares y dirigentes políticos no sólo lucharon en la clandestinidad, sino que aportaron una contribución esencial a la creación de las bases de un nuevo Estado alemán: la República Democrática Alemana.

Muchos de los jefes y oficiales de las nuevas fuerzas armadas de seguridad de la RDA hicieron sus primeras pruebas o se forjaron en España. Así ocurrió con el comisario del Batallón Hans Beimler, Heinz Hoffmann, que fue durante años su ministro de Defensa.

El antiguo jefe de la 45 División, del V Cuerpo de Ejército, coronel Hans, fue el primer alto mando de las fuerzas de seguridad de la RDA en la antigua Prusia Oriental.

La acción antifascista fue continuada también por los supervivientes argentinos de la lucha española. En los años 1940-1945, los ex brigadistas siguieron batiéndose en primera fila contra el hitlerismo y contra su proyección argentina.

Los ex brigadistas austriacos tuvieron moral y experiencia para soportar los campos de concentración de Francia y participar, junto con los franceses, en la Resistencia. Lucharon en Francia y en su propio país contra los ocupantes hitlerianos; combatieron al lado de los soviéticos y de los pueblos de Yugoslavia y crearon destacamentos propios para la liberación de su patria.

Los jefes y comisarios del primer Batallón de la Libertad austriaco, así como de los batallones II, III, IV y V, constituidos en Belgrado, fueron excombatientes de España. Esas unidades contribuyeron a liberar Austria y a instaurar el nuevo poder democrático.

Los búlgaros de España fueron una base política y militar esencial para la organización de la resistencia antihitleriana en su país. Cuando Hitler invadió la Unión Soviética, el Partido Comunista Búlgaro inició la resistencia antifascista armada, entre cuyos dirigentes figuraban los ex voluntarios más destacados de la guerra de España.

El subjefe de la insurrección popular antihitleriana del 9 de septiembre de 1944 fue Blagói Ivánov, ex miembro de las Brigadas Internacionales. Como excombatiente fue un hombre también excepcional Ruben Abramov, presente en este acto.

¿Qué rumbo siguieron los supervivientes canadienses de las Brigadas Internacionales? Me limitaré a decir que figuraron en el destacamento de vanguardia del ejército que el Gobierno de su país envió a Europa durante la Segunda Guerra Mundial. Pero al hablar de los voluntarios canadienses es obligado mencionar a un héroe legendario: el doctor Norman Bethune, que, al dejar nuestro país, se fue voluntario a luchar junto con los revolucionarios chinos de Yenan, dirigidos por Mao, ofrendando su vida en el combate.

En pocos países tuvo tanta repercusión la lucha antifascista española como en el pueblo de Cuba. Casi todos los ex brigadistas cubanos que sobrevivieron a la lucha de España se mantuvieron fieles a la causa antifascista. Cuando, durante la Segunda Guerra Mundial, Cuba proyectó enviar a los campos de batalla un ejército de voluntarios, fueron ellos los primeros en alistarse.

La lucha obrera y popular cubana, que adquirió un gran desarrollo al calor de la resistencia antifascista española, había de ser un terreno abonado para el triunfo posterior de la revolución dirigida por Fidel Castro.

Los interbrigadistas checoslovacos encabezaron en su país la resistencia antihitleriana. Combatieron en los grupos guerrilleros que organizaron en su patria, en las unidades que se formaron en la Francia ocupada, en Gran Bretaña e incluso en el Ejército de Liberación Nacional chino. Los que llegaron a la URSS se incorporaron al *cuerpo de ejército* checoslovaco, que, al mando de Ludvik Svoboda, peleó en 1945 junto a los ejércitos soviéticos por la liberación de su patria. Y posteriormente dieron pruebas de la mayor abnegación y patriotismo en la construcción de la nueva Checoslovaquia.

Los interbrigadistas norteamericanos siempre mantuvieron en alto la bandera del Batallón Lincoln. En la Segunda Guerra Mundial se apresuraron a alistarse voluntarios en sus ejércitos para combatir al militarismo japonés y al nazi-fascismo. Según datos oficiales de Estados Unidos, más de seiscientos voluntarios de España combatieron en las filas del ejército, la flota, la infantería de Marina y la aviación de su país. Más de trescientos sirvieron también en la flota mercante. En el campo de batalla cayeron 400, o sea, más del 60 por 100. Y siempre fueron solidarios con la causa democrática española.

La tercera parte de los finlandeses que combatieron en España sucumbieron en el combate. Parte de ellos, bajo la dirección de Eino Laakso (Walter From), fueron guerrilleros en la retaguardia del general Franco. Durante la Segunda Guerra Mundial, los que regresaron a su patria continuaron en ella la lucha antifascista.

Los supervivientes británicos lucharon en primera fila de las fuerzas militares de su país en la Segunda Guerra Mundial con el mismo espíritu que animó al comisario político Ralph Fox caído en esta tierra. Los ex brigadistas infundieron dinamismo a la vida democrática de Gran Bretaña, particularmente de sus sindicatos. A ellos debemos, especialmente, el constante movimiento británico de solidaridad con la democracia española durante años.

Los húngaros de España, compañeros del general Mate Zalka, lucharon clandestinamente en su tierra, guiados por el ejemplo de sus dirigentes Laszlo Rajk y Pal Fügedi. Y combatieron contra los nazis en Francia, en Bélgica y en la URSS, e hicieron una aportación decisiva a la liberación y reconstrucción de su patria.

El espíritu de heroísmo de los irlandeses que dejaron su vida en esta tierra nuestra continuó impregnando a los supervivientes de 1936-1939, al regresar a su patria, poniéndolo al servicio de la causa antifascista durante la Segunda Guerra Mundial.

En la memoria del famoso pintor Alfaro Siqueiros quizá podrían simbolizarse algunos de los nombres de aquella aguerrida vanguardia antiimperialista mexicana que, acabada la guerra de España, apoyó la lucha contra Hitler y respaldó la actitud del presidente Lázaro Cárdenas, siempre solidario con la causa de la España democrática.

Muchos noruegos de nuestra guerra perecieron en los campos de concentración hitlerianos. Pero sus supervivientes constituyeron el núcleo clandestino más importante de la resistencia noruega al hitlerismo.

La liberación de Polonia del yugo nazi está marcada por la histórica lucha de los excombatientes polacos de las Brigadas Internacionales. Éstos pelearon en Francia y en diversos países de la Europa ocupada, pero, sobre todo, en el suelo de su patria. Un destacamento de dombrowskianos se trasladó de Francia a Polonia en 1942, siendo el baluarte esencial de la resistencia a la ocupación nazi. Karol Swierczewski (general Walter en España) fue uno de los organizadores y jefe del Ejército de Liberación Polaco. Acabada la guerra mundial, ese ejército había de ser una de las bases del nuevo Estado.

También el pueblo hermano y vecino de Portugal, sometido en 1936-1939 al régimen fascista de Salazar, ofreció su contribución de sangre a la lucha antifascista española. Su mejor símbolo fue el comandante Cruz, que ofrendó su vida a la causa. Los que sobrevivieron continuaron el combate antifascista en Portugal hasta que, con la revolución de abril de 1974, vieron realizado uno de sus anhelos.

Como en los demás casos, para la pléyade de luchadores rumanos de España, el combate no terminó hasta 1945. Participaron en la resistencia francesa, se incorporaron a los grupos guerrilleron que operaban en su patria, en la URSS, en Checoslovaquia y en otros países del centro de Europa. Cuando en suelo rumano se generalizó la guerra antifascista y tuvo lugar la insurrección nacional del 23 de agosto de 1944, los *españoles*, y entre ellos el general Burka, aquí presente, fueron su avanzada.

Los ex brigadistas suecos fueron fieles al espíritu de Ekstron, caído en la lucha, y al del Comité Central Sueco de Solidaridad con España, presidido por el senador socialdemócrata George Branting. En los años de la Segunda Guerra Mundial, continuaron su trayectoria antifascista y siempre fueron solidarios con la causa de la España democrática.

Suiza se mantuvo neutral en la Segunda Guerra Mundial. Pero los ex brigadistas suizos no fueron neutrales. Nunca arriaron la enseña de combatientes tan heroicos como Otto Brunner, el comandante del Batallón Tschapáiew. Desafiando a la reacción de su país, crearon la Unión de Voluntarios Suizos de la Guerra de España y participaron hasta el fin en la solidaridad con la causa antifranquista y antihitleriana.

El orden alfabético nos dejó para casi el final la referencia a los pueblos de Yugoslavia, cuya lucha de liberación antinazi fue ejemplar. Los yugoslavos de España fueron en su guerra de liberación contra los nazis heroicos guerrilleron, aguerridos combatientes y competentes mandos. Varios de ellos fueron personalidades de primera línea en la gobernación del nuevo Estado.

El propio mariscal Tito, una de las figuras más relevantes de la resistencia antihitleriana en la Segunda Guerra Mundial, estuvo estrechamente vinculado a la acción solidaria con la causa antifascista española.

Ya al acabar al guerra de 1936-1939, el Partido Comunista Yugoslavo introdujo clandestinamente en su país a unos cincuenta excombatientes de España. En 1941, otros 250 voluntarios entraron en Yugoslavia para desarrollar la lucha armada. Algunos de los principales héroes yugoslavos de la resistencia al nazismo fueron combatientes en España. Lo fueron el jefe militar, estudiante de Montenegro, Milrko Kovacevic, y su comisario político, Branko Kremovic. A la lucha en España están ligados nombres tan destacados en la liberación y en la construcción de la nueva Yugoslavia como Koca Popovich, Veljko Vlahovic, Peko Dapcevic, Srecko Manola, Vojo Todorovic, etc.

Lo dicho sobre los ex brigadistas cubanos, mexicanos, argentinos, refiriéndome al continente latinoamericano, puede decirse de los uruguayos, brasileños o peruanos y de los combatientes de otros continentes o pueblos: chinos, argelinos, israelíes.

La trayectoria de esos hombres y mujeres es digna de admiración doble, porque nunca dejaron de luchar, incluso cuando fueron objeto de represión, de marginación y de humillación. Cuando esto se produjo en países en que esa actitud hacia ellos no tenía explicación ni justificación posible, el Partido Comunista de España ha expresado su más enérgica oposición y protesta.

Al tratar este tema no debemos ocultar a la posteridad los siguientes hechos históricos:

— La represión más cruel contra los ex brigadistas se produjo en los campos de concentración nazis y fascistas y, en cierta proporción, aunque menor, en las cárceles de Franco.

— Estos excombatientes, al entrar en Francia, fueron internados en campos de concentración y algunos perseguidos como alimañas.

— Los que procedían de países donde, aunque no imperase el fascismo, el poder estaba en manos de la reacción —Polonia, Yugoslavia, Estados balcánicos, etc.— no pudieron regresar a sus respectivos países o si lo hicieron fueron perseguidos, encarcelados y torturados.

— En Argentina se les encarceló y en Brasil algunos fueron asesinados.

— En países de democracia parlamentaria, como Gran Bretaña y EE. UU., los ex brigadistas también fueron perseguidos y humillados.

— El mando militar inglés vetó la admisión de algunos de ellos en el ejército británico durante la Segunda Guerra Mundial y a otros les negó los ascensos que habían ganado en el combate contra Hitler.

— En los años 1939, 1949 y 1941 el macartismo persiguió a los excombatientes del Batallón Lincoln.

— En la Confederación Helvética, con su aparente democracia, un luchador antifascista tan heroico como Otto Brunner fue encerrado en prisión como si se tratase de un malhechor.

Salvo rarísimas excepciones, los hombres y mujeres que lucharon en España de 1936 a 1939, bien en las Brigadas Internacionales, bien en unidades españolas de primera línea, bien como consejeros, aviadores, especialistas, técnicos; bien en sanidad, transmisiones u otros servicios, o en las guerrillas que actuaban en la retaguardia franquista, siguieron siendo durante la Segunda Guerra Mundial luchadores antifascistas de vanguardia. Haría falta un voluminoso libro para relatar su historia objetiva, su trayectoria heroica, sus hazañas.

Moe Fishman. De la brigada Lincoln
Las actividades de los interbrigadistas después de la retirada de los internacionales

Una de las canciones que los americanos cantábamos en España terminaba así: «para luchar en otros frentes/ay Carmela, ay Carmela...».

Salimos de España en octubre/noviembre de 1938 e inmediatamente nos unimos a otros millones de ciudadanos norteamericanos que reclamaban el levantamiento del embargo contra la República española. Desgraciadamente, no lo conseguimos y la República cayó en 1939. Poco tiempo después comenzamos a participar en los piquetes ante los consulados franceses en numerosas ciudades, protestando por el trato que recibían los españoles en el campo de Gurs y en otros campos de concentración. Dado que el organizar piquetes frente a las embajadas extranjeras era ilegal, muchos veteranos fueron encarcelados por participar en estas protestas. Al mismo tiempo se creó una organización, dirigida por el doctor Edward K. Barsky, que había participado como voluntario en la guerra de España, para ayudar a los exiliados españoles y, en la medida de lo posible, a los españoles que sufrían la represión franquista. Además ayudamos a todos aquellos compañeros de las Brigadas Internacionales a quienes pudimos localizar. Se les facilitaba transporte, ropa, comida y dinero. Esta actividad continuó hasta 1952, lográndose recaudar más de dos millones de dólares que se utilizaron en esa ayuda.

En todas estas actividades, los veteranos de la Brigada Lincoln participaron al máximo. Pero, además, cuando Estados Unidos se vio atacado y entró en la guerra, los voluntarios ofrecieron una vez más sus servicios para combatir al fascismo. Sólo los mutilados o los heridos graves se quedaron atrás. Durante la Segunda Guerra Mundial cayeron otros 400 combatientes de la Brigada Lincoln. Muchos veteranos de la Lincoln actuaron como marinos voluntarios en los barcos que hacían el transporte a Murmansk, navegando por aguas infestadas de submarinos nazis. Los miembros de la Brigada Lincoln obtuvieron medallas y condecoraciones militares. Entre éstos estaban Robert Thompson y Hermann Boetcher, a los que se concedieron condecoraciones de máxima categoría.

Cuando terminó la guerra mundial y volvimos a la vida civil, reanudamos nuestra ayuda a los españoles exiliados y nuestra propaganda antifranquista. Apoyamos a nuestro Gobierno cuando se opuso a la entrada de Franco en la ONU, en 1948, pero más tarde lo condenamos por ayudar y sostener el régimen de Franco, en 1950-1953. Para entonces la reacción se había encaramado en el poder en Estados Unidos y tanto nuestra organización como muchos veteranos de España, individualmente, fueron objeto de sus ataques. A pesar de que muchos de nuestros camaradas perdieron el trabajo y otros muchos fueron encarcelados, nosotros seguíamos luchando para movilizar al pueblo norteamericano contra las fuerzas reaccionarias que dirigía el senador McCarthy. Cierto que nos costó años de lucha, pero al final conseguimos una victoria aplastante ante los tribunales, victoria que no era sólo de nuestra organización, o de sus miembros, sino del conjunto del pueblo norteamericano y de sus derechos democráticos.

En 1958, a través de nuestra correspondencia con Leoncio Peña —que había combatido en el ejército norteamericano, había sido miembro de la dirección de nuestra organización y luego había regresado a Europa para continuar la lucha contra Franco— llegamos a conocer mejor la situación de los presos en las cárceles de Franco. A través de Leoncio pudimos enviar dinero para medicinas, mantas y otras cosas que necesitaban los presos. Y gracias·a los contactos establecidos, pudimos seguir ayudando a muchos presos y a sus familias. Los veteranos fuimos la única organización que en Estados Unidos brindó este tipo de ayuda y nos sentimos particularmente orgullosos de esa modesta contribución nuestra a los presos.

Mucho más tarde pudimos organizar el envío de importantes personalidades norteamericanas como observadores al juicio de *los diez de Carabanchel* y movilizar a millares de conciudadanos para que escribieran pidiendo su libertad.

Como otros interbrigadistas, los de la Brigada Lincoln hemos tenido siempre a España en el corazón. Cualquiera que fuesen nuestras otras ocupaciones, siempre hemos seguido los acontecimientos de España. Y todos hemos saludado con alegría la transición pacífica a la democracia. Sabemos que cada año vivido en democracia refuerza esa misma democracia.

También hemos participado en otras luchas en nuestro país: nos manifestamos y formamos parte de piquetes por los derechos civiles del pueblo negro norteamericano. Era ésta una batalla lógica para la Brigada Lincoln, la primera unidad militar norteamericana, totalmente integrada, en la que jefes de compañía negros mandaban a soldados blancos y negros. En Estados Unidos esto no se produjo hasta después de la Segunda Guerra Mundial, por orden del presidente Truman, en 1948.

Figuramos entre los primeros que se manifestaron y protestaron contra la intervención de Estados Unidos en Vietnam; publicamos un folleto llamado *España/Vietnam,* en el que comparábamos esa intervención con la de Hitler y Mussolini en España.

Hoy día existe cierta tendencia a reivindicar lo que ha sido la Brigada Lincoln: se escriben artículos y se ha hecho una película, que ha sido muy bien acogida por la oposición, llamada *La buena lucha: historia de la Guerra Civil Española y de la Brigada Lincoln.* Y ha logrado popularidad en este momento porque millares y millares de norteamericanos que luchan contra la intervención de Estados Unidos en Cuba, en Nicaragua, en El Salvador, la comparan con la intervención en la Guerra Civil Española, y muchos de los jóvenes que van voluntarios a Nicaragua, para ayudar a recoger la cosecha de café o para montar guardia en sus fronteras y contrarrestar así la intervención del Gobierno de Estados Unidos, comprenden ahora mejor la acción solidaria de la Brigada Lincoln.

Sí, nos opnemos a la intervención reaccionaria de nuestro Gobierno en América Central y

LIFT
EMBARG
ON
SPAI
CONTRIBUTE
REHABILITATION
FUND
stuyvesant club
young communist league
WELCOMES VETERANS
of
Abraham Lincoln Brigade

A BAS DALADIER
AMERICAN YOUTH Welcomes VETERANS LINCOLN BRIGADE

hacemos cuanto está a nuestro alcance para que nuestros planteamientos lleguen al pueblo norteamericano.

Sí, estamos hoy en la primera línea de combate por evitar un holocausto nuclear y, como primer paso, lograr la congelación nuclear.

Decimos a nuestros conciudadanos que la tarea histórica de nuestra generación en los años treinta fue la derrota del fascismo, evitar que el fascismo lograra dominar el mundo. Y la tarea histórica de las nuevas generaciones es hoy evitar la guerra nuclear. El pueblo español luchó heroicamente durante tres años contra el fascismo y esa lucha hubiera podido evitar la Segunda Guerra Mundial —con tanta muerte y horror— si los países democráticos hubieran apoyado a esa democracia hermana, que sufría el ataque fascista. Fue la lucha del pueblo español lo que permitió la participación de las Brigadas Internacionales y de la Brigada Lincoln, entre otras, en esa gloriosa tarea.

Nosotros creemos que si los pueblos del mundo —y sobre todo los jóvenes— llegan a tomar conciencia de lo que fue el compromiso de los antifascistas en otro periodo histórico eso contribuirá a que adquieran un compromiso semejante en relación con los problemas de hoy.

Se me ha pedido que hablara sobre lo que hemos hecho en los cuarenta y cinco años transcurridos desde nuestra salida de España y me he esforzado por hacerlo lo más brevemente posible.

Quiero terminar saludando al heroico pueblo español, que nos ha permitido llegar a ser lo que somos, que nos ha formado como combatientes antifascistas.

Resolución presentada por los Ex brigadistas Norteamericanos sobre Nicaragua y América Central

Antiguos miembros de las Brigadas Internacionales, procedentes de 23 países, se han reunido en el día de hoy en suelo español. Somos el mayor contingente, y el más representativo, de interbrigadistas que han regresado a España desde la terminación de la guerra civil de 1936 a 1939.

Representamos numerosas corrientes políticas, pero no representamos a ninguna determinada. Hemos venido de países socialistas y de países capitalistas.

Invocando la experiencia de la intervención de Hitler y Mussolini en España hace cuarenta y ocho años, hemos discutido y considerado el problema que plantea la múltiple intervención del Gobierno de los Estados Unidos en América Central, y hemos aprobado la siguiente resolución.

Dado que los voluntarios de las Brigadas Internacionales contrajeron un compromiso encarnado en la solidaridad con el heroico pueblo español contra la intervención fascista, y Dado que hoy observamos un tipo similar de intervención en América Central, especialmente en Nicaragua y El Salvador, por parte del Gobierno de los Estados Unidos, Acordamos hacer patente nuestra oposición a estos actos del Gobierno de los Estados Unidos, y exhortamos a su pueblo y a los pueblos del mundo entero a realizar todos los esfuerzos posibles para poner fin a dicha intervención.

Los Ex-Brigadistas Internacionales
Aprobado por unanimidad
Madrid, 13 de mayo de 1984.

Coronel Rol-Tanguy. De la brigada La Marsellesa
La aportación de los ex interbrigadistas a la lucha contra el fascismo en Francia

Mi breve intervención se limitará a recordar a los antiguos voluntarios franceses de las Brigadas Internacionales que se distinguieron en la Resistencia, en la insurrección nacional, en la liberación de Francia y en la campaña del Rin al Danubio, hasta conseguir la victoria final en 1945.

Quiero saludar —aunque no pueda citarlos a todos— a los camaradas extranjeros que lucharon a nuestro lado «por su libertad y por la nuestra». La memoria y los sacrificios de aquellos camaradas forman parte de la historia de Francia.

Para los antifascistas —y particularmente para los comunistas— la lucha clandestina empezó pronto, en septiembre de 1939, cuando fue ilegalizado el Partido Comunista Francés. La represión se desencadenó entonces y fue todavía más feroz después de la derrota de 1940.

Los antiguos voluntarios de las Brigadas Internacionales desempeñaron un papel extraordinario. Me refiero a los camaradas Fernand Belino, deportado en Buchenwald, donde se destacó como uno de los liberadores del campo, al igual que Simon Lagunas; a Francisco Bernard, muerto durante la sublevación de la cárcel de Eysses; a Chaintron, que se evadió para continuar la lucha; a nuestro camarada Grandel; a André Gautiers, fusilado en Chateaubriant; Roger Michat, aquí presente; Paul Richard, prisionero de guerra evadido, capturado nuevamente y conducido a un campo de castigo. Y a tantos otros...

Hubo que librar una lucha para restaurar el ánimo y la confianza y para explicar, por medio de la prensa y la actividad clandestina, la necesidad de la Resistencia.

La manifestación del 11 de noviembre de 1940 en París y la gran huelga de mineros, dirigida en mayo y junio de 1941 por los antiguos voluntarios de las Brigadas Internacionales Julien Hapiot y Nestor Calonne, impulsaron el despertar del espíritu patriótico.

Fue entonces cuando llegó la hora de organizar a los guerrilleros FTP y de iniciar la lucha armada. En ella encontramos a los camaradas Banlier, André Breton, Jacques Caput, Gilbert Destouches, Honoré Galli, Henri Janin, Henri Neveu (todos fueron oficiales o comisarios FTP), a los doctores Pierre Rouqués, Chrétien, David Rosenfeld... y a las enfermeras Yvonne Robert, Fanny Bré, Jeannette Oppmann, así como a Marie Thadecopmann, de la MOI.

Fue una lucha sin cuartel y muchas veces los fusiles de los pelotones de ejecución abatieron a nuestros mejores camaradas. Citamos entre ellos a Jules Brugot, a Gaston Carre, a Campion, a Jules Dumont, a Fontgarnand, a Lafond (muerto en el maquis), a Haudecoeur, a Jean Hemmen, a Rébière, a Charles Schmidt, a Georges Vallet... Pero los combatientes caídos eran reemplazados por otros: la brecha abierta en el frente enemigo jamás pudo cerrarse.

Durante el otoño de 1943 nació la idea de unificar a todas las fuerzas combatientes de la Resistencia con la organización de las Fuerzas Francesas del Interior.

De entre los antiguos voluntarios de las Brigadas Internacionales surgieron muchos jefes que se distinguieron tanto en la preparación de la insurrección como, posteriormente, en el mando de tropas. Merecen especial mención Louis Blesy, de Marsella; Boris Guimpel y André Jacquot, de Lyon; Fabien, de la Provenza y de París; François Vittori, de Córcega, liberada ya en 1943; Roger Ossart y Marcel Godefroy, de Brive, y Henri Rol-Tanguy, por no citar otros.

A los camaradas citados los encontraremos de nuevo en el momento de liberar dichas ciudades y junto a muchos de ellos hallaremos a sus compañeras: Adele Ossart, Françoise Blezy, André Fabien —que había sido deportada—, Nelly Guimpel, Renée Rosenfeld, Cécile Rol-Tanguy...

Consumada la liberación, quedaban dos tareas importantes: reconstruir Francia y continuar la guerra hasta la victoria.

Y en las tareas de reconstrucción del país y del renacimiento del ejército francés, otra vez están presentes hombres de las Brigadas Internacionales como: François Billoux, André Marty, Charles Tillon, Georges Gosnat, André Gregoire, Gérard Polcri.

En el I Ejército Francés, bajo el mando del prestigioso general De Lattre, vimos mandar regimientos y batallones a buen número de oficiales que habían ganado su graduación dentro de la Resistencia y que combatieron al lado de Putz, de Fabien y de los liberadores de París.

Son muchos los camaradas de las Brigadas Internacionales que poseen las más altas condecoraciones francesas; la Orden Nacional de la Legión de Honor y la Orden de la Liberación.

Desearía recordar simplemente unas palabras de nuestra tan querida camarada Dolores Ibárruri, *la Pasionaria*. Ella decía: «Quiero agradecer al PC francés por su ayuda (...) desde la formación de nuestro partido en España. Durante la guerra, los camaradas franceses han cumplido un papel importante en la organización de las Brigadas Internacionales, en cuyas filas han combatido tantos franceses (...). Con el PCF la solidaridad es una palabra que se vive».

Después de 1945, una tarea fraternal se planteó ante nosotros: ayudar al pueblo español en su lucha contra el yugo fascista. Y cumplimos honrosamente nuestro deber.

En esas circunstancias los voluntarios franceses de las Brigadas Internacionales permanecieron fieles al compromiso contraído con la España republicana: luchar hasta la victoria.

Los veteranos que sobreviven mantienen vivo el empeño de defender la paz al lado de la juventud francesa y de los pacifistas del mundo entero.

*   *   *

Recogemos ahora diversas intervenciones pronunciadas en el homenaje que las fuerzas democráticas españolas ofrecieron a los Voluntarios de la Libertad en 1986.

Andreu Castells
¿Cómo surgieron y se organizaron las Brigadas Internacionales?

Salud, camaradas:

Analizar la formación de las Brigadas Internacionales en estos momentos, lo que fueron y lo que realizaron las Brigadas Internacionales, es, sin duda, un tema apasionante.

Nos introducimos en su estudio en dos fases. Una en relación con el ambiente que las propició y la otra con los acuerdos que dieron forma a estas organizaciones voluntarias.

Tenemos la seguridad de que el desafío nazi-fascista a las democracias —desafío que atacaba tanto a la independencia de los pueblos como a las conquistas sociales— fue el verdadero motor que posibilitó la respuesta popular a esta agresión, facilitando la formación de las BI.

Entre los numerosos síntomas del proceso de la toma de conciencia para llegar a estos resultados, podemos mencionar la campaña contra la guerra, que dio comienzo con el Congreso Internacional Antibélico de Amsterdam, celebrado del 27 al 29 de agosto de 1932, suscitando la constitución del Comité Mundial de Lucha Contra la Guerra Imperialista. A partir de este momento, las asambleas populares reunidas para esclarecer los principios señalados ya no cederán ni se interrumpirán. El 1 de enero de 1933 se reunieron en una importante conferencia convocada en Essen, en el centro de la Ruhr, nueve partidos comunistas nacionales: Alemania, Francia, Inglaterra, Italia, Polonia, Bélgica, Checoslovaquia, Austria y Luxemburgo. En esta conferencia se recomendó, en particular, realizar «acciones pacifistas» y se propugnó la organización de campañas internacionales contra el terror blanco, contra las expediciones punitivas, contra las ejecuciones y el exterminio físico de luchadores revolucionarios.

A todo lo largo de ese año de 1933, abundaron los comicios de carácter internacional, que se dedicaron a centrar la atención de la opinión pública en las alternativas de la lucha contra la guerra y contra el fascismo y unieron estrechamente a todos los luchadores por la paz: desde los comunistas hasta los pacifistas, desde los sindicalistas de diverso signo, hasta los conservadores ingleses. En la lista de las grandes reuniones celebradas ese año podemos anotar el Congreso Antifascista Europeo, París; el Congreso Antibélico Latinoamericano, Montevideo; la Conferencia de los Países Escandinavos Contra la Guerra, Copenhague; el Congreso Antibélico de Estados Unidos, Nueva York; el Congreso Asiático Contra la Guerra, Shanghai, y el Congreso Internacional de la Juventud Contra la Guerra, París.

Con posterioridad y hasta el comienzo de la guerra de España, el movimiento a favor de la paz se desarrolló en profundidad. Salió de las asambleas a la calle, y las consignas de luchar contra la guerra se entrelazaron con las exigencias de cerrar el paso al fascismo.

Por aquel entonces el movimiento comunista internacional elaboró, en las resoluciones del VII Congreso de la Komintern, una línea estratégica para responder a las nuevas condiciones que exigía el movimiento popular mundial ante el crecimiento del nazi-fascismo: una lucha que, como tarea primordial, se centraría en la defensa de los regímenes democráticos y en la alianza de todas las fuerzas políticas del Frente Popular.

Esta política, que en Francia culminaría en el Rassemblement Populaire, y que uniría a comunistas, socialistas y radicales, posibilitó que, en febrero de 1934, se pudiese destruir de raíz el golpe de Estado fascista de las Croix de Feu. Lo mismo sucedió en España: en las elecciones de febrero de 1936, el Frente Popular barrió la corrupción administrativa de los gobiernos del *Bienio negro* y luchó por atajar el paso al fascismo. Ante este panorama y ante la explosión de la guerra de España, en la que se percibió desde su inicio, entre los enemigos de la República española, un perfecto matiz nazi-fascista, se forman las Brigadas Internacionales, que no lucharían como tropas mercenarias, sino que lucharían contra el nazismo y la guerra.

En julio de 1936, Gaston Mommousseau, presidente de la Profintern, dirigió una reunión, que tuvo lugar en Praga, y aprobó la creación de un fondo que se puso a cargo de un comité formado por Maurice Thorez, Palmiro Togliatti y José Díaz, secretarios generales de los partidos comunistas francés, italiano y español, respectivamente, además de Dolores Ibárruri, en vías de convertirse en la primera figura del comunismo español, y Francisco Largo Caballero, socialista, próximo presidente del Gobierno republicano.

También se acordó formar una brigada de 5.000 hombres, reclutados entre las izquierdas de todos los países, que dispondría de un grupo de aviones y de todo el armamento necesario, para combatir como unidad independiente. Así nacieron las Brigadas Internacionales.

Seguidamente se inició una intensa campaña internacional de ayuda a la España republicana. El 13 de agosto, bajo la presidencia de Víctor Basch, sabio húngaro, paladín de causas liberales desde el caso Dreyfus y que fue presidente de la Liga de los Derechos del Hombre, fue creado el célebre Comité Internacional d'Aide au Peuple Espagnol, dentro del cual convivían miembros de diversas procedencias políticas como Francis Jourdain, Marcel Cachin o André Malraux. La propaganda fue intensa y actuó rápidamente, tanto en Europa como en América o en la Unión Soviética, y el 20 de agosto de 1936, Mihail Koltsov, enviado de *Pravda* a la guerra de España, pudo poner a disposición del Gobierno de Madrid 35 millones de francos franceses. En estos momentos, Hitler ya había dispuesto prestar el máximo apoyo a los franquistas y los *junkers* y los *fiat* fascistas sobrevolaban las posiciones republicanas, emprendiendo una guerra de exterminio, al mismo tiempo que ocupaban posiciones estratégicas en el Mediterráneo occidental.

Con la caída del Gobierno de Giral, desfasado por las circunstancias, y la ascensión al poder, el 4 de septiembre de 1936, de un Gobierno presidido por Largo Caballero, las etapas relativas a la creación de las Brigadas Internacionales se fueron sucediendo muy rápidamente.

Los informes aconsejaban no la formación de la *pequeña* unidad internacional de 5.000 hombres, sino de un verdadero ejército organizado, con mandos adiestrados y aprovisionado con armas eficaces. A finales de agosto o a principios de septiembre, según menciona el historiador polaco Maciej Techniczek, comisario de la CXXIX Brigada Internacional, el propio Stalin tomó la decisión en este sentido. K. L. Maidanik, autoridad de la Academia de Ciencias de la Unión Soviética, que ha tenido acceso a los archivos centrales soviéticos, ha señalado que desde el mes de septiembre existía una decisión del Comité Ejecutivo de la Komintern para organizar las Brigadas Internacionales. Tal decisión fue seguida por el nombramiento de André Marty, secretario de la Komintern y diputado comunista francés, como jefe directo de las Brigadas Internacionales, y por el acuerdo según el cual la base de los interbrigadistas estaría emplazada en Albacete, que contaba con excelentes medios de comunicación con los frentes y que, además, tenía la ventaja de ser el centro de una región rica en producción agrícola, lo que facilitaría los recursos de intendencia.

Tanto los acuerdos sobre la política fundacional de las Brigadas Internacionales como el propio clima popular de lucha contra el fascismo facilitaron en todo el mundo un amplio reclutamiento de voluntarios para las Brigadas Internacionales. Anuncios en órganos de izquierda, periódicos, murales de los sindicatos de todo el mundo y otros medios de difusión catalizaban la emoción del pueblo. En los trabajos preliminares colaboraron activamente, entre otros organismos, el Partido Comunista, el Socorro Rojo Internacional, la CGT, los Amigos de la Unión Soviética, el Frente Rojo, los republicanos italianos, los hombres de la II Internacional, el Independent Labour Party de Gran Bretaña, el movimiento Paix et Liberté, llamado también Amsterdam-Pleyel, y la YMCA, Young Men's Christian Association. Desarrollaron, asimismo, eficaces actividades de recluta el Comité d'Aide a l'Espagne Républicaine, las embajadas y los consulados y otras dependencias oficiales de la República española.

Pero la labor más importante recayó en organismos nacionales formados expresamente para la recluta, aunque fue Francia la que, por su situación fronteriza y por el entusiasmo popular para ayudar a la República española, no solamente integró las Brigadas Internacionales con el contingente más importante de voluntarios, 15.348, que representaban el 25,94 por 100 del voluntariado total, sino que albergó, en París, la organización central de las Brigadas Internacionales, principalmente el punto de reclutamiento y concentración en la Maison des Syndicats, de la avenida Mathurin-Moreau, al mismo tiempo Foyer du Comité National de Défense du Peuple Espagnol, de la Maison de Moscon y de la Délégation Française du Comité pour le Droit d'Asile. En el resto del territorio francés había más de cincuenta oficinas de reclutamiento, instaladas en los locales de la Confédération Générale du Travail. Merced a su gran fuerza, Toulouse fue el centro más importante de la Francia metropolitana, exceptuando París. Seguían en importancia Burdeos, Lyon y Lille. Hubo, además, otros centros, final de etapa para entrar en territorio español: el puerto de Orán (Argelia), que reunía la aportación interbrigadista de la Unión Francesa; el de Marsella, para los voluntarios metropolitanos que se dirigían a España por vía marítima, y el de Perpignan, para los que hacían el viaje por ferrocarril o automóvil. El tren 77, que sale por la noche de París y que llega por la mañana a Perpignan, era conocido como *el tren de los voluntarios*. Pronto, por causa del decreto del Comité de No Intervención prohibiendo el voluntariado, fue anulado el centro de Marsella, quedando inútil el del Rosellón, por la facilidad de poder cruzar la frontera, aunque en ciertos días en que el control era más severo muchos interbrigadistas hubieron de atravesar a pie los Pirineos.

El primer núcleo de interbrigadistas llegó a España por vía marítima, desembarcando en el puerto de Alicante el 12 de octubre de 1936. Por la tarde del mismo día los voluntarios continuaron viaje en tren hacia Albacete. «El tren —escribió Luigi Gallo, seudónimo español del presidente del Partido Comunista Italiano, Luigi Longo—, detenido en varios villorios por las manifestaciones populares, llega con notable retraso sobre la hora prevista. Clarea el 13 de octubre cuando desembarcamos los primeros quinientos voluntarios en la estación de Albacete (...) Al día siguiente llegarán los que salieron de Figueras y durante los días sucesivos, casi diariamente, nuevos convoyes llegan a Albacete llevando de doscientos a trescientos hombres cada vez.»

Desde la estación, los voluntarios, marcando el paso, atravesaban la ciudad y se dirigían al primer lugar de concentración: la plaza de toros. «Después del saludo y de las órdenes de Vidal —escribe el voluntario italiano Adami—, una imponente figura se adelanta en medio del ruedo... André Marty, el creador de las Brigadas Internacionales. Su voz es fuerte, clara. Saludo de compañero y amigo. El tono va de lo severo a lo familiar. «Os conozco a todos —nos dice—. Venís de distintos países, pero estáis animados de una misma fe. Sabéis lo que esperan de vosotros la España republicana, el Frente Popular de Europa y del mundo.» Y las notas de *La Internacional* se elevan por la bóveda oscura. Tenemos la impresión de que nos hallamos en el centro del mundo.»

Así, en Albacete, quedó formada la base de las Brigadas Internacionales, a pesar de los inútiles y vanos intentos del presidente del Gobierno republicano, Largo Caballero, que intentaba que los voluntarios extranjeros ingresasen directamente en las unidades del ejército republicano, mezclados con los voluntarios y soldados españoles. Al fracasar en su empeño, Largo Caballero recurrió a los anacrónicos retrasos burocráticos. Si los voluntarios llegaron a España el 12 de octubre, Largo Caballero no autorizó inaugurar la Base Internacional hasta el 17, cinco días más tarde, y sólo el 22, cinco días más, autorizó la constitución de las Brigadas Internacionales.

Es necesario recordar, sobre todo, la declaración solemne que los voluntarios, en un principio, pronunciaban antes de ingresar en su unidad. Para este acto, en general, se usaba el francés, que entonces fue la lengua más usada en las comunicaciones oficiales de las Brigadas Internacionales. Era ésta:

«Je suis un volontaire des Brigades Internationales parce que j'admire porfondément la valeur et l'héroisme du peuple espagnol en lutte contre le fascisme international.

»Parce que mes ennemis de toujours sont les mêmes que ceux du peuple espagnol, ce sont des fascistes.

»Parce que je sais que si le fascisme est victorieux en Espagne, demain il sera dans mon pays et mon foyer sera dévasté.

»Parce que je suis un travailleur, un ouvrier ou un paysan, qui préfère mourir debout que vivre a genoux.

»Je suis ici parce que je suis volontaire, et donnerai, s'il le faut, jusqu'à la dernière goutte de mon sang pour sauver la liberté de l'Espagne, la liberté du monde.»

Por el ambiente que ya hemos comentado y por la fuerte carga de fervor popular reinantes en las Brigadas Internacionales, los asuntos no se trataban, oficialmente, *en comunista,* sino en *antifascista.* No existía ningún carnet de interbrigadista que en el lugar correspondiente a la mención política figurase tal o cual partido, sino exclusivamente la palabra *antifascista.* Asimismo, en las Brigadas Internacionales había otras dos consignas básicas que se consideraban fuera de discusión. Según la primera, los interbrigadistas no toleraban ser calificados de extranjeros y exigían que se les llamase internacionales. La otra consigna se refería al sentido mismo de la voluntariedad de los interbrigadistas. Ellos se conceptuaban como *voluntarios de la libertad.* Y así, en el fondo y en la forma, muchos siguieron al pie de la letra el telegrama que Stalin envió el 15 de octubre de 1936 a José Díaz, secretario general del PCE, en el que se afirmaba que en los campos ensangrentados de España no sólo se jugaba el porvenir de la República española, sino el «de toda la humanidad avanzada y progresiva». Por esto en las Brigadas Internacionales coincidieron todas las razas, todos los pueblos, todas las tendencias de izquierda o incluso algunos representantes de la gran familia católica, puesto que en aquella época existían, en diversos niveles, relaciones muy positivas de comunistas con el mundo católico, principalmente con el cardenal Verdier, arzobispo de París. A este propósito cabe señalar que en la batalla del Jarama encontró la muerte el sacerdote católico John McCrotty, enrolado en la primera compañía del Batallón Lincoln.

La unidad militar más intelectual de la historia

Casi la mitad de los efectivos internacionales estaba formada por artistas, estudiantes, escritores, periodistas, editores, científicos, ingenieros, médicos y políticos. No es necesario profundizar demasiado para resaltar que numerosos interbrigadistas, antes o después de incorporarse a la guerra de España, habían sido o serían personajes de relieve político, social o intelectual. Hubo muchos que más tarde ocuparon altos cargos políticos, principalmente en las democracias populares, en Alemania del Oeste, en Francia y en Italia.

Escritores formados o en potencia acudieron a España para vivir aquí el contenido de sus próximos libros. Los periodistas arrastrados por el frenesí del combate se sumaron a él. Muchos murieron. La guerra de España se convirtió, para los intelectuales de izquierda, en el máximo objetivo de sus vidas, de su trabajo y de su inspiración. Ya en agosto de 1936 la Association Internationale des Escrivains pour la Défense de la Culture, que en 1935 había celebrado su primer congreso, proclamó que escribir debía ser equivalente al hecho de combatir a favor de la República española, y esta declaración llevaba las firmas de André Gide, Jean Richard Bloch, Louis Aragon y Jean Cassou.

El concepto táctico que se aplicó en la organización de las Brigadas Internacionales y, luego, en todo el ejército de la República fue el de brigada mixta. Esta fórmula ocasionó ciertas discusiones entre algunos militares españoles y los asesores soviéticos, que la defendían. El 8 de diciembre de 1936, cuando ya los interbrigadistas habían recibido el bautismo de fuego y habían contribuido, con muchas pérdidas, a la defensa de Madrid, una orden fijó la composición de cada brigada internacional: seis batallones, tres internacionales y tres españoles. Pero no fue posible seguirla ni tampoco mantener los 750 hombres que se fijaban como efectivos de cada batallón, ni las cinco compañías necesarias. El Estado Mayor se habría de componer de cuatro secciones, la primera relativa al personal, la segunda a operaciones, la tercera a información y la cuarta a intendencia, pero muy a menudo todo el mundo había de coger el fusil. Cada brigada, además, dispondría de una batería de artillería de 77 y de una pieza antitanque de

En el frente del Jarama en febrero de 1937

45 mm, una sección de caballería y enlaces, una compañía de zapadores, una de transmisiones y una de sanidad. Es decir, cada brigada internacional poseería todos los servicios necesarios para operar con plena autonomía, sin necesidad de ayudas de otras unidades superiores, a no ser artillería pesada, tanques o aviación de combate.

Además, las Brigadas Internacionales contaban con una base de retaguardia eficaz, con escuelas militares superiores, con transportes muy operativos, con blindados, con diversos grupos de artillería, con una *DECA,* formada en enero de 1937 —177 disparos por avión abatido— cinco meses antes de que la *DECA* se constituyese republicana, con una aviación internacional, entre cuyos voluntarios destacó André Malraux, con caballería, batallones de fortificación, guerrillas en campo enemigo, asesoradas por el soviético Ilyá G. Strinov, y, sobre todo, las Brigadas Internacionales contaban con un fabuloso servicio de sanidad, que a mediados del año 1937 estaba formado por 220 doctores, 580 enfermeras y 600 camilleros, trabajando en 23 hospitales con 5.000 camas, 13 grupos de cirugía, 130 ambulancias, 7 vagones quirúrgicos y servicios de transfusión de sangre en primera línea. La lista sería muy larga.

Para resumir, mencionaremos que las principales grandes unidades interbrigadistas eran las divisiones 35 y 45. La primera estuvo al mando del general Walter, polaco, y, después, en la batalla del Ebro, al mando del teniente coronel Pedro Mateo Merino, junto con Rosario Sánchez, *La Dinamitera*. Contaba, a principios de marzo de 1938, con las brigadas XI, XII y XV.

La 45 División Internacional estuvo al mando del general Kleber, húngaro, Hans Kahle, alemán, y Ramón Solvia, catalán. En los inicios del mes de marzo de 1938 estaba constituida por las brigadas XII, XIV y CXXIX.

La XI Brigada Internacional, que llevaba el nombre de Thaelmann, es la que rompió el fuego interbrigadista contra las tropas franquistas que intentaron, en vano, apoderarse de Madrid. En un principio estaba constituida por alemanes, franceses y polacos, además de algunos grupos de yugoslavos. Posteriormente sería la brigada alemana por antonomasia.

La XII Brigada Internacional (la Garibaldi) llevaba el nombre del héroe de la independencia de Italia. En sus filas dominaban los italianos, de edades por encima de lo habitual entre los interbrigadistas, y con ellos había suizos del Ticino y ciudadanos de San Marino. Prevalecían las tendencias políticas liberales y anarquistas: la Garibaldi era la única unidad de las Brigadas Internacionales con poca preponderancia comunista.

La XIII Brigada Internacional Dombrowski debe su apelativo al militar polaco de este nombre, del cuerpo de cadetes de San Petersburgo y de la Academia de EM, que fue nombrado general de la Commune de París, muriendo en su defensa. Esta brigada, aunque reforzada con fuertes contingentes franceses, sería la brigada eslava y en ella figuraron polacos, ucranianos, bielorrusos, bálticos y yugoslavos.

La XIV Brigada Internacional La Marsellesa, como su nombre indica, era, esencialmente, la brigada francesa.

La XV, con el Batallón Lincoln, honraba el nombre del presidente de Estados Unidos que abolió la esclavitud. Sus componentes eran estadounidenses y canadienses. Entre los norteamericanos había grupos importantes de voluntarios de raza negra (1 negro por 45 blancos) y algunos chinos, japoneses, israelíes e irlandeses nacionalizados en Estados Unidos.

La CXXIX Brigada Internacional, que fue la última que se constituyó, no poseía ningún nombre especial, pero debido al origen de sus hombres solía llamarse La Europa Central o La Eslava, es decir, estaba constituida por yugoslavos, búlgaros, checos, polacos, húngaros, estonianos, lituanos, letones y pequeños grupos de israelitas, finlandeses, latinos, germanos y anglosajones.

Cerca de cincuenta batallones integraban estas unidades, siendo los principales: el Edgar André, en honor del líder alemán ejecutado por los nazis el 4 de noviembre de 1936; el British, el Commune de París, el Dimitrov o el de las Doce Lenguas, el Dombrowski, el Garibaldi, el Lincoln, el André Marty, el Rakosi, el Six Février, el Thaelmann y el Tschapáiew, así llamado para honrar al guerrillero ucraniano muerto en una emboscada en 1919.

En el frente del Ebro, 1938

Aclarar la cuestión referente a los efectivos totales con que contaron las Brigadas Internacionales es difícil si nos atenemos a los documentos o a la bibliografía accesible y existente. El día que se abran los archivos, principalmente los de los Servicios Documentales de la Guerra de España, depositados en Salamanca, y los del Instituto Marxista-Leninista, los archivos Centrales CGSA, de Moscú, se podrá estudiar más a fondo el fenómeno interbrigadista. Estos archivos han sido muy poco explorados. Ramón Salas Larrazábal, coronel de aviación, ha consultado los españoles y José García y K. L. Maidanik los soviéticos.

La cifra de interbrigadistas, según cálculos ponderados, asciende a 59.380 voluntarios. Las cantidades que citan algunas fuentes, como el periodista norteamericano Louis Fischer, que da 40.000, o los búlgaros, que dan 50.000, tienen una verosimilitud razonable. Los rumanos dan una cifra menor: 35.000, y los rusos aún la recortan más: 20.000-25.000, según el historiador

José García, de la Academia de Ciencias de la URSS. Los estudios franquistas suben la cifra: José María de Lojendio da de 60.000 a 70.000 voluntarios, y la Oficina de Información española, 125.000, cifras totalmente inverosímiles.

En el momento de la desmilitarización de las Brigadas Internacionales, estimamos que el número de extranjeros enrolados en las mismas llegaba a la cifra de 59.380, de los cuales quedaban en España 12.673, cifra que, más o menos, indica la que en cualquier momento estaba en pie de guerra.

La cuestión de las bajas también resulta compleja, pero hay que convenir en que la sangría de las Brigadas Internacionales fue importante. Parece que en los medios gubernamentales republicanos se llegó a calcular que las Brigadas Internacionales tuvieron unos ocho mil muertos, pese a que el Dr. Negrín, presidente del Consejo de Ministros, el día 29 de octubre de 1938, indicara la cifra arbitraria de 5.000.

Ya hemos precisado que los efectivos totales de las Brigadas Internacionales eran de 59.380 voluntarios. He aquí nuestra estimación de efectivos distribuidos entre los países con mayor aportación.

País	%	Efectivos
Francia	25,94	15.400
Polonia	9,11	5.411
Italia	8,60	5.108
Alemania	7,28	4.324
Estados Unidos	6,52	3.874
Gran Bretaña	5,90	3.504
Bélgica	5,17	3.072
Checoslovaquia	5,10	3.031
Hungría	3,62	2.148
Yugoslavia	2,55	1.512
Austria	2,54	1.507
Holanda	1,78	1.057

En cuanto a las bajas, las Brigadas Internacionales sufrieron:

Muertos	16,7	9.934
Prisioneros, desertores, desaparecidos	12,9	7.686
Heridos recuperables.	50,1	29.802
Heridos irrecuperables	13	7.739

Es decir, sólo un 7,3% de los voluntarios salió indemne de la contienda española.

La historia estricta de las Brigadas Internacionales en la guerra de España termina el mes de febrero de 1939. Pero no podemos olvidar la larga cadena de luchas, victorias, y derrotas que después se abatió sobre los internacionales supervivientes y que es el fiel reflejo de unas condiciones político-sociales que ya se iniciaron en la contienda española. La lucha de los interbri-

1938. Oficiales y jefes de la XV Brigada en el Ebro

gadistas aún no ha cesado. «Nosotros —dijo André Marty a los mandos del Ejército del Ebro— no tomamos resoluciones, tomamos el fusil. Ahora nos marchamos, pero no vamos a descansar. Continuaremos la lucha. Lucharemos como es el deber de cada hombre en este trágico periodo en que el destino de la humanidad se decidirá por cientos de años. Cambiamos de frente.»

Ahora bien, aquí en España, el sacrificio interbrigadista ha sido silenciado durante cuarenta y cinco largos años.

En la precaria paz del año 1936, el chispazo de la guerra de España consiguió reunir a los hombres de izquierda de todo el mundo como no lo había logrado ninguna contienda de nuestro tiempo. Al margen de sus respectivos gobiernos, todas las minorías y mayorías políticas y todos los intelectuales de izquierda estuvieron representados en los campos de batalla de España. Estos hombres clarividentes y combativos se anticiparon así a los combates que pronto romperían el frágil *statu quo* europeo. Por esto no debemos escatimar nuestro agradecimiento a los internacionales, que fueron los que atajaron el avance del fascismo y mostraron a todo el mundo que ayer y aún hoy es posible la solidaridad internacional.

¡Vivan los internacionales!

Como podrá ver el lector, el presente capítulo, que incluye la ponencia del historiador Andreu Castells sobre el surgimiento y organización de las Brigadas Internacionales, es una de las aportaciones más valiosas acerca del hecho que tratamos. Sin embargo, cabe que le hagamos una observación en cuanto al número de brigadistas, porque a pesar de sus esfuerzos por aquilatar ese número, el amigo Castells, partiendo de los datos manejados entonces, no estuvo en condiciones de hacerlo y comete alguna exageración al respecto.

Hoy es evidente que la aportación francesa a las Brigadas, por ejemplo, no fue en modo alguno de 15.348 combatientes, sino de 8.950, como hemos afirmado en nuestra detallada explicación.

Al margen de esa circunstancia y de sus críticas a F. Largo Caballero, no siempre justificadas, y otros pequeños detalles, cabe repetir el elogio a esa ponencia, cuyo autor, después de pronunciada ésta, nos dejó para siempre, bien pronto, desgraciadamente.

Antonio Roasio. Brigada Garibaldi
Composición y número de los combatientes de las Brigadas Internacionales

La noticia de al rebelión fascista en España en julio de 1936, apoyada y alentado por el fascismo italiano y alemán, y la heroica resistencia y el contraataque del pueblo español, que logró liberar en pocos días dos tercios del país y las principales ciudades como Madrid, Barcelona, Valencia y otras, levantó una oleada internacional de indignación contra el fascimo y las fuerzas de la guerra y un sentimiento general de solidaridad para con el pueblo español.

Era la primera vez que un movimiento tan poderoso de indignación popular se extendió a grandes masas de trabajadores, a los partidos de izquierda, a las fuerzas democráticas, a todas las asociaciones de masas, sindicales, culturales y sociales, infundiéndoles el afán de combatir al enemigo común: el fascismo.

Desde los primeros momentos quedó patente el carácter internacional de aquella batalla democrática, que unía a los trabajadores de todo el mundo.

La lucha se libraba entre la democracia y el fascismo, tanto en Europa como en España. Así lo comprendieron los numerosos antifascistas obligados a abandonar sus países para escapar a feroces persecuciones: alemanes, italianos, polacos, austriacos, etc. Lo comprendieron también los pueblos libres de los países democráticos y los del Tercer Mundo, prestos a unirse para combatir a las fuerzas de la reacción, que, mediante la guerra, pretendían aplastar por doquier la libertad y la democracia, implantando un régimen de atropellos, de violencias y de opresión.

En esa atmósfera de indignación, de combatividad y de clara comprensión de los problemas nacionales e internacionales, se suscitó la solidaridad de los pueblos de todo el mundo para combatir al enemigo común al lado de los hermanos españoles, creando un voluntariado internacional que alcanzó la cifra de cincuenta mil combatientes, venidos de todos los continentes.

Esta iniciativa generó un poderoso movimiento de unidad que unió a comunistas, socialistas, demócratas, republicanos y católicos, tanto en la acción militar propiamente dicha como en la recogida de medios útiles para la República: víveres, ropas, medicamentos...

Esto se desarrolló en cada país, de acuerdo con sus características históricas y sociales y con la consistencia y tenacidad de las fuerzas políticas y democráticas de los trabajadores.

Sería de sumo interés estudiar país por país, para conocer la contribución y la peculiaridad de cada uno: Francia, Estados Unidos, Inglaterra, Suecia, Suiza, la Unión Soviética, etc.

Las actividades de todos los pueblos y de todos los países en la solidaridad con la República española presentan un rasgo común: el convencimiento de que la lucha contra el fascismo constituía un deber fundamental y decisivo, no sólo para la defensa de la democracia, sino también para salvaguardar la paz.

Sin embargo, no era ésa la convicción de los gobiernos de las denominadas grandes democracias (especialmente Inglaterra y Francia), que no supieron apreciar, por ceguera política, el significado de la rebelión fascista en España y el apoyo decisivo que le otorgaban los gobiernos nazi-fascistas de Alemania e Italia. Inglaterra y Francia llegaron al extremo de negar su apoyo a un Gobierno legítimo, democrático, víctima de una agresión (como era el caso del Gobierno español), aceptando hipócritamente la denominada no intervención, cuando era conocida por todos la descarada intervención nazifascista, que proporcionó a Franco cientos de miles de soldados con las armas más perfeccionadas de entonces.

La solidaridad de los pueblos con la República española, que luchaba por su libertad y su independencia, se cifró militarmente en unos cincuenta mil combatientes, en diez mil muertos y en treinta y cinco mil; pero fue muy grande la lección política histórica que la lucha del pueblo español ofreció a todos y que habría de ser muy útil en los años siguientes.

Sin esa lección hubiera sido difícil vencer al nazi-fascismo en la Segunda Guerra Mundial (1939-1945).

Karl Kormes. Brigada Thaelmann
La participación de alemanes en ambos campos de la guerra
nacional revolucionaria de España

Queridos camaradas, compañeros, amigos:

Os estamos profundamente agradecidos por la invitación que habéis hecho al Comité de Combatientes de la República Democrática Alemana para participar en este encuentro.

Los ex interbrigadistas estamos organizados en la sección de los excombatientes de la guerra de España de dicho comité. En la actualidad viven en la RDA unas ciento setenta y cinco personas que participaron en la guerra nacional revolucionaria del pueblo español. La mayoría de nosotros continuamos luchando de manera muy diversa contra el fascismo, por la democracia y la paz después de terminada esta guerra. Algunos lucharon como guerrilleros en la Unión Soviética; otros participaron activamente en la Resistencia en Francia y en los países europeos ocupados por los fascistas alemanes. Combatieron en las filas de los ejércitos de la coalición antihitleriana. Algunos penetraron en la Alemania hitleriana lanzándose en paracaídas para ayudar a acelerar el triunfo sobre los fascistas y para organizar la resistencia en la retaguardia del enemigo. Muchos pasaron largos años de su vida tras las rejas carcelarias y las alambradas de los campos de concentración. No pocos combatientes perecieron en la cárcel o en la lucha.

Como para los antifascistas alemanes la lucha contra el fascismo siempre se identificó con la lucha por la democracia y la paz, es lógico que también hoy consideremos la salvaguardia de la paz como el punto principal de nuestras actividades. Dada la agresividad cada vez más abierta del imperialismo estadounidense y de la OTAN, el mantenimiento de la paz es tarea permanente. Esta agresividad se caracteriza por una escalada de la carrera armamentista sin precedentes del imperialismo, que pretende romper el equilibrio de fuerza existente en el plano internacional mediante el rearme nuclear y el emplazamiento de armas nucleares estadounidenses de primer golpe en Europa occidental.

Es por esto por lo que apoyamos plenamente y hacemos nuestras todas las iniciativas de paz de la Unión Soviética, de los países miembros del Tratado de Varsovia y de nuestro Gobierno. Estamos plenamente convencidos de que el poder político, económico y militar de estas fuerzas son la garantía decisiva para el mantenimiento de la paz en el mundo. Sin embargo, nos pronunciamos al mismo tiempo en favor de una amplia coalición de la razón, integrada por todas las fuerzas que, independientemente de diferencias políticas, ideológicas y religiosas, quieran salvaguardar la paz; abogamos por un desarme consecuente, sobre todo en el campo de las armas nucleares y químicas, basado en el principio de la paridad y seguridad igual.

Han transcurrido casi cincuenta años desde que empezó la guerra del pueblo español contra el fascismo y la intervención extranjera en su propio país. El espíritu que animó a los antifascistas alemanes que luchamos en este país sigue estando vivo en nosotros, los ex interbrigadistas de la República Democrática Alemana. El espíritu del internacionalismo y de la solidaridad para con todos los pueblos y fuerzas que luchan por la libertad, la democracia y la paz. Éste ha sido y será siempre el principio que rige nuestra actitud y nuestro comportamiento. La juventud de nuestro país ha sido educada en este espíritu. Y en este empeño nos vemos plenamente respaldados por nuestro Estado, primer Estado socialista en suelo alemán, por el Partido Socialista Unificado de Alemania, partido dirigente en nuestro país, y por nuestro Gobierno, encabezado por antifascistas destacados como Erich Honecker, presidente del Consejo de Estado, los tres ministros de los organismos armados, quienes lucharon como oficiales al lado del pueblo español, y otros antifascistas probados.

Permítanme que me ocupe ahora del problema de la participación de los alemanes en la guerra nacional revolucionaria de España. Es un hecho histórico que los gobiernos fascistas de Alemania e Italia de entonces ayudaron militarmente al general Franco. El 26 de julio de 1936, Adolfo Hitler recibió a una delegación del Estado Mayor de Franco, que llegó a pedirle el envío de aviones alemanes para transportar tropas desde Marruecos a la Península para impedir la derrota de los sublevados y la victoria del Gobierno del Frente Popular sobre los traidores fascistas. Hitler dio su consentimiento.

En las semanas y meses siguientes salieron camuflados de turistas hombres del ejército alemán. Así se formó la Legión Cóndor. En realidad no fueron voluntarios, como se dijo, sino unidades especiales con un total de 50.000 hombres equipados con todo el material bélico necesario. Eran mercenarios del Estado alemán imperialista. Su tarea consistía en apoyar a Franco con todos los medios y, de esta manera, participar en la creación de una base de partida favorable para la guerra rapaz en Europa que Hitler y su Estado Mayor planeaban. La guerra civil comenzada por Franco se transformó, por la intervención extranjera, en una guerra nacional revolucionaria por la independencia y la libertad de España.

Un conocido historiador de la RFA dijo años más tarde: «La verdad simple es que Franco no hubiera triunfado sin la ayuda del Gobierno fascista alemán».

La simpatía y la solidaridad de la humanidad progresista con el heroico pueblo español, que derramó su sangre por la libertad, se acentuaron en los días de la defensa de Madrid, transformándose en un movimiento solidario con la España republicana como jamás había conocido hasta entonces el mundo.

Los partidos comunistas vieron en el levantamiento fascista contra el Gobierno español democrático una ofensiva contra la paz, la libertad, la democracia y la humanidad en todo el mundo. Por iniciativa de la Internacional Comunista se formaron, en octubre de 1936, las Brigadas Internacionales. Los antifascistas alemanes participaron en número elevado en las Brigadas Internacionales. Estrechamente unidos con 35.000 compañeros de armas, voluntarios de 53 naciones lucharon como parte integrante del Ejército Popular. De los 5.000 interbrigadistas alemanes, 3.000 quedaron para siempre en tierra española.

Mientras los mercenarios de la fascista Legión Cóndor alemana mancillaron el nombre del pueblo alemán con su intervención contraria al derecho internacional y con sus métodos bárbaros de hacer la guerra —por ejemplo, la destrucción de Guernica—, los interbrigadistas alemanes defendieron, en representación de los alemanes que luchaban en la misma Alemania contra Hitler, la tradición humanista de Goethe y Schiller y el honor de los movimientos democráticos progresistas y revolucionarios de la clase obrera. Como *voluntarios de la libertad,* los patriotas alemanes lucharon y murieron en tierras de España para salvar a la humanidad del terror fascista y del horror de una conflagración mundial.

Ésta es la verdad histórica sobre los alemanes participantes en la guerra de España. Historiadores reaccionarios han intentado falsificar esta verdad.

Después de que la Unión Soviética y las fuerzas armadas aliadas derrotaron al fascismo en Alemania, en el territorio que hoy ocupa la RDA, se les encomendaron a los ex interbrigadistas, igual que a otros combatientes antifascistas, tareas de responsabilidad como, por ejemplo, cargos directivos en las fuerzas armadas, 48 generales y oficiales de nuestro Ejército Popular Nacional procedieron de las filas de los excombatientes de la guerra de España.

Hoy concentramos nuestros esfuerzos, sobre todo, en actividades orientadas a fomentar y continuar las tradiciones antifascistas y revolucionarias entre las generaciones jóvenes. Prestamos gran atención a desarrollar las relaciones y contactos con excombatientes de la guerra de España y sus organizaciones en otros países y atendemos a excombatientes extranjeros que visitan la República Democrática Alemana.

Nuestros trabajos de investigación han arrojado resultados importantes que constituyen una base sólida para nuestras intervenciones en mítines y reuniones de empresas, escuelas y unidades de las fuerzas armadas, donde transmitimos a jóvenes y adultos impresiones y experiencias e informamos sobre el sentido, los objetivos y las tareas de la resistencia antifascista y de la guerra de España, relacionando los acontecimientos históricos con las tareas actuales en la lucha por la paz y contra el peligro de un cataclismo nuclear que emana del imperialismo estadounidense y de la OTAN.

Puntos culminantes de las actividades desarrolladas por los excombatientes de la guerra de España en la RDA fueron la colaboración en la preparación y realización de los congresos de la Federación Internacional de Resistentes, celebrados en 1978 en Minsk y en 1982 en Berlín.

Camaradas y amigos, en 1986 vamos a festejar el 50.º aniversario de la fundación de las Brigadas Internacionales. Nosotros opinamos que los preparativos de este aniversario deberían servir para intensificar la lucha contra una nueva guerra, contra la escalada armamentista iniciada por la actual administración estadounidense y la OTAN y para apoyar, sobre todo, la campaña mundial por el desmantelamiento de las armas nucleares norteamericanas ya emplazadas y por impedir el emplazamiento de otras nuevas en Europa y otros continentes.

Tomando en consideración los cambios democráticos que se han producido en España y la lucha de amplios círculos del pueblo español, inclusive de fuerzas dentro del campo gubernamental, por la salida de España de la OTAN, cabría pensar si sería conveniente celebrar, justamente en este país, un acto de carácter internacional con motivo de este cincuenta aniversario.

Pensamos que este día conmemorativo debe celebrarse bajo los auspicios de las organizaciones de excombatientes y perseguidos que participaron en la lucha antifascista y también de las que hoy abogan consecuentemente por la democracia y la paz.

Os decimos, camaradas españoles, que podéis estar seguros de que nosotros nunca olvidaremos que la lucha heroica del pueblo español fue un ejemplo digno de admiración para todas las fuerzas progresistas de esa época, un ejemplo que las animó y del cual sacaron fuerza para su propia lucha.

Nunca olvidaremos el papel que jugó la Unión Soviética, dando apoyo en forma de asesores militares, armas y alimentos. De esta manera contribuyó a que el valiente pueblo español pudiera resistir durante cerca de tres años difíciles a un enemigo muy superior numéricamente y en material bélico.

Y, finalmente, está grabado imborrablemente en nuestra conciencia que fue precisamente esta misma Unión Soviética sobre la que recayó la carga principal en la lucha contra el fascismo alemán y su derrota en la Segunda Guerra Mundial y que también hoy, fiel a los principios de la revolución de octubre, está a la cabeza de la lucha por la paz y el desarme, contra una conflagración nuclear.

En el espíritu de estas convicciones saludamos a todos los participantes en este encuentro.

Lazar Latinovic. Brigada Dombrowski
La aportación de los interbrigadistas yugoslavos a la lucha contra el fascismo
después de la Guerra Civil Española

El 31 de julio de 1936, el Comité Central del Partido Comunista de Yugoslavia, en una carta al Comité Central del Partido Comunista de España, le expresó la solidaridad de la clase obrera yugoslava, adhiriéndose a la «acción internacional de solidaridad del proletariado y de los amigos de la libertad del mundo entero». El Partido Comunista de Yugoslavia, junto con las otras organizaciones y movimientos progresistas, no escatimó esfuerzos para cumplir, de diferentes maneras, con su deber de solidaridad para con el pueblo español, lo que culminó con la llegada de más de mil seiscientos sesenta voluntarios yugoslavos procedentes de Yugoslavia directamente o de otros países donde vivían como emigrados. Más de la mitad de los voluntarios yugoslavos cayó en los campos de batalla de España y muchos otros resultaron heridos.

Al salir de España, entre los días 10 y 12 de febrero de 1939, 550 combatientes voluntarios yugoslavos fueron recluidos en campos de concentración de Francia junto con otros interbrigadistas y con soldados de la República española que habían logrado pasar la frontera francesa.

Los años vividos en los campos de St. Cyprian, Argelès-sur-Mer, Gurs y Vernet fueron empleados en un intensivo estudio político, económico, militar y de otra índole, capacitándonos para la lucha que nos esperaba.

Al estallar la Segunda Guerra Mundial en septiembre de 1939, el grupo yugoslavo del campo de Gurs expuso a las autoridades francesas su disposición de luchar contra Hitler, proponiendo, junto con los otros interbrigadistas, participar en la lucha en condiciones similares a las de España. Las autoridades francesas desoyeron ese ofrecimiento y, por puro reaccionarismo, hicieron un llamamiento descarado a la incorporación a la Legión Extranjera o unidades llamadas *batallones de marcha*, propuesta que fue rechazada por los interbrigadistas. Más tarde, las autoridades francesas trataron de formar *compañías de trabajo* con carácter militar, reclutando interbrigadistas por coacciones y amenazas, pero cuando le llegó el turno al grupo yugoslavo, la comisión francesa se encontró con una inesperada resistencia, organizada por el comité de nuestro partido. Todos los yugoslavos se unieron a la protesta, adhiriéndoseles otros interbrigadistas. Ésa fue la sonada demostración del 2 de abril de 1940, que duró todo el día. Quedaron unos sesenta arrestados entre los yugoslavos, pero las autoridades cesaron por completo de hacer reclutamiento entre los interbrigadistas para tales *compañías de trabajo*.

Los combatientes yugoslavos que habían llegado a España desde países democráticos salieron de los campos de concentración ya en 1939, volviendo a trabajar en minas e industrias como antes. Los venidos de Yugoslavia tuvieron que esperar una autorización del Gobierno, que había sido prometida, pero que nunca llegó. En vista de ello, se procedió a organizar la evasión, apoyada por dos centros de refugio —uno en Marsella y otro en París—, encabezados ambos por interbrigadistas yugoslavos. Por dichos centros pasaron unos 70 camaradas, en 1940 y 1941. Los camaradas checos prestaron un apoyo a través de su canal de paso por la línea de demarcación entre las zonas llamadas libre y ocupada, facilitando documentación de la Brigada Checoslovaca en Francia, mientras el Partido Comunista Francés ayudaba a través del MOI, entregando 300 francos por cada camarada evadido. Por el centro de París pasaron también unos quince camaradas checoslovacos.

A través de las oficinas alemanas de reclutamiento de mano de obra, nuestros camaradas se situaban en Alemania, desde donde enviaban dinero a la organización central de París, hasta que llegara su turno de ir a Yugoslavia por los *canales* que estableció, desde Zagreb, el Partido Comunista de Yugoslavia. Los camaradas que se ocupaban de ello eran también interbri-

El brigadista yugoslavo Salomon Stanislav, con un compañero, en 1937

gadistas. Unos ciento veinte camaradas partieron directamente del campo de Vernet, a través de la comisión alemana de reclutamiento de mano de obra para Alemania, continuando camino hacia Yugoslavia, ya ocupada, por los mismos *canales*. Un número determinado salió legalmente; otros lo hicieron por vía clandestina antes de la ocupación del país, que aconteció en abril de 1941.

Gracias a esas actividades, alrededor de doscientos cincuenta interbrigadistas consiguieron llegar a participar en la guerra de liberación de Yugoslavia. La mitad de ellos perdió la vida en el combate.

El Partido Comunista de Yugoslavia distribuyó a los interbrigadistas por todo el país. Fueron los primeros jefes militares de los destacamentos guerrilleros formados por el Partido Comunista de Yugoslavia. Sus experiencias militares y políticas eran de un valor inapreciable para los guerrillero yugoslavos que, bajo el mando de Tito, impulsaban la insurrección por toda Yugoslavia, contra los ocupantes, contra sus colaboradores y traidores. El primer tiro contra el enemigo fue disparado en Serbia por un combatiente interbrigadista. De los tres miembros del Estado Mayor de los destacamentos de Serbia en 1941, dos eran interbrigadistas. En Bosnia, Eslovenia, Montenegro y Croacia, *nuestros españoles,* como nos llamaba el pueblo, fueron los primeros comandantes de las guerrillas.

Al final de 1941 había ya 80.000 combatientes en los destacamentos con los que Tito comenzó a estructurar el Ejército de Liberación. La primera y cuarta brigadas proletarias eran mandadas por interbrigadistas. El Estado Mayor de Croacia, compuesto por seis miembros en 1942, tenía cinco interbrigadistas. En ese mismo tiempo, en Eslovenia, tres interbrigadistas eran miembros del Estado Mayor.

En 1942, el Ejército de Liberación tenía 180.000 combatientes; en 1943, 300.000, y en 1944-1945, 500.000. Conforme crecía el Ejército de Liberación, se multiplicaban las funciones desempeñadas por *nuestros españoles.* Eran comandantes de divisiones y de cuerpos de ejército y jefes de estados mayores de Croacia, Eslovenia y Serbia.

En 1945, al final de la guerra, el Ejército Popular de Yugoslavia, con 800.000 combatientes, se componía de cuatro ejércitos que llevaron a cabo las operaciones finales de liberación del país. Sus cuatro jefes eran combatientes de España. A la terminación de la guerra, 54 interbrigadistas llevaban insignias de la Orden de Héroe Nacional y 31 eran generales.

Aún está por hacer un estudio completo sobre la participación de nuestros interbrigadistas, voluntarios de Ejército Popular español, en la guerra de liberación de Yugoslavia.

Los interbrigadistas yugoslavos que no lograron regresar a Yugoslavia, por diferentes causas, cumplieron honrosamente con su deber de combatientes antifascistas en los países donde se encontraban. Algunos de ellos fueron muy activos en la Resistencia francesa como revolucionarios profesionales, desempeñando diversos cargos en el MOI. Un yugoslavo fue general de la FFI, teniendo a su cargo el mando de los combatientes extranjeros miembros del MOI. Una calle de Marsella lleva el nombre del comandante Cot, nombre de guerra de un interbrigadista yugoslavo que perdió la vida en la Resistencia francesa.

Otros interbrigadistas yugoslavos residentes en Francia y en Bélgica, al regresar de los campos de concentración a sus trabajos anteriores, no dejaron de luchar contra los invasores y tomaron parte activa en la Resistencia de una u otra manera.

En Canadá y en Estados Unidos, varios interbrigadistas yugoslavos actuaron como revolucionarios profesionales. Y después de la guerra regresaron a Yugoslavia, donde ocuparon importantes cargos.

En la Unión Soviética, un interbrigadista yugoslavo representó a la juventud comunista de Yugoslavia ante la Internacional Juvenil Comunista como uno de los secretarios de la misma. Fue también director de la emisora de radio Yugoslavia Libre, que tenía contacto con el Estado Mayor supremo de Tito y que ocupaba un papel importante en la divulgación de noticias sobre la lucha de nuestro pueblo.

Cuando, después de la guerra, los interbrigadistas que combatieron fuera del país regresaron a Yugoslavia, la Asamblea de la RSF de Yugoslavia les otorgó los mismos derechos que a los combatientes guerrilleros de 1941.

Tres de los cuatro generales del ejército de la Yugoslavia socialista (el grado más alto después de mariscal) son interbrigadistas. Durante largos años, antiguos interbrigadistas ocuparon los cargos de ministros de Defensa y del Exterior, y muchos de ellos fueron embajadores. El jefe de Sanidad del Ejército Popular de Yugoslavia era también un interbrigadista. Un número considerable de interbrigadistas formó parte del Comité Central del Partido Comunista o Liga de los Comunistas de Yugoslavia en la posguerra, siendo elegidos en los congresos V, VI, VII, VIII, IX y X, respectivamente, 8, 13, 17, 13, 4 y 2. Dos fueron miembros del Comité Ejecutivo del Comité Central. Estos datos sirven para ilustrar el papel que desempeñaron los combatientes yugoslavos de España en la guerra y en la edificación de nuestro país. En el congreso de los interbrigadistas yugoslavos de 1971, el presidente Tito condecoró a nuestra asociación con la Orden de Héroe Nacional.

Antes de terminar este breve informe, permitidnos subrayar una vez más que la Guerra Civil Española queda grabada en la conciencia del pueblo yugoslavo junto con nuestra guerra de liberación, ya que ésta era una continuación de la que había comenzado el pueblo español. El enemigo era el mismo y luchábamos por idénticos ideales. Las enseñanzas que los interbrigadistas yugoslavos sacaron de la Guerra Civil Española tuvieron un valor enorme para nuestra guerra de liberación.

Lamentamos que el pueblo español no triunfara en aquella contienda, pero nos enorgullece haber sabido aprovechar las enseñanzas recogidas en España, aplicándolas en nuestra guerra de liberación. En nuestra victoria sobre las fuerzas fascistas se refleja también la lucha del pueblo español.

Gracias.

General Yakushin. Aviador del Ejército Popular de la República Española
La aportación de los combatientes soviéticos a la lucha contra el fascismo

Queridos camaradas:

La delegación del Comité Soviético de Veteranos de Guerra expresa a los organizadores de este encuentro su más profundo agradecimiento y complacencia por habernos invitado a participar en él junto a los antiguos brigadistas internacionales. La épica lucha del pueblo español fue una de las gloriosas páginas de su historia en el combate por la democracia, por la República del Frente Popular.

Un potente movimiento de solidaridad con el pueblo español, encabezado por quienes defendían los ideales de la democracia y de la paz, surgió en el mundo entero y se extendió a todos sus confines. En aquellos años, ante la humanidad se planteó con suma agudeza la lucha contra el fascismo, que alzaba la cabeza, y contra la amenaza del desencadenamiento de una nueva guerra mundial.

Fue en España donde se libró la primera batalla de las fuerzas antifascistas y amantes de la paz contra el fascismo y la guerra. Jamás se apartará de la mente de la humanidad progresista y de las masas trabajadoras de España, el recuerdo del papel rector de los comunistas españoles en la organización de la resistencia contra los facciosos, exhortando, ya antes de la sublevación, a atajar las provocaciones de los fascistas y a frustrar el golpe.

La asistencia militar prestada por las potencias fascistas permitió a los rebeldes reponerse de las derrotas sufridas en las dos primeras semanas de la guerra y pasar a la contraofensiva.

Fuerzas regulares y mercenarias, alrededor de trescientos mil hombres, perfectamente pertrechadas por Alemania e Italia, combatían hombro con hombro en las filas de los fascistas españoles.

¿Qué podían contraponer a esta incesante y creciente ayuda técnico-militar los defensores de la República? Sólo el coraje y el heroísmo sin precedentes de los milicianos, la respuesta de las masas populares españolas y, sobre todo, de la clase obrera a la sublevación fue tan clara, tan impetuosa y tan resuelta que desbarató los planes de los franquistas. Con su valerosa actitud, los trabajadores reafirmaban su derecho a la libertad.

Sabemos perfectamente que el Gobierno republicano disponía de medios para comprar armamento y municiones en otros países. Pero, al intentar hacerlo, se le cerraron los mercados exteriores y los círculos gobernantes de Inglaterra, Francia, Estados Unidos y otros países capitalistas proclamaron la llamada política de no intervención, que significaba una puñalada por la espalda a la democracia española.

Como ustedes recordarán, el secretario general de la Internacional Comunista, Gueorgui Dimitrov, declaró entonces que era muy difícil encontrar en la historia contemporánea una página tan vergonzosa como la actitud de los más importantes países de Europa occidental, que blasonaban de demócratas.

Todas las fuerzas democráticas y progresistas del mundo se pronunciaron a favor de los antifascistas españoles y asumieron una posición militante frente al fascismo. La expresión máxima de la solidaridad internacional de las fuerzas mencionadas, y principalmente de la clase obrera, con respecto a la República española, fue la organización, a iniciativa de los comunistas, de las Brigadas Internacionales. En ellas se batieron codo con codo comunistas y socialistas, liberales y sin partido, católicos y protestantes, un total de casi cuarenta y dos mil hombres venidos de 54 países. Las Brigadas Internacionales lucharon junto al Ejército Popular en los frentes más decisivos.

Y como bien dijo la camarada Dolores Ibárruri, «el aporte de los voluntarios de las Brigadas Internacionales ha sido una ayuda inestimable para nosotros y una página sin igual y brillante en la historia de la solidaridad internacional».

Frente a la capitulación de los países democráticos europeos ante el fascismo, la Unión Soviética, fiel a su deber internacionalista, se manifestó resueltamente en defensa de la República española.

Oficiales y soldados de la XV Brigada, entre ellos varios soviéticos

Los trabajadores soviéticos, el Comité Central del Partido Comunista y el Gobierno de la URSS consideraban que la lucha de la República contra la agresión fascista no era un asunto privado de los españoles, sino la causa común de toda la humanidad progresista (*Pravda*, 16 de octubre de 1936).

La Unión Soviética, actuando en consonancia con el derecho internacional, se dispuso a prestar ayuda al pueblo español. Con este fin, utilizó al máximo la Sociedad de Naciones y el Comité de No Intervención, formado por 27 países europeos y con sede en Londres, para desenmascarar a los agresores y a sus cómplices y, al mismo tiempo, concedió a la República el derecho a adquirir armamento y material técnico soviético.

La ayuda de la URSS desempeñó un gran papel en la organización de la defensa, en la que participaron también consejeros y especialistas soviéticos, a petición del Gobierno republicano. El total de voluntarios soviéticos que lucharon por la justa causa del pueblo español ascendió a unos tres mil, doscientos de los cuales quedaron en suelo español. Uno de cada seis aviadores y tanquistas voluntarios no regresó a su patria. Los voluntarios soviéticos luchaban, combatían y sucumbían por la libertad y por la independencia de un pueblo que sólo comenzaron a conocer cuando estalló la guerra allende los Pirineos.

Los comunistas, que contaban entonces con más de trescientos mil militantes (y, por cierto, el 50 por 100 de éstos se encontraban en las filas del ejército), se convirtieron en un partido combatiente, que ofrendaba todas sus fuerzas y energías a la causa de la libertad, de las transformaciones revolucionarias y de la movilización del pueblo para resistir al fascismo.

Treinta y dos meses duró la heroica gesta del pueblo español, que fue derrotado pero no vencido. La humanidad progresista jamás lo olvidará. En el crisol de la lucha, la clase obrera internacional dio pruebas de solidaridad clasista que en la actualidad siguen siendo brillantes exponentes del internacionalismo proletario.

Los veteranos y el pueblo soviético tienen presente que Europa occidental ha sido la cuna del movimiento obrero contemporáneo y de los primeros combates revolucionarios del proletariado. El nacimiento del movimiento obrero está estrechamente ligado al surgimiento del marxismo y la contribución de Europa a la causa del progreso social de la humanidad en la actual etapa de su desarrollo es, sin duda, muy positiva. Pero no podemos pasar por alto que Europa fue también la cuna del fascismo, el exponente político más feroz y cruel de las clases explotadoras. El fascismo en sus diversas formas nació, creció y se desarrolló, sumiendo a la humanidad en la hecatombe de la Segunda Guerra Mundial, que estalló en Europa.

Nosotros, veteranos, evocamos hoy en España los acontecimientos de entonces en asociación con la guerra nacional revolucionaria, puesto que en España se constituyó el Frente Popular antifascista y fue éste el primer país que se enfrentó al fascismo.

El pueblo soviético, durante la Segunda Guerra Mundial, puso de manifiesto la más estrecha cohesión y derrotó a la Alemania hitleriana.

En esta gran contienda contra el fascismo participaron muchos combatientes del ejército republicano emigrados a la URSS después de la caída de la República. Ésta es la más noble expresión de solidaridad del pueblo soviético, alevosamente agredido por las hordas hitlerianas como antaño hicieran con España. Los caídos en aquella lucha sellaron con su sangre la amistad que une a los pueblos español y soviético.

Sin embargo, la amenaza de una nueva guerra, la tercera guerra mundial, no se ha disipado. Muchos políticos consideran todavía que el fascismo puede representar una salida conveniente a la grave crisis capitalista. Tienen su fiel baluarte en el país donde se urden las «cruzadas» contra el socialismo y donde el equipo gobernante está presto a respaldar cualquier régimen terrorista con tal de que sea anticomunista y archirreaccionario. La experiencia histórica nos demuestra que, en la lucha contra el fascismo, el triunfo puede alcanzarse únicamente movilizando, en primer término, a la clase obrera, a su partido, a los sindicatos. Sólo así, un frente democrático podrá considerarse verdaderamente sólido.

Los soviéticos deseamos al pueblo español, al que tanto estimamos, éxitos y progresos en la obra de consolidar la democracia. Hacemos votos porque su pueblo desempeñe un papel relevante en el afianzamiento de la paz mundial. Es algo que interesa no sólo al pueblo español, sino a toda Europa, a la humanidad entera. En esta grave situación internacional, en la que se incuba el peligro de una catástrofe nuclear, es indispensable adoptar urgentes medidas para impedir tal desastre.

Durante una reunión con representantes de los metalúrgicos soviéticos, el secretario general del Comité Central del PCUS, presidente del Presidium del Sóviet Supremo de la URSS, hizo hincapié en que «nosotros no imponemos a nadie nuestra concepción del mundo, nuestro régimen social» y añadió: «No necesitamos tierras ajenas. La Unión Soviética propone sinceramente un camino: el camino de la coexistencia pacífica, el camino de una colaboración internacional mutuamente beneficiosa». Indicó también que los soviéticos están profundamente convencidos de que se puede salvaguardar la paz.

Nuestra preocupación por la seguridad de la patria socialista es comprensible para cualquier persona sensata. Veinte millones de vidas fueron ofrendadas en aras de su independencia y de la salvación de la civilización mundial.

La política del PCUS persigue el propósito de salvar a la humanidad de una nueva guerra nuclear mundial.

Llamamos a todos los presentes, a nuestros compañeros de lucha en la guerra nacional revolucionaria, a apretar nuestras filas y a multiplicar nuestros esfuerzos en la batalla por la paz, por la seguridad, por el desarme general y completo, por la amistad entre los pueblos.

Mihail Burka. CXXIX Brigada
Un capitán del Ejército Popular de España

Queridos amigos:

Han pasado casi cincuenta años desde el comienzo de la guerra de España, pero en mi alma siguen muy vivos los recuerdos de la heroica lucha del pueblo español contra el fascismo y la reacción, en defensa de la independencia patria, por los derechos democráticos que había conquistado. Tuve ocasión de conocerlo de cerca en aquellos duros tiempos, de combatir en las filas de las Brigadas Internacionales al lado de los obreros, los campesinos y los intelectuales progresistas de España. Jamás olvidaré los emocionantes momentos en que halló potente expresión el internacionalismo proletario en acción, la hermandad en la lucha de los voluntarios llegados de 54 países con los valientes soldados de la España republicana, con todo el pueblo español tan amante de la libertad.

La noticia de la sublevación militar fascista contra el legítimo Gobierno de la República, contra la inmensa mayoría del pueblo español, provocó indignación y cólera en las masas trabajadoras, en todos los demócratas. Pese a los esfuerzos de los partidos reaccionarios y de su prensa, los trabajadores de nuestro país se dieron perfecta cuenta de lo que sucedía en España.

En este sentido tuvo extraordinaria importancia la labor explicativa llevada a cabo por el Partido Comunista Rumano. A lo largo de toda su historia nuestro partido entrelazó de un modo orgánico el patriotismo con el internacionalismo proletario, con la solidaridad viva y activa hacia la lucha de los trabajadores del mundo entero, por la libertad y la independencia, por el progreso social y la paz. Fiel a estas tradiciones, el PCR, incluso en la ilegalidad, desplegó por diferentes medios una intensa actividad para difundir la verdad sobre los acontecimientos de España. Subrayó los tremendos peligros que representaba el fascismo para el pueblo español y, al mismo tiempo, para el destino de los pueblos del mundo, incluido el propio pueblo rumano. En los documentos elaborados por el PCR, en la prensa clandestina y en la prensa democrática legal, así como en numerosos manifiestos y llamamientos dirigidos a las masas populares, puso de relieve el significado de la lucha en España, explicó el carácter justo, nacional revolucionario, de la guerra del pueblo español contra los generales traidores y la intervención fascista ítalo-alemana.

Los llamamientos del partido a apoyar al pueblo español hallaron potente eco en las filas de la clase obrera, entre todas las personas progresistas. La simpatía y la solidaridad con los antifascistas españoles en lucha se manifestó en las más diversas formas, siendo la más alta en nuestro país, como en todo el mundo, la que, secundando el llamamiento de los partidos comunistas, llevó a España a lo más honrado y abnegado del proletariado, a los mejores representantes de la democracia, la libertad, la cultura y el progreso, para luchar contra los sublevados y los agresores de los países fascistas, para apoyar al pueblo español en su combate de importancia histórica mundial.

En aquel verano ardiente de 1936, yo, lo mismo que mi hermano Cónstantin, que cumplíamos el servicio militar, consideramos que nuestro puesto como activistas del partido, como representantes de los ferroviarios (donde hicimos el aprendizaje de la escuela revolucionaria) estaba allí donde se luchaba con las armas contra el fascismo, conscientes de que combatiendo allá luchábamos por la independencia de Rumanía. Para toda persona consciente estaba claro que el fascismo preparaba para todos los pueblos la misma suerte de España.

Tras breves preparativos que no llevaron más de una semana, se formó el IX Batallón de la XIV Brigada, al que se le encomendó la misión de parar el avance del enemigo en la dirección de Montoro (sobre el río Guadalquivir). El batallón cayó en una situación desesperada, antes incluso de que se pudiera desplegar. Lo atacaban de frente, por los flancos y en algunos sitios incluso por la espalda de sus líneas. Intervino también la aviación enemiga, bombardeando y ametrallando las unidades que se hallaban en campo raso. El personal, en su mayoría sin instrucción militar, no preparado, cansado, se sentía desconcertado por lo que acontecía y caía segado por las ráfagas de ametralladora y los disparos de tiradores escondidos en la fronda de los olivares.

Mi hermano Cónstantin y yo éramos jefes de pelotón de ametralladoras y nuestra preparación militar se hizo notar. Emplazamos las ametralladoras en las posiciones más favorables y abrimos fuego junto con otros pelotones, consiguiendo detener a los fascistas hasta que se hizo de noche. En este combate cayó empuñando la ametralladora mi hermano Cónstantin Burka, alcanzado por una bala enemiga. Cayó también Leontin Dorohoi.

Estábamos rodeados casi por todas partes. Recibimos la orden de retirarnos hacia Montoro, pero nadie sabía por dónde podíamos salir. Entonces tuvimos una ayuda que nunca olvidaré: un grupo de vecinos, entre los cuales se encontraba el secretario de distrito del Partido Comunista de España, penetró a través del cerco y, guiándonos entre las posiciones del enemigo, nos condujo hasta Andújar, donde se hallaba el Estado Mayor de la brigada que mientras tanto había llegado allí.

Este primer combate mío y del batallón fue una dura prueba. Perdimos dos tercios de los efectivos, caídos en la lucha y en la retirada, heridos y prisioneros ejecutados por los fascistas, y también ahogados al intentar cruzar las tumultuosas aguas del río junto a la hidrocentral. Y yo perdí a mi hermano, un valiente luchador, lo que me causó un gran sufrimiento, pero con la firme decisión de vengarle.

No obstante, la breve tregua conquistada dio a los demás batallones de la brigada, así como a algunas unidades españolas, la posibilidad de organizar la lucha y liquidar definitivamente las esperanzas de los fascistas en la provincia de Jaén. El jefe de la XIV Brigada era el general

Karol Swierczewski (Walter), a quien conocí personalmente durante la guerra de España y, más tarde, en 1943, al formarse el cuerpo polaco en la URSS.

En febrero de 1937 yo mandaba en el Jarama un pelotón de la compañía balcánica del Batallón Dombrowski —por el nombre del revolucionario polaco caído en las barricadas de la Comuna de París—. Los combates eran tremendamente encarnizados y los fascistas tenían superioridad en material. Sobre nuestras posiciones se volcaba un torrente de fuego y de metal. Decenas de tanques avanzaban tratando de romper nuestro frente. Pero también los republicanos disponían ahora de más material que antes, sabían utilizarlo mejor y, sobre todo, se hacía notar la mejor organización, la disciplina más firme de las unidades forjadas en la batalla de Madrid. La solidaridad internacional con la lucha del pueblo español permitió emplear en la batalla del Jarama mayor número de piezas de artillería; aparecieron tanques agrupados en subunidades y en el aire los fascistas ya no podían afirmar su superioridad como en otros tiempos.

Los ataques a punta de bayoneta se sucedían sin interrupción; muchas veces el arrojo nacido en una elevada consciencia y la abnegada actuación resolvían situaciones desesperadas. Y a partir del 17 de febrero la iniciativa en la batalla del Jarama pasó definitivamente a manos del ejército republicano. El enemigo fue desalojado de una serie de posiciones conquistadas en los primeros días.

El 28 de febrero terminó esta gran batalla. En ella resulté gravemente herido. Tres balazos me perforaron el abdomen. Un sanitario español, también con una pierna rasgada por una esquirla, acudió a hacerme una primera cura y ambos, apoyándonos mutuamente, conseguimos llegar al anochecer, por un túnel de ferrocarril, a nuestras líneas, desde donde me evacuaron al hospital de San Carlos en Madrid. También resultó herido el voluntario rumano de Batallón Dimitrov Pável Cristescu.

El mes de abril de 1937, aún sin curar por completo, al saber que mi unidad del Batallón Dombrowski se hallaba en las trincheras de la madrileña Casa de Campo, escapé del hospital (como el sol apretaba de firme, en las trincheras tomaba rayos de sol). Ese mes me ascendieron al grado de teniente.

En la primavera de 1937 participé en la formación del Batallón Djakovic, integrado por voluntarios de los países balcánicos y por españoles de la quinta del 37.

En julio de 1937, con el grado de capitán de la compañía de ametralladoras (teníamos 12 *maxims* soviéticas), participé en la gran ofensiva de Brunete. Fue una semana de lucha extremadamente encarnizada, con un calor tórrido (hasta 45° y 50°). En esas duras condiciones los republicanos luchaban contra un enemigo superior en número y bien adiestrado. Los fascistas arrojaban sin cesar a la vorágine de la lucha tropas frescas y tenían nuestras posiciones bajo un intenso e ininterrumpido fuego de artillería y de morteros; escuadrillas de aviación bombardeaban en oleadas consecutivas.

Por el contrario, los republicanos no disponíamos de reservas y nuestra infantería tenía que resistir en sus posiciones días y noches seguidos. Nuestros militares dieron entonces pruebas de una firmeza ejemplar, haciendo que el enemigo pagara con duras pérdidas cada palmo de terreno conquistado.

El 28 de julio los fascistas se vieron obligados a cesar la contraofensiva y ordenar fortificarse en las posiciones ocupadas.

La brillante ofensiva de las fuerzas republicanas en Brunete y la tenaz defensa ante la contraofensiva enemiga constituyeron una sensible ayuda a la zona leal del norte. Al mismo tiempo, Brunete demostró el acrecido poder de lucha del joven Ejército Popular, su capacidad de tomar la iniciativa e imponer al enemigo una batalla de envergadura en el lugar y el momento elegidos por el mando republicano. Las Brigadas Internacionales tomaron parte en toda la batalla, tanto en su fase ofensiva como al rechazar los ataque fascistas. En este periodo sufrimos grandes pérdidas en soldados y oficiales. A mí me hirieron gravemente por segunda vez, siendo hospitalizado en Albacete y Murcia.

Al ser dado de alta encontré el Batallón Djakovic dislocado en Samper de Calanda (Aragón) y en muy mala situación debido a las grandes pérdidas sufridas. Aquí se formó una compañía de ametralladoras rumana, a la que pertenecían también jóvenes españoles recién incorporados. Me encomendaron el mando de esta compañía.

El bautismo de fuego tuvo lugar en el otoño de 1937, en los combates de Fuentes de Ebro. El 11 de octubre comenzó la segunda fase de la batalla de Zaragoza con ataques republicanos en Jaca y en el sector de Fuentes de Ebro. Conseguimos avanzar, pero la falta de reservas impidió desarrollar el éxito. La compañía rumana se portó bien, aunque no tenía una preparación militar completa.

Un segundo duro examen resistido con éxito (después de un periodo de calma en la zona de Huesca) fue su participación en el rechazo de la contraofensiva fascista en la segunda parte de la batalla de Teruel.

El batallón fue transferido a Extremadura, en el sector de Chillón (que cubría las renombradas minas de cinabrio de Almadén) y se formó la CXXIX Brigada, en la que tuvimos la alegría de que se constituyera una compañía de infantería rumana que llevaba el glorioso nombre de Grivitsa. Entonces pasé a formar parte del mando del Batallón Djakovic.

Ya he mencionado nuestras relaciones con los camaradas de armas, soldadas en la lucha. Quiero agregar que también con la población civil manteníamos excelentes relaciones de amistad, caracterizadas por un potente espíritu internacionalista. Cuanto más estrechos devenían nuestros contactos, tanto más podíamos darnos cuenta de las magníficas cualidades del pueblo español: generosidad y orgullo pleno de nobleza, espíritu de justicia y honradez, capacidad de sacrificio y valentía.

A las innumerables pruebas de cariño del pueblo español hacia los voluntarios de las Brigadas Internacionales procurábamos corresponder en la medida de nuestras fuerzas: ayudábamos a recoger la cosecha, reparábamos máquinas y herramientas agrícolas, instalaciones de riego; apadrinábamos casas donde se cuidaba niños cuyos padres habían caído en el frente o víctimas del terror fascista. Más de una vez nuestros voluntarios renunciaron a su ración de pan para dársela a los niños que carecían de él. Con frecuencia visitábamos a los mineros de Almadén, cuyos niños nos conocían bien y nos acogían gritando: «¡Que vienen los rumanos!».

Estando en el sector de Chillón recibí la orden de presentarme a un curso de preparación militar. Poco después, la compañía de infantería rumana de la CXXIX Brigada tuvo que pasar una de las más duras pruebas de la guerra de España: los combates de Aragón y Levante de marzo-abril de 1938. En difíciles condiciones, los combatientes republicanos y de las Brigadas Internacionales derrocharon heroísmo.

En el otoño de 1938, los voluntarios de las Brigadas Internacionales fueron retirados del frente y acantonados en diferentes localidades de Cataluña para ser repatriados o evacuados de España. La orden de retirada del frente encontró a la CXXIX Brigada en plena acción ofensiva en la región montañosa, a unos 30 kilómetros al sur de Teruel. Los brigadistas de la zona centro-sur fueron llevados en barco a Barcelona y marcharon al norte de Cataluña, donde tuvo lugar el emocionante encuentro de todos los voluntarios rumanos.

Mas para los voluntarios de la libertad aún no había sonado la hora de cesar la lucha armada en tierra española. En enero de 1939, ante la situación extremadamente grave en que se encontraba la República, volvieron a enrolarse secundando el llamamiento del Partido Comunista de España y con el acuerdo del Gobierno. En los combates defensivos para contener a los franquistas, hombro con gombro con las mejores unidades republicanas, ayudaron a centenares de miles de civiles, que huían de la barbarie fascista, a pasar la frontera francesa. En España combatieron 615 voluntarios rumanos. Sobreviven solamente 47.

Brigadistas en el pueblo de Don Benito

Largo Sulewic
Homenaje a los excombatientes judíos

Excelentísimos señores y señoras:

Es para mí motivo de infinito placer a la vez que un destacado honor poder agradeceros de todo corazón el haber tenido a bien realzar con vuestra presencia la solemnidad de este acto.

No pasarán. Durante el mes de noviembre de 1936, fueron numerosos los países de donde acudieron a España un crecido número de voluntarios con la benemérita finalidad de ir a defender a Madrid en peligro.

A su llegada a la capital y al atravesar las calles que conducían a la Casa de Campo y a la Ciudad Universitaria observaron grandes carteles que indicaban el lema siguiente: *No pasarán*. Muchos de aquellos voluntarios extranjeros no comprendían lo que aquello significaba y, sin embargo, al luchar con encomio y tesón terminaron por comprender el portentoso alcance de aquel lema, sintiéndose orgullosos de haber podido luchar contra la tiranía y la reacción en aras de la libertad y de la civilización, gravemente amenazadas.

En la Casa de Campo las Brigadas Internacionales se enfrentaban a diario en primera línea de fuego, verdadera explosión de liberalismo y espíritu de abnegación y sacrificio digno del mayor encomio, a pesar de ir mal armados e indebidamente equipados.

Y en aquellos combates aureolados de heroísmo lograron galvanizar la lucha contra la tiranía fascista, haciendo que Madrid representara en aquellos momentos el corazón apasionado del mundo.

Las huestes fascistas habían intentado poner sitio a Madrid a través de la carretera de Valencia y fue entonces cuando se desarrolló la batalla del Jarama. Tampoco en aquella ocasión consiguió el enemigo sus anhelados objetivos.

En el transcurso del marzo de 1937, los ejércitos italianos de Mussolini quisieron demostrar que estaban capacitados para ocupar Madrid, y a dicho efecto habían iniciado su ofensiva por la carretera de Zaragoza, estallando entonces la encarnizada batalla de Guadalajara, originándose la absoluta derrota de las divisiones fascistas.

¡Madrid! La batalla de Madrid simbolizaba a la sazón la lucha de la *paz* contra la guerra y el amor contra el odio, la injusticia y la opresión.

En aquel conflicto Madrid ofreció al mundo el magistral ejemplo de una arraigada resistencia contra la barbarie fascista: Los voluntarios de las Brigadas Internacionales ansiaban demostrar al enfrentarse contra la reacción y la tiranía que España no estaba abandonada en aquel doloroso trance por el que atravesaba el país.

Madrid ofreció asimismo al mundo el magistral ejemplo de que podía luchar y vencer a las fuerzas del mal coaligadas toda vez que en el transcurso de la Segunda Guerra Mundial también figuró el glorioso lema español de *No pasarán* y, efectivamente, los partidarios de la barbarie nazi fueron derrotados para salvar vuestra libertad y la nuestra.

Excelentísimos señores y señoras: Se van a cumplir próximamente 500 años de la expulsión de España de los judíos, cuyo establecimiento en la península Ibérica data del año 586 a. de C. Expulsión ocurrida a raíz de todo un manadero de doctrinas donde el odio, la calumnia y la mentira fueron base sistemática de siembra y predicación y pese a los sinsabores sufridos en aras de la sacrosanta Inquisición, los descendientes de aquellos hebreos vinieron espontáneamente a defender la civilización, la paz y la fraternidad de España, que fue la cuna dorada de sus antepasados que con cariño conmovedor ostentan por el mundo la calidad de sefardíes.

Fueron, efectivamente, numerosos los combatientes hebreos enrolados en las Brigadas Internacionales, venidos a España a luchar con ahínco y tesón por la defensa de la tierra siempre amada. En más de una ocasión se ha puesto de relieve el arrojo y heroísmo demostrados por aquellas Brigadas Internacionales en el seno de las cuales destacó una unidad judía llamada Naftali Botfin, nombre de un joven hebreo ejecutado por los fascistas polacos en 1920.

Hace pues hoy cincuenta años que la referida compañía participó en la batalla de Extremadura en la sierra Quemada, batalla que causó numerosísimos muertos y heridos y donde su propio comandante Jack Guttman pereció en primera línea de fuego. El último comandante de aquella misma compañía se encuentra en estos momentos entre nosotros y se llama Mink. Fueron pocos los que lograron salir airosos de aquellos encarnizados combates por la libertad, a través de los cuales los soldados hebreos deseaban poner de manifiesto su reconocimiento y apego y tesón al pueblo español, que tuvo a bien autorizarnos a enfrentarnos contra la opresión y la tiranía fascista y de haber podido triunfar qué duda cabe que se hubiera evitado el cruel holocausto de seis millones de judíos víctimas inocentes de la barbarie nazi.

Al finalizar deseo expresar nuestro cordial agradecimiento al excelentísimo alcalde de Madrid, al ayuntamiento de la capital, así como a los servicios funerarios por haber tenido a bien ofrecer esta lápida conmemorativa que rehabilita de la profanación de estas tumbas en memoria de nuestros queridos compañeros fallecidos y enterrados en tierra española por la defensa de la capital de España.

Abrigamos la esperanza de que la referida lápida siga siendo símbolo de aquella fraternidad de armas que nos unió a nuestros hermanos españoles en su heroica lucha por la paz y la libertad y para que nuestros descendientes no olviden jamás esta gloriosa página de la historia española.

Aquí yacen los voluntarios judíos caídos en Madrid en el transcurso de la Guerra Civil Española en defensa de la libertad.

Salman G. Salzman
Veteranos y amigos combatientes de la guerra antifascista en España,
defensores de Madrid, el corazón de España

Nos encontramos presentes en este día quienes, junto con vosotros, participamos en la defensa de esta capital de España en su lucha contra el fascismo internacional. Hoy es el homenaje al pueblo español y al pueblo madrileño que nos permite participar con ellos en la defensa de su y nuestra libertad. Entre los aproximadamente cuarenta mil voluntarios de la defensa de la libertad en las Brigadas Internacionales de todos los pueblos, participaron 8.000 judíos de varios países y, entre ellos, 300 vinieron de la entonces Palestina, ahora Israel, mi patria histórica.

El descubrir esta placa es símbolo de que el pueblo español y particularmente el pueblo madrileño no sólo no olvidó, sino que recuerda muy bien nuestro sacrificio.

Por suerte estoy aquí para dar testimonio de la victoria de 1945, en la cual las fuerzas aliadas destruyeron el nazi-fascismo y en las cuales yo tomé parte. Llegué a España proveniente de nuestra antigua y sagrada capital Jerusalén, la ciudad en la cual dos generaciones de mis ancestros están enterradas.

En los campos de batalla de toda España cayeron millares de nuestros hermanos; vuestra tierra está empapada de su sangre, mezclada con la sangre de los españoles; hasta hoy día vuestros campos están llenos de los huesos de nuestros caídos, sin tumbas ni monumentos. Por lo menos 2 de los 15 combatientes que fueron enterrados en este cementerio —Arie Weisz Nahumi e Imre Yaacobi— llegaron de nuestra patria histórica; a todos nuestros hombres que fueron enterrados en esta tierra, con sus respectivas tumbas y monumentos, les fueron destruidas dichas tumbas por los fascistas franquistas y sus restos fueron arrojados a las fosas comunes, por ejemplo, la tumba de Hans Beimler en Barcelona y el último caído de las Brigadas Internacionales, el judío polaco Chakel Honigstein, cuyo cuerpo acompañaron hasta su última morada decenas de miles de antifascistas catalanes; también su tumba fue profanada por la furia del odio de los facciosos hacia nuestros muertos.

Nosotros en Israel no olvidamos a los voluntarios de la libertad de todos los países y donamos en su honor un bosque cuyo nombre es Bosque de la Paz y Amistad Brigada Internacional 1936-1939, que se encuentra en las faldas occidentales de nuestra capital, Jerusalén.

Nosotros empezamos y en vuestras manos está la continuación. Cuando se nos obligó a salir de España, no alcanzamos a dejar de luchar. Luchamos en los subsuelos y con todas las fuerzas aliadas desde las de los soviéticos hasta las de los norteamericanos. En 1945 pensamos haber acabado con el fascismo internacional, hoy lo sabemos mejor. En muchos países de Europa,

El autor con Rafael Alberti

América y Oriente, la víbora fascista de nuevo levanta la cabeza provocando guerras inclusive en mi propio país.

Yo les agradezco mucho la oportunidad que me brindaron de expresar mis pensamientos y la paciencia que tuvieron para escucharme. Hablo en nombre mío y en el de la Asociación de los Voluntarios de las Brigadas Internacionales en España 1936-1939.

Homenaje a los excombatientes suizos
Declaración del Comité de Homenaje a los brigadistas internacionales suizos

Hace cincuenta años, un grupo de hombres que proseguían un ideal dejaban familia y trabajo en su país de origen para ofrecerse generosamente como combatientes contra el peligro fascista que se cernía sobre el mundo y que se concretaba en España. Hombres de todas las ideologías y de todos los países cruzaban con dificultades y también clandestinamente las fronteras, olvidando sus diferencias y dando prueba de solidaridad con el pueblo español en su lucha por la libertad y la defensa de su República.

Hoy, cuando la crisis de un sistema se manifiesta en el paro, el racismo, la xenofobia y la humillante imposición de gastos militares para salvar caducas hegemonías o sistemas nutridos de la miseria humana y capaces de destruir al hombre, el momento ha llegado de rendir homenaje a hombres cuyo testimonio sigue siendo un ejemplo flagrante de la necesidad de una conciencia solidaria contra cualquier forma de opresión.

En 1936, el general Franco, encabezando el ejército colonial español, bendecido por la jerarquía católica, con el apoyo material de todos los regímenes fascstas que se instalaban en Europa y ayudado por la política hipócrita de la no intervención de las democracias europeas, eliminó las esperanzas de justicia surgidas del programa del Gobierno legítimamente elegido que dio el triunfo al Frente Popular. Los 35.000 brigadistas que participaron en la lucha del pueblo español para defender esta esperanza demostraron a sus propios pueblos el camino a seguir para hacer desaparecer la amenaza del fascismo, camino que a lo mejor habría permitido evitar la tragedia a la que fue sometida más tarde Europa.

Los cuarenta años de dictadura de España negaron a la mayoría del pueblo español el conocimiento de su propia historia y la posibilidad de rendir homenaje a los que habían luchado a su lado. Nosotros, emigrantes, víctimas de la injusticia de la emigración, pudimos tomar conciencia de nuestra historia y, por este motivo, hacemos este llamamiento a todos los amigos y a todas las organizaciones suizas para reparar la humillante represión de la cual fueron víctimas más tarde los brigadistas suizos en su propio país por haber defendido la libertad del pueblo

El autor con Alberti en los días del homenaje a los brigadistas en 1986

español. Con este objetivo, pedimos para ellos a las autoridades suizas la amnistía, que nunca cesaron de solicitar, de su único delito: ir a España para hacer causa común con un pueblo que defendía su libertad y sus conquistas sociales.

A la memoria de los luchadores del Jarama

El día 8 de octubre de 1994 tuvo lugar en el cementerio de Morata de Tajuña un acto a la memoria de los miles de luchadores que cayeron en el Jarama combatiendo en defensa de la libertad. La mencionada batalla fue una de las más trascendentales de la pasada Guerra Civil y la que en realidad salvó Madrid del cerco que pretendía ponerle el franquismo, cerrándole la salida hacia Levante.

En la organización del acto del cementerio de Morata participó la coordinadora de organizaciones de luchadores por la libertad, que viene funcionando en Madrid y que con la Asociación de Brigadas Internacionales fue la que tomó la iniciativa, el presidente de la comunidad madrileña, Joaquín Leguina, y otras personalidades del Gobierno central, entre ellas la ministra de Asuntos Sociales, doña Cristina Alberdi, y el líder del grupo parlamentario del PSOE, señor Almunia.

La presentación de una lápida de mármol, con una inscripción recordatoria en homenaje a los miles de caídos ante los olivares que bordean Morata y en el tristemente famoso Cerro Pingarrón dio motivo a una concentración de cientos de españoles y de cerca de un centenar de ex brigadistas internacionales llegados de Gran Bretaña, Irlanda, Alemania, Francia, Israel y otros países. El evento que se realizó con la colaboración de los concejales de izquierda: PSOE e Izquierda Unida, del Ayuntamiento de Morata, señora Concepción Llorente *(Conchi)*, el concejal de Izquierda Unida, camarada Luciano, tuvo también finalmente el beneplácito del propio alcalde de Morata, que asistió al acto. Inició la presentación la mencionada concejala *Conchi* y la siguió el responsable del PSOE de Morata y Santiago Álvarez, excombatiente en dicha batalla como comisario de la 11 División (Líster también estaba presente en Morata). Santiago explicó a los concurrentes el momento y el significado de la operación del Jarama. Ésta duró desde el 6 de febrero de 1937 hasta prácticamente el final de dicho mes.

Seguidamente hicieron uso de la palabra la ministra de Asuntos Sociales, señora Cristina Alberdi, y cerró el acto el presidente Leguina.

Al importante acontecimiento asistieron varios dirigentes más del PSOE además de los ya mencionados. También asistieron en representación del PCE e Izquierda Unida el diputado Francisco Frutos y el ex diputado José Luis Núñez.

Al final del mitin, la muchedumbre entonó *La Internacional*, terminando en un ambiente de fraternal camaradería y gran contento.

Capítulo 17

TESTIMONIOS DE LOS BRIGADISTAS INTERNACIONALES (1995-1996)

Carta al Presidente del Congreso de los Diputados:

En nombre de los cerca de ochenta supervivientes de los ex-Voluntarios de la Libertad en Alemania que, entre 1936 y 1939, formando parte de las Brigadas Internacionales y de unidades del Ejército Republicano Español, combatieron por defender la democracia en España, queremos expresar nuestro más sincero agradecimiento a V. E. por la aprobación unánime de la proposición no de ley por la que se nos concede la nacionalidad española a todos los que podemos acreditar haber luchado lado a lado con el Gobierno legalmente elegido por el pueblo español.

En aquel entonces, nosotros, en la mayoría jóvenes y entusiastas, vimos nuestra adhesión voluntaria a la lucha en España como un aporte a la defensa de la libertad del pueblo español y, a la vez, a prevenir una catástrofe mundial originada por los regímenes fascistas y militaristas en Europa.

Los restos mortales de aproximadamente tres mil antifascistas alemanes de distinto credo democrático y religioso descansan en la sufrida tierra española. Jamás olvidaremos a nuestros camaradas y amigos caídos y a nuestra querida España, pues los países en los que uno ha vivido sin preocupaciones se olvidan sin pesar, pero el país en el cual hemos fundado nuestras esperanzas y por el cual hemos temblado será por siempre objeto de nuestro amor.

Aún hoy, después de sesenta años, el recuerdo del orgulloso pueblo español amante de la libertad ocupa un lugar inamovible en nuestro corazón.

Kurt Hofez. IVVdN e.V.
Gemeinschaft Ehemaliger Republikanischer Spanienkämpfer in Deutschland

Carta de Eugeniusz Szyr

(...) quiero expresar nuestra admiración por el espíritu solidario y cordial de nuestros amigos, conocidos y desconocidos, en España. Como siempre agradecimos al pueblo español, que nos ha permitido luchar con las armas en la mano contra el enemigo de España y Polonia y de toda la humanidad. Para nosotros el tiempo de la guerra en España se queda en nuestra memoria y corazón, como el más bello y fructífero a pesar de la derrota y de las muchísimas bajas. Nos sentimos en verdad como hombres que tienen dos patrias: Polonia y España.

Abrazos y saludos para todos los miembros de la Coordinadora y a todos nuestros amigos.

Salud,

Eugeniusz Szyr.
Presidente del consejo sectorial de los veteranos de la guerra de España 1936-1939 de la presidencia de la Unión de los Combatientes de la República de Polonia y antiguos prisioneros políticos.

Carta de Per Eriksson

Queridos amigos y camaradas:

Con honda emoción hemos recibido su carta de fecha 7 de octubre de los corrientes. Inmediatamente, como en aquellos añorados tiempos, me puse en contacto con los camaradas que aún quedamos aquí en Suecia, luego tuvimos con ellos una reunión extraordinaria para tratar lo relacionado con su importante misiva y tomamos los siguientes acuerdos:

Enviar nuestro fraternal saludo a todos los camaradas y amigos que continúan persistiendo activos en la lucha inquieta de los problemas de la humanidad. Así, también hacemos extensivo este saludo a todos los que conforman la Comisión Coordinadora de la celebración del 60 aniversario de la llegada de las Brigadas Internacionales a España.

En cuanto a su invitación, la aceptamos de plano, pues concurriremos en número de tres representantes de la Brigada de Voluntarios Suecos, que estaremos en España el 3 de noviembre de 1996, si es que no nos pasa nada con la salud. Hemos tomado esta decisión en vista de que, a pesar de contar con muchos años encima, nos consideramos todavía con fuerza para decir que nos encontramos en pie de lucha contra todo tipo de abuso de poder que quiera subyugar la voluntad soberana de los pueblos libres del mundo.

En tal sentido, queridos camaradas, reiteramos que estaremos con ustedes para celebrar juntos el 60 aniversario de la creación de las Brigadas Internacionales. Esperamos que este magno evento sirva de ejemplo para las futuras generaciones, ahora que fuerzas extrañas como la xenofobia del nacionalismo y del fascismo comienzan nuevamente a aflorar.

En la espera de continuar comunicándonos y de volver a vernos pronto, nos despedimos muy atentamente.

¡Fraternalmente!

Per Eriksson

Winterthur, 9 de diciembre de 1995

Es uno de los momentos más sobrecogedores y emocionantes de mi vida el hecho de que España nos otorgue su nacionalidad. Así como en el corazón siempre fuimos hijos suyos, ahora lo seremos de veras. ¡Hermanas y hermanos nuestros, a los ex interbrigadistas no nos podéis hacer un regalo más digno! Y más aún me alegro de que todos los partidos e incluso el PP estén detrás de esa decisión, lo que, para mí, significa que España confía en el pueblo que jamás querrá hacerse dividir por ningún caudillo ni generalísimo.

Es como si yo lo hubiera presentido. Acabo de terminar mis memorias de esos años nefastos. Llevarán el título *España en el corazón*, y como editorial se contrata la Limmat Verlag, una de las editoriales suizas más prestigiadas. El preámbulo me lo pondrá la consejera federal Ruth Dreifuss y la introducción el catedrático Walther L. Bernecker. La traducción al castellano está ya también en vías de realizarse.

Con un abrazo muy caluroso

Hans Hutter-Brunner

La parlamentaria Ruth Dreifuss en el homenaje a España

Nuestra celebración de hoy puede ser un recuerdo del pasado, pero no debe quedarse sólo en eso. Con la caída del nazismo de Hitler y el fascismo de Mussolini junto con el fin del régimen de Franco a partir de 1975 no se ha terminado, desgraciadamente, la lucha por la libertad, la democracia y la justicia social. Quien mira con los ojos bien abiertos a su alrededor comprueba con preocupación que en muchos lugares, incluso en algunos muy cercanos, no se ha sacado provecho a lo que la historia ha enseñado. Un nacionalismo de extrema derecha de cuño fascista atrae de nuevo a un gran público tanto en el Este como en el Oeste. En nuestro país han vuelto a ser de buen tono los simplones dichos y falsas soluciones de populistas de derechas y grupos xenófobos. Se volvieron de buen tono en Italia tras las últimas elecciones, en las que por primera vez algunos partidos se aliaron con fascistas, herederos de la dictadura fascista.

Deben alarmarnos los atentados a centros de refugiados, los incendios motivados por el racismo y causantes de muchas víctimas y las abiertas manifestaciones de antisemitismo. Mientras, como muestran las encuestas, una mayoría de los alemanes no quiera que se le recuerde el exterminio del pueblo judío a manos de los nazis se está dando empuje a la mentira de Auschwitz. Olvidar y reprimir significa volver a cometer los mismos errores. La dictadura y la obsesión por la raza pueden convertirse, como ya lo fueron, en razón de Estado. Con las limpiezas étnicas de Bosnia y la represión racista del Kosovo vemos en algunos países europeos muy cercanos cómo mujeres, hombres y niños son perseguidos, oprimidos y asesinados despreciando e ignorando todo derecho humano. Las imágenes que ahora nos llegan de Gorazde nos recuerdan las imágenes de Madrid bajo las bombas fascistas. Ahora se nos busca de nuevo como tierra de asilo y debemos mantener abiertas nuestras fronteras para los perseguidos por cuestiones racistas o políticas. No podemos caer en la política de los años treinta que tenía como lema «el barco está lleno». Y la gran enseñanza de los combatientes de España sigue siendo que nosotros como demócratas nos debemos oponer a toda dictadura y a todo insulto a la democracia. Para los combatientes de España que están aquí presentes y a los que ahora se homenajea esto se da por sentado. Los honraremos y mostraremos gratitud si salvaguardamos su herencia, que mantendremos muy en alta estima con una política de justicia social consecuente y con el rechazo al fascismo y al racismo.

Ruth Dreifuss

¿Quiénes son los mac-paps?

Fueron los primeros soldados canadienses que lucharon contra la agresión fascista, dando sus vidas para defender la democracia en España (1936-1939). De los 1.450 voluntarios por la libertad, 550 yacen en los campos de batalla. No hay en Canadá ningún monumento conmemorativo que honre su memoria o que reconozca su servicio a la humanidad. Tampoco nuestros libros de texto hacen referencia a su aportación. Oficialmente son hombres y mujeres olvidados. ¿Cuánto tiempo deberán permanecer los *mac-paps* de las Brigadas Internacionales sin el debido reconocimiento? Puedes ayudarles a que consigan el lugar que merecen en la historia para que su valor y sacrificio sean recordados y sirvan siempre de inspiración.

¿Cuándo empezó la Segunda Guerra Mundial?

¿Cuál fue el origen de la Segunda Guerra Mundial? ¿Fue en 1939, cuando Alemania invadió Polonia? ¿O en 1940, cuando Alemania invadió Europa Occidental? ¿Cuándo nos dimos cuenta de que Hitler debía ser neutralizado? Se reconoce ahora que fue en 1936, cuando Hitler y Mussolini apoyaron a Franco y sus generales en el derrocamiento de la República Española democráticamente elegida mandando tropas y armamento pesado.

Mientras por primera vez la población civil era aniquilada por bombarderos alemanes, un boicot sustentado por las potencias occidentales evitaba que la ayuda llegase al pueblo español que moría luchando contra la agresión fascista. Su heroica resistencia fue respaldada por voluntarios de todo el mundo, las Brigadas Internacionales.

Sabiendo que la agresión fascista abriría las puertas al racismo y a la persecución política, fueron a España a luchar contra la conspiración que quería acabar con la democracia. Vinieron desde todos los caminos de la vida, por razones políticas o religiosas, para servir como soldados, médicos, enfermeros, técnicos, etc.

Ha pasado más de medio siglo desde que los *mac-paps* regresaron a Canadá después de haber luchado contra el mismo enemigo con el que se enfrentaría el ejército canadiense un año después en la Segunda Guerra Mundial.

Algunos de los voluntarios canadienses siguen con vida (en el ocaso de sus vidas); nuevas generaciones seguirán sus pasos y continuarán luchando por la paz, la democracia y la libertad en todo el mundo.

Los mac-paps *obtienen finalmente un monumento conmemorativo*

La actitud previa a la guerra era de apaciguamiento; un pacto de caballeros internacional de no intervención. En 1939 Franco dominaba España, sus ciudades y pueblos estaban inundados con la sangre de un millón de muertos —incluyendo los cuatrocientos mil que el general mandó ejecutar— y el mundo estaba en guerra con el enemigo contra el cual los *mac-paps* habían luchado voluntariamente y por lo que serían represaliados.

Paul Skup, casi retirado de su negocio de viajes Metro, es uno de los supervivientes que ha estado desde entonces dándose de cabeza contra el muro oficial.

Finalmente fueron recibidos en audiencia por el Departamento de Asuntos para Veteranos en 1984, pero a los *mac-paps* les fue denegado el estatus de veteranos y sus beneficios. El Gobierno federal les incluyó en el grupo de canadienses voluntarios del Vietnam, a los que el Gobierno de Estados Unidos les concedía el subsidio.

Cuando los canadienses formaron su brigada de voluntarios en 1937, el homónimo de su rebelde nieto, el Primer Ministro William Lyon Mackenzie King, consejero de perros muertos, madres difuntas y personalidades políticas de Washington, estaba apremiando al Parlamento para aprobar la Foreign Enlistment Act (Ley de Alistamiento Extranjero) que conllevaba una posible multa de 2.000 dólares y dos años de cárcel.

En 1990 el reducido grupo de excombatientes creó la Asociación de Veteranos y Amigos de los Mac-Paps para tratar seriamente de enmendar el hecho de que «no existe ningún monumento conmemorativo que honre su memoria o que reconozca su servicio a la humanidad. Tampoco nuestros libros de texto mencionan su aportación. Oficialmente son hombres y mujeres olvidados».

Los patrocinadores forman una fundación insospechadamente impecable de libertarios, incluyendo a Margaret Atwood, Pierre Berton, June Callwood, Adrienne Clarkson, Max Ferguson, Farley Mowat, Peter Trueman.

La resistencia, sin embargo, no desapareció. La Comisión Nacional de Lugares y Monumentos Históricos de Canadá, la agencia cuasi oficial que había engañado al grupo de presión dirigido por Skup, tiene muchas, muchísimas peticiones que atender, desde aspirantes a conseguir su lugar certificado dentro de la historia canadiense hasta partidarios del difunto C. D. Howe, pasando por japoneses canadienses internados durante la guerra.

En el primer encuentro en noviembre de 1984 la comisión no apreció que los *mac-paps* tuvieran «suficiente significación histórica» para otorgarles una de sus pequeñas placas.

Seis meses después, en una reunión a la que asistió el historiador J. M. S. Careless, tras unos minutos misteriosamente definidos como «larga discusión», la comisión decidió rectificar la anterior decisión y dar el visto bueno a la placa.

En 1989, con ese vacilante visto bueno en el bolsillo, Paul Skup y Jules Paivio marcharon a Barcelona para inaugurar el monumento a los brigadistas y recuperar un trozo de la tierra de la que formaron parte con el fin de asentar su placa sobre ella.

Viajaron con el alcalde de Gandesa por la tierra que se había empapado de tanta sangre, caminaron entre las rocas hasta que encontraron exactamente la que querían:

un enorme pedazo de piedra arenisca cuyas óxidas venas minerales le conferían un cálido baño carmesí, como si la piedra hubiese absorbido con pesar la sangre de la tierra yaciente bajo ella.

La piedra llegó en barco desde Barcelona el pasado diciembre y permaneció bajo la protección del Gobierno de Ontario en un almacén de Etobicoke hasta el jueves pasado en que fue trasladada al Queen's Park para convertirse al fin en nuestro primer monumento conmemorativo de los *mac-paps*

P. & J. Longstaff
Middlesbrough, Inglaterra
29 de diciembre de 1995

(...)

En relación a la concesión, ahora, por parte del Parlamento español, de la ciudadanía española a todos los camaradas vivos, hombres y mujeres que, desde julio de 1936 hasta el final de la guerra en España, sirvieron como voluntarios en las filas del ejército republicano o en las Brigadas Internacionales. Muchísimas gracias a todos aquellos que han trabajado duramente para que se tomase esta maravillosa decisión.

Ya he redactado mis informes: nombre, edad, dirección, periodo en España, detalles de mis servicios en las filas de la 15.ª Brigada, información de las heridas que recibí en España, mi ingreso voluntario para luchar contra el fascismo en las filas del ejército británico en el Primer Batallón de la Brigada de Fusileros de Londres para luchar contra el ejército nazi alemán y el ejército fascista italiano; alistado como soldado de infantería en el 8.º Ejército Británico que batalló en el desierto de Egipto, Libia, Trípoli y Túnez, después de haber derrotado allí a los ejércitos nazi y fascista continuamos la lucha de nuevo en Italia, desde Taranto a Montecassino, Roma, Perugia, Florencia, Bolonia, Rimini y, por último, en Klagenfurst (Austria). Fui herido cinco veces; dos veces en España, en el frente del Ebro, y tres veces con el ejército británico. Luché como sargento de la división. Recibí por orden del presidente de los Estados Unidos de América, Franklin Delano Roosevelt, la Estrella de Bronce, condecoración del ejército estadounidense por defender a mi pelotón manteniendo la posición en la línea de fuego.

Yo ya era militante antifascista en Londres cuando empezó la Guerra Civil en España el 17 y 18 de julio de 1936. Tan pronto como se organizó el transporte a España, fui a Albacete para ser entrenado como explorador y soldado. Fue entonces cuando me convertí en un antifascista completo por ir a luchar voluntariamente, primero con las Brigadas Internacionales, y también después, desde septiembre de 1939 hasta mayo de 1945 en Klagenfurst, Austria. Soy y seguiré siendo a lo largo de mi vida un luchador antifascista. Fueron los valientes hombres y mujeres de España quienes me inspiraron para continuar siempre con la lucha antifascista.

El batallón del ejército británico al cual serví se creó en 1808, cuando el pueblo español luchaba contra los ejércitos napoleónicos; el método de lucha fue diseñado por Sir John Moore. Éste organizó unidades de combate observando el modo en que luchaban los españoles, rápidamente y con equipamiento ligero; los soldados españoles se movían rápidamente rodeando a los ejércitos napoleónicos; mi batallón todavía utiliza este método de movimientos rápidos; yo estaba orgulloso de que la Brigada de Fusileros británica usara este método en todos los campos de batalla en que luchó contra las fuerzas fascistas. Mi batallón de infantería ligera, conocido como los casacas verdes (Green Jackets), era en torno al final de la Segunda Guerra Mundial una unidad de elite.

Ahora la lucha tenía lugar en Europa. Los soldados republicanos españoles, los hombres de las Brigadas Internacionales, los miles de militantes antifascistas crearon movimientos de resistencia en cada país europeo, y también la Alemania nazi y la Italia fascista tenían que enfrentarse ahora a los luchadores de la Resistencia. En muchas zonas de Europa españoles y brigadistas internacionales se convirtieron en los líderes de los movimientos de resistencia. En las más importantes batallas que tuvieron lugar en la URSS, valientes jóvenes españoles se incorporaron al movimiento partisano soviético o crearon batallones para luchar contra el ejército de ocupación nazi.

El pueblo español ya tenía en España a Dolores. Nosotros, los brigadistas, estamos orgullosos de vuestros luchadores antifascistas. Hagamos que por fin el mundo descubra, puesto que el próximo año será el sesenta aniversario de la guerra, la resistencia del pueblo español a las carnicerías fascistas. Hagamos que el pueblo español conozca lo que sus hermanas y hermanos hicieron en España y en el resto de Europa.

La victoria sobre el fascismo es el ejemplo de lo que el pueblo español hizo con su valentía durante los viles días de la guerra desde julio del 36 hasta mayo del 45 y después en las montañas españolas luchando contra las fuerzas fascistas de Franco.

El fascismo no ha muerto. Ha vuelto a salir de las cloacas, como las ratas. Hay que construir fuertes organizaciones antifascistas en cada país, hacer de los sindicatos un lugar donde educar a los jóvenes, para recordar que las ratas viven en cualquier vil y oscura madriguera.

Nuestro tiempo de vida disminuye cada día. En Gran Bretaña, Irlanda, Estados Unidos, Canadá y en todo el mundo los brigadistas internacionales no permanecemos en silencio porque sabemos quién es nuestro enemigo.

John Longstaff

ODOS LOS PUEBLOS DEL MUNDO
ESTAN EN LAS BRIGADAS
INTERNACIONALES AL LADO DEL
PUEBLO ESPAÑOL

A NIGHTINGALES SONG

A nightingales song one Spainish night,
Awakened a prisioner of war,
Who is the singer, and what his intent,
I pressed my head to the bars,
Could he be singing to a nearby mate?
Or expressing his love to the stars.

Fifty years have come and gone,
The author cannot forget that song,
That even an event so remote,
Captured by beauty, unable to stir,
While I savoured every note.

Forgotten the prison's cheerless halls,
Unheard the guard's alerte calls,
Fancy had carried me far away,
Given but briefly, the chance to roam
I had but one choice, of loved ones and home.

But all too soon the song did end,
In my heart, I thanked my unseen friend,
For sharing his love of a moonlit night,
While others are sleeping, awaiting the light..

EL CANTO DE UN RUISEÑOR

El canto de un ruiseñor en una noche española
Despertó a un prisionero de guerra
¿Quién canta y cuál es su intención,
Apreté mi cabeza contra los barrotes,
Podría estar cantando a un compañero cercano?
O expresando su amor a las estrellas.

Cincuenta años han llegado y se han marchado
El autor no puede olvidar ese canto,
A pesar de ser un acontecimiento tan remoto,
Capturado por la belleza, incapaz de perturbar,
Mientras saboreé cada nota.

Olvidadas las lúgubres galerías de la prisión,
Desoídas las voces de alerta de la guardia,
La fantasía me ha llevado lejos,
He tenido tan breve la oportunidad de vagar,
He elegido los seres queridos y el hogar.

La canción ha acabado demasiado pronto,
Mi corazón agradece al amigo desconocido
Por compartir su amor de una noche de luna,
Mientras otros duermen esperando la luz.

Franck J. Blackman. Marzo, 1989
Sobre el campo de concentración de San Pedro de Cardeña 1938.

8616 Green Valley Road
Sebastopol CA 95472, U.S.A.
7 de junio de 1996

Querido señor Trillo,
Como veterano de las Brigadas Internacionales estoy muy agradecido por la decisión del Parlamento Español de ofrecernos la nacionalidad española, un honor excepcional y muy grande. Haga Vd. el favor de aceptar mi gratitud más profunda.

Sin embargo sería imposible para mí renunciar a la nacionalidad estadounidense. Mis padres vinieron de la isla de Menorca a Florida en el siglo XVIII. Así es que mi apellido es catalán, aunque con un acento adicional para evitar confusión con «Bennett», un apellido inglés. Durante tantos años hemos sentido siempre una afición grande hacia España, pero igualmente hacia nuestro suelo natal. Y a mi edad no es fácil adquirir nuevas costumbres —como se ve por mi español doloroso—. ¡Pero qué alegría sería tener las dos nacionalidades!

Espero que haya una solución a esta dificultad. Pero si no, queda mi más profunda gratitud al Parlamento y al pueblo español.

Con respeto y gracias,

James Benét

Comunicado de los excombatientes yugoslavos

De la reunión solemne de 9 de mayo de 1995 en recuerdo del 50 aniversario de la victoria sobre el fascismo, los voluntarios yugoslavos de la guerra de España se dirigen a toda la opinión pública del territorio de la ex Yugoslavia —República Socialista Federativa— con el siguiente comunicado:

El día de la victoria sobre el fascismo lo hemos marcado rindiendo homenaje a todos los combatientes antifascistas caídos en la guerra de España, como también en la gloriosa lucha de liberación nacional de los pueblos yugoslavos contra los ocupantes fascistas y los traidores domésticos. Es una verdad histórica notoria que el Partido Comunista de Yugoslavia no reconoció el desmembramiento de Yugoslavia por parte de las fuerzas de ocupación, y que llamó al pueblo a levantarse en insurrección armada contra el ocupante. Que de las unidades de partisanos (guerrillas) se creó el Ejército de Liberación Nacional de Yugoslavia cuyo comandante (jefe) superior, incontestable

LOS INTERNACIONALES

UNIDOS a los ESPAÑOLES, LUCHAMOS CONTRA el INVAS

y muy exitoso fue Josip Broz Tito. Bajo su mando, el Ejército de Liberación Nacional de Yugoslavia liberó al país del ocupante.

Cuando en 1936 el fascismo internacional atacó al libre pueblo español, cerca de 1.700 voluntarios yugoslavos vinieron a España junto con los interbrigadistas de 56 países para ayudar al pueblo español en la defensa de la República democrática. La mitad de ellos dejaron su vida en el suelo de España. Defendiendo la República Española ellos sabían que defendían también a su país contra la invasión del fascismo internacional, que más tarde lo ocupó. A la Yugoslavia ocupada llegaron cerca de doscientos cincuenta combatientes españoles que participaron en la lucha de liberación nacional. La mitad de ellos cayó en esta lucha. La experiencia que habían adquirido en España la pusieron a disposición de su pueblo. Por eso ellos estuvieron entre los primeros colaboradores políticos y militares de Tito en el levantamiento de la insurrección y en el mando de las unidades militares. Uno de cada cuatro combatientes españoles fue proclamado héroe nacional, y uno de cada cuatro de los que quedaron con vida fue nombrado con grado de general. Los comandantes o los miembros de los estados mayores principales de Serbia, Croacia, Eslovenia, Macedonia, Montenegro y Bosnia y Herzegovina, fueron los combatientes españoles. En las operaciones finales de la liberación de nuestro país, los jefes de los cuatro ejércitos fueron los combatientes españoles. Se puede decir que los combatientes españoles y yugoslavos cumplieron con honor su deber hacia sus pueblos y pusieron su parte para la victoria sobre el fascismo. Los que no lograron venir a Yugoslavia lucharon honradamente en los movimientos de resistencia en Europa o en las filas de los aliados, de los cuales 51 dejaron su vida en los campos de concentración o en los movimientos de resistencia.

Los combatientes de España no reconocen la división de nuestros pueblos, y fueron desde el comienzo decididamente contrarios a la guerra fratricida provocada por los nacionalismos en todas las repúblicas. Exigimos que la guerra sea parada enseguida y que se instale la paz. En la lucha por la paz apoyamos a todos los partidos y fuerzas políticas que llevan una acción para el restablecimiento de la paz sobre el territorio de la ex Yugoslavia. Invitamos a todos los representantes de los pueblos yugoslavos de las ex repúblicas a que, una vez restablecida la paz, por diálogo democrático restablezcan la colaboración y la convivencia que fue interrumpida en el campo económico, cultural e interestatal. Solamente la igualdad de derechos y la tolerancia entre nacionalidades pueden ser la alternativa a la loca guerra fratricida y el camino para incluir a nuestros pueblos en el mundo civilizado.

Asociación de los Interbrigadistas Yugoslavos

Apéndice

LA PRENSA EN LAS BRIGADAS INTERNACIONALES

por

Mirta Núñez Díaz-Balart

La Prensa en las Brigadas Internacionales es obra de la profesora Mirta Núñez Díaz-Balart. Su primera redacción fue destinada a memoria de licenciatura, obteniendo la calificación máxima en su fecha de presentación, el año 1983. Posteriormente ha sido reelaborada para su posible edición. La autora ha continuado trabajando el tema, ampliándolo en su tesis doctoral sobre *La prensa de guerra en la zona republicana durante la Guerra Civil Española, 1936-1939*, que ha sido publicada en tres volúmenes por la Editorial de la Torre en 1992.

Actualmente, además de su labor docente, desarrolla su labor de investigación en diversos ámbitos, entre ellos *Los fusilamientos en el Cementerio del Este* (hoy, de la Almudena)*, Madrid, entre 1939 y 1945*, de próxima publicación en la Compañía Literaria.

Análisis

Las publicaciones brigadistas compartían las premisas de toda la prensa del Ejército Popular, que actuaba como su modelo, constituyendo un conjunto abundante y heterogéneo, permanentemente estimulado para servir a los intereses de una audiencia internacional, con inclinaciones paralelas y a veces confluyentes con los demás combatientes españoles. Era una prensa que intentaba responder a las múltiples y variadas necesidades de los componentes de las Brigadas Internacionales: de los voluntarios con o sin graduación, de los comisarios políticos, de los de una u otra nacionalidad, de los de tal o cual unidad militar. Éste es el origen de su heterogeneidad como fenómeno que se desarrollaba al mismo tiempo que el cuerpo social que lo alimentaba: si éste restringe su multiplicidad, su respuesta es reducir la variedad del producto ofrecido.

Las circunstancias bélicas marcan su devenir. A veces, las difíciles condiciones del mercado informativo que impone la guerra le ordenan el silencio temporal, porque sus redactores son colaboradores esporádicos que tienen otras ocupaciones o no se dispone de materias primas para sacar el periódico. En otras ocasiones, las necesidades militares obligan a posponer el material periodístico preparado, para hacer público un comunicado gubernamental o una orden militar de importancia.

Los voluntarios internacionales tenían sus propios y especiales problemas, que debían ser vistos, atendidos y cubiertos por sus publicaciones. Éstas tenían que contar con la diversidad de lenguas y de procedencias de los brigadistas, debían responder a unos requerimientos diferentes, con una alta demanda de noticias internacionales y de un contenido ideológico profundo, pues se trataba de voluntarios y no de jóvenes llamados a quintas.

Luigi Longo expresa de manera clara la finalidad de esta prensa, que, ante todo, era un elemento más en el combate. Su principal objetivo era político-militar, si bien se combinaba con tareas pedagógicas e informativas. Decía Longo que estos periódicos «son los instrumentos de dirección política y militar del Comisario y deben expresar los problemas que surgen en las reuniones, comenzando por la situación militar y sus perspectivas, el cuidado que debe tenerse de los hombres y de las armas, el buen funcionamiento de los servicios, las necesidades de los combatientes, el recuerdo y la exaltación de los compañeros caídos»[1].

Como era obvio, el acoplamiento de las publicaciones de las Brigadas Internacionales a las exigencias para las que fueron creadas no se realizó de manera inmediata. Exigió un proceso de adecuación, en el que hubo muchos momentos de descoordinación entre el mando y sus productos.

La edición de hojas y periódicos se inició desde el instante en que estalló la guerra. En los primeros momentos de la lucha miliciana en la sierra de Guadarrama y en los centros urbanos, centurias y columnas editaron pequeños folletos. A medida que se organiza la estructura militar, se crea en forma paralela su prensa, que contendrá las claves de esa veloz transición de las milicias al Ejército republicano.

Quizá por la falta de experiencia de sus redactores, quizá por la ausencia de directrices claras por parte del Comisariado, su principal impulsor en el sector de las Brigadas Internacionales, lo cierto es que la prensa no se ceñía, en la mayoría de las ocasio-

---

[1] Luigi Longo, ob. cit., p. 197.

nes, a los objetivos para los que había sido creada. Ello obligó a la intervención de las altas autoridades del Ejército Popular y, fundamentalmente, del Comisario Inspector General de Guerra, Luigi Gallo, empeñado en canalizar de manera correcta el sector.

En opinión de los máximos responsables, reunidos en Madrid en la víspera de la batalla del Jarama, los periódicos adolecían de graves defectos. Su contenido estaba demasiado alejado de la vida y de los problemas reales de los combatientes. Al mismo tiempo, tenían el aspecto de revistas literarias o teóricas, más que de órganos de guerra. Finalmente, se decidió que cada brigada y cada batallón publicara, en el mismo frente, pequeños diarios de una o dos hojas, impresos o tirados en mimeógrafo, que reflejaran la vida y los problemas reales de cada momento.

Ese encuentro de comisarios, celebrado el 14 de febrero de 1937, produjo resultados concretos inmediatos, de tal forma que comenzaron a aparecer las primeras hojas de información y orientación al nivel de brigada, así como de batallón, de compañía ·e, incluso, de servicios (médico, transportes, cocina, etc.) Todo lo expuesto en esa reunión se examinaría, con detenimiento, tras la batalla. Durante ésta se había puesto de manifiesto que era absurdo que los soldados leyeran, en la misma línea de fuego, periódicos con columnas y columnas de disquisiciones literarias o ideológicas.

La nueva reunión, realizada también en Madrid, tuvo lugar el 9 de marzo de 1937. En ella se organizó de un modo más sistemático y racional la prensa de las brigadas. La estructura informativa se fundamentaría en el modelo de pirámide. La cima la constituía *Le Volontaire de la Liberté*, publicación conjunta de todas las Brigadas Internacionales, con ediciones en francés, inglés, alemán, italiano y polaco. A partir de ahí, se sucedían los distintos escalones, que coincidían con la estructura militar: periódicos de divisiones, regimientos, brigadas, batallones, compañías y grupos artilleros. Además, se insistió en la necesidad de que los folletos existentes en las distintas brigadas continuaran publicándose, sobre todo en los batallones[2]. Otra de las decisiones, editar *Le Volontaire de la Liberté* en español, para hacerlo accesible al mayor número de combatientes, no se llevó a efecto, si bien la introducción de nuestro idioma se hizo progresivamente en todas las ediciones en lenguas extranjeras. A las ya citadas se sumaron, en una tardía publicación iniciada en febrero de 1938, el checo y el serbocroata en alfabeto latino.

No obstante los avances derivados de la reunión de los comisarios, la prensa brigadista incumplía en demasiadas ocasiones las estrictas directrices y órdenes emitidas por los jefes militares con respecto a la información que el enemigo podía obtener in-

---

[2] Longo, ob. cit., p. 202.

directamente de los contenidos insertados en los periódicos. La intervención del mando, en durísimos términos, no se hizo esperar. Con fecha del 28 de junio de 1937, el General Vicente Rojo envió una orden circular en la que decía:

> «En vista del número existente de periódicos de brigadas y batallones editados por las diferentes unidades en el frente, y de la necesidad de supeditar estos periódicos a las elementales premisas de la prudencia sobre las noticias que deben ser suprimidas y cuáles son las que la Censura prohíbe publicar en diarios del territorio leal, el Mando del Ejército de Tierra ha decidido dar instrucciones a este respecto. Estas instrucciones serán tomadas en cuenta en el futuro por vosotros mismos y por el Comisario Político, para que los periódicos militares lo tengan presente cuando os sometan un texto a vuestra consideración a los representantes que hayáis designado. Un procedimiento que debe ser seguido o de lo contrario la publicación puede ser considerada ilegal.[3]»

A continuación, se detallaban los múltiples temas sobre los que se prohibía tratar en las informaciones que insertaran los periódicos: movimiento de tropas; número de tropas, su composición, tipo de armas; situación de baterías, puestos de armas, depósitos de armas, puestos de mando, cuarteles; nombres y posiciones de aeródromos; localización de fábricas de armas; datos relativos a tipos, características, armamento, potencia y velocidad de los aviones, etc. Asimismo se recordaba que no se debía dar ninguna noticia que no figurara en el comunicado diario del Ministerio de Defensa. Se exigía también el envío de dos copias de todos los periódicos al Departamento de Información del Cuartel del Ejército de Tierra en el día de su publicación. La orden finalizaba con la siguiente recomendación: «Al mismo tiempo, deseo informaros de la conveniencia de proponerme, de acuerdo con el Comisariado, la supresión de todos los periódicos del frente que en vuestra opinión no estén sirviendo para un propósito útil»[4].

Unos días después de puesta en circulación esta orden —el 4 de julio—, el comisario general del ejército republicano, Julio Álvarez del Vayo, reafirma el llamamiento de Rojo a todos los comisarios de cuerpos del ejército, divisiones, brigadas y batallones. En él insistía en la prohibición de editar cualquier noticia o comentario que pudiera aportar aspectos militares al enemigo[5]. La prensa en tiempo de guerra no po-

---

[3] Reproducida en el *Bulletin des Commissaires Politiques des Brigades Internationales*, núm. 1, 15 de julio de 1937.

[4] *Ibid.*

[5] *Cfr.* Álvarez del Vayo se queja de que se sigan publicando noticias y comentarios que ponen secretos militares en manos del enemigo e insiste ante los comisarios para que se hagan cumplir las órdenes dictadas. Anuncia, asimismo, que se castigará de acuerdo con la ley todo tipo de infracciones al respecto.

día ser un lujo carente de objetivos prácticos destinado al prestigio de la entidad que la publicaba. Por el contrario, se creaba por y para unos fines y cualquiera de sus elementos tenía que cuidarse al máximo, para no colaborar con los fines del enemigo. Así puede entenderse el varapalo de Álvarez del Vayo a los editores de periódicos. La prensa brigadista tenía que ser la tribuna desde la que se hablara de la vida, las aspiraciones y la lucha de los combatientes. Simultáneamente, debía servir de arma de propaganda, contribución, guía y crítica tendente al mejoramiento y la orientación de los voluntarios internacionales. En su redacción participarían todos los miembros de la brigada: los comisarios políticos, los delegados de compañía, los jefes militares y los soldados. A estos consejos, recogidos en *Il Garibaldino*, se añadían otros también relativos a la forma de realizar una publicación periódica: «redacción en forma simple, con estilo popular; explicación a los nuevos reclutas del porqué de la lucha; la comparación con la vida de la población en la zona ocupada por las tropas rebeldes y el homenaje a los muertos, a los héroes»[6].

El periódico de brigada se entiende como un factor de unión entre los distintos batallones que la componen. Es considerado como uno de los elementos que dan ascendiente a una unidad militar sobre el resto de sus colegas. La doctrina que se intenta transmitir es la siguiente: la unidad de las fuerzas internacionales sirve de ejemplo a las restantes organizaciones para actuar unidos en el combate antifascista.

Sus ambiciosos objetivos informativos se ven condicionados, no obstante, por el hecho de que los artículos de estricto contenido militar procedían regularmente de los comandantes y altos mandos. Su inserción era —de hecho— obligatoria y las posibilidades de opinar eran muy limitadas.

Cuando la XIV Brigada Internacional saca su propio periódico —*A L'Assaut*—, explica sus propósitos, muchos de ellos comunes a toda la prensa brigadista, en la que se reunían aspectos políticos, culturales y militares. *A L'Assaut* se plantea como objetivo aumentar la unidad de espíritu de la brigada, así como la unión entre todos los regimientos y batallones. El contenido de la publicación sería un resumen de noticias militares e internacionales, artículos concernientes a cuestiones generales, así como crónicas económicas, históricas y literarias. Los consejos militares, destinados a perfeccionar la formación de las unidades, procederían del Estado Mayor[7].

La prensa brigadista también se hizo eco de las nuevas necesidades creadas por la integración de los reclutas españoles en las unidades internacionales. Era preciso que

---

[6] «¡Por un *Garibaldino* de los garibaldinos!», *Il Garibaldino*, núm. 11, 8 de septiembre de 1937.
[7] «Nuestro propósito», *A L'Assaut*, núm. 1, 14 de febrero de 1937, p. 1.

los periódicos fueran bilingües. La cuestión se fue resolviendo con el paso del tiempo, de modo que muchas publicaciones editaron sus últimos números con todo el texto en español, a excepción del título. No obstante, en los primeros momentos ocurría todo lo contrario. Como reflejo del sentir de los soldados españoles se reproduce la siguiente letrilla humorística de un combatiente, crítica ante la ausencia de artículos en castellano en la revista de su brigada. Decía así:

«El otro día cogí
Le journal du bataillon
en un extremo leí
lo que va a continuación:

Se ruega a los compañeros
presten colaboración
para lograr de este diario
la máxima aceptación.

Porque si viene en francés
todo el periódico impreso
lo leerán sólo los galos
porque es lengua de su suelo.

Si supiéramos francés
los del batallón
no harían este llamamiento
para que colabore su gente.

Como el Batallón Marty
todo está constituido
por franceses y españoles
y todos muy bien unidos.

Ésta es la razón por qué
debe prestar su ayuda
el compañero español
que sepa coger la pluma.

Veréis cuando esto se logre
que venga en franco-español
cogerle todos con ansia
y leer renglón por renglón.

No empecemos con excusas
poniendo tropiezos a aquel
¡que si carezco de tiempo!
¡que si tengo que dormir!»[8].

Una de las labores que desempeñaban los comisarios políticos de las unidades militares era la de supervisar y coordinar la edición de los periódicos. Asimismo, tenían que romper la desidia de los combatientes que, en su tiempo libre, debían escribir para las publicaciones de guerra. El responsable de *Nôtre Combat* se lamenta de la escasa participación de los soldados y hace un llamamiento a la colaboración. Después de argumentar que el periódico no representa siempre a la totalidad de la unidad, sino que refleja exclusivamente que algunos soldados han escrito el material suficiente para cubrir la totalidad de las páginas, reclama que los voluntarios internacionales comiencen a escribir ellos mismos el periódico. Y, a modo de incentivo, dice: «Lo pueden hacer relatando los incidentes en las trincheras, enviándonos pequeñas notas que escriben para su distracción o para los amigos. Las cartas que reciben de sus países tienen un interés especial»[9].

Al mismo tiempo, subraya el interés de los escritos de soldados españoles. Ellos son los mejores puntos de contacto de España con los internacionalistas y, con las reflexiones que extraigan de la lectura de periódicos como *Ejército Popular*, pueden ampliar el contenido de *Nôtre Combat*.

El mensaje lanzado desde *Nôtre Combat* saca a la luz dos factores de interés claramente diferenciados. Por una parte, a los internacionalistas, cuyo único medio para conocer los sucesos de España era la prensa brigadista, se les exigía un reenvío de informaciones, con la narración de su vida diaria en el frente. De este modo, se creaba un órgano en el que el emisor y el receptor tenían un punto de contacto: un tipo prensa que no era sólo el portavoz del mando, sino también la tribuna desde la que los brigadistas podían relatar sus experiencias e inquietudes en las trincheras y también para que los soldados españoles intercambiasen información con los brigadistas.

Como se ve, la llamada a los combatientes para que intervengan en la redacción de los periódicos es una constante en la prensa brigadista. Había que incentivar constantemente a los voluntarios y reclutas para que participaran. Se intenta hacer comprender al soldado lector que el periódico es su portavoz y un medio en el que puede hacer de redactor. Además, se resta importancia a la escasa instrucción de los posibles

---

[8] *A L'Assaut*, núm. 12, 23 de marzo de 1937.
[9] «Colabora con *Notre Combat*», *Notre Combat*, núm. 18, 17 de mayo de 1937.

colaboradores. Resulta significativo el siguiente texto, como ejemplo de los llamamientos publicados en la prensa de guerra:

«Camarada: He llegado a tus manos porque alguien se interesó en hacerme llegar. Tal vez tu mirada pase ligeramente sobre mí y, con gesto cargado de indiferencia, me abandones en cualquier lugar.

Haces mal. Yo soy algo en tu brigada. Estoy a tu lado. Mis páginas se abren para hablarte de lo mucho que puede hacerte falta aprender. Soy sencillo y pobre, es verdad, pero tú debes comprender que precisamente por esto me dan vida cerca de ti. Si fuera rico estaría con aquellos que pelean al otro lado [...]. Soy de tu misma condición social. Vivo en tu mismo ambiente. Lucho por tu mismo ideal. Entrégate a mí, pues. En mis columnas tendrás un sitio donde depositar tus pensamientos y donde verter el cálido acento de tus emociones más íntimas.

No temas a tu falta de preparación ni al escaso dominio en la concepción de tus escritos. Los camaradas que me dan forma harán las correcciones necesarias [...]»[10].

Otro de los aspectos más sobresalientes de la prensa brigadista es su permanente autocrítica, el constante cuestionamiento de los principios que la ordenaban. *Our Fight* se preguntaba en su octavo número si, teniendo en cuenta las limitaciones con que se editaba, el boletín estaba satisfaciendo las necesidades de los combatientes a los que iba dirigido. Para mejorar la calidad del periódico, volvía su mirada hacia los propios voluntarios, a los que reclamaba ayuda. Ésta se concretaba en los tres puntos siguientes: a) Crítica constructiva de los contenidos; b) Sugerencias para mejorarlo y c) Envío de colaboraciones en las que se recogieran experiencias en la línea de combate, historias humorísticas, etc.[11]

Financiación

En el número 20 de *Our Fight*, de 27 de marzo de 1937, se apelaba a los voluntarios de la brigada para que realizaran un pequeño sacrificio monetario, suscribiéndose al periódico. Al parecer, hasta ese momento la publicación había aparecido gracias a sus propios medios y a los préstamos del Comisariado. Sin embargo, a partir de entonces se pretende conseguir la autofinanciación. De ahí que se pidiera la participación financiera de los combatientes.

De este comentario de *Our Fight* se deduce el procedimiento de obtención de re-

---

[10] «Habla el periódico», *Noi Passeremo!*, núm. 1, nueva serie, 27 de febrero de 1937.
[11] *Our Fight*, núm. 8, 13 de marzo de 1937.

cursos económicos por parte de la prensa brigadista. En un primer momento, este tipo de publicaciones son subvencionadas por el Comisariado, a través de los mandos de cada unidad. A medida que los periódicos se van consolidando, se tiende hacia la autofinanciación, mediante las suscripciones. Los llamamientos a los soldados para que se suscriban son constantes y aparecen en cada uno de los ejemplares de todos los periódicos.

El papel de los comisarios políticos

Dado que las publicaciones de brigada tenían que responder a un principio de calidad y eficacia, pues lo rudimentario se dejaba para el periódico mural, todos los mandos se implicaban en su producción. En particular, son los comisarios políticos los que se erigen en sus principales impulsores. El incentivo a la participación de los voluntarios y diversas tareas administrativas correspondían a los comisarios. El incremento de las ediciones y tiradas era motivo de orgullo y la progresiva mejora de los boletines se vinculaba a la mayor eficacia de la estructura del comisariado político.

Al comisario político competía, además, recibir los artículos redactados por los voluntarios, supervisarlos y pasarlos al comité de redacción. Según se desprende de la orden circular de Vicente Rojo, de junio de 1937, sus apreciaciones y valoraciones determinaban la supervivencia y mejora de un periódico o su cierre.

El órgano de coordinación, interconexión e intercambio de experiencias entre los comisarios era el *Bulletin des Commissaires Politiques des Brigades Internationales*. Cada comisario o delegado político debía leer atentamente y estudiar los artículos y directrices publicados en el *Bulletin*. En él se insertarían estudios profundos del conflicto español, líneas maestras para el trabajo político y reflexiones sobre las experiencias obtenidas en el trabajo diario. En un mensaje cargado de orgullo, el *Bulletin* recordaba los logros del comisariado político:

«Hemos hecho grandes progresos en la dirección política. Cada brigada tiene su propio periódico, y casi cada batallón también edita su propia publicación impresa o reproducida. Cada día, docenas y docenas de periódicos murales y hojas de información dan noticias a nuestros voluntarios que les interesan y palabras que les alientan.[12]»

---

[12] Luigi Longo, *Bulletin des Commissaires Politiques des Brigades Internationales*, núm. 1, 15 de julio de 1937.

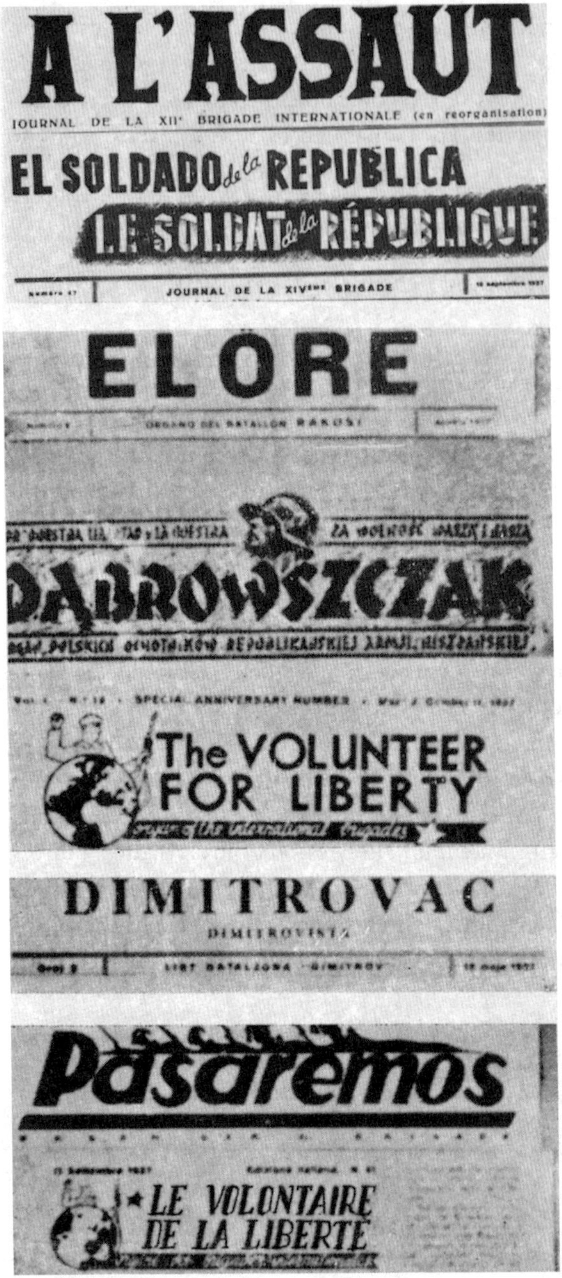
A L'ASSAUT

JOURNAL DE LA XIIe BRIGADE INTERNATIONALE (en reorganisation)

EL SOLDADO de la REPUBLICA

LE SOLDAT de la RÉPUBLIQUE

JOURNAL DE LA XIVème BRIGADE

ELORE

ORGANO DEL BATALLON RAKOSI

DABROWSZCZAK

SPECIAL ANNIVERSARY NUMBER

The VOLUNTEER FOR LIBERTY

DIMITROVAC

LE VOLONTAIRE DE LA LIBERTE

Pasaremos

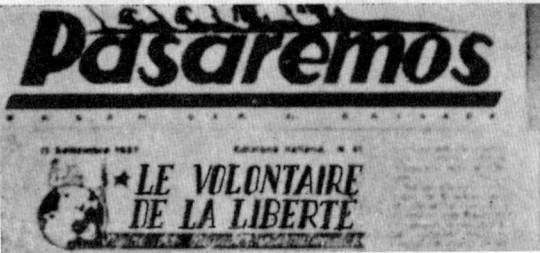

Cabeceras de periódicos editados por las Brigadas Internacionales

El estudio de la prensa de las Brigadas Internacionales ofrece como resultado una alta edición de publicaciones (71), de las que fueron localizadas 50 con una buena calidad de impresión en las de retaguardia, frente a las pobres ediciones de las del frente, cuyas virtudes venían dadas por las difíciles condiciones en que eran editadas y a las necesidades informativas y propagandísticas a las que respondían. Todas se hallaban comprendidas dentro del conjunto de la prensa militar del Ejército Popular Regular Republicano.

En un alto porcentaje, las publicaciones ofrecen una gran riqueza de contenidos. Eran medios que, en el contexto de la prensa militar y en el transcurso de una guerra, servían para el intercambio informativo entre la tropa y los mandos; los soldados tenían en ellos un canal para la expresión de los problemas de la vida en el frente y la jefatura como fórmula para pulsar el estado de opinión de los combatientes y para hacerles partícipes de los mensajes del Gobierno. En este sentido, desde el Comisariado de las Brigadas Internacionales se fomentó la prensa como una herramienta más de la educación política, militar y cultural que —dirigida propagandísticamente, es evidente— se debía hacer llegar y también recibir de todo voluntario.

Los voluntarios fueron ese pequeño núcleo de la raza humana que hizo honor a su nombre, dejándolo todo por una lucha ideológica a la que se sentían vinculados. Más allá de su labor militar, el ejemplo ético que aún hoy ejemplifican y su eficacia en el aliento a las fuerzas españolas, constituye uno de los hitos más hermosos de la historia de la Humanidad.

EPÍLOGO

Aquí hemos dejado expuesto, estimado lector, todo o casi todo lo que nuestra propia historia de lucha nos ha dado a conocer sobre las Brigadas Internacionales. Un hecho que no ha tenido equivalente ni quizá llegue a tenerlo en la presente civilización. Esperamos tu juicio sobre lo que queda escrito confiando en tu benevolencia para enjuiciarnos.

Hasta hace pocos días, un hecho que nos inquietaba no había tenido lugar: era la promesa del doctor Negrín, jefe del Gobierno de la República, cuando despidió a los Internacionales. Entre las palabras de halago que pronunció, les hizo una promesa que hasta hace escasamente un mes no se había cumplido. Que no fuera así durante las decenas de años que Franco detentó el poder tiene una explicación lógica, pero que no se hiciera desde la España democrática ya no tenía explicación válida. Por fin esa deuda moral se ha satisfecho, concediendo el Parlamento por unanimidad la ciudadanía española a los interbrigadistas, el día 28 de noviembre de 1995. La concesión de la nacionalidad española a los voluntarios de la libertad ha sido ratificada por el Consejo de Ministros el día 19 de enero de 1996 y firmado un Real Decreto en el *Boletín Oficial del Estado* en la misma fecha.

Sí, una ciudadanía para los brigadistas que aún viven. Ciudadanía «in artículo mortis» para los ya desaparecidos. Ése sería un testimonio de honor para los hombres y las mujeres que aquí en estas tierras españolas ofrendaron su vida por nuestra libertad y la causa universal que ésta representa.

Santiago Álvarez
febrero, 1996

ÍNDICES

ÍNDICE ONOMÁSTICO

ÍNDICE TOPONÍMICO

SUMARIO